한반도미래연구원 기획번역도서
SCIENTIFIC METHODS OF INQUIRY
FOR INTELLIGENCE ANALYSIS

과학적 정보분석론

Hank Prunckun 지음

이길규 · 김병남 · 허태회 · 김유은 옮김

박영사

안보와 정보 관련 교육도서 시리즈

(Security and Professional Intelligence Education Series: SPIES)

편집자: 잔 골드먼(Jan Goldman)

2001년 9월 11일 이후 미국과 해외에서 전문적인 정보교육 및 훈련 프로그램의 숫자가 급격히 증가하였다. 고등학교는 물론이고 대학에서도 국가안보를 지원하기 위해 국토안보, 정보분석, 법집행업무에 대한 교과목과 전공을 개발하고 있다. 안보와 정보 관련 교육도서 시리즈(Security and Professional Intelligence Education Series: SPIES)는 처음에는 정보를 직업으로 선택하기 위해 공부하는 사람들과 기존의 정보업무를 하는 사람들의 역량을 향상시키기 위해 기획되었으나, 점차 생사를 좌우하는 중요한 직업이 수행하는 정보업무가 어떻게 이루어지고 또 어떻게 이루어져야 하는지 일반인들을 교육하기 위해 발전되었다.

시리즈에 포함된 책자는 다음과 같다.

Communicating with Intellgence: Writing and Briefing in the Intelligence and National Security Communities, by James S. Major, 2008

A Spy 's Résumé: Confessions of a Maverick Intelligence Professional and Misadventure Capitalist, by Marc Anthony Viola, 2008

An Introduction to Intelligence Research and Analysis, by Jerome Clauser, revised and edited by Jan Goldman, 2008

Writing Classified and Unclassified Papers for National Security, by James S. Major, 2009

Strategic Intelligence: A Handbook for Practitioners Managers, and Users, revised edition by Don McDowell, 2009

Partly Cloudy: Ethics in War, Espionage, Covert Action, and Interrogation, by David L. Perry, 2009

Ethics of Spying: A Reader for the Intelligence Professional, edited by Jan Goldman, 2006 (volume 1) and 2010 (volume 2)

Handbook of Warning Intelligence: Assessing the Threat to National Security, by Cynthia Grabo, 2010

Handbook of Scientific Methods of Inquiry for Intelligence Analysis, by Hank Prunckun, 2010

Keeping U.S. Intelligence Effective: The Need for a Revolution in Intelligence Affairs, by William J. Lahneman, 2011

Words of Intelligence: An Intelligence Professional's Lexicon for Domestic and Foreign Threat, second edition, by Jan Goldman, 2011

Balancing Liberty and Security: An Ethical Study of U.S. Foreign Intelligence Surveillance, 2001−2009, by Michelle Louise Atkin, 2013

Communicating with Intelligence: Writing and Briefing in National Security, second edition, by James S. Major, 2014

Quantitative Intelligence Analysis: Applied Analytic Models Simulations and Games, by Edward Waltz, 2014

The Art of Intelligence: Simulations, Exercises, and Games, edited by William Lahneman and Rubén Arcos, 2014

국가와 사회의 안전과 복지를 위해 공헌하고 있음에도 불구하고
정보업무의 성격 때문에 이를 인정받지 못하는
학자 스파이들(scholar–spies)이 있다.
그러나 나는 당신들의 공헌을 안다.
그러므로 이 책을 당신들에게 바친다.

목 차

시리즈 편집자 서문

안보와 정보 관련 교육도서 시리즈(Security and Professional Intelligence Education Series: SPIES)는 10년 전부터 출판을 시작하였다. 나는 새로이 자리를 잡기 시작하는 정보 관련 직업을 더욱 발전시키기 위해 출판할 서적을 선정하는 데 극도로 신중을 기하였다. 단순히 '정보에 대해 이야기'(talk about intelligence)하는 것으로 끝나는 다른 출판물들과 달리 이것은 정보를 실제로 '수행'(doing)할 수 있도록 하는 데 중점을 둔 첫 번째 시리즈가 될 필요가 있었다.

이 책은 정보분석 실무자들과 학계로부터 호평을 받아 개정판을 내게 되었다. 개정판에는 새로운 자료, 구체적 설명, 학습을 위한 질문, 추가적 도표 등을 다수 포함시켰다. 거의 모든 장에 새로운 절을 신설하였다. 예를 들면 아이디어 창출 및 개념화를 다룬 장에서는 무작위 입력, 분류, 매트릭스에 관한 새로운 절이 포함되었다. 또한 개정판에는 4개의 새로운 장이 포함되었다.

직업적 정보분석관을 위한 지식분야는 발전 및 확산이 느리게 진행되는데, 이 책과 시리즈의 교육도서는 이러한 모습을 보여주는 전형적인 경우이다. 나는 많은 사람들이 관심을 보여준 책의 첫 개정판을 내게 된 것을 기쁘게 생각하며, 시리즈의 다른 책들도 개정판이 필요한 경우 개선할 수 있기를 기대한다.

워싱턴 DC에서 잔 골드먼(Jan Goldman)

과학적 정보분석론

서 문

나는 이 책의 초판에서 어떤 직업도 2001년 9월 11일 테러 공격 이후 정보가 겪은 변화보다 더 큰 변화는 경험하지 못했을 것이라고 주장한 바 있다. 개정판을 쓰는 지금도 나는 같은 생각을 가지고 있다. 그 이후 정보는 업무량이 더욱 많아지고 임무가 더욱 복잡해졌다. 이러한 변화는 정부와 민간의 정보조직들이 자료수집 시스템을 통해 들어오는 방대한 양의 생첩보를 처리하기 위해 많은 정보분석관을 채용하는 것을 보면 분명하게 알 수 있다.

자료를 정보로 생산해 줄 분석관의 수요가 있음에도 불구하고, 훈련된 분석관의 공급은 부족한 것이 현실이다. 그래서 분석관이 되기를 희망하는 사람들이 많은 시간을 들여 별도의 실무교육을 받지 않고 곧바로 업무를 수행할 수 있도록 여러 대학과 대학원에서 정보학 과목과 과정을 증설하고 있다. 개정판 책자는 기존의 지식을 요약하는 데 그치는 것이 아니라 정보업무를 수행하는 데 결정적으로 중요한 필수 분석기법을 수록하였다. 이 점에 있어서 개정판은 정보학(science of intelligence)의 이론적 기초(theoretical foundations)는 물론이고 실무적 통찰력(practical insights)을 제공하고 있다. 그러므로 이 책은 연구자와 '학자 스파이'(scholar-spies) 모두에게 유용할 것이다.

나는 사회학, 인류학, 범죄학, 심리학, 정치학, 역사학, 경제학, 교육학, 도서관학과 같은 학문에서 사용하는 과학적 연구방법이 정보연구의 기초가 된다고 주장하는데, 개정판에 있어서도 정보분석이라는 주제를 다루기 위해 이러한 방법을 참고하여 수정하고 더 많은 내용을 추가하였다. 이 책에서 다루는 내용을 포함하고 있는 다른 정보학 교재가 다수 있지만, 이번 개정판은 단순한 분석기법 교재를 넘어서 정보분석에 관한 학문적 이론과 실무를 종합적으로 통합한 교재라고 생각한다.

정보문헌 중에는 스파이 활동을 위한 도구를 다루거나 방첩을 위한 비밀활동에 대해 기술한 서적들이 많이 있는데, 정보연구와 분석업무에 관련된 자료는 보다 넓은 범위에서 찾아야 한다. 분석기법에 관한 교재가 점차 많아지고 있으나, 이 책은 비밀리에 진행되는 분석업무에서 사용하는 분석방법을 검토할 뿐만 아니라 어떻게 하면 비밀 정보분석 업무가 보다 다양한 연구방법을 사용할 수 있을 것인가를 설명하였다.

개정판은 정보업무를 실질적으로 수행하는 핵심 방법을 다루었을 뿐만 아니라 정보업무의 기능, 구조, 작동방법에 대해서도 분석하고 있다. 특히 이 책은 어떤 경우에 분석관에게 비밀수집 자료가 필요한지 그리고 비밀자료를 활용하는 경우 필요한 보안조치 방법에 대해서도 탐구한다. 또한 이 책은 사회과학 연구 자료의 타당성 판단방법과 정보자료의 타당성 판단방법이 어떻게 다른지에 대해 검토한다. 독자들은 정보 업무의 이론적 기초와 정보의 발전과정 그리고 비밀과 보안이라는 환경 속에서 진행되는 정보업무의 특성을 이해할 수 있게 될 것이다.

이러한 책이 필요하다는 생각은 연구자와 분석관으로 일하면서 축적된 나의 개인적인 경험에서 비롯된 것이다. 나는 정보업무를 하는 동안 정보에 대해서는 전혀 언급하지 않은 다른 학문영역의 서적에서 많은 도움을 받았다. 경우에 따라서는 범죄학이나 경찰학 관련 서적에서 도움을 받기도 하였는데 대부분의 경우 분석관이 당면한 문제를 직접 다루기보다는 참고가 될 만한 사항을 다루고 있었다. 또한 국가안보정보, 군사정보, 법집행 정보 분야의 서적은 해외정책, 군사업무, 경찰업무라는 별도의 영역을 다루고 있어서 정보분석 업무의 모든 분야를 다루지는 않는다.

『과학적 정보분석론』(*Scientific Methods of Inquiry for Intelligence Analysis*) 개정판은 9.11 이후 군사정보, 기업정보를 비롯한 각종 정보업무의 영역이 불분명해진 환경에서 정보가 어떻게 응용될 수 있는지 검토한다. 또한 개정판은 분석관들이 비밀 정보분석에 있어 어떠한 분석방법을 사용하여 왔는지 확인한다. 이것은 정보 영역에 있어 이론적 개념을 체계적으로 탐구하고자 하는 것이고, 이를 통해 군사, 국가안보, 법집행, 기업 및 민간 등의 다양한 분야의 학자들과 실무자들에게 효율적인 정보 연구방법을 알려줄 수 있을 것이다.

이 책은 21개의 주제를 다루고 있다. 각 주제는 정보연구와 분석을 철저히 이해하는 데 도움이 되는 상당히 많은 개념을 포함하고 있다. 개정판에는 초판 출간 이후 저자가 연구한 내용을 기술한 새로운 장이 신설되었다. 새로운 내용에는 공개출처첩보, 질적 자료 내용분석, 목표 프로파일, 전술적 평가, 차량경로 분석, 정책결정 분석 등이 포함된다. 또한 기존의 장은 정보분석 기법의 발전과 새로운 접근방법을 반영하여 내용을 재검토하였다.

2014년 시드니에서 행크 프런컨(Hank Prunckun)

1장 정보이론

이 주제에서는 다음과 같은 사항을 검토하여 정보연구를 안내한다.

1. 정보연구(intelligence research)
2. 정보의 필요성(why intelligence)
3. 첩보와 정보(information versus intelligence)
4. 정보의 정의(intelligence defined)
5. 지식으로서의 정보(intelligence as knowledge)
6. 절차로서의 정보(intelligence as a process)
7. 정보와 수사(intelligence versus investigation)
8. 자료와 첩보(data versus information)
9. 정보이론(intelligence theory)

정보연구: 힘들고 고된 일

1993년 늦은 1월의 전형적인 겨울날씨를 보이는 어느 날이었다. 다른 날처럼 버지니아 123번 도로(Virginia Route 123)의 동쪽방향 차로에 정지 교통신호가 들어왔다. 이곳은 버지니아 페어팩스 카운티(Fairfax County)에 있는 CIA 본부의 입구 바깥쪽이었다. 차량 행렬 속에는 출근하는 CIA직원과 다양한 계약자들도 있었다. 이러한 일은 매일같이 반복되는 일이었고 많은 정보분석관들은 이미 청사에서 업무를 하고 있었다.

그런 어느 날 아무도 어떤 운전자 때문에 분석관들에게 위험한 상황이 발생하리라고 예측하지 못하였다. 그러나 분석관의 업무는 정보를 수집하는 제임스 본드(James Bond)와 같은 상황과는 다르다고는 하지만 도처에 위험이 존재하는 직업이다.

1993년 1월 23일 차량 행렬에 있던 파키스탄인 암살범[1]은 정지신호 상태에서 차에서 내려 침착하게 차례대로 차량에 접근하여 가지고 있던 AK–47 공격용 소총으로 차량에 탑승한 남성들에게 사격을 가하였다. 그는 나중에 이야기하기를 현장의 모든 사람들을 목표로 사격을 가한 다음 총격을 멈추었다고 하였다. 총격을 받아 사망하거나 부상을 당한 사람들 중에는 정보분석관들도 있었다.

이 책의 주된 내용은 실패하지 않고 정보연구를 할 수 있는 방법에 대해 논의하는 점잖은 직업에 관한 것이지만, 정보업무는 기본적으로 위험을 수반하는 것이다. CIA 추모의 벽(Memorial Wall)과 영예의 서(Book of Honor, [그림 1.1] 참조)는 정보업무를 수행하다가 국가를 위해 목숨을 바친 사람을 별로 표시하고 있다.[2] 그리고 이 사람들 중에는 당연히 섬삶게 정보연구 업무를 하였던 분석관들도 있다. 정보분석 업무는 심리적으로나 육체적으로나 힘들고 고된 일이다. 전 CIA 부장인 로버트 게이츠(Robert Gates)가 말한 것처럼 "국가는 우리 정보관들이 끊임없이 전쟁을 하고 있기 때문에 평화롭다."[3]

정보의 필요성

왜 정보에 대해 관심을 가져야 하는가? 왜냐하면 정보는 어떤 주어진 상황에 대해 통제력을 행사할 수 있기 때문이다. 그러한 의미에서 통제력은 권력(power)과 동일한 것이다. 아이라 코헨(Ira Cohen)은 권력에 관한 전통적인 연구에서 다음과 같이 기술하였다.

권력은 능력이 감소하여 자신의 안전과 존재를 유지할 수 있는 힘이 없기 때문에 필요하다. 권력이 없으면 과거에 발생한 어떤 일과 관련하여 핵심적인 이익을 위협하는 행동이 발생하더라도 … 이를 억제할 수 있는 능력을 가질 수 없다. 권력이 없으면 과거에 발생한 일이 바람직한 방향으로 전개되도록 하고 … 바람직하

---

1) George Tenet with Bill Harlow, *At the Center of the Storm: My Years at the CIA* (New York: Harper Collins, 2007), 41–42.

2) Ted Gup, *The Book of Honor: Covert Lives and Classified Deaths at the CIA* (New York: Doubleday, 2000).

3) Charles Lathrop, *The Literary Spy: The Ultimate Source for Quotations on Espionage and Intelligence* (New Haven, CT: Yale University Press, 2004), 205.

과학적 정보분석론

지 않은 일이 발생하지 않도록 하는 것이 불가능하다. 권력은 더 많은 힘을 갖기 위해 필요한 것인데, 중요한 것은 활용할 수 있는 선택사항이 얼마나 많은가에 달려있다. 안보가 튼튼해지면 존재는 더 안전해 지며, 더욱 확실하게 인생을 즐기고 재산을 지킬 수 있게 될 것이다.[4]

그러므로 정보는 미래를 예측하는 예지력이 아니라 올바른 양적 및 질적 연구방법에 기초한 정확한 과학이어야 한다. 그러나 로웬탈(Lowenthal)이 지적한 바와 같이 "정보는 진리를 탐구하는 것이 아니다. 확실하게 알려진 사실에 대해서는 국가가 수집과 분석을 하는 정보기관을 운영할 필요가 없다. ... 그러므로 우리는 정보를 사실에 근접한 것이라고 생각해야 한다. ... (정보기관이) 최선을 다해 분석을 했다고 하더라도 진실이라고 확신하는 경우는 많지 않다. 목표는 신뢰할 수 있고, 편향되지 않았으며, 정직한 (즉 정치화되지 않은) 정보생산물을 만드는 것이다."[5] 이러한 관점에서 보면 정보는 분석관이 정책결정자에게 합리적인 결론에 입각하여 해결방안이나 선택방안을 제시하는 것이다.

그러나 이 대목에서 지적해야 할 것은 정보적 결론은 절대적인 것이 아니고, 어느 정도의 가능성과 불확실성을 항상 포함하고 있는 사실에 근접한 것(proximate reality)이라는 점이다. 그럼에도 불구하고 불확실성은 줄이고 결론의 제한성은 추가로 검토하여 정책결정자들에게 정보의 가능한 영역을 알려주는 것은 가능하다. 이러한 과정은 예감, 본능, 행운, 직감, 신념, 신앙, 신뢰, 희망 등에 기초하여 정책결정을 하는 것과는 구분되어야 한다.

정보라는 말을 들으면 스파이활동, 첩보수집, 비밀활동, 특수장비와 같은 것들이 먼저 떠오른다. 다른 한편 정보라는 말은 강경한 정치와 권력을 위해 타협하지 않는 빅 브라더(Big Brother)가 지배하는 전체주의 개념(Orwellian concept)을 연상시킨다.

어느 정도 정보업무는 이러한 개념들과 관련이 있지만 여기에서 다루는 정보연구는 첩보를 정보로 변화시키는 분석방법을 중심으로 접근하는 것이다. 이러한 분석절차는 응용연구에서 사용하는 방법을 이용하여 진행하는 것이지, 영화 주인공

---

4) Ira S. Cohen, *Realpolitik: Theory and Practice* (Encino, CA: Dickenson Publishing, 1975), 41−42.
5) Mark M. Lowenthal, *Intelligence: From Secret to Policy*, fourth edition (Washington DC: CQ Press, 2009), 6.

그림 1.1   CIA 영예의 서

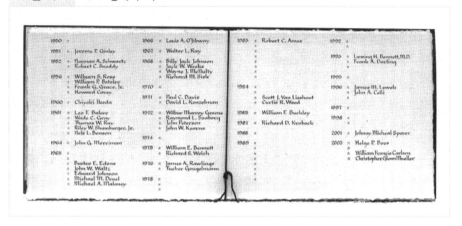

인 제임스 본드가 사용하는 장비와 같은 것을 사용하거나, 일부의 잔인한 경찰국가에서 사용하는 권위적인 억압 수단을 이용하는 것도 아니다.

2001년 9월 11일 이후 세계적으로 많은 대학과 대학원들이 국가안보를 지원하기 위해 필요한 분석관 인력을 양성하는 정보학 교육과정을 개설하고 있다. 이러한 교육과정에서 교육되는 내용은 동시에 법집행, 군사, 비즈니스, 민간영역의 정보와 같은 다른 분야의 정보업무에도 응용할 수 있는 것이다. 이러한 교육 프로그램의 증가에 따라 정보연구를 위한 과학적 탐구방법 분야에 있어서도 새로운 분석관 양성을 위한 교육과 훈련 방법을 지원해야 할 필요성이 높아지고 있다.

> 첩보는 정제되지 않은 생자료로서, 목표로 하는 완성된 정보를 생산하기 위해 사용되는 것이다. 첩보가 없다면 정보도 존재할 수 없다.

첩보와 정보

첩보(information)를 정의하는 것은 어려운 일이지만 불가능한 것은 아니다. 첩보는 중력이나 전기와 같이 이것을 실제로 느낄 수 있는 예를 들 수는 없다. 그럼에도 불구하고 첩보의 속성을 파악하고 표현하는 것은 가능하고, 이것은 정보

(intelligence)를 생산하는 분석방법을 향상시키는 데 도움이 되고 있다. 자연과학에 있어 중력과 전기를 정의하고자 노력하는 동안에도 기술자들이 중력이나 전기를 이용하는 물건을 디자인하거나 제작하는 데 전혀 지장이 없었다. 그러므로 첩보의 변수를 모두 파악하지 못했다고 하더라도 분석관이 첩보로부터 정보를 생산하는 데 지장이 생기는 것은 아니다.

사람의 모든 생활은, 그것이 중요한 것이거나 부수적인 것이거나를 불문하고, 다양한 형태로 첩보와 관련을 갖게 된다. 사람들은 아침에 시계의 알람소리를 듣고 잠에서 깨어나고, 신문을 통해 국내외의 각종 소식을 접하며, 라디오를 통해 일기예보를 확인하고, 운전할 때에는 자동차의 계기판으로 차량 상태를 파악하며, 교통신호와 표지판들로 도로 상태를 확인하고, 시계가 업무 종료시간을 가리키면 일을 마치고 귀가하여 잠을 잔다.

개인, 조직을 비롯한 모든 사회는 생존을 영위하는 데 있어 첩보가 대단히 중요하다. 공동체라는 개념은 어떤 개인이나 조직으로부터 첩보를 수집, 저장, 검색, 전환하여 다른 사람이나 조직에게 전달할 수 있을 때에만 성립할 수 있다. 사회가 복잡해질수록 첩보를 정보로 전환할 필요성이 높아진다.

> 미국 육군에 근무했고 CIA 정보분석관을 지낸 고 러셀 보우엔(Russell J. Bowen) 대령은 "종교와 정보는 동전의 양면과 같다. 종교와 정보는 사람들이 불확실성이라는 공포에 대응하기 위해 만든 제도화의 산물인데, 전자는 영적인 영역에 관한 것이고 후자는 현실생활에 관한 것이다."라고 말한 것으로 알려져 있다.

정보의 정의

정보(intelligence)에 대해서는 많은 정의가 있는데, 이것을 근거로 일부 학자들은 정보의 의미에 대해 일치하는 견해가 없다고 주장한다. 그러나 그렇지는 않다. 비록 정보학자들의 정의는 다양하지만 그 차이점은 단순한 수사에 불과하다. 왜냐하면 알려져 있는 다양한 정의들은 4가지 의미 요소로 좁혀질 수 있는 공통성을 가지고 있기 때문이다.

사전을 편찬할 때 여러 개의 정의가 있는 경우에는 '정의의 순서'(order of

definitions)라는 방법을 사용한다. 서로 다른 의미를 분명하게 표현하기 위해 공시적 의미론적 분석(synchronic semantic analysis)을 통해 정의의 순서를 정한다. 이 방법을 각종 문헌에서 사용된 정보라는 말에 적용해 보면 다음과 같은 의미를 갖는 것으로 추론할 수 있다.

1. 지식을 생산하기 위해 사용된 행동이나 절차
2. 그렇게 하여 생산된 지식 그 자체[6]
3. 지식을 다루는 조직(즉, 정보기관)
4. 그러한 조직이 정책결정자를 위해 일정한 절차에 의해 생산한 보고서와 브리핑 자료[7]

그리고 이러한 4가지 의미의 것들이 비밀리에 진행되거나 비밀이어야 한다는 것은 자명한 일이다. 만약 그렇지 않다면 이러한 정의들은 다른 영역의 연구에도 해당될 것이기 때문이다. 또한 절차로서의 정보(즉, 상기 첫 번째 정의)는 정보의 상이한 기능에 기초하여 분류한 것이다. 정보 맥락에 있어서 지식은 통찰력과 같은 것이고, 다른 관점에서 보면 불확실성을 줄이는 능력이 된다. 통찰력은 확실성을 높여서 미지의 세계에 대한 인류의 통제력을 향상시켜 문명을 발전시켜왔다. 그러나 통찰력은 신비스러운 의식을 통해 생산되는 것이 아니라 합리적으로 설명할 수 있는 결론을 도출하는 양적 및 질적 연구방법을 사용하는 절차에 의해 생산된다. 이러한 의미에서 통찰력은 가능성 및 예측력과 관련이 있다. 정보는 다음과 같은 방정식으로 표현할 수 있다.

$$(비밀성(첩보 + 분석 = 정보 \therefore 통찰력 \Rightarrow 불확실성 \ 감소))$$

이 방정식의 구성요소에 대해서는 이 장의 마지막 부분에서 정보이론을 검토할 때 보다 상세하게 논의할 것이다.

---

6) Terry L. Schroeder, *Intelligence specialist 3 & 2*, volume 1 (Washington DC: Naval Education and Training Program Development Center, 1983), 2−1.
7) Christopher Andrew, Richard Aldrich, and Wesley Wark, *Secret Intelligence: A Reader* (London: Routledge, 2009), 1.

지식으로서의 정보

지식으로서의 정보는 적이나 잠재적인 적에 관한 것이거나 조직의 관리자가 자신에게 부여된 임무를 수행하는 데 필요한 활동영역과 관련된 것이다. 목표(target), 주제(subject), 관심인물(person of interest), 관심주제(subject of interest)와 같은 말은 지식으로서의 정보 그 자체를 나타내는 방법이다. 다음과 같은 개념상의 예를 통해 보다 구체적으로 살펴보기로 한다.

국가안보 맥락   쿠바에서 민주적 정치시스템의 근간이 되는 복수정당 제도를 허용하는 법안 통과가 임박하였다는 정보를 카리브 지역의 첩보원이 보내왔다.

군사 맥락   프랑스정부가 핵실험을 승인했다는 정보를 최근에 입수하였다. 이 정보에 의하면 핵실험은 6월 16일로 시작되는 주에 태평양의 무루로아 환초(Mururoa Atoll)에 있는 프랑스 핵실험장에서 진행될 예정이다.

법집행 맥락   맥 다나이프(Mack DaKnife)가 스프링필드 신용조합(Springfield Credit Union)의 파인포인트(Pine Point) 사무실에 침입할 계획이라는 정보가 입수되었다.

비즈니스 맥락   네로 엔터테인먼트(Nerro Entertainment)가 금년 가을에 북동지역에서 21세부터 41세까지의 고객을 대상으로 광고 캠페인을 시작한다는 정보가 있다.

민간부문 맥락   두 척의 일본 포경선이 어제 북서 태평양을 향해 출항하는 것이 관측되었다. 선원이 보내 온 정보에 의하면 일본 선박들은 연구를 위해 고래 200마리를 잡을 계획이라고 한다.

절차로서의 정보

정보절차(intelligence process)는 전통적으로 '정보순환과정'(intelligence cycle)이라는 말로 표현되어 온 과정이나 단계를 말한다. 최근에는 정보순환과정이라는 말보다 정보절차라는 말이 더 널리 사용되고 있는데, 왜냐하면 이것은 그 자체가 순환되는 과정이라기보다는 하나의 절차라고 생각되기 때문이다. 이러한 과정이나 절차는 문제를 제기하거나 조언을 요청하는 정책결정자에 의해 시작되는데, 이러한 정책결정자의 요청을 정보요구(intelligence requirement)라고 한다.(군사정보기관과 같은 곳에서는 정보기본요소(essential elements of intelligence, 역자주 – 정보기본요소는 일반적으로 essential elements of information으로 표기, Leo D. Carl, *CIA Insider's Dictionary*, p.197 참조)라고 한다.) 정보요구는 정보기관에 전달되어 정보절차를 시작하는 출발점이 된다.

정보절차는 생자료[8]를 정보로 전환하는 다음과 같은 초기 5단계를 포함하는 7단계([그림 1.2] 참조)로 구성되어 있다.

1. 방향설정(즉, 문제 발굴과 기획)(direction setting)
2. 첩보수집(information collection)
3. 자료 대조(data collation)
4. 자료 조작과 처리(data manipulation and processing)
5. 자료 분석(data analysis)

도출된 정보는 추가로 2단계를 거치게 된다.

6. 보고서 작성
7. 정책결정자에게 배포(여기에 환류(feedback)가 포함될 수 있음)

정보요구(즉, 연구목표)에 따라서는 정보순환과정이 한 번 진행되어 정책결정자가 필요로 하는 지식이 충족되고 정보연구 프로젝트가 완료되기도 한다. 그러나 실제에 있어서는 순환과정이 다시 시작되는 경우가 많고, 추가 자료수집이 필요하기도 하며, 새로운 정보절차가 진행되면서 2개 이상의 과제해결이 필요한 경우도 있다. 일단 연구과제가 설정되면 자료수집 계획이 수립되고 보고서 윤곽이 잡히게 되는데, 데이터베이스 구축이나 자료정리가 잘 되어 있을수록 이러한 작업이 순조롭게 진행된다.

또한, 모든 자료가 입수되기 전에 약간의 예비적 분석(예를 들면 일부 분석관들이

---

8) 생첩보(Raw information)는 종종 평가되지 않은 정보(unassessed intelligence)라고도 한다.

과학적 정보분석론

그림 1.2   정보절차

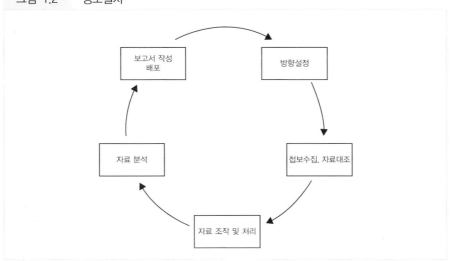

낮은 단계의 분석으로 보는 대조단계)이 수행될 수도 있고, 그 결과에 따라서 첩보의 추가 수집요구가 있을 수도 있다(예를 들면, 예비분석의 결과 자료가 연구주제에 부적합하거나 제한된 자료만 입수된 경우). 이 경우에는 자료수집 계획을 재검토하여 자료를 추가 수집하거나 다른 자료를 수집하도록 현장의 활동방향을 수정해야 한다.

일정한 목적을 가진 정보활동이 계속 이루어지면 정보순환과정을 구성하는 분석절차도 계속될 것이다. 새로운 첩보가 수집되어 대조가 이루어지면 관련된 다른 자료들도 조작되고 분석될 것이다. 분석의 결과는 활용하기 위해 즉시 배포하거나 새로운 수집목표를 설정하는 데 사용할 수도 있다.

정보생산물의 배포는 다양한 형태가 될 수 있다. 비즈니스 정보의 경우를 예로 들면 회사 또는 회사의 일부 조직의 역사, 회사의 사무실 배치도, 새로운 연구 프로젝트, 신제품 출하 예측, 직원 급여, 직원의 직급과 인원 등이 될 수 있다.

정보순환과정은 정보연구에만 존재하는 특이한 것은 아니고 다른 학문영역의 연구과정에도 존재한다.9) 예를 들면 응용사회학 연구에 사용된 연구순환과정은 다음과 같이 동일한 패턴을 보이고 있다.

---

9) Henry Pruncken, "The Intelligence Analysts as Social Scientist: A Comparison of Research Methods," *Police Studies* 19, no.3 (1996): 70−72.

o 첩보수집 계획을 수립하고 최초 현장 활동을 수행한다.

o 관찰하고, 토론하고, 자료를 수집한다.

o 자료를 분석하고 보고서를 작성한다.

o 보고서를 배포하고 환류(feedback)를 받아 추후의 연구전략을 수립한다.

정보와 수사

정보연구를 포함한 연구에서 수사(investigation)라는 말이 종종 사용된다. 이것은 어떤 사항에 대한 탐구가 이루어지고 있는 (즉 수사가 진행 중인) 상황을 표현할 때 사용된다. 예를 들면, 검토(examination), 평가(assessment), 모색(exploration), 분석(analysis) 등과 같은 다른 용어도 사용된다. 그러나 수사라는 말은 수사관이 어떤 사건의 원인이나 범인을 밝히는 임무를 수행하는 과정을 표현하는 활동의 의미로도 사용된다. 이러한 예로는 패션 의류의 상표도용 사건이나 비밀 마약제조를 위한 화학약품 밀수 의혹사건에 대한 조사도 포함될 수 있다. 수사와 정보의 차이는 다음과 같이 정리할 수 있다. 수사는 일반적으로 범인을 발견하여 법의 심판을 받도록 법정에 세우는 것을 목적하는 데 비해, 정보는 연구하는 이슈에 대한 통찰력을 제공하는 (즉 불확실성을 감소시키는) 데 관심이 있다. 전술적 정보를 생산하는 경우 정보가 수사에 도움을 줄 수 있지만, 수사는 정보에 따라 좌우되는 것이 아니라 전체적인 수사과정에서 얻어지는 증거에 의해 결정된다. 그래서 수사는 증거에 바탕을 두고 정보는 통찰력을 중시한다고 할 수 있다.

자료와 첩보

어떤 정보학자들은 자료(data)와 첩보(information)를 구별한다. 헤리티지 영어사전(American Heritage Dictionary for the English Language)에 의하면 자료는 '첩보, 특히 정보기관이 분석 또는 정책결정의 기초로 활용하기 위해 수집한 첩보'(information, especially information organized for analysis or used for the basis for a decision)를 의미한다.[10] 그러므로 정보연구의 관점에서 보면 분석관이 분석을 하

---

10) William Morris, ed., *The American Heritage Dictionary for the English Language* (Boston:

고 정책결정과정에서 자료를 이용한다고 할 때 자료와 첩보는 서로 바꾸어 사용할 수도 있다. 이러한 관점에서 보면 자료(data)[11]는 곧 첩보(informatio)이다. 이 두 개의 말을 구별하고자 하는 주장은 추상적인 설명만 하고 있어 이해하는 데는 별로 도움이 되지 않고 혼란을 초래할 가능성만 높이고 있다.

> 그들은 "우리는 사실을 알고 있다"고 말한다. 그러나 사실이 전부가 아니다. 최소한 사업의 성공의 절반은 사실을 어떻게 해석하는가에 달려있다.
>
> 출처: Fyodor Dostoevsky, *Crime and Punishment* (1866년 최초 출판), 제2부 제4장

정보이론(Intelligence Theory)

지식으로서의 정보와 절차로서의 정보, 정보와 수사의 차이점을 살펴보고 첩보 및 자료와 비교한 정보의 개념에 대해 고찰하였는데, 여기에서는 정보를 뒷받침하는 이론에 대해 검토하고자 한다.

왜 정보의 개념을 정의하고 정보이론을 파악하는 것이 중요한가? 그리고 정보의 개념을 정의한다고 하면 4개의 의미 중에 어떤 것으로 파악해야 할 것인가? 정보이론은 학자와 실무자 모두에게 정보가 무엇이고, 어떤 일을 왜 그리고 어떻게 하는지 이해할 수 있는 도구를 제공한다. 정보이론이 없으면 정보 관련 현상에 대해 자신의 견해를 정립하기 어렵고, 경험적인 관찰을 통해 수립한 가설 중에 어떤 것을 선택하고 어떤 것을 기각해야 하는지 검증하기 어렵다.

학자들은 수십 년 동안 정보이론을 찾아왔지만 불행하게도 2009년까지 이론화 문제를 다룬 문헌은 거의 없었다. 질(Gill), 마린(Marrin), 피씨안(Phythian)은 2009년 부족한 정보이론을 주제로 한 논문집을 출간하였다.[12] 수록된 논문의 집필자 중에는 데이비드 칸(David Kahn) 교수, 마이클 워너(Michael Warner), 제니퍼 심스

American Heritage Publishing Co. and Houghton Mifflin Company, 1971), 336.

11) data라는 말은 단수와 복수가 동일한 형태로 사용된다.

12) Peter Gill, Stephen Marrin, and Mark Phythian, eds., *Intelligence Theory: Key Questions and Debates* (New York: Routledge, 2009).

(Jennifer Sims)와 같은 핵심 오피니언 리더도 포함되어 있었다. 기타의 학자들도 다른 논문에서 이 주제에 대해 글을 쓴 당시의 최선두를 달리는 사람들이었다. 그들은 정보이론에 관한 연구를 진행하였으나 서로의 의견에서 공통점을 발견하는 것이 어려웠다. 그럼에도 불구하고 이 학자들이 정보이론에 관한 담론을 진전시킨 점에 대해서는 긍정적인 평가를 받아야 한다.

> 정보연구를 하는 것은 어두운 곳에 한 줄기 빛을 비추는 것과 같은 것이다.

이 책에서는 이와 같은 연구를 진전시키는 방법으로 군사 또는 국가안보를 중심으로 하지 않는 정보이론을 수립할 것을 제안한다. 왜냐하면 정보의 세계가 더 이상 이와 같이 분명하게 정의된 일정한 영역에서만 작용하지 않기 때문이다. 9.11 이후의 세계는 냉전 시기와는 대단히 달라졌다. 오랜 동안 유지되어 온 경계가 불분명하게 된 이유는 다음 장에서 정보분류(taxonomy), 정보구조(anatomy), 정보유형(typology)을 논의하게 되면 더욱 분명하게 이해될 것이다.

정보의 기초이론(Grounded Theory of Intelligence)

기초이론 접근법은 방첩이론을 보완·발전시키기 위해 시작되었는데, 처음에는 방첩 관련 문헌을 조사하는 데 활용되었고 일부 수정·보완을 거쳐 정보이론으로 발전되었다.[13] 이 이론은 일찍이 규정한 개념 정의에 뿌리를 두고 있다. 정보에 대해서는 많은 정의가 있었으나 일부의 학자들은 '이것 아니면 저것' 방식으로 의미론적 구성(semantic construction)을 하는 데 대해 반대하였다. 기초이론 접근법은 이 장의 첫 부분에서 제시한 의미적으로 확실한 4개의 정의를 도출할 수 있었다. 그러므로 이러한 정의는 정보이론이 기초로 삼아야 하는 4개의 기본원칙이 된다. 이 원칙을 반복하여 기술하면 다음과 같다.

---

13) 나는 2011~2012년 방첩에 관한 이론을 발전시켰다. 나는 이것이 수십 년 동안 계속되어 온 방첩 분야의 문헌 공백을 메울 수 있는 방법이라고 생각하였다. 나의 논문과 사용한 연구방법은 *American Intelligence Journal* (19, no. 3 [2011]: 6–15)에 수록되었고, 나중에 Hank Prunckun, *Counterintelligence Theory and Practice* (Lanham, MD: Rowman & Littlefield, 2012)로 출판되었으며, Henry Prunckun, "Extending the Theoretical Structure of Intelligence to Counterintelligence," *Salus Journal* (2, no. 2, June 2014: 31–49)로 업데이트되었다.

1. 지식을 생산하기 위해 사용된 행동이나 절차
2. 그렇게 하여 생산된 지식 그 자체
3. 지식을 다루는 조직
4. 그러한 조직이 정책결정자를 위해 일정한 절차에 의해 생산한 보고서와 브리핑 자료
5. 상기의 4개 기본원칙이 적용되는 정보에 필요한 제5의 원칙은 어느 정도의 비밀성이 필요하다는 것이다.

만약 제5의 원칙이 적용되지 않는다면 정보(intelligence)는 연구(research)가 될 것이다. 왜냐하면 정보와 연구는 모두 어떤 이슈에 대한 조사를 진행하여 결과적으로 이에 대한 지식(knowledge)을 생산하는 것이기 때문이다. 지식은 통찰력을 제공할 수 있고, 통찰력은 의사결정의 불확실성을 줄일 수 있는데, 만약 비밀성이 없는 경우라면 그것은 보통의 연구가 될 것이다. 어떤 기관에서 비밀로 취급하는 것이 다른 기관에서는 비밀이 아닐 수도 있고, 상황에 따라서 비밀이 되거나 되지 않을 수도 있는 것처럼 비밀성은 맥락과 상황에 따라 변화하는 측면이 있다. 이 장의 앞부분에서 제시한 다음의 방정식은 정보이론의 논리적 모델이다.

$$(비밀성(첩보 + 분석 = 정보 \therefore 통찰력 \Rightarrow 불확실성 \ 감소))$$

정보이론을 문장형식으로 표현하면 다음과 같다. 정보는 비밀성의 원칙하에 분석관이 첩보를 수집하여 분석하는 것이다. 이 절차는 결과적으로 정보(지식)를 생산하고 정책결정자에게 통찰력을 제공하여(보고서 또는 브리핑) 불확실성을 감소시킨다. 이러한 활동은 정보(비밀활동)를 담당하는 조직(또는 조직의 부서) 차원에서 수행된다.

이 모델에서 비밀성의 원칙을 제거한다면 정보는 연구로 전환될 것이다. 예를 들어 어떤 연구소가 관절염에 효과가 있는 약물에 대한 연구를 하는 경우를 살펴보기로 한다. 분석관(연구자)이 첩보를 수집하고 분석하는 정보모델의 모든 원칙이 여기에 적용된다. 그 결과 지식이 생산되어 정책결정자에게 통찰력을 제공(이 경우에는 적절한 약품을 개발)하고, (약품의 효과 또는 생산과 관련된) 불확실성을 감소시킬

것이다. 다만 다른 점은 비밀성이 없다는 것이다. 이러한 연구는 공개적이고 공공연하게 진행되어 누구든지 이러한 정보에 접근할 수 있다.

반대로 비밀성이 적용되면 연구는 정보가 되는데, 정보 유형의 하나인 비즈니스 정보가 될 수 있다(제2장 참조). 모든 측면이 비밀일 필요는 없지만, 적어도 하나는 비밀이어야 한다. 앞에서 살펴본 의약품 연구를 하는 경우와 군사 분석관이 비우호적 국가의 신무기 시스템 개발에 대해 조사하는 경우를 비교해 보자. 군사 분석관은 조사과정에서 공개출처 정보를 입수할 것인데, 예를 들면 그 국가에서 그러한 무기 시스템을 개발하는 데 필요한 특별한 기술을 가진 전문가에 관한 학문적 이력을 파악하고자 할 것이다. 이러한 자료는 이와 같은 사람을 채용하고 있는 대학의 웹사이트를 통해 분명히 자유롭게 입수할 수 있다. 그러나 이 조사 프로젝트는 비밀이기 때문에 분석방법이 비밀로 취급되고 산출 결과물도 비공개 상태로 정보가 생산될 것이다.

공리(Axioms)

4개 원칙을 뒷받침하는 4개 공리가 있다. 4개 공리는 정보이론이 성립하기 위한 진리 또는 전제조건으로서 일반적으로 받아들여지고 있다. 이러한 공리에는 정보는 방어적인 것도 있고, 공격적인 것도 있으며, 적시성과 타당성이 있어야 한다는 것을 포함한다.

방어적 정보(defensive intelligence)

방어적 정보는 정책결정자에게 위협(threats), 취약점(vulnerabilities), 위험(risks)을 어떻게 다루어야 하는지에 대한 통찰력을 제공하는 것과 관련이 있다. 방어적 정보는 제2장에서 논의하는 국가안보, 군사, 법집행, 비즈니스, 민간영역 정보라는 5개 분류의 모든 정보 유형에 해당될 수 있다. 방어적 정보는 방어와 관련된 여러 가지 요소를 다룰 수 있는데 예를 들면 예방, 준비, 약화, 피해축소 또는 피해대응, 회복 등이다.

공격적 정보(offensive intelligence)

정보는 정책결정자들이 공격적인 임무를 계획하는 것을 지원하는 데 사용될 수 있다. 단적인 예로서 군사작전의 표적을 설정하는 것을 들 수 있다. 표적 분석관(targeting analysts)은 군사적 자산(military assets)에게 임무를 부여하여 적의 능력을

과학적 정보분석론

파괴하거나 손상을 입히는 데 정보를 사용할 수 있다. 예를 들면 즉시 발포 또는 단기 및 장기 작전에 대한 조언을 제공할 수 있다. 공격적 정보를 응용할 수 있는 사례는 다양한 정보 유형에 걸쳐 가능할 것으로 생각된다(제2장 참조). 공격적 정보는 평가적(estimative) 또는 전략적(strategic) 정보를 포함하는 경우가 많은데 왜냐하면 이러한 연구 프로젝트는 위협에 사전 대응하는 것을 목적으로 하는 경우가 많기 때문이다.

적시성(timely)

정보가 유용하게 활용되기 위해서는 적절한 시기에 제공되어야 한다. 만약 정보 보고서나 브리핑이 정책결정자에게 적시에 제공되지 않는다면 일단은 보고 내용이 활용될 수 없다고 보아야 한다. 적시성은 어떤 사건이 진행 중이고 정보가 정기적으로 업데이트되어야 하는 경우에는 계속성이라는 개념도 포함하여야 한다.

방어가능성(defensible)

방어가능성은 몇 개의 관련 개념을 고려해야 한다. 여기에는 정보가 투명하고(transparent) 재생 가능한(replicable, 되풀이 하더라도 동일한 결론을 얻을 수 있는－역자 주) 분석절차에 의해 생산되어야 한다는 것이 포함된다. 투명성은 신뢰관계에 있는 사람들 상호 간에는 투명하고, 신뢰할 수 없는 사람들에게는 철저하게 불투명한 것을 의미한다.

투명성이 필요한 이유는 보고서를 읽거나 브리핑을 받는 사람이 원하는 경우에 그러한 결과물을 다시 생산할 수 있도록 하기 위한 것이다. 실제로 그런 일은 별로 없을 것으로 생각되지만, 만약 그런 일이 있다고 하면 연구방법의 타당성을 검증하기 위해 학문적 연구와 유사한 방식으로 동료에 의한 검토가 진행될 것이다. 이것은 다른 분야의 연구가 양적 및 질적 연구방법에 의한 과학적 탐구방법을 사용하는 것처럼 정보도 같은 연구원칙에 따라 분석이 진행된다는 것을 의미한다. 다만 정보분석을 위해 신뢰할 수 있는 첩보에 접근하는 것이 보다 어렵다는 차이점은 널리 인정되고 있다.

어떤 학자들은 이것을 감사 가능성(auditable)이라고 한다. 그러나 어떤 용어를 사용하든 관계없이 재생(replication)이란 정보보고서의 독자가 수집 방법, 첩보의 활용, 사용된 분석기법(그리고 왜 이러한 분석기법을 선택했는지)을 이해하고 분석관과 유사한 결론을 내릴 수 있는 것을 의미한다. 이것은 실제로 정보순환과정이 다시 되풀이될 경우 반드시 동일한 결론이 도출되는 것을 보장하는 것은 아니다. 다만, 보고서를 작성했던 상황에서 같은 자료와 방법을 사용한다면 유사한 결론에 도달하는 것이 합리적이라는 것이다.

정보활동의 환경이 다양하다고 하는 것은 재생이라는 개념을 방해하지 않는다. 사회에 관한 응용연구는 결론이 유사하기는 하지만 단 하나의 결론으로 수렴되는 경우는 드물다. 연구과제에는 수많은 독립변수가 있어서 새로운 변수가 추가되기도 하고, 제거되기도 하며, 변화하기도 한다. 이러한 현상은 정보연구에서도 동일하다.

만약 정보연구가 투명하고 재생 가능성이 있다면 그 결론은 방어된(defended) 것으로 인정될 것이다. 이러한 생각은 정보보고의 관련성(relevancy)과 정확성(accuracy)이라는 개념과 연결되어 있다. 여기에서 주장하는 것은 방어가능성(defensibility)이라는 공식이 유지된다면 당연히 타당성(validity)과 신뢰성(reliability)이 충족된다는 것이다.

토론(discussion)

정보이론은 왜 필요한가? 정보이론은 업무를 수행하면서 당면하게 되는 다양한 이슈에 대해 어떠한 정보적 접근이나 활동방법, 실행절차를 선택하는 것이 효율적인가 하는 명제를 검증할 수 있도록 해주기 때문이다. 예를 들면 정보이론은 정보활동의 결과, 성과, 절차를 통해 정보적 관심사항의 효율성을 검증할 수 있도록 해준다. 왈시(Walsh)가 주장한 것처럼 정보이론은 정보학의 발전에 도움을 준다.[14]

정보학자와 실무자들은 그 동안 정보이론을 이용하여 검증을 해왔는가? 아마도 가장 확실한 성과는 정보실패(intelligence failure)라는 현상에 대한 연구일 것이다. 예를 들면 정보조직(제3원칙)이 분석절차(제1원칙)에 어떤 영향을 미쳐서 결국 정보실패를 초래하게 되었는가 하는 주제를 연구하는 것이다.

정보이론을 이용하면 다양한 연구주제를 설정하고 검증할 수 있다. 예를 들면 다음과 같다. 비밀의 수준은 정보활동의 효율성에 영향을 미치는가? 정보활동의 효율성은 정보기관의 조직구조에 따라 영향을 받는가? 이러한 것은 보편적인 정보이론으로 검증되고 변경될 수도 있다. 또 다른 예를 들면 다음과 같다. 국가안

---

14) Patrick F. Walsh, *Intelligence and Intelligence Analysis* (London: Routledge, 2011), 295-97.

과학적 정보분석론

보 이슈에 대해 완전히 방어적 접근만 하면 공격적 접근을 포함시킨 것보다 효율성이 떨어진다. 그러나 비즈니스 정보에 있어서 공격적 역할을 포함하면 부작용이 생기게 된다. 이러한 가설을 사용하면 학자들은 변수를 정의하고 조작할 수 있게 된다. 위의 경우 첫 번째 가설의 예로는 다음과 같은 것을 들 수 있다. 투입할 수 있는 공격적 수단으로 첩보원, 감청, 정찰 드론, 협조자 기타 공격적 개념의 첩보 수집 수단을 활용한다.

"이것이 대량살상무기(WMD)에 대해 우리가 가지고 있는 모든 정보이고 또한 최선의 정보입니다 ... 걱정하지 마세요. 확실합니다."

조지 부시(George W. Bush) 대통령이 이라크에 의한 안보위협에 대해 질문하였을 때 조지 테닛(George Tenet) 전 CIA부장이 답변한 내용. Bob Woodward, *Plan of Attack* (London: Simon & Schuster, 2004), 249에서 인용.

모든 정보이론을 활용하면, 실증적으로 검증할 수 있다. 타당하고 신뢰할 수 있는 자료에 기초한 실증적 연구의 결과는 양호한 정보활동으로 연결될 수 있다. 요약하면 정보이론은 개념적으로 탄탄하게 정립된 것은 아니지만, 그럼에도 불구하고 정보활동이 왜 이렇게 실행되고 있는지 또는 왜 이렇게 실행되어야 하는지를 설명하는 5개 공리(axiom)를 설명할 수 있는 방법의 하나가 된다.

정보이론이 더욱 개선되어 정보학을 보다 잘 이해할 수 있는 이론적 기초가 되기를 바란다. "사람들은 시간이 충분히 지나면 많은 것들이 개선된 이런저런 정보이론이 훌륭한 정책대안을 제시할 것으로 기대할 것이다. 그러므로 이러한 정책대안은 실증적 연구에 기초한 방어할 수 있는 결론에 기초해야 한다."15)

중요 용어

이 장과 관련이 있는 중요 용어는 다음과 같다. 각 용어에 대해 자신이 이해한 내용을 하나 또는 두 개의 문장으로 짧게 정의를 내리거나 설명을 해 본다.

---

15) Hank Prunckun, *Counterintelligence Theory and Practice*, 48.

o 의사결정자(decision maker)

o 첩보(information)

o 정보(intelligence)

o 정보순환과정(intelligence cycle)

o 정보요구(intelligence requirement)

o 정보목표(target)

학습 문제

1. 정보(intelligence)라는 용어에 대해 예를 이용하여 정의를 내린다.

2. 정보(intelligence)와 첩보(information)의 차이짐을 실명한다.

3. 정보(intelligence)와 수사(investigation)의 차이점을 설명한다.

4. 프런컨 정보이론(Prunckun's intelligence theory)을 구성하는 5개 원칙(principles) 과 4개 공리(axioms)란 무엇인가?

학습 활동

   [그림 1.2]의 정보순환과정을 보면 대조(collation)가 중요한 단계의 하나라는 것을 알 수 있다. 이것은 단지 하나의 단계일 뿐만 아니라 분석단계를 준비하는 부분이다. 스프레드시트를 이용하여 날짜, 사건, 발생국가, 군사력 형태, 영향력 등의 자료 항목에 맞추어 자료를 대조할 수 있는 표를 작성한다. 이를 위해 국제적인 무력충돌 사건을 다룬 신문기사를 최소한 6개 이상 입수한다. 그리고 신문기사의 내용 중에서 상세한 부분을 간단히 요약하면서 (즉, 간단하게 질적으로 묘사) 이것들을 표의 해당되는 칸에 기입하여 스프레드시트를 작성하는 방식으로 첩보를 대조한다. 이러한 작업이 마무리 되었으면 작성된 것을 기초로 정보를 생산하는 데 필요한 논리를 도출한다. 이러한 과정을 통해서 대조가 왜 중요한지에 대해 생각해 본다. 결국 수집단계는 분석절차와 분리된 단계로 볼 수도 있고 분석절차의 일부분으로 볼 수도 있다.

과학적 정보분석론

2장 정보의 조직적 구조

이 주제에서는 다음과 같은 사항을 검토하여 정보활동이 이루어지는 조직구조를 개관한다.

1. 정보의 역사 개관
2. 정보연구의 분류(taxonomy of intelligence research)
3. 정보의 구조(anatomy of intelligence)
4. 정보의 유형분류 체계(typology of intelligence)

정보의 역사 개관

군사정보의 활동적 측면은 법집행이나 비즈니스 정보의 활동과 매우 유사하다. 이러한 정보활동은 당연히 역사적으로도 유사한 측면이 있다.

이와 같은 친척관계에 있는 정보활동 사이의 연계관계는 조금만 살펴보아도 바로 확인이 가능하다. 이러한 비교연구는 군사정보 분야에서 발전되고 개선된 후 다른 파생 정보 분야에서 채택된 중요한 정보이론을 강화시키고 있다.

군사정보의 역사는 수 세기 이전으로 거슬러 올라간다. 단편적인 정보활동 사례는 성경시대 또는 그 이전의 시기에서도 인용된다. 그러나 군사정보의 전성시대는 약 150여 년 전부터 시작되었다. 군사정보의 공식적인 탄생 기록은 여러 국가가 전쟁부(war departments) 산하에 정보 부서를 정식으로 설치한 것이다.[1]

---

1) 정보의 역사와 미국 정보의 기원에 대한 간략한 소개는 Allen Dulles, *The Craft of Intelligence* (New York: Harper & Row, 1963) 제1장과 제2장을 참조한다. 다른 정보기관의 역사에 대해서는 다음과 같은 서적을 참고한다. Richard Deacon(필명 George Donald King McCormick, 제2차 대전에서 활약한 해군 정보장교, 역사학자), *A History of the British Secret Service* (London: Muller, 1969); *A History of the Russian Secret Service* (London: Muller, 1972); *A History of the Chinese Secret Service* (New York: Taplinger, 1974); *The Israeli Secret Service* (London: Hamish Hamilton, 1977); *A History of the Japanese Secret Service* (London: Frederick Muller, 1982); *The*

1600년부터 제2차 대전 직후까지 유럽국가들은 정보시스템을 강력하게 발전시키고자 노력하였으나 오늘날과 비교하면 별로 성공하지 못했다. 이것은 프랑스가 제1차 대전 발발 당시 독일군의 규모를 실제의 절반으로 잘못 판단하고 있었던 것을 보아도 알 수 있다.

제1차 대전과 제2차 대전의 기간 동안 군사정보는 양적으로나 질적으로 대폭 발전하였다. 유일한 예외는 정보시스템을 분산적으로 운영했던 미국이었다. 1929년 당시의 국무장관 스팀슨(Henry L. stimson)은 현재의 입장에서 보면 최악이라고 할 수 있는 "신사는 다른 사람의 메일을 읽지 않는다."(gentlemen do not read each other's mail.)는 금언을 실천하고 있었다.[2]

스팀슨의 말은 야들리(Herbert O. Yardley)의 '검은 회의실'(Black Chamber)에 대한 반응이었다.[3] 스팀슨은 비밀 암호해독 활동을 정당화하는 어떠한 주장에도 반대한 것으로 알려지고 있다. 그는 외교정책이 기초해야 할 상호신뢰의 원칙에 위반되는 비열하고 더러운 일이라면서 야들리의 비밀활동을 강력하게 거부하였다. 그리고 그는 야들리의 암호해독 활동을 중단시켰다. 역사는 정책결정자에게 제공하는 정보를 제한하는 스팀슨의 결정 때문에 제2차 대전 발발에 이르는 기간 동안 미국이 겪어야 했던 운명을 보여주고 있다.

제2차 대전은 정치 지도자들이 가졌던 정보의 역할에 대한 잘못된 인식을 극적으로 변화시켰고, 오늘날에는 정보가 군사작전의 수립과 집행에 중요하다는 점에 대해서는 의문의 여지가 없다. 군사정보의 후예(offspring of military intelligence)라고 할 수 있는 법집행 정보, 비즈니스 정보, 민간부문 정보는 조상의 특징을 그대로 가지고 있다. 가장 불가분의 관계가 있고 확실한 특징 두 가지는 다음과 같다.

1. 정책결정자는 첩보가 아니라 정보에 기초하여 정책결정을 해야 한다.
2. 정보는 정책결정자를 심리적으로 가장 압박하는 문제를 해결하고자 노력한다.

   French Secret Service (London: Grafton, 1990).

 2) David Kahn, *The Codebreakers: The Story of Secret Writing* (Toronto, Canada: The Macmillan Company, 1969), 360.

 3) Herbert Osborn Yardley (April 13, 1889 ~ August 7, 1958), *American Black Chamber* (Indianapolis: The Bobbs-Merrill Company, 1931).

군사정보처럼 국가안보정보도 정책결정의 핵심이 되고 있다. 랜섬(Ransom)은 이러한 관계를 다음과 같이 표현하였다. "국가정책을 결정하는 데 있어 정보와 정책(policy)의 관계, 좀 더 넓은 의미에서 말하면 정보와 행동(action)의 관계보다 더 중요한 것은 없다."[4]

국가안보정보는 국가의 외교부처 또는 때에 따라서는 이와 밀접한 관련이 있는 부처에 의해 수행되는 기능이다. 여기에는 미국 중앙정보부(America's Central Intelligence Agency: CIA), 오스트레일리아 비밀정보부(Australia's Secret Intelligence Service: ASIS), 캐나다 안보정보부(Canadian Security Intelligence Service: SCIS), 뉴질랜드 안보정보부(New Zealand's Security Intelligence Service: NZSIS 또는 SIS), 영국 비밀정보부(Britain's Secret Intelligence Service: MI6) 등이 있다. 이러한 조직들은 공개(open), 공식(official), 비밀(covert) 등의 모든 출처로부터 수집된 첩보를 처리하는 다른 정보기관의 협조를 받아 중앙 집중적으로 분석을 조율한다.

국가안보정보는 군사정보의 후손이라고 할 수 있지만, 양자 사이의 관계는 너무도 긴밀하여 분명한 경계를 실질적으로 설정하는 것이 불가능한 경우도 종종 있다. 많은 경우에 군사개입 작전을 진행하기에 앞서 해외정보기관의 비밀공작 활동이 먼저 이루어진다.[5] 그러므로 국가안보정보는 전적으로 군사정보의 후손이

그림 2.1　　미국의 암호전문가 허버트 야들리(Herbert O. Yardley)

출처: US National Security Agency

---

4) Harry Howe Ransom, *The Intelligence Establishment* (Cambridge, MA: Harvard University Press, 1971). 3.
5) Melissa Boyle Mahle, *Denial and Deception: An Insider's View of the CIA from Iran−Contra to 9/11* (New York: Nation Books, 2004).

아니고, 다만 활동 규범이 동시 또는 함께 발전된 것이라고 주장할 수 있게 된다.

국가안보정보는 정치 지도자 (일반적으로 우선 대통령 또는 수상)에게 국제조약 이행 여부를 포함한 광범위한 대외정책과 국제정치 이슈와 관련된 정책결정에 조언할 책임이 있다. 건전하고 건설적인 대외정책 (그리고 군사전략과 영역이 겹치는 대외정책)이 수립되기 위해서는 사실(fact)과 현실(realism)에 기초해야 한다. 그러므로 정보기관은 국가의 대외정책을 지원하기 위해 필요한 많은 사실을 제공해야 한다.

정보연구의 분류

정보는 기본(basic), 전술(tactical), 작전(operational), 전략(strategic)의 4개 범주로 분류할 수 있다. 그러나 기본정보(basic intelligence)라는 용어는 조금 부적절하다. 기본정보(basic intelligence)라는 말은 기초적이거나 단순하다는 의미이지만, 실제로는 다른 것이다. 기본정보는 역사적 주제(historical topics)를 분석하는 것과 관련이 있다. 기본정보의 목적은 공작적 필요성을 비롯한 다양한 연구 프로젝트에 사용할 수 있는 정보를 제공하는 것이다. 이러한 예를 들면 어떤 공작관 또는 공작원이 가장이나 경력을 발전시킬 때 필요로 하는, 특정 시점과 장소에 어울리는 실질적인 정보와 같은 것이다.

어떤 학자들은 연구 결과가 정보로 인정받기 위해서는 예측적(predictive) 성격이 있어야 한다고 주장하였다. 그러나 기본정보에 대해 이러한 주장을 하는 것은 적절하지 않다. 앞 장에서 기술한 것처럼 정보의 특징적인 차이점은 예측성(prediction)이 아니라 비밀성(secrecy)이다.

기본정보의 중심적인 원칙은 접근하기 쉬워야 한다는 것이다. 이러한 의미에서 기본정보는 역사적(historical), 보편적(universal), 공통적(collective) 정보라는 성격을 갖는다.[6] 제11장에서 기본정보가 어떻게 적시성 있는 분석을 하고 중요한 날짜를 결정하는 데 사용될 수 있는지 살펴볼 것이다.

전술정보(tactical intelligence)는 진행되고 있거나 착수하려고 하는 작전을 지원

---

6) 이러한 점에서 도서관학에 기초한 연구는 기본정보 시스템을 발전시키는 데 가장 유용할 것이다. Dr. Edna Reid, Federal Bureau of Investigation, Washington DC, personal communication, June 7, 2001.

과학적 정보분석론

하기 위해 제공되는 것이다. 전술정보의 개념과 함께 검토되어야 할 것은 현용정보(current intelligence)라는 범주이다. 현용정보는 정보사용자에게 현재 검토 중인 다양한 이슈의 진전 상황에 대해 알려주는 보고서와 브리핑 등을 포함한다. 현용정보를 보고하는 과정에서 생산된 사실과 도표 등은 정보기관의 기본정보로서 활용될 수도 있다.(앞쪽의 토론 참고)

　전략정보(strategic intelligence)는 장기적 예측이나 광범위한 목표에 대해 결론을 제시하는 데 비해, 작전정보(operational intelligence)는 단기적인 목표 달성에 직접 기여할 수 있는 정보를 말한다. 영연방 국가들은 전략정보 보고서에 대해 assessments 라는 용어를 사용하고, 미국은 estimates라고 한다.(그러므로 estimative intelligence라는 말은 전략정보와 동의어로 사용되기도 한다)

　또한 전략정보의 특별한 범주에 속하는 것으로 경고정보(warning intelligence)가 있다. 경고정보는 어떤 사건이나 상황이 특별한 시기나 특정한 시간에 발생할 가능성이 있을 때 주의하도록 촉구하는 것으로 보다 좁은 관점의 정보이다.7) 이슈와 문맥에 따라 예측하는 시간의 범위는 시간, 일자, 주 단위가 될 수 있다. 전략정보의 경우에는 시간의 범위가 수개월이 될 수도 있을 것이다. 무엇이 경고정보인가에 대한 엄격하고 확실한 기준이 없어 문제가 있지만, 어떤 범주에 속할 것인가에 대한 판단이 필요하다. 확실한 것은 이슈가 1년 이상 연구되고 있다면 경고정보에 관한 것은 아닐 가능성이 높다.

　이러한 분류 범주의 영역에 대해 [그림 2.2]에서 도표로 표시하였다. 그러나 이 책에서 논의하고자 하는 주된 목적은 전술, 작전, 전략 정보를 구분하는 것이다.

기본정보(Basic Intelligence)

o 사실과 수치에 관한 백과사전식 편집물을 제공한다.
o 수십 년 또는 수 세기에 걸친 다양한 주제, 이슈, 사건, 상황, 장소, 사람에 관한 내용을 포함한다.
o 작전요원은 물론 연구 분석관도 활용할 수 있다.
o 신속하게 참고할 수 있도록 쉽게 접근할 수 있다.

---

7) Cynthia M. Grabo, *Anticipating Surprise: Analysis for Strategic Warning* (Lanham, MD: University Press of America, 2004).

그림 2.2   정보의 분류범주

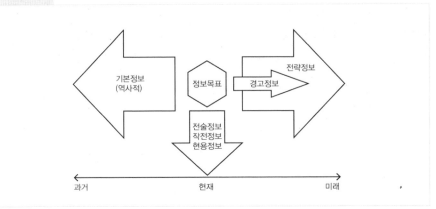

전술정보(Tactical Intelligence)

o 특정한 작전을 지원하는 즉각적인 통찰력을 제공한다.

o 개별적인 목표 또는 단기간의 활동을 대상으로 하는 정보이다.

o 전개되는 사건이나 상황에 대해 매일 업데이트를 제공한다.(즉 현용정보)

작전정보(Operational Intelligence)

o 단기간 또는 제한된 기간에 관한 정보이지만 전술정보보다는 조금 더 긴 시간범위를 대상으로 하기도 한다.

o 활동의 유형이나 작전형태에 관한 정보이다.

전략정보(Strategic Intelligence)

o 고급 형태의 정보이다.

o 어떤 목표 또는 활동에 관한 종합적인 견해를 제공한다.

o 미래의 가능성을 설명하거나 잠재적 이슈를 확인한다.

o 위협, 위험, 취약점에 관한 제안을 한다.

o 어떤 사건이나 상황의 가능성에 대해 경고를 한다.(위의 경고정보 논의 참고)

o 계획이나 정책의 발전을 위한 선택방안을 제공한다.

o 자원의 할당을 지원한다.

o 목표 또는 활동 지역에 관한 광범위한 지식이 요구된다.

이러한 정보의 분류는 명확한 것처럼 보이지만, 구체적인 상황에서 어떤 정보는 하나 이상의 성격을 갖게 되어 전략적 목표를 충족시키는 동시에 전술적 수요에 부응하는 경우도 있을 수 있다.

군사정보의 경우에는 전술, 작전, 전략 정보 외에 육군 전투정보(combat intelligence)와 같은 분야별 군사업무에 특화된 정보의 범주가 있다.

o 전장 정보준비(intelligence preparation of the battlefield: IPB)로 알려진 절차를 통해 적이 제기하는 위협에 대해 군 사령관에게 조언을 제공한다.

o 적의 전투서열(order of battle) 즉 전체 군부대의 규모와 명칭, 보유 장비의 종류와 성능, 부대의 위치 기타 전장의 환경에 관한 정보 등을 제공한다.

o 사령관이 전투 작전을 수행할 때 당면하게 될 날씨와 지정학적 상황 등에 대한 분석을 제공한다.

o 사령관이 적의 의도, 능력, 취약점 등을 고려하여 수립한 최선의 정책결정인 작전계획을 실행하는 것을 지원한다.

해군정보(naval intelligence)에는 해병대와의 연합작전을 위한 정보, 대잠수함 전투를 위한 정보, 공중작전을 위한 정보와 같은 해군의 임무에 특화된 범주가 있다. 공군은 관할 영역인 공중 및 우주와 관련된 정보 그리고 사이버 공간에서의 정보전쟁에 필요한 정보를 전술, 작전, 전략정보의 분류 범주로 구분하고 있는데, 예를 들면 징후와 경고정보(indications and warning intelligence), 표적정보(target intelligence, 즉 표적개발 및 전투피해 평가) 등이 있다.

정보의 구조

인체 구조가 여러 부분으로 구성되어 있는 것처럼, 정보도 역시 응용정보 연구(applied intelligence research), 방첩(counterintelligence), 비밀수집(espionage), 대간첩

(counterespionage), 비밀공작(covert operations)과 같은 구성요소로 이루어져 있다.

응용정보 연구(applied intelligence research)

다른 학문 분야에서 기본연구(basic research) 또는 이론연구(theoretical research)라고 하는 것은 연구 그 자체를 목적으로 한다. 즉, 연구를 수행할 당시에는 어떤 목적으로 활용하겠다는 의도가 없는 것으로, 지식을 위한 지식(knowledge for knowledge's sake)을 생산한다. 이러한 연구의 결과물은 나중에 응용되는 경우가 있으나 연구를 진행하는 동안에는 특정한 목적이 없다.

이것과는 달리 응용연구(applied research)는 정책결정의 기초를 제공하는, 즉 통찰력을 더하거나 불확실성을 감소시키는 것과 같은 실질적인 목적이 있다. 정보는 이러한 의미에서 응용연구라고 할 수 있고, 공개(open), 반공개(semi-open), 공적(official), 은밀(clandestine), 비밀(covert) 등 다양한 출처로부터 수집된 생첩보(raw information)를 처리한(processing) 결과물이라고 할 수 있다.[8]

정보분석관은 첩보를 입수하면 이것을 평가하고 관계가 없는 것은 제거한다. 조사하는 목적과 관련이 있는 첩보에 대해서는 분석하고 해석하여 생산물을 완성한다. 생산물은 구두 브리핑, 문서 브리핑, 목표 프로파일(target profile), 전술적 평가(tactical assessment), 전략적 평가(strategic estimate) 등 다양한 보고형태가 될 수 있다. 이러한 생산물은 고객(customer) 또는 수요자(consumer)로 알려진 최종 사용자에게 배포된다. 정보절차는 어떤 특별한 문제에 대해 심도 깊고 철저하게 이해하여 생산물을 만들어내는 분석과정이라고 요약할 수 있다. 핵심 정보주제와 포괄적인 분류방법에 대해 [표 2.1]에서 개관하였다.

"정보기관이 수집하거나 분석관이 편집한 정보가 정책결정자인 수요자의 손에 들어가지 않는다면 쓸모가 없다."

Allen W. Dulles, *The Craft of Intelligence* (New Delhi: Manas Publications, 2007), 149.

---

8) Roy Godson, *Dirty Tricks or Trump Cards: U.S. Covert Action and Counterintelligence* (Washington, DC: Brassey's), 303.

과학적 정보분석론

표 2.1	보고서 생산을 위해 선정된 정보주제
주 제	잠재적 분류
농업	전략
양식업	전략
예술, 문화, 문학	기본정보
인물전기	기본정보
빌딩, 건설업	전략
민간 인프라 시설	작전 및 전략
범죄와 사법제도(민사법 제도 포함)	작전 및 전략
외교	전략
경제, 재정	전략
교육	전략
적의 공격(다양한 형태)	경고(전략)
에너지	전략
환경	전술, 작전 및 전략
대외교역	전략
지질학	기본정보
정부	전략
건강	전략
역사	기본정보
법집행	작전 및 전략
법률, 입법	전략
제조업, 산업	전략
미디어	작전 및 전략
군사, 국방	전술, 작전 및 전략
광업, 미네랄	전략
조직	작전 및 전략
정치(세부 주제 포함)	작전 및 전략
종교	작전 및 전략
과학	전략
사회학(세부 주제 포함)	작전 및 전략
우주	전략
스포츠	기본정보
기술	전술, 작전 및 전략
통신	전술, 작전 및 전략
교통, 승객, 화물	전술, 작전 및 전략
주요 통계	기본정보

방 첩

방첩은 억제와 탐지에 관심이 있다. 방첩은 안보에 초점이 맞추어진 기능 (security-focused function)이지만 안보는 아니다. 그러나 방첩에 있어 안보 (security)는 방어적으로 사용되고 있다. 방첩의 핵심은 정보기관 (또는 그의 고객)을 적의 침투로부터 보호하고, 비밀정보를 부주의한 유출로부터 보호하며, 장비와 물자를 비밀수집, 전복, 파괴, 테러 기타 정치적 동기에 의한 폭력행위로부터 보호하고, 핵심 기술과 장비의 유출을 방지하는 것이다. 방첩은 방어적 방법과 안보의 공격적 방법 및 연구·분석 등을 모두 활용하는 적극적 모델이다.

정보와 방첩 사이에는 분명한 구분이 있지만 그 경계선은 모호할 수도 있다. 방첩기능을 통해 수집된 자신 또는 협력 정보기관에 침투하고자 하는 적의 시도와 관련된 첩보는 적의 정보를 쓸모없게 하거나 그들의 능력과 잠재적 의도를 드러나게 하는 것이므로 정보수집 부서에 제공할 수도 있다. 그러므로 방첩은 활동이라는 측면과 정책결정자에게 보고하는 생산물이라는 2가지 측면이 있다.[9]

비밀수집(espionage)

비밀수집은 수 세기 전부터 계속되어 온 고전적인 첩보수집 형태로서 정보순환과정의 2번째 단계에 해당한다. 비밀수집 또는 일상적으로 스파이라고 하는 것은 전통적으로 가장신분의 첩보원을 활용하는 것이다. 여기에서 구별해야 할 2개의 개념이 있는데, 정보원(agent)은 다른 사람이나 조직을 위해 일하는 사람(예를 들면, 민간 조사원은 연구를 위해 이 사람을 고용한 고객의 정보원)이고, 정보관(officer 또는 operative)은 권한을 가지고 정보원에게 법적인 책임을 부여하는 사람(예를 들면, 보스톤 경찰서 정보관)이다. 그러므로 정보원은 정보관이 소속된 정보기관을 위해 비밀수집 요원으로 채용한 사람이다.[10] 이러한 상황에서 채용하는 정보관을 전통적

---

9) 방첩의 기능에 관한 보다 심도 있는 논의를 위해서는 다음의 문헌을 참고. Hank Prunckun, *Counterintelligence Theory and Practice* (Lanham, MD: Rowman & Littlefield, 2012), Hank Prunckun, "A Grounded Theory of Counterintelligence," *American Intelligence Journal* 29, no.2 (December 2011): 6-15.

10) Ellis M. Zacharias, *Secret Missions: The Story of an Intelligence Officer* (New York: G.P. Putnam's Sons, 1946).

으로 case officer라고 하였으나, 현재는 공작관(operations officer)이라고 한다.[11]

　　이러한 정보원은 다른 방법으로는 얻을 수 없는 첩보를 보거나, 듣거나, 획득할 수 있는 위치에 있는 사람을 채용하거나 그러한 지위를 얻도록 한다. 일반적으로 정보원은 이념적 이유, 금전적 이유, 복수심, 권력욕, 짜릿한 전율감, 활동의 신비감, 상상력 충족 등을 위해 자신의 국가를 배반한다.[12] 그러나 기술의 발전에 따라 전통적인 정보원을 사용하는 것보다 기술적인 비밀수집 수단(즉, 기술적 정찰 및 방해받지 않는 수집방법)을 더 많이 사용하게 되었다. 정보원을 활용하는 방법은 냉전기간 동안 정보기관이 국가라는 행위자를 상대로 할 때 비교적 잘 작동하는 방법이었다고 할 수 있다.

　　비밀수집은 제임스 본드(James Bond)와 같은 게임이 아니다. 비밀수집은 심각한 영향을 미칠 수 있는 중대한 비즈니스에 가깝다. CIA 본부에 있는 영예의 벽(Wall of Honor)은 이러한 사실을 증언하고 있다. 2002년 79개의 별이 기록되었고, 이 별들은 국가를 위해 자신의 목숨을 바친 정보관들을 나타내는 것이다. 48명의 정보관은 자신의 이름이 영예의 서(Book of Honor)에 기록되어 있지만, 다른 사람들은 아직 자신의 임무가 비밀로 분류되어 있어 익명으로 되어있다.

Ted Gup, *The Book of Honor: Covert Lives and Classified Deaths at the CIA*
(New York: Doubleday, 2000).
T. J. Waters, *Class 11: Inside the CIA's First Post－9/11 Spy Class* (New York: Dutton, 2006), 4.

　　정보원은 정보기관에 수년에 걸쳐 지속적으로 정보를 제공할 수 있다. 그러나 특별한 형태의 스파이라고 할 수 있는 망명자(defector)는 디브리핑을 통해 과거의 공작이나 방법에 대해 많은 것을 제공할 수 있기는 하지만, 망명할 당시의 정보만을 제공할 수 있다. 정보원과 망명자는 모두 필요하지만, 각각 장점과 한계가 있다.[13] 스파이는 국가안보의 세계에서만 활발한 활동을 하는 것처럼 보이지만, 비

---

11) Robert Baer, *See No Evil: The True Story of a Ground Soldier in the CIA's War on Terrorism* (New York: Crown Publishers, 2002), 271; Melissa Boyle Mahle, *Denial and Deception: An Insider's View of the CIA from Iran－Contra to 9/11* (New York: Nation Books, 2004), 37, 54 and 370.
12) Fredrick P. Hitz, *The Great Game: The Myth and Reality of Espionage* (New York: Alfred A. Knopf, 2004).
13) Fredrick P. Hitz, *The Great Game: The Myth and Reality of Espionage*, 3.

즈니스 정보와 법집행 정보를 포함한 다른 유형의 정보에 있어서도 스파이와 망명자는 같은 역할을 할 수 있다.[14]

그러나 알카에다 테러리스트가 2001년 9월 11일 공격을 한 이후 정보기관은 자료를 수집할 곳에 정보원을 갖는 것이 중요하다는 점을 깨닫게 되었다.[15] 기술수집 자료를 중시하게 된 이유 중의 하나는 현장의 정보원을 운영하고 수집된 자료의 신뢰성을 확인하는 데 비교적 비용이 많이 들었다는 점이다.(예를 들면 항공 및 위성사진은 정보원이 할지도 모르는 과장이 없고, 이러한 자료들은 단순히 거기에 무엇이 있고 무엇은 없다는 것을 보여준다)

9.11 사건과 뒤이어 발생한 발리(Bali), 마드리드(Madrid), 런던(London)에서의 테러공격은 외국정부의 군대와는 전혀 다른 테러리스트 조직의 활동에 대응하는 데에는 기술적으로 수집된 자료가 거의 쓸모가 없다는 것을 보여주었다. 테러나 국가 중심의 패러다임을 벗어나는 비전통적 위협에는 대응할 수 없었다. 오늘날 국가는 허약하고 부패한 정부, 불량국가(rogue states), 자치정부(sub-state), 전환국가(trans-state)뿐만 아니라 국제적인 조직범죄 단체, 과격한 인종적 또는 종교적 단체, 우익 정치조직 등으로부터 야기되는 위협에 직면해 있다. 이러한 위협에 대처하기 위해 순전한 기술적 접근을 넘어서는 특별한 자료수집의 필요성이 제기되고 있다.

가장(cover, 공작관의 생활에 대한 다양한 측면의 그럴듯한 이야기)에는 기본적으로 공직 가장(official cover)과 비공직 가장(nonofficial cover: NOC-knock이라고 발음)이라는 2가지 유형이 있다.[16] 비공직 가장은 공작관이 정보기관에 의해 설립된 유령회사에 근무할 경우에는 상업 가장(commercial cover)이라고도 한다. 공직 가장은 어떤 형태로든 정부의 공무원 신분을 갖는 것이고, 비공직 가장은 표면적으로는 정부와 아무런 관련이 없는 것이다.

비공직 가장 공작관은 정부의 보호 없이 항상 자기 스스로 활동하기 때문에 진정한 비밀수집 활동가라고 할 수 있다. 만약 비밀수집 활동을 수행하는 중에 외국

---

14) 정보원 관리에 대한 보다 상세한 논의는 다음을 참조. Jefferson Mack, *Running a Ring of Spies: Spycraft and Black Operations in the Real World of Espionage* (Boulder, CO: Paladin Press, 1996).
15) Baer, *See No Evil;* Mahle, *Denial and Deception;* and T. J. Waters, *Class 11: Inside the CIA's First Post-9/11 Spy Class* (New York: Dutton, 2006).
16) Mahle, *Denial and Deception,* 141, 149-50, 233, 370.

에서 체포된다면 신문 도중 고문을 받을 수도 있고 처형될 수도 있다. 만약 이러한 일이 일어난다면 언론의 기자회견도 없을 것이고 아무도 그 사건에 대해 관심을 가지지 않을 것이다. 비공직 공작관은 홀로 활동하고 홀로 죽는다.

그럼에도 불구하고 비밀수집은 아직도 우주 정찰위성을 포함한 음향수집 장치, 무선 주파수 장치, 특수 사진장비 등을 운용하고 있다. 이러한 장비를 주어진 환경에서 적절하게 사용하면 분석관이 활용할 수 있는 양적으로나 질적으로 대단한 자료를 입수할 수 있기 때문이다. 그러나 이것은 정보기관이 인간출처로부터 자료수집을 게을리 하는 원인이 될 수 있다. 정보에 있어 비밀수집의 역할은 너무도 중요하기 때문에 제9장에서 비밀 및 비공개 첩보수집의 다양한 형태를 살펴볼 것이다.

대간첩(counterespionage)

대간첩 업무는 탐지(detection), 기만(deception)[17], 적의 정보기관 활동에 대한 효율적 무력화 등과 관계가 있다. 외관상 대간첩 업무는 정보원 네트워크를 통해 비밀정보를 수집하는 스파이 활동의 모습으로 나타난다. 그러나 다른 점은 외국의 정부나 군대가 아니라 상대방 정보기관에 관한 자료를 수집한다. 이것은 방첩(counterintelligence)과도 일부 관련이 있으나 상이한 점도 있다. 방첩은 정보기술(craft)을 방어적으로 활용하는 데 비해 대간첩은 공격적으로 활용한다. 정보기관은 방어적 기술이 없으면 공격적 기술도 사용할 수 없다. 그러므로 대간첩과 방첩은 2인용 자전거와 같은 관계에 있다.

대간첩은 정보의 모든 기능 가운데 가장 민감하고 복잡하기 때문에 정확하게 수행되어야 하는 업무라고 한다. 대간첩은 상대방 정보기관 요원과 접촉하기 위해 정보원을 의도적으로 투입하는 복잡한 전략을 실행하는 공학적 기술이 필요하다. 그러므로 관련 첩보를 입수하거나, 적에게 역정보(disinformation)를 제공하여 혼란을 초래하고 엉뚱한 방향으로 사업을 계속 진행하도록 유도한다. 바륨식(barium meal, 엑스레이 촬영 전에 삼키는 바륨이 든 물질 – 역자주)과 같은 거짓 첩보

---

17) 정보활동에서 얼마나 철저한 기만이 있을 수 있는가에 대한 논의는 아버지와 함께 생활하면서 겪은 다음의 가족 이야기를 참조. Scott C. Johnson, *The Wolf and the Watchman: A CIA Childhood* (New York: W. W. Norton and Company, 2013).

(false information)를 투입하여 첩보가 적의 정보기구에서 순환하는 경로를 파악함으로써 우리 측에서 침투시킨 요원의 활동 여부를 파악하거나 이제까지 알려지지 않았던 다른 안보누설 사항을 탐지할 수도 있다. 대간첩 활동은 방첩의 활동기법을 활용하고 방첩조직의 지원을 받지 않으면 임무를 수행할 수 없는 것으로 알려져 있다.[18)]

"대간첩은 비밀활동에 있어 귀족적 분야(aristocratic sector)라는 말을 종종 듣는다. 낭만적 이미지의 대간첩 요원은 동료를 견제하고 국가의 비밀을 지키려고 애쓰는 것이다. 그의 업무는 그들을 실패하게 하는 것이다. 이것은 두 사람이 함께 비밀을 훔쳐내려고 하는 비밀수집 상황과 달리 진정한 의미에서 적대관계라고 할 수 있다. 대부분의 스파이 이야기는 스파이 활동에 관한 것이 아니라 대간첩 활동에 관한 것이다.

Harry Rositzke, *CIA's Secret Operations: Espionage, Counterespionage, and Covert Action*
(New York: Reader's Digest Press, 1977), 119.

공작(covert operations)

학자들은 종종 공작이 정보활동도 군사작전도 아닌 정보활동의 회색영역이라고 주장하지만, 공작이야말로 정보를 생산하는 최선의 정책옵션 중의 하나라고 할 수 있다. 정보활동과 공작은 장갑과 손(hand-in-glove)과 같이 긴밀히 협조하는 관계이어야 한다.

공작을 정보활동 분야의 지저분한 사촌 정도로 생각하는 정보 전문가가 있다면 잘못 생각하고 있는 것이다. 만약 어떤 정보 전문가가 자신은 오직 첩보의 수집자 또는 자료의 분석자이고 정보의 성과물은 보고서나 평가서를 생산하는 것이라고 생각한다면 그는 나약한 사람이다. 그는 주적이나 반대편에게 어떤 영향을 미칠 수 있는가에 대해 점잖게 토론하는 것이 자신의 활동목표가 아니라는 것을 기억해야 한다. 정보기관에서 일하는 모든 사람은 자신의 최종 목표가 반대편을 패배시키는 것이고 반대편이 우리를 패배시키지 못하도록 하는 것이라는 것을 분명히 인식해야 한다.

---

18) Prunckun, *Counterintelligence Theory and Practice.*

과학적 정보분석론

정책수단이라는 관점에서 볼 때 아무런 조치를 하지 않는 것부터 모든 수단을 동원한 군사개입까지 검토한다면 공작은 중간 정도에 위치한다. 그렇다면 정보 전문가는 자신의 업무추진의 결과가 현재의 상태에 아무런 변화를 일으키지 않는 것과 많은 사람이 죽거나 도시 전체가 파괴되는 결과 가운데 어떤 것을 선택해야 하는가? 비밀 정책옵션인 공작은 일반적 정책선택 범위를 벗어난 별도의 정책옵션이라고 보아야 하는가? 하나의 정책옵션을 선택하는 것은 결국 정보 전문가의 정보업무의 결과에 기초하게 된다.(이것과 관련된 추가 논의는 제20장과 제22장 참조)

이것은 공작(covert action)[19], 특별활동(special activities)[20], 특별작전(special ops)[21] 등으로 불리기도 하는데, 어떤 목표(target) 또는 적(adversary)에 대항하거나 경쟁하기 위해 연구와 분석을 포함한 다양한 첩보수집 방법을 사용할 뿐만 아니라 개인이나 단체 또는 기업에 대해 기술적으로 지원하거나 조언과 상담, 재정적 · 물질적 지원을 제공하기도 한다.

공작을 비밀작전(covert operations) 또는 흑색작전(black ops)이라고 하는 것은 우리 편은 강화시키고 적을 약화시키거나, 불안정하게 하거나, 파괴하기 위해 은밀한 비밀수집과 관찰을 통해 첩보를 수집하고 분석하는 기능을 수행하기 때문이다.[22] 공작에 사용되는 전술에는 정치적 시위, 선전선동, 선거조작, 고위 공직자 뇌물공여, 정치적 핵심인물에 대한 흑색 메일발송, 중요시설 파괴, 요인 암살, 반란과 폭동 선동, 현실 및 가상세계에 걸친 광범위한 방해물 설치[23] 등이 포함된

19) Godson, *Dirty Tricks or Trump Cards*, 2 – 3, 304.

20) William J. Daugherty, *Executive Secrets: Covert Action and the Presidency* (University of Kentucky Press, 2004) 13 – 15, and note 7 at 228.

21) Frederick P. Hitz, *The Great Game: The Myth and Reality of Espionage* (New York: Alfred A. Knopf, 2004), 5.

22) 사례는 다음 서적을 참조. Dennis Fiery, *Out of Business: Force a Company, Business or Store to Close Its Doors... For Good* (Port Townsend, WA: Loompanics Unlimited, 1999).

23) 예를 들면 1972년 미국 대통령선거 기간 동안 리처드 닉슨(Richard Nixon) 재선을 지원하기 위해 '반대연구'(opposition research)를 한 도널드 세그리티(Donald H. Segretti)의 사례가 있다. "그의 목적은 최대한 민주당에 대해 신랄하게 공격하고 분열을 조장하는 것이었다." 세그리티는 "핼더만(Halderman) 하원 의원의 임명직 비서관 채핀(Dwight Chapin)에 의해 비밀 정치공작을 하기 위한 목적으로 채용되었다." 인용출처는 다음 서적의 Tony Ulasewicz이다. Stuart A. McKeever, *The President's Private Eye: The Journey of Detective Tony U. from NYPD to the Nixon White House* (Westport, CT: MACSAM Publishing Co., 1990), 240. 또한 워터게이트 사건(Watergate Affair) 기간에도 또 다른 방해활동이 계획되거나 진행되었다. 자세한 내용은 다음을 참조. G. Gordon Liddy, *Will: The Autobiography of G. Gordon Liddy* (London: Severn House, 1981). 그리고 그런 활동을

다. 이러한 전술을 나열하는 것이 이것을 비난하거나 책망하기 위한 것은 아니다. 현실정치의 세계에서는 이러한 사용이 타당한 정책옵션이 될 수도 있다. 그러나 공작의 효율성은 실행자가 철저하게 은폐되었는지 최소한 그럴듯한 부인이 가능한지 그리고 정보업무 특히 방첩활동이 어떻게 수행되었는지에 따라 달라진다.

'그럴듯한 부인'(Plausible denial)24)이 유지될 수 있다면 이러한 모험적인 활동의 성과는 엄청나게 클 것이다. 반면에 만약 관여가 사실로 드러나면 그 여파는 파국적이 될 수 있다. 예를 들면 1985년 프랑스 정부는 태평양에 있는 무르로아(Mururoa) 산호섬에서 실시하는 핵실험에 반대하는 그린피스(Greenpeace)에 대해 관심을 가지고 있었다. 1985년 7월 10일 프랑스 대외정보총국(Direction Generale de la Securite Exterieure, Directorate General for External Security)의 공작팀은 뉴질랜드 오클랜드(Auckland) 항구에 있는 그린피스의 레인보우 함정(Rainbow Warrior)에 폭약을 설치하였다. 함정은 침몰했고 폭발과정에서 배에 타고 있던 한 사람이 사망하였다.

뉴질랜드 경찰은 사고에 대한 수사를 착수하여 프랑스 공작팀원 2명을 체포하였고, 재판이 진행되어 유죄가 선고되었다. 그들은 교도소에 보내졌다. 다른 공작팀원들은 체포를 면하고 도주하였다. 프랑스 정부는 이 사건으로 곤경에 처했을 뿐만 아니라 수년 동안 정치적 파문을 겪었다. 작전이 발각되지 않고 성공적으로 수행되었더라면 공작의 결과는 훨씬 달라졌을 것이다.

비록 공작을 실행하는 정보원은 자신이 전문가로서 수행했다고 생각할 수도 있지만 그러나 처음에 채용될 때와는 다른 분야인 공작 업무에 나중에 투입된 경우도 있을 수 있다. 실제로 공작에 특화된 정보원도 있겠지만, 그들만이 공작을 수행하는 것은 아니다. 특히 신속한 실행이 필요한 상황에서는 현지 채용 정보원을

어떻게 하는 것이 좋은지 알 수 있는 자료가 제법 있다. 예를 들면 다음과 서적을 들 수 있다. George Hayduke, Get Even: The Complete Book of Dirty Tricks (Boulder, CO: Paladin Press, 1980); George Hayduke, *Byte Me: Hayduke;s Guide to Computer-Generated Revenge* (Boulder, CO: Paladin Press, 2000); John Jackson, The Black Book of Revenge: The Complete Manual of Hardcore Dirty Tricks and Schemes (ElDorado, AR: Desert Publications, 1991); Victor Santoro, *Political Trashing* (Port Townsend, WA: Loompanics Unlimited, 1987).

24) Peter Grabosky and Michael Stohl, *Crime and Terrorism* (London: Sage Publications, 2010), 53 and 64. Richard A Best Jr. and Andrew Feicket, *CRS Report for Congress: Special Operations Forces (SOF) and CIA Paramilitary Operations: Issues for Congress* (Washington, DC: Congressional Research Service, Library of Congress, December 6, 2006), 5.

과학적 정보분석론

즉시 활용해야 하는 경우도 있을 수 있다.

요 약

정보의 영역 사이의 관계를 요약하여 보여줄 수 있는 방법의 하나로 조하리 윈도우(Johari Window)가 있다.[25] [표 2.2]는 비유적으로 '윈도우'라고 하는 4개의 영역으로 구성되어 있다. 위쪽은 첩보에 대한 정보기관의 관점을 표시하였고 왼쪽은 반대편의 관점을 표시하였다. 정보기관과 반대편이 어떤 관점을 가지고 있는지에 따라 각자가 입수하고자 하는 첩보와 필요로 하는 정보기능이 달라진다.

상단 왼쪽 윈도우가 표시하는 정보기관과 상대편 모두에게 공개되어 있는 첩보의 경우에는 응용정보연구(applied intelligence research)라는 일반적인 방법을 통해 공개출처첩보(open source information)로서 입수하고 특별한 정보기능을 필요로 하지 않는다. 그러나 분석관이 응용정보연구 기능을 수행할 때 4개 영역 모두에서 산출되는 첩보를 이용해야 한다는 것은 중요하다. 이 기능은 오직 이 영역에서만 수행된다.

| 그림 2.3 | South Australia의 Adelaide 항구에 정박되어 있는 Rainbow Warrior II |

출처: 저자 촬영

25) [표 2.2]의 프레임워크는 조셉 루프트(Joseph Luft)와 헨리 잉그햄(Henry Harry Ingham)이 다음의 글에서 상호작용에 대한 이해를 돕기 위해 발전시킨 개념에서 채택하였다. "The Johari Window: A Graphic Model of Interpersonal Awareness," In *Proceedings of the Western Training Laboratory in Group Development* (Los Angeles: University of California, Los Angeles, Extension Office, 1955).

표 2.2	정보기관의 입장에서 본 첩보와 정보기능의 해부학적 영역의 관계		
구 분		정보기관	
		알려져 있는 것	알려져 있지 않은 것
반대편	알려져 있는 것	응용정보연구	비밀수집
	알려져 있지 않은 것	방첩	방첩과 공작

상단 오른쪽 영역의 경우 정보기관은 알지 못하는 자료로서 반대편이 알고 있는 것을 정보기관이 입수하기 위해서는 비밀수집(espionage) 기능이 필요하게 된다. 하단 왼쪽 영역의 경우에는 정보기관은 알고 있으나 반대편이 알지 못하는 것을 지키기 위해 필요한 방첩 기능을 나타낸다. 마지막으로 하단 오른쪽 영역은 정보기관과 반대편이 모두 알지 못하는 첩보로서 양편이 모두 입수하고자 하는 경우로서 방첩과 공작이 전개되게 된다.

정보의 유형분류 체계(Typology of Intelligence)

정보는 유형(type 또는 class)에 따라 구조화되는데, 유형분류 체계는 정보기관이 활동하는 환경에 따라 달라진다. 정보에는 국가안보(대외정책과 국제정치를 포함), 군사, 법집행, 비즈니스, 민간의 5개 주요 유형이 있다. 여섯 째 유형인 재난대응 업무(예를 들면 화재소방 및 탐지구조)도 정보조직을 운영하고 있고 정보라는 제목을 붙이고 있으나 이곳에서 논의하는 것과 같은 정보기능 또는 분석수준을 수행할 수 없다.[26][27] 그러므로 이 유형에 대해서는 이 책에서 다루지 않을 것이다.

정보기관이 활동하는 환경은 서로 중복될 수 있다. 예를 들면 어떤 테러 조직의 능력에 대한 조사는 지방정부의 법집행기관이 관심을 가질 수 있는 것은 물론 국가정보기관, 군정보기관, 그리고 일부 민간 안보회사도 관심을 가질 수 있다. 또한 군사정보는 국가안보와 밀접한 관계를 갖는 경우가 있는데, 왜냐하면 군사정보

---

26) Emergency Management Australia, *Operations Centre Management*, second edition (Canberra, Australia: Emergency Management Australia, 2001), 5-10.
27) Emergency Management Australia, *Land Research Operations*, second edition (Canberra, Australia: Emergency Management Australia, 1997).

과학적 정보분석론

는 적의 의도와 능력을 군 사령관들에게 알려줄 뿐만 아니라 군사력을 사용하고 군사전략을 변화시킬 수 있는 정치적 지도자들에게 알려주어야 하기 때문이다.

업무영역이 겹치거나 밀접한 관련이 있는 것과 함께, 각 정보유형이 사용하는 활동방법, 전술, 장비, 정보저장 시스템, 분석방법 등도 동일하다. 이것은 첩보의 활용 가능성에 한계가 없고 어떤 특정 자료가 한 가지 정보유형에만 필요로 하는 것이 아닐 수 있기 때문이다. 다른 말로 표현하면 다양한 정보유형 사이의 기본적인 차이점은 최종 사용목적 또는 정보활동의 일반적 추진방법의 차이라고 할 수 있다.

국가안보정보(National Security Intelligence)

국가안보정보는 국가의 무력을 관장하는 다양한 부처에 의해 수행되고, 외교부, 국가에 따라서는 원자력부에서도 담당한다. 국가안보정보는 맥락에 따라서는 외교정책정보(foreign policy intelligence)라고도 한다. 선진국에서는 보조 역할을 하는 여타의 정보기관들을 조정하고 모든 출처로부터 첩보를 수집하고 처리하는 것을 조율하기 위해 중앙정보기관을 두는 것이 일반적이다. 그렇지 않은 국가에서는 조정, 수집, 분석의 3개 기능을 수행하는 하나의 최고 정보기관을 두는 통합적 시스템을 운영한다.

국가안보정보 분석관이 탐구하는 첩보의 유형은 외국 정부가 당면한 정치적 이슈에 관한 것일 수도 있고, 건강, 교육, 사회구조, 사회적 문제, 법적 제도 등이 될 수도 있다. 여기에는 식량 생산량 및 분배체계, 세계의 자원(석유, 식수 등), 국제교역 관계, 세계적인 이주민 패턴, 국가의 인종적 구성, 글로벌 통화질서 등도 포함된다. 또한 해외의 기술발전 동향, 핵문제, 무기생산 동향, 방위산업, 방위장비, 군사능력 등도 중요한 대상이 된다.

그러나 9/11 이후의 안보환경에서 국가안보정보와 법집행정보 사이에는 분명한 연계관계가 있다. 이것은 국제 테러리스트들이 시민사회에 가한 위협 때문에 야기된 일이다. 9/11 이전에는 국가안보 분석관과 법집행 분석관은 "… 서로 상대방의 기본적 역할과 한계를 완전히 이해하지 못하였다. 그 결과 의사소통에 착오가 있었고, 결국 비효율성이 증가하게 되었다."[28] 그동안 이러한 상황은 대폭 개

---

28) David L. Carter, "Law Enforcement Intelligence and National Security Intelligence: Exploring the

선되었고, 안보환경이 중첩되는 현상을 강조하게 되었다.[29]

군사정보(Military Intelligence)

군사 결정(military decisions)에는 무거운 책임이 따른다. 군사 결정은 전투 병력의 생명뿐만 아니라 국민의 자유에도 영향을 미친다. 군사정보 자체는 전쟁 수행과 관련이 있는 중요한 요소에 관심을 갖는다. 예를 들면 "적의 군사력, 능력, 취약점은 물론 날씨, 지형 등도 포함된다."[30] 군사정보는 이러한 기본사항을 다루는데 있어 "적시성 있고, 정확하며, 사용할 수 있는 정보를 생산해야 한다."[31]

군사정보는 지휘관이 작전환경, 군사력(적대적, 우방, 중립 여부)은 물론 작전지역 (또는 잠재적 작전지역)에 있는 민간인에 대해 결정을 내리는 것이다. 국가의 군대는 선시 또는 병시(즉, 기습공격 예방 또는 단시간의 경고 후 전쟁 준비)를 불분하고 전술적, 작전적, 전략적 수준의 정보활동을 수행한다.

육군, 해군, 공군을 불문하고 군사정보 능력을 갖추지 않는 것은 있을 수 없는 일이다. 군사정보 조직은 특수부대의 형태를 갖거나 별도의 정부조직으로 구성된다. 구성원은 군대 또는 민간인 중에서 특별한 기술이나 분석능력이 있는 사람을 선발한다. 그러한 기술이 없는 군대의 구성원은 특별한 목적으로 설립된 특수대학에서 훈련을 받기도 한다.

법집행 정보(Law Enforcement Intelligence)

법집행 정보는 지휘관이 보다 정확한 결정을 할 수 있도록 지원하기 위한 것이다. 고위 공무원들에게 올바른 결정을 내릴 수 있는 정보를 제공하고 그 동안 발견하지 못했던 중요한 범죄행위에 대해 보고한다. 이러한 정보기관에는 이민, 관세, 범죄자 정보담당 부서 등이 포함되는데, 단순한 법집행 기능을 하는 규제 및 단속기관이나 경찰보다 광범위한 업무를 수행한다.

또한 법집행 정보는 국내외의 체제전복 세력, 비밀수집 활동, 파괴행위, 테러리

Differences," *International Association of Law Enforcement Intelligence Analysts Journal* 21, no.1 (November 2012), 1.

29) Patrick F. Walsh, *Intelligence and Intelligence Analysis* (London: Routledge, 2011).

30) Joseph A. McChristian, *The Role of Military Intelligence: 1965–1967* (Washington, DC: GPO, 1974), 3.

31) McChristian, *The Role of Military Intelligence*, 3.

즘 등의 위협에 대응하는 기관에서도 수행하고 있다. 기타의 법집행 기관(예를 들면 미국 상무부의 수출통제실(Office of Export Enforcement) 같은 조직)은 하드웨어 기술, 소프트웨어, 화학, 핵물질과 같은 금지된 이중용도 물품의 수출규제를 통해 국가안보와 국가이익을 보호한다.

기관 및 업무에 따라 이러한 부서에 근무하는 직원의 명칭은 프로젝트 담당관(project officers), 확인관(collators), 정보분석관(intelligence analysts), 범죄 분석관(crime analysts), 범죄정보 분석관(criminal intelligence analysts) 등으로 다양하다.[32] 이처럼 명칭이 다양한 것은 과거부터 이렇게 불러왔기 때문인 경우도 있고 산업계에서 이렇게 부르기 때문인 경우도 있다. 명칭이 업무를 수행하는 데 요구되는 비판적 사고(critical thinking)의 수준 차이를 반영하는 경우도 있다. 예를 들면 확인관은 약간의 기초적 연구방법을 사용하여 단순한 분석적 업무를 수행하는 데 비해, 분석관은 높은 수준의 분석적 사고는 물론 고급 연구방법론과 전문지식이 필요할 수도 있다.

비즈니스 정보(Business Intelligence)

비즈니스 정보는 경쟁회사가 밝히지 않고 있는 거래비밀(trade-related secrets)과 상업첩보(commercial information)를 입수하는 것이다. 비즈니스 정보는 경쟁자 정보(competitor intelligence, 또는 경쟁정보 competitive intelligence), 기업정보(corporate intelligence)라고도 한다.[33] 언론이 일부 정보실무자(intelligence practitioners)들의 비윤리적 행위에 대해 보도하기도 하였으나, 공개 또는 반공개(semi-open) 출처를 통해 상당히 많은 첩보가 입수 가능하다. 이러한 활동의 초점은 지방(local), 지역(regional), 국가(national), 국제(international) 등 몇 가지 수준에서 전개될 수 있다. 비즈니스 정보는 회사와 기업의 영역에 한정되지 않고, 이 분야에 특화된 민간 조사회사(private investigation firms) 또는 외국의 정보기관도 수행하고 있다. 민간 조사회사는 고용된 스파이들로 구성되어 있고, 외국의 군사 및 안보 정보기관은 무역

---

32) Patrick F. Walsh, *Intelligence and Intelligence Analysis*, 245.

33) Leonard M. Fuld, *Competitor Intelligence: How to Get It-How to Use It* (New York: John Wiley and Sons, 1985); and Richard Eells and Peter Nehemkis, *Corporate Intelligence and Espionage: A Blueprint of Corporate Decision Making* (New York: Macmillan Publishing Company, 1984), 78.

및 경제에 관한 비밀을 수집목표로 삼고 있다.

때로는 '정보'라는 말과 함께 사용하면 공격적으로 보일 수 있는 경우 이를 부드럽게 하기 위해 비즈니스 대신 다른 말을 쓰는 경우도 있다. 경제단체에서 사용하는 시장정보(market intelligence 또는 시장조사 market research), 생산정보(product intelligence 또는 생산조사 product research), 고객정보(customer/client intelligence)와 같은 말은 비즈니스 정보를 의미하는 것이 일반적이다.

> "비즈니스의 세계는 서로 경쟁하는 경기장이다. 치열하게 경쟁하는 야구팀, 선거를 치르는 정치인, 전투를 하는 군대처럼 회사도 상대방과 투쟁을 한다."
>
> William Sammon, Mark Kurland, and Robert Spitalnic, *Business Competitor Intelligence: Methods for Collecting, Organizing, and Using Information* (New York: John Wiley and Sons, 1984), v.

민간부문 정보(Private Sector Intelligence)

민간부문 정보가 어떻게 구성되어 있는가를 직접 설명하는 것은 쉽지 않다. 왜냐하면 여기에는 다양한 정보유형이 포함되어 있기 때문이다. 그러나 이 책의 집필 목적에 따라 민간부문 정보는 보수를 받거나 공공의 이익을 위해 비밀조사 서비스를 제공하는 회사 또는 개인 정보원으로 보기로 한다. 민간부문 정보란 비정부(nongovernment) 단체 또는 개인에 의해 수행되는 비밀조사(secret research)라고 간단하게 정의할 수 있다.[34]

비록 '민간'(private)이라는 말이 개인이라는 의미를 포함하고 있지만 민간부문 정보를 구성하는 것과 비즈니스 정보 심지어는 국가안보정보와도 중복되는 요소가 있다. 가장 본질적인 차이점은 누가 '스파이 고용계약'을 체결하는가 하는 것이다.

민간부문 정보실무자(private sector intelligence practitioners)는 평균적인 민간 조사원이나 민간 탐정이 제공하는 범위를 넘어서는 전문가 서비스를 제공한다. 종종 민간부문 정보실무자로 법집행, 군사, 국가안보 정보경력을 가진 사람이 충원된다. 그들이 가진 전문성은 조사 또는 감시를 할 때 배경지식으로 활용될 수 있다.

---

34) Richard Eells and Peter Nehemkis, *Corporate Intelligence and Espionage*, 185.

그들은 전문적인 광학기기, 전자적 오디오 감시장비, 정보분석 기법활용 등에 대해 집중적인 훈련을 받은 사람일 수도 있다. 그들은 상업적 방첩이나 전자적 도청 방지 등에 대해 도움을 줄 수도 있다. 또한 그들은 중요한 인물에 대한 밀착 경호를 하거나, 경영의 위기 및 위험관리를 하거나, 비즈니스의 계속성 계획을 수립할 수도 있다.

민간부문 정보기관은 예를 들면 신용평가와 같은 특별한 조사업무를 하는 데이터베이스를 가지고 있는 상업적 조직을 포함하고 있을 수도 있다. 또한 민간부문 정보기관은 고객을 위해 비용을 받고 학문적인 연구와 조사를 실시하는 정책연구소(policy institute 또는 싱크탱크 think tanks)를 포함하고 있을 수도 있다. 민간부문 정보실무자들은 행정부의 일부 관련 부처가 자료가 부족하다고 판단하는 경우 유용한 자료를 공급받을 수 있는 선택 대안이라고 인정받는 경우가 있다.

민간 조사원(private investigators)이 이러한 분야에서 주도적으로 활동하고 있는 것처럼 보이지만 실제로는 그렇지 않다. 왜냐하면 정보는 연구주제와 문제를 설정하고 자료수집 계획을 수립하며 자료를 수집하고 대조한 다음 최종적으로 자료를 분석하는 것과 같이 구조화된 사고(structured thinking)가 필요한데, 이러한 일을 실제로 하는 많은 사람들은 민간 조사원 이외의 사람들이 수행하고 있기 때문이다. 예를 들면 어떤 분야는 정책업무의 경험이 있는 사람이 필요하고, 어떤 분야는 주제별 연구전문가(subject area experts), 연구방법론 전문가(methodologists), 자료분석 전문가(data analysts) 등이 필요한 경우도 있다.

그러나 민간분야 정보실무자 모두가 정책, 분석, 연구 능력을 가졌다는 것은 아니고, 현실적으로는 민간 조사원이 많은 비중을 차지하고 있다. 실제로 주제별 연구전문가들은 민간 조사원들이 9/11 이후의 안보환경에서 제기되는 문제를 해결하기 위해 정교한 정보적 접근방법(sophisticated intelligence method)을 어떻게 활용할 수 있을 것인가에 대해 논의하고 있다.[35] 예를 들면 2013년 8월 호주의 수도 캔버라(Canberra)에서 '정보의 민영화'(Privatization of Intelligence)를 주제로 최근의 동향과 직업으로서 향후 발전 가능성 등을 토론하는 심포지엄이 개최되었다.[36]

---

35) Hank Pruckun, ed., *Intelligence and Private Investigation: Developing Sophisticated Methods for Conduction Inquiries* (Springfield, IL: Charles C Thomas, 2013) 참조.
36) 이 심포지엄에서 발표된 공개 자료집은 나중에 *Salus Journal* (1, no.2, November 2013)의 특집호로 발간되었다.

중요 용어

이 장과 관련이 있는 중요 용어는 다음과 같다. 각 용어에 대해 자신이 이해한 내용을 하나 또는 두 개의 문장으로 짧게 정의를 내리거나 설명을 해 본다.

o 적(adversary)

o 정보원(agent)

o 응용정보연구(applied intelligence research)

o 비즈니스 정보(business intelligence)

o 수요자(consumer 또는 customer)

o 대간첩(counterespionage)

o 가장(cover)

o 공작(covert action)

o 비밀수집(espionage)

o 정보기본요소(essential elements of intelligence)

o 군사정보(military intelligence)

o 국가안보정보(national security intelligence)

o 정보관(officer)

o 공작관(operative)

o 민간부문 정보(private sector intelligence)

학습 문제

1. 정보를 5개 주요 유형으로 분류하고 각 유형의 기능에 대해 간단히 설명한다.

2. 정보의 4개 주요 범주인 기본, 전술, 작전, 전략 정보의 차이점에 대해 설명한다.

3. 군사부문의 2대 정보 수요자를 제시하고 이들이 정보 생산물을 어떻게 사용하는지 설명한다.

4. 만약 상징적으로 중요한 지형지물에서 발생한 테러공격의 배후인물을 찾고 있는 공작관을 지원하는 임무를 받은 분석관이 생산해야 할 정보는 어떤 유형이 되어야 하는가? 그 이유는 무엇인가.

학습 활동

호주, 캐나다, 뉴질랜드, 영국, 미국에서 수행되고 있는 민간부문 정보 비즈니스에 대해 조사한다. 이러한 비즈니스의 서비스 유형을 열거하고 당신이 알고 있는 국가정보기관의 업무 유형과 비교한다. 민간부문의 활동 리스트를 점검하고, 정부기관이 계약을 통해 민간기업을 활용할 수 있는 것이 있는지 제시할 수 있는가? 외부와 계약을 통해 업무를 수행하는 것의 장단점은 무엇이고, 언제 그리고 왜 이러한 계약이 필요한지 자신의 결론을 제시한다.

3장 정보연구의 절차

이 주제에서는 다음과 같은 사항을 검토하여 정보연구의 절차에 대해 고찰한다.

1. 문제 정리(problem formulation)
2. 문헌 검토(literature review)
3. 방법론(methodology)
4. 정보수집 계획(intelligence collection plan)
5. 자료수집(data collection)
6. 자료평가(data evaluation)
7. 품질관리(quality control)
8. 파일정리(purging files)
9. 자료정리(data collation)
10. 정보 시스템(intelligence system)
11. 자료분석(data analysis)
12. 추론 전개 및 결론 도출(inference development and drawing conclusions)
13. 보고서 배포(report dissemination)

문제 정리(Problem Formulation)

문제 정리는 정보연구의 중심이다. 아리스토텔레스는 "시작이 좋으면 절반은 한 것"(Well begun is half done)이라는 말을 했다고 하는데, 이러한 속담은 정보에 있어서도 타당하다.

그러면 정책결정자는 어떻게 문제를 정리하고, 분석관은 자신의 연구 프로젝트의 기본을 이루는 가설(hypotheses)에 어떻게 도달하는가? 정보연구는 응용과학 분야의 업무이고, 조사가 진행되는 문제는 실제로 현실세계에서 벌어지고 있는 일이다. 문제가 지정학(국가안보정보), 금융시장(비즈니스 정보), 범죄활동(법집행 정보), 적의 전투서열(군사정보) 등 어떤 것에 해당하더라도 정책결정자는 문제를 해결할 수 있는 방법에 관심이 있을 것이다. 정보는 증거에 입각한 연구를 통해 합리적인 결론을 도출하여 정책결정자가 통찰력을 가질 수 있도록 사용 가능한 선택방안을 제공한다.

일반적으로 정보분석관이 특별한 환경에서 미래에 벌어질 수 있는 가능한 시나리오를 정책결정자에게 제공하도록 요청받을 때에는 시간이 있다고 한다. 그러한 경우에는 분석관이 자신의 이론(theories)을 수립하고 자신의 연구문제(research questions)를 정립하는 것이 자유롭다. 분석관은 이것을 위해 미래에 나타날 수 있는 다양한 모습을 만들어낼 수 있는 행태적 분석(morphological analysis)과 같은 기법을 사용한다. 제11장에서 행태적 분석을 수행하는 방법에 대해 논의한다.

> 정보는 "고객을 교육해야 하지만, 이것은 대단히 어려운 일이다... 그들은 적절한 시간에 과도하지 않고 올바른 질문을 하여 정보가 무엇을 할 수 있고 무엇을 할 수 없는지 알아야 할 필요가 있다.
>
> Walter Laqueur, "Spying and Democracy: The Future of Intelligence," *Current* (March/April 1986).

분석관이 정보를 제공할 수는 있지만, 현장 지휘관들(예: 비즈니스의 경우 이사 등의 경영진)이 경쟁적으로 전술적 요구를 쏟아내고, 전략적 정책결정자들이 과도하게 많은 요구를 하여 정보 시스템을 비효율적으로 만들 수 있다. 그러므로 정보조직에 요구하는 것은 최소화(minimal)되고 특화된(specific) 것이어야 한다.

> 사회과학과 행동과학에서는 '가설'(hypothesis)이라는 말이 사용되지만, 정보연구에 있어서는 종종 '설명'(explanation)이라는 말을 활용한다. 이 책에서는 '가설'이라는 말을 사용하기로 한다.

예를 들면 하나의 정보요구(intelligence request)이지만 특화되지 않은 것은 대단히 비생산적인 결과가 될 수도 있다. 어떤 현장 지휘관이 "오레나바드 사막(Orrenabad Desert) 북쪽의 지형과 관련된 모든 항공사진을 요구"하는 전술정보의 예를 들어 보자. 이를 위해 수집에 많은 시간이 걸릴 것이고, 그리고 비밀로 분류된 많은 상자의 영상자료들이 전달될 것이다. 그 결과는 지휘관이 공격계획을 수립하기 위해 활용하고자 했던 첩보를 사용할 수 없게 될 가능성이 높다. 그러므로 특화된 요구는 정보분석관이 정책결정자가 사용할 수 있는 가장 적절한 선택방안을 만들어낼 수 있도록 한다. 정보요구는 다음과 같은 질문을 통해 특화되어야 한다.

o 얼마나 많은 적의 군대가 오레나바드 사막 북쪽에 주둔하고 있는가?
o 적의 전투서열(order of battle)은 어떻게 되어 있는가?
o 현재 위치에서 적의 전면을 공격하는 데 향후 24시간 동안 날씨가 유리하게 작용할 것인가?
o 공격이 시작된다면 지원군이 추가로 파병되는 것은 확실한가?
o 공군은 사전에 견제하는 폭격을 하고 부상병을 후송하는 지원을 할 수 있는가?

문헌검토(Literature Review)

문헌검토의 목적은 조사하는 이슈와 관련된 연구 프로젝트를 수행하기 위해 개념적 및 이론적 문맥을 파악할 수 있는 과거의 연구 성과를 찾는 것이다. 전술적 프로젝트의 경우 약식의 문헌검토가 활용되기도 하지만 문헌검토는 전략정보 프로젝트에 특별히 필요한 것이다. 전술적 필요에 의한 경우에는 문헌검토라고 하지 않고 '배경'(background), '문맥'(context), '상황'(situation)이라고 하는 것이 일반적이다. 전략정보 보고서의 문헌검토는 상당한 분량인 데 비해 전술정보 보고서는 하나 또는 두 개의 문단으로 구성된다. 문헌검토는 분석관의 프로젝트가 광범위한 이슈 중에서 존재하고 있는 위치를 알려준다. 시인 존 돈(John Donne)은 "자기 스스로 섬인 사람은 없다"고 하였는데, 이 말은 정보문제에도 적용된다.[1] 다른 이슈와 관련이 없이 독립적으로 존재하는 연구문제는 있을 수 없다. 문헌연구는 분석관이 자신의 주장 근거를 마련하거나, 주장을 발전시키거나, 자신만의 스토리를

---

1) John Donne, Meditation ⅩⅦ (1962), http://www.online-literature.com/donne/409/ (접속일 2008.11.11.)

전개할 수 있도록 해준다.

문헌연구는 분석관이 새로운 연구 프로젝트를 수행할 때 진행해야 하는 첫 단계에 속하는 일이다. 분석관은 자신의 가설을 검증할 수 있는 이론적 기초를 마련할 필요가 있다. 법집행 정보 분석관의 경우에는 억제이론(deterrence theory), 방범시설 강화(target hardening), 합리적 선택이론(rationale choice theory), 차별적 교제(differential association), 사회해체(social disorganization) 등의 범죄학 이론이 포함된다.

국가안보정보 분석관은 사회학(예: 에드윈 서덜랜드(Edwin Sutherland)의 화이트칼라 범죄이론[2]), 인류학, 심리학, 정치학, 역사학, 경제학(특히 불법적 마약 수입과 관련된 경우), 비즈니스(조직범죄 또는 테러와 관계가 있는 경우), 군사학(예: 대테러와 폭동 대응의 경우) 등의 이론을 검토하여 조사 중인 이슈에 적용해야 한다. 문헌검토의 이론구성 부분에는 소제목을 붙여서 (또는 알아볼 수 있는 표시를 하여) 독자가 찾아 헤매지 않도록 해야 한다. 전술정보 보고서의 경우에는 단기적인 특정 이슈를 규명하는 것이므로 이론은 별로 중요하지 않다.

문헌검토는 왜 이 이슈가 연구되어야 하고 문제가 되는지, 그리고 어떻게 이론을 적용(즉 변수들 사이의 관계를 추정)하여 문제를 해결하는 데 도움이 되거나 효율적인 성과를 거둘 수 있는지에 대해 언급하여야 한다. 문헌검토는 연구결과가 정책결정자에게 어떤 도움을 주고, 어떻게 지식의 영역을 넓혀줄 수 있는지 효과적으로 설명할 수 있다.

분석관은 어떤 연구가 이미 수행된 것이고, 새로운 연구가 추가되어야 할 것은 무엇이며, 어떤 것은 아직 연구되지 않았는지, 그리고 만약 다른 이론을 사용한다면 과거에는 없었던 새로운 변화가 일어날 수 있는 이유를 설명할 필요가 있다. 핵심 개념과 용어를 설명하여 방법론에서 활용할 수 있도록 하는 것도 필요하다.

분석관은 자신이 하고 있는 조사활동(inquiry)이 (과거의 연구를 재검증하기 위한 것이 아니라면) 새로운 것을 발견하기 위한 연구(research)와 같은 활동이라는 것을 인식하는 것이 중요하다. 이러한 관점에서 보면 분석관이 현재 학문적으로 연구되고 있는 것 외에 새롭게 연구할 수 있는 독자적인 주제는 많지 않다.

---

2) Edwin H. Sutherland, *White Collar Crime: The Uncut Version* (New Haven, CT: Yale University Press, 1983).

과학적 정보분석론

다른 학문적 연구도 그렇지만 정보연구는 기존의 알려져 있는 것에 새로운 것을 첨가하는 방식으로 지식의 영역을 넓히는 방법을 모색한다. 그러므로 분석관은 문헌연구를 통해 진행하고 있는 조사활동이 연구문제 또는 가설에 적합하다는 것을 설명하여 보고서의 독자가 이 문제를 보다 광범위한 맥락에서 이해할 수 있도록 하고, 문제에 대한 탐구가 어떻게 이해를 도울 것인지, 문제해결에 도움이 되는 통찰력을 어떻게 제공할 것인지에 대해 설명할 수 있다.

실무적 관점에서 보면, 분석관은 문헌을 연구하면서 과거의 연구에 있는 문제점을 발견하게 되어 같은 실수를 되풀이하지 않게 된다. 이러한 문제점은 부적절한 표본의 크기, 표본추출 방식, 타당하지 않은 측정수단, 자료 신뢰성, 부적절한 통계분석(예: 시계열 자료(time-series data)의 자기상관(autocorrelation)은 흔히 경험하는 문제점)과 같은 방법론적(methodological) 이슈에서 발생한다.

문헌검토의 부수적인 이점은 연구에 사용된 2차 자료의 출처를 발견하는 것이다. 예를 들면 분석관은 각주 또는 인터뷰에서 인용한 내용을 발견하여 자료의 2차 출처로 활용할 수 있다. 문헌검토가 준비단계이고 연구 보고서에 앞서서 진행되는 것이지만, 분석관은 새로이 발견하는 내용의 타당성을 확인하기 위해 보고서의 결론 부분에서 수시로 언급할 수 있다.

방법론(Methodology)

방법론은 전략정보 연구를 위한 연구절차에 있어 가장 중요한 부분이라고 할 수 있다. 그러나 문헌검토와 같이 방법론은 주로 전략정보 프로젝트에 해당하는 것이다. 전술정보 보고서도 사용한 방법을 언급할 수는 있지만, 요약된 형태로 전체적인 연구방법을 한 문단 정도로 요약하게 될 것이다.

만약 분석관이 연구질문(research question)을 정교하게 만들고 시간적 순서에 따라 이론적 틀(theoretical framework)에 올바르게 위치시켰다면, 이것에 따라 나머지 연구절차가 진행될 것이다. 방법론은 연구가 실제로 이루어지는 측면을 다루는 것이기 때문에 분석관은 측정할 수 있는, 연구해야 할 개념에 대해 정의하는 것이 필요하다.

가장 보편적인 연구 디자인(research designs)에는 (개입 프로그램/작전 계획에 대한)

평가, (진행되고 있는 일에 대한) 사례연구, (시간에 따라 어떤 변화가 있었는지를 검토하는) 종적 연구(longitudinal studies), (A와 B의 차이점에 대한) 비교, (특정 시점에서 A와 B의 다른 점을 확인하는) 단면조사연구(cross-sectional studies), (시간의 흐름에 따라 A와 B의 차이점을 확인하는) 종적 비교(longitudinal comparisons), (A가 B에게 어떤 영향을 미치는지 확인하는) 실험 또는 준실험연구(quasi-experimental studies) 등이 있다.

방법론은 수집이 필요한 자료의 유형(자료는 1차 출처 또는 2차 출처인가, 질적 자료 또는 양적 자료인가)과 가설을 검증하기 위해 이러한 자료를 어떻게 (통계적 또는 내용적으로) 대조(collate)하고 분석(analyze)할 것인가에 대한 설명을 포함하여야 한다.

분석관은 표본의 크기와 (측정이 아닌 다른 방법으로 관찰하는 데 따른) 상호 모순되는 변수의 조정을 포함한 관련 문제도 고려할 필요가 있다. 이러한 것들은 (A와 B 사이의 관계에 대해 대인직 설명(alternative explanations)을 하게 되는) 연구의 제한사항으로 작용하거나 자료에 대한 근본적인 문제를 제기할 수도 있다.

정보수집 계획(Intelligence Collection Plan)

분석관은 자료를 입수하고 관리하는 방법으로 첩보수집 계획을 세운다. 계획은 분석관이 필요하다고 생각하는 자료의 범위와 이것을 어디에서 어떻게 확보할 것인가 하는 내용으로 구성된다. 여기에는 연구 프로젝트의 일정을 고려한 구체적인 첩보수집 일정이 포함되고, 자료가 입수된 경우 수집 일자와 특징을 기록하도록 한다. 그러므로 정보수집 계획은 단순한 수집의 청사진이 될 수도 있고 종합적인 수집 및 관리전략이 될 수도 있다. 이것은 생선뼈 다이어그램(fishbone diagrams)의 형태가 될 수도 있고 자료수집표(data collection tables)가 될 수도 있다.

각 정보기관의 목표가 다양하기 때문에 수집계획의 정형화된 형식을 제시하기는 어렵다. 그럼에도 불구하고 좋은 수집계획은 다음과 같은 점을 고려하여 정확한 용어로 작성되어야 한다.

o 정책결정자의 정보요구(IR) 또는 정보수집요구(ICR)
o 자료수집에 필요한 자원
o 다른 자료 및 전체 자료수집 구도와의 관계에서 개별 자료의 우선순위

과학적 정보분석론

o 개별 자료의 수집 책임자

o 개별 자료의 추적 과정

수집계획은 새로운 정보요구가 있거나 연구 프로젝트에 변경이 생길 경우를 대비하여 융통성이 있거나 조정할 수 있어야 한다.

정보기관에 따라서 정보관심 명세서(statement of intelligence interest) 및 첩보기본요소(essential elements of information, EEI는 제1장에서 논의)와 같은 첩보를 입수하는 추가적인 방법을 사용하기도 한다. 정보관심 명세서는 배포가 이루어지는 완성된 정보 발간물을 지속적으로 수령하겠다고 요청하는 것이다. 일반적으로 분석관이 주제별 관심사항을 등록하게 되면 보고서가 완성되면 참고용으로 그들에게 전달된다. 지속적 요청은 취소될 때까지 요청사항으로 계속 전달되고 새로운 자료가 제출되면 분석관에게 송부된다. 첩보기본사항은 첩보에 관한 긴급 요청이다. (예를 들면 전투작전을 수행하는 지상군이 첩보기본사항을 요청한다)

생선뼈 다이어그램(Fishbone Diagram)

생선뼈 다이어그램([그림 3.1] 참조)은 첩보수집 계획을 조정하는 데 사용될 수

그림 3.1   생선뼈 다이어그램을 이용한 자료수집 계획

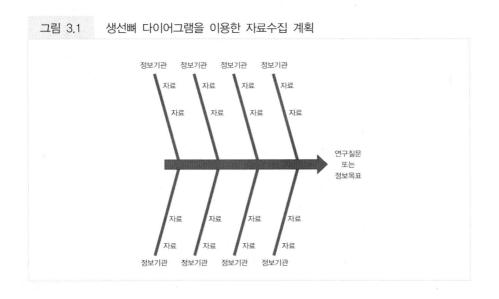

있다.[3] 생선뼈 분석은 보통 인과관계 이슈를 확인하고 탐구하기 위해 이용되지만 수집절차를 관리하는 데에도 활용할 수 있다.

연구문제(research question) 또는 정보목표(intelligence target)는 다이어그램의 오른쪽(생선의 머리)에 위치한다. 생선의 굵은 뼈는 다른 정보기관 또는 첩보출처의 목록으로 구성되고, 굵은 뼈에 붙어있는 작은 뼈는 필요한 자료 항목의 목록이 된다. 어떤 자료가 입수되면 다이어그램에서 삭제할 수도 있다. 그림 방식의 정보는 서술식의 진행 보고서나 통계식의 요약으로 전환할 수도 있다.

자료수집표(Data Collection Table)

자료수집표도 분석관의 자료 요구를 정리하는 데 사용할 수 있다.([표 3.1] 참조) 표의 위쪽에는 분석관이 고려해야 할 핵심 이슈를 나열한다. 여기에서는 5개 항목으로 구성되어 있으나 연구 프로젝트와 관련된 목표(target)와 파급영향에 따라서는 다른 항목이 포함될 수도 있다. 다른 항목으로는 법적 제약사항, 행정, 통신, 시간, 자료보안 등이 있을 수 있다.

표 3.1	표 형식의 자료수집 계획			
자료유형	출 처	위험	비용	우선순위
통계	Aerospace Facts and Figures	없음	연도판 구입비 또는 온라인 구독비	높음
	Handbook of Airline Statistics	없음	구입비	중간
제조사	World Aviation Directory	없음	구입비	높음
	Interavia ABC: World Directory of Aviation and Astronautics	없음	구입비	중간
협회	Aerospace Industries Association of America	없음	구입비	낮음

분석관은 '자료유형'(type of data)부터 시작하여 입수할 필요가 있는 항목의 내용을 기입한다. 분석관은 '자료유형' 대신 필요한 다른 항목으로 대체할 수도 있

---

3) 일본학자 카오루 이시카와가 품질관리 절차로 개발한 것으로 '이시카와 다이어그램'(Ishikawa diagram)으로도 알려져 있다. 이러한 유형의 도표는 산업계와 기업에서 '인과관계 분석'(cause-and effect analysis)을 위해 일반적으로 사용되고 있지만, 여기에서 보는 것처럼 정보분석을 위한 첩보수집 계획을 포함한 다른 목적으로도 사용할 수 있다.

과학적 정보분석론

다. [표 3.1]은 가상의 민간부문 정보회사가 작성한 항공우주 산업의 사례이다.

자료수집(Data Collection)

첩보는 다양한 출처로부터 수집될 수 있다. 출처의 다양성은 다음의 목록에 있는 범주의 예에서도 나타난다. 첩보의 출처는 국가안보, 군사, 법집행, 비즈니스, 민간부문 정보라는 5개의 정보실무자 유형에 있어 대부분 동일하다. 하나의 첩보는 어떤 하나의 기능별 정보 그룹에서 활용될 수 있을 것이다. 예를 들면 테러리스트 조직에 관한 첩보는 테러공격을 예방하고 방어하는 국토안보 업무를 하는 법집행 정보관의 관심사항이 될 수 있다. 동일한 첩보가 다음과 같은 관심의 대상이 될 수도 있다.

o 만약 테러조직이 국제적 기반을 가졌거나 해외에서 활동을 한다면 국가안보 및 군사정보의 대상이 될 수 있다.
o 만약 테러리스트의 목표가 산업시설이나 기업시설이라면 비즈니스 정보의 대상이 될 수 있다.
o 테러와 관련된 반핵 로비를 하거나 핵시설의 취약성을 강조하는 경우에는 기업의 채용 관련 민간부문 정보의 대상이 될 수 있다.

국가안보정보(National Security Intelligence)

o 공개출처첩보(특히 인터넷)
o 비밀수집(공직 가장)
o 공작수집(비공직 가장)
o 채용된 정보원
o 외교단체와 대사관
o 정찰 항공기
o 정찰 위성
o 전자적 감청
o 망명자

o 대학 및 연구단체

o 기타 정부기관

군사정보(Military Intelligence)

o 공개출처첩보(특히 인터넷)

o 정찰 항공기

o 정찰 위성

o 전자적 감청

o 정찰 부대

o 현장 수집요원

o 외교단체와 대사관

o 망명자

o 죄수

o 민간인 거주자

o 대학 및 연구단체

o 기타 정부기관

법집행정보(Law Enforcement Intelligence)

o 공개자료

o 범죄수사관(형사)

o 순찰공무원

o 경찰기록

o 언론보도

o 기업자료

o 공개출처첩보(특히 인터넷)

o 정부부처와 기관

o 밀고자

o 시민

o 비밀순찰(물리적 및 전자적)

o 신분위장 활동요원

o 기타 법집행기관 및 정부부처

비즈니스 정보(Business Intelligence)

o 공개출처첩보(특히 인터넷)

o 기업 자체의 내부 기록

o 다른 기업이 제공하는 첩보

o 언론, 무역 기타 공개출처 간행물

o 영업사원

o 고객

o 판매사원

o 원료 및 부품 공급자

o 정부부처 및 기관

o 기업의 연구 및 전략개발 부서

o 대학 및 연구단체

o 시장 설문조사

o 역설계

o 비밀요원 상황파악(예: 민간조사원 채용)

민간부문 정보(Private Sector Intelligence)

o 단체 자체의 내부 기록

o 공개출처첩보(특히 인터넷)

o 다른 조직이 제공하는 첩보

o 언론, 무역 기타 다른 공개출처 간행물

o 직원

o 공개자료

o 정부부처 및 기관

o 단체의 연구부서

o 대학 및 연구단체

o 설문조사

o 비밀요원 상황파악(예: 민간조사원 채용)

자료평가(Data Evaluation)

첩보를 평가하는 것은 분석절차에 필수적인 단계이고 보통은 첩보가 수집될 때 이루어진다. 자료는 출처의 신뢰성과 자료의 타당성에 따라 평가된다. 첩보를 평가할 때 분석관은 다음과 같은 것을 포함한 많은 질문을 하게 된다.

o 첩보의 출처를 신뢰할 수 있는가?

o 이 출처로부터 과거에도 첩보가 입수된 적이 있는가?

o 첩보는 정확한가?

o 첩보는 최신의 것인가?

일부 정보의 유형 특히 국가안보정보와 군사정보에 있어 기만(deception)에 특별한 관심을 가져야 한다. 이 경우 분석관은 자료를 객관적인 첩보와 편향에 의해 오염된 첩보로 구별하여야 한다.

정부의 홍보부서, 상업적 언론기관, (비정부 조직의) 대변인, 기타의 다른 첩보 제공자와 같은 2차 출처(secondary sources)는 의도하거나 또는 의도하지 않더라도 일반에 공개하는 정보를 추가, 삭제, 수정 또는 여과할 수 있다. 이러한 출처는 영어로 미국이나 국제사회에 전달한 동일한 메시지를 영어가 아닌 다른 언어로 특정 지방이나 지역에 다르게 전달할 수도 있다. 객관적이고 사실에 입각한 첩보와 편견이 있거나 독자를 기만하고자 하는 첩보를 구별하기 위해서는 공개출처의 배경과 공개첩보의 의도를 파악하는 것이 중요하다.[4]

평가의 순서는 먼저 출처의 신뢰성(reliability)을 평가하고, 다음으로 첩보의 정확성(accuracy)을 평가한다. 이론적으로 이러한 절차는 수집된 모든 첩보에 대해 진행되어야 한다. 그러나 자료를 대량으로 수집하는 정보기관은 수집할 때에는 일

---

4) U.S. Department of the Army, *FMI 2-22.9: Open Source Intelligence* (Washington, DC: Department of the Army, 2006), 2-10.

반적인 평가시스템에 의해 첩보평가를 자동으로 처리하는 것이 일반적이고, 정보연구 프로젝트에서 활용될 때 첩보가 개별적으로 재평가된다. 자료는 개별적으로 분석관이 신뢰하는 정도를 표시하는 글자와 숫자로 된 평가를 받게 된다. 이 평가시스템은 세계적으로 '해군 평가법'(admiralty rating)으로 널리 알려져 있는데, 이것을 바탕으로 저자가 개선한 것을 [표 3.2]와 [표 3.3]에 제시하였다.

현지의 수집관이 정보원으로부터 첩보를 하나 입수한 경우를 생각해 보자. 이 첩보원이 새로운 출처로서 이전에 활용된 적이 없다면 입수된 첩보의 신뢰성은 판단할 수 없다고 하는 H가 된다. 만약 이 첩보가 이전에 활용한 첩보의 출처인 데이터베이스로부터 (즉 다른 정보원으로부터) 나온 것이고, 거의 대부분 진실하다고 입증된 것이라면 정확도 2가 부여된다. 전체적인 평가를 나타내기 위해 문서 위에 결합된 부호가 기입된다. H−2의 경우를 예를 들면 고객의 입장에서는 정확성 평가를 신뢰성 평가보다 우선하게 된다. 평가는 논리적이어야 한다고 할 때, 예를 들어 E−2(신뢰할 수 없는 출처, 그러나 아마도 사실일 것) 또는 G−3(의도적 기만 그러나 사실일 가능성이 있음)는 고객에게 과연 평가절차가 합리적으로 진행되었는가 하는 의구심을 불러일으킬 수 있다.

[표 3.3]의 정확성 코드 6 − 잘못된 첩보(misinformation) − 과 관련하여 분석관은 출처가 의도하지는 않았으나 정확하지 않거나, 논리적이지 않거나, 다른 출처와 모순되는 자료를 입수할 가능성이 있다는 것을 인식하고 있을 필요가 있다. 이러한 경우에는 코드 6은 적절한 평가이다. 거짓 첩보(코드 7)의 경우에는 의도적으로 틀리게 작성하였거나 판단을 잘못하도록 하는 (즉 기만을 목적으로 제공된) 것이 다른 출처에 의해 확인된 자료이다.

해군 평가법이 객관적인 평가를 반영한다고 하더라도, 판단이 중요한 역할을 하는 주관적 절차를 통해 도출되는 것이다. 분석관이 첩보를 평가할 때에는 출처가 제공한 과거 첩보의 정확성과 출처의 현장 활동능력(즉 출처의 접근 및 입수 능력)을 고려해야 한다. 평가는 어렵고 중요한 절차이다. 왜냐하면 개인적 또는 조직적 편향이 정보연구 프로젝트에 잘못된 영향을 미칠 수 있기 때문이다. 좋은 평가는 첩보의 신뢰성과는 별도로 출처의 신뢰성 평가가 가능할 때 이루어진다. 조사하는 이슈와 관련이 없는 첩보는 분석관이 속한 정보기관의 문서관리 정책에 따라 폐기(즉 파쇄)되어야 한다.5)6)7)

표 3.2	출처 신뢰성 코드	
코드	해군 평가법	
	설명	과거 보고에 기초하여 평가한 진실도
A	완전히 신뢰할 수 있음	100%
B	일반적으로 신뢰할 수 있음	80%
C	상당히 신뢰할 수 있음	60%
D	일반적으로는 신뢰할 수 없음	40%
E	신뢰할 수 없음	20%
F	의도적은 아니지만 잘못된 방향임	0%
G	의도적으로 기만하고 있음	0%
H	판단할 수 없음	50%

표 3.3	첩보 정확성 코드	
코드	해군 평가법	
	설명	평가한 진실 가능성
1	확실함	100%
2	아마도 사실일 것임	80%
3	사실일 가능성이 있음	60%
4	의심스러움	40%
5	가능성이 낮음	20%
6	잘못된 첩보임1)	0%
7	거짓 첩보임	0%
8	판단할 수 없음	50%

1) 잘못된 첩보(misinformation, 의도하지 않은 것)와 직접 기만하려고 하는 거짓 첩보(disinformation, 의도적인 것)는 다르다는 것에 유의

---

5) International Association of Chiefs of Police, *Law Enforcement Policy on the Use of Criminal Intelligence: A Manual for Police Executives* (Gaithersburg, MD: IACP, 1985).

6) Jack Morris, *The Criminal Intelligence File: A Handbook to Guide the Storage and Use of Confidential Law Enforcement Materials* (Loomis, CA: Palmer Press, 1992).

7) Henry Prunckun, *Information Security: A Practical Handbook on Business Counterintelligence* (Springfield, IL: Charles C. Thomas, 1989).

과학적 정보분석론

품질관리(Quality Control)

분석관이 연구 프로젝트와 특별한 관련이 있는 첩보인지를 결정하는 데 도움을 주기 위해 개별 자료에 라벨을 붙이는 방법이 있다. 만약 분석관이 어떤 자료가 신뢰할 수 있는 다른 자료의 출처와 상관관계가 있다고 인정한다면, 이론적으로 그 자료는 올바른 것일 가능성이 높아진다. 몇몇 정보기관에서는 자료를 A-1로 평가하기 위해서는 독립적으로 2개 이상의 출처로부터 검증을 받도록 하고 있다.

그러나 평가절차가 잘 작동된다고 하더라도 스스로 타당성을 입증하고 있는 (self-validating) 유령 자료(ghost data)에 속기 쉽다. 예를 들면 저자가 어떤 정보 공작활동에 참여하였을 때 소속 공작팀이 공작목표가 참석하는 특별한 모임이 개최된다고 하는 A라는 문서를 입수한 적이 있다. 만약 사실이라면 이 첩보는 이제까지 불완전한 모습밖에 파악하지 못했던 대단히 불법적인 산업활동의 전모를 파악하는 데 획기적인 돌파구를 마련해 줄 수 있었다. 그래서 정보팀은 첩보를 검증하기 위해 다른 출처를 파악한 결과 B와 C라는 2개의 다른 문서를 찾아내었다. 그러나 면밀하게 살펴본 다음 팀은 무엇인가 이상하다는 결론을 내렸다. 문서 B와 C(추가적 확인 문서)에 서로 비슷한 단어가 몇 개 있었다. 출처를 점검한 (시간이 걸리는 작업) 결과, 놀랍게도 3개의 문서(A, B, C)는 모두 서로 다른 출처가 시간을 두고 하나의 보고서를 근거로 작성한 것이었다. 이러한 경우에는 문서로 된 보고서가 입수되었더라도 밀고자 또는 가장 신분 정보원의 동일한 구두보고가 있는지 확인해야 한다. 이 문서의 내용은 모순이 없이 타당한(self-validating) 것이었다. 만약 이러한 자료에 대해 정보평가를 하였다면 결과는 말할 필요도 없었을 것이다. 평가지침을 따랐다고 하더라도 평가는 정확하다고 나왔을 것이다. 해군 평가법과 같은 자료평가 시스템은 법규(rules)가 아니라 단지 가이드라인(guidelines)일 뿐이다.

파일 제거(Purging File)

또 다른 품질관리 방법은 여분의 파일을 제거하는 것이다. 정보 시스템은 자료를 매우 빠른 속도로 축적하는 경향이 있고, 이러한 자료는 정보 프로젝트에 반드시 중요하지 않은 문서도 포함하고 있다. 이것은 주로 분석관이 장차 어떤 자료가 필요하게 될지 예측하지 못하는 무능력에서 기인한다. 그러므로 활용할 가치가 있는 자료만 남기도록 해야 한다.

그러나 어떤 단계에 도달하면 (즉 어떤 프로젝트 또는 작전이 종료되면) 정보기관이 가지고 있는 자료에 대한 평가가 이루어져야 할 것이다. 그러한 정리 기간에 정확성, 관련성, 적시성, 완전성 등이 부족한 자료는 시스템에서 제거되어야 한다. 부적절한 자료를 계속 보유하는 것은 전체 데이터베이스의 질을 떨어뜨리게 되고, 이러한 자료가 정보평가에 사용된다면 정확성을 떨어뜨리고 최종 판단에 장애를 초래할 것이다. 일부 지역에서는 부적절한 자료를 보유하는 것이 형사법(criminal law) 위반이 되는 곳도 있다.

품질이 부족한 자료가 발견되면 업그레이드가 필요하다. 만약 이 첩보를 검증하거나 보완하는 데 소요되는 비용이 예상되는 결과의 잠재적 가치보다 높으면, 이 자료는 제거해야 한다. 이러한 절차는 프로젝트 또는 정보활동 단위로 실시되어야 한다. 이러한 방법으로 자료의 검증과 타당성 검사를 용이하고 효율적으로 실시할 수 있고, 분석관은 프로젝트를 언제나 새로운 마음으로 시작할 수 있다. 자료목록은 입수될 때마다 수정하고 보완하여 매일 정확하게 유지해야 한다. 이렇게 하면 데이터베이스와 시간 관리를 효율적으로 할 수 있다.

표 3.4		첩보의 보유 또는 제거 여부 판단기준
정확성		출처는 얼마나 신뢰할 수 있는가?
관련성		프로젝트를 완성하는 데 필요한 첩보를 제공하고 있는가?
적시성		현재의 프로젝트 또는 활동에 관련된 첩보인가?
완전성	외부입수자료	문서의 출처는 확실하게 표시되어 있는가? 그렇지 않다면 출처를 확인할 수 있는가?
	내부생산자료	사실의 출처가 문서 각주에 표시되어 있는가? 그렇지 않다면 독자에게 이 자료의 출처나 타당성을 제시할 수 있는가?
	모든 자료	문서에 나타난 분석관의 추론이나 언급이 타당한 사실에 입각하여 분명하게 제시되어 있는가?

과학적 정보분석론

전체 데이터베이스에 대한 품질관리는 2년에 한 번씩 실시하는 것이 바람직하다. [표 3.4]에서 제시한 기준에 따라 자료를 업그레이드하거나 제거한다. 일부 정보기관에서는 자료에 대한 판단을 할 수 없으면, 보고를 한 생산자에게 보내서 이것을 업그레이드하게 하거나 평가 의견을 제시하도록 한다. 업그레이드된 자료가 이전 자료를 대신하여 시스템에 저장된다. 만약 업그레이드되지 않은 자료는 파괴한다.

자료 대조(Data Collation)

대조는 자료가 평가된 다음에 진행되는데, 분석관이 흩어진 첩보의 조각들을 함께 모음으로써 분석의 준비를 하는 것이다. 대조 절차는 실수, 잘못된 방침, 자동절차 등에 의해 수집된, 관련이 없거나, 부정확하거나, 무가치한 첩보를 제거하는 것이다. 이러한 자료는 확인되는 대로 파괴해야 한다. 그렇지 않으면 정보 데이터베이스의 정체를 초래할 뿐만 아니라 만약 준법 감시관(judicial officer)이 정보기관 활동에 대해 법률위반 여부를 검토할 때 이러한 자료를 보유하는 것이 법률에 위반된다고 판단할 수 있어 분석관과 정보기관에게 법적 책임을 물을 수 있기 때문이다.

남겨진 자료는 분석관이 찾기 쉽게 저장되어야 한다. 만약 자료가 구조화된 형태가 아니라면 다음과 같은 작업이 필요하다.

o 첩보 등록(registering the information)
o 목록작성(indexing)
o 교차참고 표시(cross-referencing)
o 핵심어 추출(keywording)

이러한 자료는 분석관이 분석도구를 이용하여 검색할 수 있도록 전자적 데이터베이스(electronic database)에 파일화하여 입력하여야 한다. 일반적으로, 구조화되지 않은 자료는 (정보기관 내부의 다른 단말기 및 서버와 연결되는) 분석관의 단말기에서 접근할 수 있는 메인 시스템 또는 기업 서버에 저장한다.

정보 시스템(Intelligence Systems)

기본자료 저장(Basic Data Storage) 및 검색 개념(Retrieval Concepts)

첩보는 검색을 목적으로 저장하는 것이지 단순히 문서 창고에 보관하기 위해 저장하는 것이 아니다. 이것은 당연한 것이라고 할 수 있으나 실제로는 잘 이행되고 있지 않은 것이 현실이다. 저장된 첩보는 선택적이고 시스템적으로 검색하여 활용할 수 있어야 하는데, 이를 위해서는 첩보가 논리적으로 저장되어야 하고 그렇지 않으면 시스템 속에서 첩보를 잃어버리게 된다.

자료를 효과적으로 저장하고 검색할 수 있기 위해서는 기술이 필요하다. 많은 정보 시스템의 중앙에는 몇 가지 형태의 색인(index)이 존재한다. 색인의 목적은 검색절차를 용이하게 하기 위한 것이지만, 이것은 그 성격상 첩보의 검색 방법을 제한하게 된다. 탁월한 색인 시스템은 정보검색의 기본적 요건인 주관적이고 직관적인 탐색이 가능한 것이다. 가장 일반적인 색인 유형은 다음에 제시하는 것들인데, 훌륭한 정보 데이터베이스는 이 모든 것들을 지원하는 것이 될 것이다.

저자 색인(Author Indexes)   인명, 조직, 공동저자, 소속기관 및 부서, 대학, 연구소, 기타.

알파벳순 주제 색인(Alphabetical Subject Indexes)   제목, 부제목, 상호 참조 (cross-references), 품질수준 평가(qualifying terms).

내용 키워드(Keyword in Context)   컴퓨터 시스템의 특징을 고려하여 문장 속의 키워드를 선택. (예를 들면 부정부패 보고서는 여기에 포함되어 있는 '협박'이라는 키워드로 검색 가능)

계층적 색인(Hierarchical Indexes)   자료항목은 일반적 주제로부터 시작하여 보다 특수한 주제로 계층적으로 정렬.

교체 목차 색인(Permuted Title Indexes)   문서 또는 파일의 제목에 있는 단어를 체계적으로 교체. 교체 색인의 성공 여부는 원래 저자가 (또는 즉석에서 만들어진 문서나 메모와 같이 제목이 없는 경우에는 수집자, 입력자, 조사자가) 얼마나 문서 또는 파일의 내용을 잘 반영하여 제목을 만들었는지에 따라 결정된다. 문서 또는 파일이

과학적 정보분석론

여러 개의 주제를 다루고 있는 경우에는 어려움이 있을 수 있다.

소리 색인화(Sound Indexing)   사운덱스(Soundex)[8]는 이름을 암호화한 경우 소리에 기초하여 검색할 수 있도록 하는 색인화 방법이다.

사운덱스 기반 시스템(Soundex – Based Systems)

사운덱스는 정확한 철자를 알 수 없는 자료를 찾는 방법이다. 이것은 특히 이름이 몇 가지 다른 스펠링으로 표기될 수 있을 때 유용하다. 사운덱스 기반의 검색은 단어가 발음되는 스펠링(phonetic spelling)에 따라 검색되기 때문에 검색 결과는 하나의 단어를 찾는 것이 제목과 내용이 결합된 것과 같은 단어를 찾는 것보다 더욱 정확할 것이다.[9] 사운덱스 방식의 색인화는 4단계를 거친다.[10]

1. 이름의 첫 글자를 남기고 그 이후에 오는 모든 a, e, h, i, o, u, w, y는 탈락시킨다.
2. 1단계 이후 남는 다음의 글자 대신 해당하는 숫자를 할당한다. 1= b, f, p, v; 2= c, g, j, k, q, s, x, z; 3= d, t; 4= l; 5= m, n; 6= r.
3. (1단계를 거치기 전의) 원래 이름에 같은 부호에 해당한 글자가 2개 이상 연속하여 있으면 첫째 것만 남기고 나머지는 생략한다.
4. (만약 3개인 경우에는) 뒤쪽에 0을 붙여서 '글자, 숫자, 숫자, 숫자' 형태로 4자리로 변환한다.

인터넷 기반 시스템(Internet – Based Systems)

인터넷 기반 검색엔진은 웹사이트에 올린 색인화된 자료를 검색하는 데 2단계 절차를 거친다. 첫 번째 단계는 '웹크롤링'(web crawling) 또는 '스파이더링'(spidering)이다. 이것은 웹사이트를 검색하고 하이퍼링크에 따라 웹페이지를 복사하는 소프트웨어에 의해 수행된다. 이러한 복사를 기초로 하여 다음 단계인 색인화를 진행

---

8) Soundex는 원래 마가렛 오델(Margaret K. Odell)과 로버트 러셀(Robert C. Russell)이 개발하였다. U.S. Patents 1261167(1918), 1435663(1922).

9) Henry Prunckun, *SpyBase* (Adelaide, Australia: Slezak Associates, 1991).

10) Donald E. Knuth, *Sorting and Searching*, volume 3 of *The Art of Computer Programming* (Reading, MA: Addison – Wesley, 1973), 391 – 92.

한다.

인터넷 검색엔진의 색인을 구성하는 데 사용되는 알고리즘은 영업비밀(commercial-in-confidence)이기 때문에 이곳에서 논의할 수는 없다. 그러나 이러한 알고리즘은 언어학, 인지심리학, 수학, 정보학(informatics) 등을 활용한 학제적 개념(interdisciplinary concepts)에 기반을 두고 있는 것으로 널리 알려져 있다.

인터넷 기반 검색엔진은 매우 경쟁이 심한 시장에서 서비스 경쟁을 해야 하기 때문에 이것을 제작하는 회사는 검색의 완전성과 소요시간 사이의 균형을 맞추기 위해 노력한다. 이러한 과정을 거쳐 검색엔진이 가장 적절한 웹페이지를 찾을 수 있도록 해줄 필요가 있다. 이것은 검색엔진이 학제적 또는 다학문적 색인화 방법을 활용하여 검색 알고리즘을 어떻게 구성했는가에 따라 결정적으로 달라진다.

이미지 특히 인물 이미지의 색인화에 획기적인 변화가 일어나고 있다. 얼굴인식 기술의 발달에 따라 분석관이 데이터베이스의 자료를 검색할 수 있는 소프트웨어가 개발되었다. 사람의 얼굴 이미지를 검색하는 방법은 색인화 원칙에 기초하는 것이 아니라 샘플 이미지와 데이터베이스에 있는 이미지를 비교하는 알고리즘을 이용하는 것이다.

자료 분석(Data Analysis)

분석센터에서는 정책결정자에게 통찰력을 제공하기 위한 목적으로 어떤 활동, 사람, 단체, 조직에 대한 결론을 도출하기 위해 첩보를 분석한다. (즉, 정보(intelligence)를 생산하기 위해 첩보(information)를 분석한다) 분석절차는 다음과 같은 단계를 포함한 많은 과정을 거친다.

o 수집자료 검토

o 의견으로부터 사실 도출(즉, 첩보평가)

o 추론(inferences) 전개(통계적 수단 및 기타 방법을 활용하여)

o 다양한 추론에 대한 강점과 한계를 논의(확률에 기초하여)

o 이러한 활동 결과로부터 결론을 도출하고, 정책결정자의 정보요구에 맞추어 권고의견(recommendation) 작성

자료분석은 복잡하지만 자료분석의 절차는 단순하다. 정보연구 프로젝트는 대부분 다음과 같은 3단계 절차를 통해 분석이 이루어진다.

1. 수집단계에서 포함된 오류와 예외 자료를 정제하여 분석할 자료 준비하기
2. 통계를 이용한 양적 또는 기타의 질적 방법으로 설명할 수 있도록 자료를 조직화하기(organizing)
3. 연구가설(또는 모델)을 (자료의 유형에 따라) 통계적 기법 또는 특화된 분석기법을 사용하여 검증하기(testing)

첫 단계인 자료준비는 분석관이 첩보수집 계획에 따라 어떤 것이 수집되었는지 점검하기 위해 컴퓨터에 접속하는 것부터 시작한다. 모든 자료가 수집된 것이 확인되었으면 분석관은 자료의 정확성을 점검하고 소프트웨어 프로그램을 통해 입력한다. 자료입력은 처리된 자료의 유형에 따라 적절하게 수집된 자료 또는 특별한 분석 목적이나 형식에 부합하는 자료라는 점을 확인하는 작업이 된다. 자료 분석 소프트웨어 프로그램은 분석관이 자료의 오류를 찾아내고 자료 조작의 범위(parameters)를 설정할 수 있도록 설계되어 있다.

소프트웨어 패키지를 사용하는 목적은 자료를 조직화 하여 설명할 수 있는 분석이 가능하도록 하기 위한 것이다. 대부분의 분석 소프트웨어는 이러한 기능을 가지고 있어서 연구가설을 검증할 수 있는 통계적으로 설명할 수 있는 기초(basis)를 생산한다. 설명할 수 있는 통계(descriptive statistics)는 양적 및 질적 연구의 한 부분일 뿐만 아니라 분석이 어떻게 진행되었는지 설명하는 데에도 중요하다. 예를 들면 원형 다이어그램(pie diagrams), 막대 그림(bar charts), 선 그래프(line graph) 등의 그래픽 자료를 포함하는 설명 자료는 다양하게 토론에 활용된다.

추론 전개와 결론 도출(Inference Development and Drawing Conclusions)

정보연구 절차의 마지막 단계는 연구가설(research hypothesis)을 검증하는 것이다. 이것은 통계적 방법을 이용하거나 자료가 질적인 것이라면 다른 기법을 이용할 수도 있다. 전체적인 목적은 분석관이 자료로부터 직관적인 판단이 아닌 몇 가

지 수준에서 그 의미를 추정할 수 있는 결론을 도출하기 위한 것이다. 표본자료에 입각하여 분석관은 표본을 추출한 사람들에게 적용할 수 있는 몇 가지 추론을 만들어낼 수 있다. 또한 분석관은 2개 그룹 관찰 결과를 판단하기 위해 추론적 통계를 사용할 수도 있는데 1개 그룹에만 작용된 몇 가지 변수들이 차이점을 만들어내는지를 관찰하게 된다.

추론은 분석에 의해 자료로부터 도출된 진술(statement) 또는 명제(proposition) 또는 판단(judgment)이다. 이러한 방법으로 자료부터 연역적(deductive) 또는 귀납적(inductive)으로 논리적 진술이 얻어진다. 추론은 가급적 한 개 또는 두 개의 전제(premise)에 입각하여야 한다. 그렇지 않으면 자료와 당초의 연구 질문(research question)에 따라서는 수많은 전제가 제기될 수도 있다. 두 개의 전제로 구성된 연역적 절차에 기초한 추론의 예를 들면 다음과 같다.

o 어떤 사람이 법을 위반하는 것을 발견했다면 그는 범죄자이다.
o 맥 더나이프(Mack DaKnife)가 법을 위반하는 것이 발견되었다.
o 그러므로 맥 더나이프는 범죄자이다.

연역적 추론은 분석관이 일반적인 것으로부터 출발하여 특정한 경우를 판단하는 것이다. 귀납적 추론은 이와 반대로 분석관이 개별 자료로부터 시작하여 일반적인 것을 도출한다.

o Q 국가는 X 국가와 유사하다.
o Q 국가는 테러리스트에게 피난처를 제공하였다.
o 그러므로 X 국가는 테러리스트에게 피난처를 제공하였다.

첫 번째 예에서 2개의 전제는 모두 사실이다. 그러므로 추론은 타당하다. 그러나 귀납적 추론 사례의 경우 전제는 틀리지 않았지만, 분석관이 X국가가 테러리스트에게 피난처를 제공했다는 추론을 도출하기 위해서는 더 많은 사항(즉 변수, variables)을 검토해야만 한다.

2가지 접근방법의 결정적인 차이점은 연역적 추론은 귀납적 추론보다 불확실성이 낮다는 것이다. 그럼에도 불구하고 귀납적 자료 분석은 탐색적인 양적 사례 연구와 같은 상황에서는 대단히 유용한 방법이다.

> 귀납적 주장을 할 때 일반적인 (논리적) 주장은 한 개 또는 소수의 변수만을 검토해서는 수립할 수 없다. 왜냐하면 검토해야 할 변수가 대단히 많을 수 있기 (경우에 따라서는 무한대) 때문이다.

이와는 달리 연역적 주장의 경우에는 전제와 결론이 완전하게 연결되어 있으면 전제가 진실이면 결론도 진실이어야 한다. 귀납적 추론의 경우에는 모든 전제가 사실이라고 하더라도 이에 근거한 주장은 가능성 수준에 머물게 된다.

> 연역적 추론은 타당한 주장(valid argument)을 할 수 있으나 타당하지 않은 주장도 할 수 있다. 귀납적 추론은 오직 설득력이 있거나 합당한 (즉 가능성 있는) 주장을 할 수 있을 뿐이다.

첩보 해석은 일반적 지식, 생활경험, 상식 그리고 조사하는 이슈와 관련이 있는 수집된 자료에 기초하여 이루어지는 인지적(cognitive) 활동이다. 이러한 해석과정은 새로운 이슈를 확인하고, 그 의미를 파악하며, 때로는 분석 대상(target)의 관점에서 바라보는 것이 필요할 수도 있다.[11] '그래서 어떻다는 것인가?'(so what?)라는 질문은 연구 이슈와 관련하여 이 첩보가 의미하는 것은 무엇인가? 라는 것을 밝히는 해석과정에서 해결될 수 있다. 이에 대한 대답은 장차 대책을 수립하고 권고사항을 작성하는 중요한 포인트를 제공한다.

> 연구가설(research hypothesis)을 지지하는 증거를 발견하는 것과 같은 정도로 불일치하는 자료를 발견하는 것도 중요하다. 다른 자료는 결론의 타당성을 높이게 된다. 그러므로 분석관은 생소한 자료나 충돌하는 자료를 적극적으로 수집하도록 노력해야 한다.

---

11) Michael Scheuer [pseud.], *Through Our Enemies' Eye: Osama bin Laden, Radical Islam, and the Future of America* (Washington, DC: Brassey's, 2002).

보고서 배포(Report Dissemination)

배포는 일반적으로 정책결정자에게 생산물(즉 보고서 또는 브리핑)이 전달되는 정보순환과정의 마지막 단계에 대해 사용하는 말이다. 정보 보고서는 크기가 1페이지 브리핑(즉 전술 또는 작전 보고서)부터 책과 같은 연구 보고서(즉 전략 보고서)까지 다양하기 때문에 정보기관 내부 또는 정치적 지도자에게 배포할 때 최종 사용자가 누구인지에 따라 유형화하기가 쉽지 않다. (또한 어떤 정보보고서는 단지 다른 분석관에게 배포하는 것으로 마무리되는 경우도 있다)

비즈니스 정보의 경우 정보보고서는 이사회에 제공되거나 매일 비즈니스와 관련하여 결정을 내리는 집행부서에서 참고할 가능성이 있다. 그리고 실무부서의 관리자가 생산계획을 수립하는 참고자료로 활용할 수도 있다.

국가안보정보, 전략보고서의 경우에는 (제법 많은 분량의 요약서가 필수적인) 국가판단서(national estimate)가 아닌 한 정책결정자가 읽지 않는다. 전략보고서를 전체적으로 읽는 사람은 정책결정자를 보좌하는 직원이나 자문관(advisors)이다. 보고서의 요점을 간추린 사람이 (이것은 실제로 보고서의 핵심내용이 아닐 수도 있다) 정책결정자에게 이것을 보고하게 된다. 전략정보 연구는 다른 정보기관에 있는 동료 분석관인 주제별 전문가(subject specialist)에게 배포되기도 한다.

중요 용어

이 장과 관련이 있는 중요 용어는 다음과 같다. 각 용어에 대해 자신이 이해한 내용을 하나 또는 두 개의 문장으로 짧게 정의를 내리거나 설명을 해 본다.

o 해군 평가법(admiralty rating)
o 자료 분석(data analysis)
o 자료 대조(data collation)
o 자료수집표(data collection table)
o 연역적 논리(deductive logic)

과학적 정보분석론

o 배포(dissemination)

o 생선뼈 다이어그램(fishbone diagram)

o 귀납적 논리(inductive logic)

o 추론(inferences)

o 첩보 정확도(information accuracy)

o 첩보 평가절차(information evaluation process)

o 정보 수집계획(intelligence collection plan)

o 정보 수집요구(intelligence collection requirement)

o 정보시스템(intelligence system)

o 방법론(methodology)

o 잘못된 첩보(misinformation)

o 조작하다(operationalize)

o 출처 신뢰성(source reliability)

학습 문제

1. 문헌 검토(literature review)를 해야 하는 이유 2개를 들고, 전체 정보연구 절차에 있어 그것이 중요한 이유를 설명한다.

2. 자료대조(data collation)의 이점(benefits)은 무엇인가? 3개의 이슈를 제시하고 각각의 긍정적인 점을 설명한다.

3. 왜 첩보수집 계획을 수립하는가? 정보연구 프로젝트에서 수집계획이 통합적으로 작성되지 않으면 어떤 점이 잘못될 수 있는지 설명한다.

4. 자료대조를 위한 소프트웨어 패키지를 사용하는 목적을 설명한다.

5. 자료 색인화를 위한 3가지 방법을 간단히 설명한다. 그 가운데 하나를 선택하여 장점과 한계점을 설명한다.

6. 분석관이 정보기관의 데이터베이스 또는 파일 시스템에 있는 자료를 재검토하여 제거해야 하는 이유를 간단히 설명한다.

학습 활동

귀납적 추론과 연역적 추론의 차이점을 재검토한다. 귀납적 주장과 연역적 주장의 예를 각각 2개씩 작성한다. 각 주장의 논리를 간단히 설명한다.

4장 과학적 탐구방법

이 주제에서는 다음과 같은 사항을 검토하여 정보연구에 사용되는 과학적 탐구방법에 대해 고찰한다.

1. 과학적 연구방법(scientific research method)
2. 추론(reasoning)
3. 가능성(probability)
4. 가설 검증(hypothesis testing)
5. 연구가설 수립(construction a research hypothesis)
6. 변수(variables)
7. 변수 조작(operationalize variables)
8. 변수 측정(variables measuring)

과학에 기초한 연구방법(Science – Based Research Methods)

과학적 탐구방법은 연구자가 다음과 같은 목적으로 사용하는 기법과 절차이다.

o 사회학, 범죄학, 심리학, 행동학, 정치학, 군사학, 비즈니스, 경제학 및 응용 분야의 조사활동
o 이러한 영역의 새로운 지식 획득
o 이전에 습득한 지식을 수정하거나 통합

여기에는 현상을 파악하거나 문제를 논리적으로 해결하기 위한 체계적 분석이 포함된다. 이것은 불확실성을 줄일 수 있는 투명한 절차를 통해 통찰력을 얻는 것을 목적으로 한다.

연구방법이 과학적(scientific)이라고 하는 이유는 이것이 (직접적 또는 간접적으로) 관찰할 수 있고 측정할 수 있는 경험적인 증거(empirical evidence)에 기초하고 있기 때문이다. 이러한 자료는 (예를 들면 화학이나 물리학과 같은) 자연과학(physical sciences) 의 논리적이고, 반복 가능한 확립된 원리(established principles)의 적용대상이 된다. 과학적 탐구방법은 문제정의(problem formulation), 자료수집(data collection), 자료 정리(data collation), (가설검증을 포함한) 분석(analysis), 배포(dissemination)로 구성된 정보순환과정(intelligence cycle)의 단계에 따라 수립되었다.

> 프러시아의 장군 칼 폰 클라우제비츠(Carl von Clausewitz, 1780 – 1831)와 같은 군사지휘관이 자신의 대표적 저술인 '전쟁론'(On War)에서 잘 묘사하고 있는 것처럼 불확실성을 줄이는 것은 커다란 문제이다.
>
> Carl von Clausewitz, *On War*, J. J. Graham, trans. (New York: Alfred A. Knopf, 1993)

비록 정보연구의 초점은 다른 영역의 탐구와 다르지만, 과학적 탐구라는 점에 서는 동일하다. 다른 영역의 연구자와 같이 정보분석관도 현상을 설명하기 위한 가설을 수립하고, 현실세계의 문제를 연구하기 위한 접근방법에 대한 계획을 수립 한다.

과학적 탐구의 특징 중의 하나는 방법의 객관성이고, 그러므로 수집과 자료해 석 과정에서 편향을 감소시킬 수 있다. 사회학, 범죄학, 심리학, 역사학, 인류학, 정치학, 군사학, 경제학, 교육학은 물론 도서관학[1]과 같은 특수분야 학문도 연구 결과를 학술저널이나 전문 컨퍼런스를 통해 발표하고 공유하고 있다. 연구성과를 공유하는 이유는 다음과 같다.

o 지식은 축적할 수 있고 모든 학문적 연구자들은 출판으로부터 많은 도움을 받고 있다. (즉 지식의 양이 증가하고 있다)
o 연구방법과 해석에 대한 동료 연구자들의 검토와 비판을 통해 연구의 수준과 품질이 향상된다.

---

1) Dr. Edna Reid, Federal Bureau of Investigation, Washington, DC, personal communication, June 7, 2011.

과학적 정보분석론

그러나 정보연구의 경우에는 비밀연구이기 때문에 여기에 해당되지 않는다.[2] 독자는 많은 사람의 생활을 보호하고 책임지는 핵심 정책결정자이기 때문에 심지어 학술단체에 의한 연구도 공개적으로 발표되지 않는다. 예를 들면 정보연구의 방법과 해석에 대해 비판할 수 없다는 것은 커다란 결점이다. 그러나 그 대신 정보기관에 있는 분석관들이 연구결과를 서로 검토하는 방법을 생각해 볼 수 있다. 이것은 감독관이 교정을 보는 것 이상의 의미가 있는 것으로, 연구자로서 분석방법과 연구결과를 제시할 수 있는 동료 분석관으로 구성된 포럼을 운영하는 방법이 있다.

추론(Reasoning)

연역적 논리(deductive Logic)

연역적 추론 (또는 연역적 논리)은 일반적인 진술(전제)로부터 시작하여 구체적 현상을 설명하여 결론을 내리는 주장이다. 연역적 추론의 핵심은 주장을 하기 위해 사용하는 전제(premise)가 반드시 진실이어야 한다는 것이다. 하나 또는 둘 이상의 명제(propositions)로 구성되는 전제는 물론 다른 명제도 결론과 관계가 있다. 전제가 진실이기 때문에 결론도 반드시 진실이어야 한다.

연역적 주장이 올바르게 구성되었는지 평가하기 위해 분석관은 주장이 타당하고 올바른지 확인해야 한다. 만약 결론이 전제의 논리적 귀결이라면 주장은 타당할 것이다. 또한 만약 주장이 타당하다면 물론 전제도 진실일 것이다. 다음의 예를 생각해 보자.

- o 모든 사람은 공기로 숨을 쉰다.(대전제)
- o 포춘 500대 기업의 임원은 사람이다.(소전제 – 다른 사람도 있을 것이다)
- o 그러므로 포춘 500대 기업의 임원은 공기로 숨을 쉴 것이다.(결론)

그러나 이 경우 연역적 결론은 전제가 사실이 아니라고 하더라도 결론으로서 그대로 타당하다는 점에 유의할 필요가 있다. 다음의 예를 생각해 보자.

---

2) Patrick F. Walsh, *Intelligence and Intelligence Analysis* (London: Routledge, 2011).

o 포춘 500대 기업의 일부 임원은 지방 도시에 산다.

o 일부 지방 도시는 사람이 떠나서 유령도시가 되었다.

o 그러므로 포춘 500대 기업의 일부 임원은 유령도시에 산다.

이 경우 비록 주장이 논리적으로 타당(valid)하다고 하더라도 올바르지(sound) 않은데, 주장이 올바르기 위해서는 주장이 사실인 전제에 기초하여야 한다. 그러나 분석관은 어떤 주장을 할 때 타당성(validity)과 건전성(soundness)을 동시에 갖추지 않는 경향이 있다. 만약 2가지를 모두 갖추고 있다면 연구를 진행할 이유가 없을 것이다. 연역적 논리와 귀납적 논리를 비교할 때 사람들은 일반적 진술로부터 구체적 상황으로 전개하여 결론을 도출하기보다 구체적 사례에서 출발하여 일반적인 추론으로 움직이는 경향이 있고 또한 이것이 정보연구의 일반적인 방법이다.

귀납적 논리(Inductive Logic)

귀납적 추론은 개별적 관찰에 입각하여 일반화를 한다. (즉 현상의 패턴을 파악한다) 이것은 특징이나 관계를 파악하거나 규칙화 또는 이론화할 때 사용된다. 예를 들면 다음과 같다.

o 전제: 시드니(Sydney)에 판매용 헤로인이 부족하다.

o 일반적 명제 또는 주요 전제 추론: 호주 전체에 헤로인이 부족하다.

귀납적 추론은 가설을 수립하는 데 유용하지만 타당성과 건전성에 있어 연역적 논리만큼 분명하지 못하다. 결론이 건전성을 가지려면 전제가 사실이어야 하고 분석관이 가지고 있는 수백 개의 모든 특수한 경우를 여기에 적용시켜 보아야 한다.

믿음(belief)은 신뢰(faith)와 같은 것이다. 2가지는 어떤 것이 사실이라는 의견 또는 신념을 표현한 것이지만 적극적으로 증거에 의해 입증된 것은 아니다. 그러므로 믿음과 신뢰는 연구방법으로 인정되지 않는다.

가능성(Probability)

귀납적 논리는 불확실할 수 있기 때문에 분석관은 결론을 도출할 때 가능성을 사용한다. 예를 들면 "이것은 가장 확실한 증거에 의해 파악된 것이므로 사실일 가능성이 대단히 높다"와 같이 표현하는 것이다. 어떤 특별한 이론을 검증하는 분석관은 귀납적으로 생성된 이론(또는 추론)에 기초한 가설을 수립해야 한다. 그리고 적절한 방법을 사용한다면 분석관은 연구 질문(research question)을 과학적으로 탐구할 수 있을 것이다.

호주의 시드니 일부 지역에서 헤로인을 불법으로 흡입하는 사람들이 공급부족으로 입수가 어려웠던 사례에 대해 연구하는 경우를 생각해 보자. 직접 또는 간접으로 헤로인을 입수하는 다양한 방법을 수집하였고 이러한 자료들은 분석할 수 있는 것이었다. 추론은 길거리에 헤로인이 줄어들었다는 것이다.

일부 학자들은 이러한 특수한 사실로부터 헤로인 부족은 법집행기관의 노력에 의한 것이라고 주장하였다.[3) 결론은 타당하였으나, 이러한 주장은 탈레반이 아프가니스탄에서 아편 재배를 제한한 것을 포함하여 전제를 구성하는 많은 다른 명제를 설정하는 데에는 실패하였다.

최초의 결론은 의심할 여지없이 타당하지만 건전성은 의심스럽다. 법집행기관의 활동은 부분적으로 헤로인 부족의 원인이 되었지만, 이것이 유일한 원인일 가능성은 의심스러웠다. 그러므로 분석관들은 추론을 하는 데 통계적 방법 등을 이용하여 가능성의 수준을 할당할 필요가 있었다.

통계적 검증을 실시하면 어떤 특정한 결과가 우연히 발생하였는지 여부를 결정할 수 있다. 어떤 힘이 독립적 변수 이외의 종속적 변수에 영향을 미치면 변화가 발생한다. 만약 결과가 무작위로 발생한 것으로 보이지 않으면 분석관은 독립변수의 영향이 있었다고 결론을 내릴 수 있다. 수용할 수 있는 가능성의 범위(의미 레벨)는 100분의 5($p < 0.05$)에서 100분의 1($p < 0.01$)이다. (이것은 무효화 가설을 거절할

---

3) Hank Prunckun, "A Rush to Judgment?: The Origin of the 2001 Australian 'Heroin Drought' and Its Implications for the Future of Drug Law Enforcement," *Global Crime* 7, no. 2 (May 2006): 247–55.

가능성이다 – '연구가설 수립' 참조) 그러므로 만약 이러한 결과가 얻어졌다면 분석관은 연구가 받아들일 수 있는 수준의 의미 있는 것이라고 결론을 내릴 수 있고 가설은 지지될 것이다.

가능성을 파악하는 다른 방법은 어떤 사건이 일어날 수 있는 기회와 실제로 일어난 횟수 사이의 비율을 도출하는 것이다. 예를 들면, 분석관이 과거의 테러공격 자료를 살펴보니 3개월에 1번씩 테러가 발생하였다. 이것은 1 : 90이라는 비율로 표현할 수 있다. 이러한 방식으로 가능성을 결정할 수 있고, 예를 들어 1 : 10의 비율은 1 : 100이나 1 : 1,000의 비율보다 가능성이 높은 것이다.

수량화 (양적) 자료는 가능성과 비율을 계산하여 통계 검증을 할 수 있으나, 명목(nominal) 또는 범주(categorial) 자료 (질적) 자료는 카이 제곱(chi–square)을 이용하여 검증할 수 있다. 이 방법은 제16장에서 논의할 예정이다. 또한 질적 자료는 등급표시 용어를 사용하여 평가할 수 있다. 예를 들면, 미국 정보공동체는 [표 4.1]과 같이 '희박하다'(remote)부터 '거의 확실하다'(almost certain)까지 정도를 표시하는 용어를 사용하여 가능성을 표현하고 있다. 표에서 '확실하다'(certain)는 말이 없다는 점을 유의한다.

표 4.1	가능성 표현 범주 용어					
희박 (remote)	매우 아님 (very unlikely)	아님 (unlikely)	절반 가능 (even chance)	아마도 가능 (probably/ likely)	매우 가능 (very likely)	거의 확실 (almost certain)

가설 검증(Hypothesis Testing)

가설은 어떤 사실 또는 사실의 집합(set of facts)에 대해 명제(proposition)를 부여하는 진술(statement)이다. 정보분석관이 구성하는 이 진술은 연구 질문(research question) 또는 안내 원칙(guiding principle)의 기초가 된다. 가설은 설정하는 방법이 몇 가지 있으나 귀납적 추론의 형태를 갖는다는 점에서 거의 유사하다.

문제를 파악한 후 연구 문제로서 다루어지게 될 가설을 설정한다. 가설 설정을 위해 다음과 같은 질문을 한다.

과학적 정보분석론

o 조직범죄는 향후 3년 동안 얼마나 증가할 것으로 예상되는가?

o 조직범죄는 향후 5년 동안 어떤 산업분야에서 주로 활동할 것으로 예상되는가?

o 조직범죄의 활동방법은 현재의 방법과 달라질 것인가?[4]

이러한 질문은 과학적 방법을 이용하여 검증하기에는 너무 광범위하다. 이것은 정책결정자, 사회현상 관찰자, 비평가, 주제별 평론가 등이 제기한 이슈로부터 도출된 잠정적 질문이라고 할 수 있다. 이러한 질문은 연구의 근거 중 일부가 될 수도 있으나 검증 또는 반증할 수 있도록 정제될 필요가 있다. 조직범죄는 향후 5년 동안 어떤 산업분야에서 주로 활동할 것으로 예상되는가? 라는 질문을 예로 들어보자. 분석관은 지역 또는 전국적인 관련 상황을 관찰하거나 해외의 문헌을 근거로 나이트클럽 산업이 조직범죄의 목표가 될 것이라고 상정할 수 있다. 이러한 이론(theory)을 바탕으로 탐구할 주제에 대한 검증 가능한 가설을 만들 수 있다. 이것은 질문(question), 진술(statement), 또는 가정 진술(if statement)이 될 수 있다. 예를 들면 다음과 같다.

o 나이트클럽 산업은 조직범죄의 목표가 될 것인가?

o 나이트클럽은 조직범죄의 매력적인 탈취 대상이 될 것이다.

o 만약 조직범죄가 영향력을 확대하고자 한다면 나이트클럽 산업이 목표가 될 것이다.

이러한 가설은 모두 성립할 수 있는 것이고 분석관이 연구할 초점을 분명하게 제시하고 있다. 가설은 종속변수(dependent variable)와 독립변수(independent variable)로 구성되어야 하는데, 후자에 의해 전자가 조작된다(manipulate). 따라서 가설은 절대 '증명'될(proven) 수는 없고, '지지'될(supported) 수 있을 뿐이다. 그리고 가설이 지지되는 정도에 따라 이것을 받아들일 수 있는지 여부가 결정된다. 그러므로 '이것은 가설을 지지하는 강력한 증거이다' 또는 '이러한 자료는 가설을 지지하지

---

4) Henry Prunckun, *Special Access Required: A Practitioner's Guide to Law Enforcement Intelligence Literature* (Metuchen, NJ: Scarecrow Press, 1990) 3.

않는다'와 같은 진술이 연구 결과 토론에서 자주 등장하게 된다.

연구가설 수립(Constructing a Research Hypothesis)

연구 가설을 수립하려면, 분석관이 연구에 의해 확인될 것으로 생각하는 것을 진술하는 것이 필요하다. 가설을 이론(theory) 또는 추론(inference)으로 만들어야 한다. 다양한 첩보의 조각을 정리하여 하나의 '그림'(picture)으로 나타나도록 해야 한다. 이 그림이 가설인데, 이것은 무엇이 발생했고(과거), 무엇이 진행되고 있고(현재), 무엇이 발생할 것인가(미래)에 관한 것이다. 가설은 연구를 통해 검증이 진행되는 동안 잠재적 설명(tentative explanations)으로서 작용한다.

정보 가설(Intelligence Hypothesis: H1) 나이트클럽은 조직범죄가 탈취하려고 하는 매력적인 목표이다. 연구는 하나 이상의 가설을 가질 수도 있고 이 경우 각 가설은 H1, H2, H3 와 같은 방식으로 이름을 붙인다. 그리고 분석관은 연구가설과 반대되는 결과를 표현하는 귀무가설(또는 영가설, null hypothesis: H0)을 수립해야 한다.

정보 귀무가설(Intelligence Null Hypothesis: H0) 나이트클럽은 조직범죄가 탈취하려고 하는 매력적인 목표가 아니다. 귀무가설은 분석관에게 악마의 변론(devil's advocate) 역할을 하게 된다. 왜냐하면 연구가설을 지지하지 않는 자료도 있을 수 있기 때문이다. 그러므로 분석관은 귀무가설을 거부(reject)하는 것을 목표로 해야 한다. 만약 귀무가설을 거부할 수 없으면, 분석관은 연구가설을 지지하는 증거가 있다는 것을 진술할 수는 있다. 여기에는 미묘하지만 중요한 차이가 있다는 것을 이해해야 한다. (유형 I 과 유형 II 오류에 관한 이슈는 제16장 '통계적 의미' 항목을 참조)

변수(Variables)

변수는 분석관이 측정하고자 하는 항목(items), 행동(actions), 생각(thoughts), 사고방식(mindset), 특정한 시간 기타 어떤 범주의 숫자와 같은 다양한 범주적 형태(categorical forms)를 가질 수 있다. 검증할 수 있는 가설을 수립하기 위해 분석관은 독립변수(independent variable)와 종속변수(dependent variable)를 필요로 한다.

독립변수는 연구에 있어 독립적이거나 다른 변수에 의해 영향을 받지 않는다. 독립변수는 종속변수에 영향을 미치는데 이것이 바로 탐구의 주제가 된다. 예를 들면, 나이트클럽은 위에서 예로든 조직범죄 문제의 독립변수가 된다.

종속변수는 다른 요소에 의해 영향을 받는 요소가 되는데, 위의 예에서는 조직범죄가 여기에 해당한다. 두 변수 사이의 관계를 간단히 정리하면 다음과 같다. [독립변수]는 [종속변수]에 변화를 초래하는 원인이다. 예를 들면 [나이트클럽]은 [조직범죄]에 변화를 초래하는 원인이다. 만약 조직범죄에 어떤 변화가 있다면 나이트클럽 대신 어떤 다른 산업을 대신 입력할 수도 있다. (즉 '조직범죄가 탈취할 매력적인 목표'라는 연구 질문으로 되돌아간다)

어려운 문제를 재정의하는(refining) 데 유용한 방법 중의 하나는 문제를 재진술하는(restating) 것이다. 경찰의 입장에서 교통사고 문제를 생각해 보자. 어떻게 하면 경찰관은 자동차 사고를 줄일 수 있는가? 경찰은 과속단속 장비 사용과 현장 순찰을 증가시켜 이러한 목표를 달성하고자 할 수 있다.

문제를 다음과 같이 재진술했다고 생각해 보자. 경찰은 어떻게 하면 자동차 여행을 안전하게 하도록 할 수 있는가? 그러면 해결방안이 상당히 광범위하게 제시될 것이다. 추가 방안에 운전자 교육 프로그램과 일반도로와 고속도로의 위험한 교차로, 회전구간, 사각지대를 점검하고 개선하기 위한 정부 부처와의 협조 등이 포함될 수도 있다. 또한 도보자, 자전거 탑승자, 승객, 젊은 운전자, 고령 운전자, 트럭 운전자, 오토바이 운전자 등에 대해 안전운전 정보를 제공하는 방안도 있을 것이다.

문제를 재진술하는 것은 색다른 목표를 발견하는 장점이 있고, 이러한 새로운 목표는 색다른 해결방안을 제시한다. 어떤 문제에 대해 더 많은 해결방안이 제시되면, 문제를 해결할 수 있는 방안을 발견할 가능성이 높아진다.

2개 변수의 구별 외에 모든 변수는 속성(attributes) 또는 특수한 가치(specific values)를 갖는다는 점을 유의해야 한다. 변수의 성별(gender)에는 2개의 속성이 있는데, 남성(male)과 여성(female)이다.

또한 각 변수와 관련이 있는 속성은 철저하게 파악되어야 하고, 그 목록에는 가능성 있는 모든 것들이 포함되어야 한다. 예를 들면, 변수에 종교가 사용되었다면 속성을 카톨릭, 개신교, 유대교, 이슬람교로 제한하는 것은 잘못이고, 그 외의 많은 종교가 포함되어야 한다. 이 문제를 해결하는 방법의 하나는 주요 속성을 제시하고 나머지 것은 '기타'(other)와 같은 범주를 사용하는 것이다.

　마지막으로 속성은 서로 배타적(exclusive)이어야 한다. 그러므로 하나의 변수는 동시에 2개의 속성을 가질 수 없다. 이것은 자명한 것처럼 보이지만 실제로는 그렇게 간단하지 않다. 만약 범죄 분석관이 교도소에 있는 죄수와 인터뷰를 하여 그의 범죄조직 가입 욕구를 측정하고자 한다면, 변수를 '범죄조직 구성원 신분'으로 하고 속성은 '구성원'과 '비구성원' 2개로 한다면 부적절하게 될 것이다. 이 경우 분석관은 어떤 죄수가 현재 범죄조직의 구성원이지만 다른 범죄조직에도 가입하고 싶어한다면 어떻게 기록할 것인가? (또는 현재의 범죄조직을 이탈하여 다른 범죄조직에 참가하기를 원하면 어떻게 기록할 것인가?)

변수 조작(Operationalize Variables)

　변수조작이란 변수를 관찰하고 측정할 수 있도록 말로 정의하는 것이다. 이것은 어떤 현상이 관찰될 수 있을 때, 이것을 측정할 수 있고, 측정된 것은 관리할 수 있기 때문에 중요하다. 그러나 모든 변수가 용이하게 조작할 수 있는 것은 아니다. 다음을 어떻게 정의하는 것이 좋은지 생각해 보자.

　o 조직범죄
　o 나이트클럽

　변수가 객관적이거나, 노력과 무관하거나(즉 불수의적, involuntary), 확실하다면 관찰이 용이하고 따라서 측정하기 쉽다. 주관적이거나, 노력 의존적이거나, 추상적인 변수는 조작하기 훨씬 어렵다. 혼란(과 잠재적 실패원인)을 줄이는 하나의 방법은 동일하거나 유사한 변수를 사용한 다른 연구문헌을 찾아서 그 정의를 채용하는 것이 적절한지 검토하는 것이다. 조작적 정의의 신뢰성(측정의 일관성)과 타당성(자료수집 도구가 의도한 대로 측정할 수 있는 정도)은 만약 연구가 되풀이 되었을 때 같은 결과를 얻어야 하는 과학적 연구에 있어서 가장 중요한 부분이다. 변수의 조작 절차는 다음과 같은 3단계가 포함된다.

1. 측정되어야 하는 개념을 정의한다.
2. 개념을 양적으로 측정할 수 있는 수단에 대해 평가한다. (다른 개념을 평가할 수 있는 몇 가지 측정방법이 있다)
3. 이러한 자료를 입수하기에 가장 적절한 방법을 고려한다. (예: 비밀, 비간섭 (unobtrusive), 공개 출처)

변수 측정(Measuring Variables)

변수측정의 방법에는 직접 측정, 간접 측정, 구성 측정의 3가지가 있다. 직접 측정가능 변수(directly measurable variable, 또는 관측가능 변수, observable variable)의 예는 목표 국가의 정부가 초청한 외교 모임에 참석한 사람의 숫자와 같은 것이다.

간접 측정가능 변수(indirectly measurable variable, 다른 용어로는 가설 변수, hypothetical variable 또는 미확정 변수, indeterminate variable)는 외교모임에 참석하는 손님들로부터 얻을 수 있는 수입과 같은 것이다. 이것은 그들이 사회에서 차지하는 위치를 평가하는 데 사용될 수 있다.

구성(construct)을 통해 관찰하는(observed) 변수는 추상적이고 이론적인 변수이기 때문에 실제로는 물리적으로 관찰할 수 없는 것이다. 이것은 자살폭탄 테러를 목격한 사람의 감정적 반응과 같이 어떤 현상을 대신하여 만들어진 것이다.

분석단위(Unit of Analysis)

자료를 관찰하고 기록할 때 중요한 개념은 정보연구의 과정에서 분석되는 실체가 될 분석단위이다. 빠른 이해를 위해 군대의 예를 살펴본다.

o 군인(soldier)

o 분대(squad 또는 부서, section)

o 소대(platoon)

o 중대(company)

o 대대(battalion)

o 연대(regiment)

o 사단(brigade)

o 군단(corps)

o 육군(army)

연구에서 분석해야 할 자료의 단위를 나타내는 것이므로 분석단위라는 용어를 사용한다. 예를 들어, 2곳에서 활동하고 있는 반란군의 무기유형을 비교하는 정보 연구를 진행한다면 단위는 개별 반란군이 될 것이다. 그러나 만약 반란군의 분위기가 얼마나 친화적인가를 연구한다면 분석단위는 분대 또는 소대가 되어야 할 것이다. 그러나 연구에서 몇 개의 분석단위에 걸쳐 자료를 분석하는 것은 흔하지 않은 일이다.

중요 용어

이 장과 관련이 있는 중요 용어는 다음과 같다. 각 용어에 대해 자신이 이해한 내용을 하나 또는 두 개의 문장으로 짧게 정의를 내리거나 설명을 해 본다.

o 속성(attribute)

o 결론(conclusion)

o 종속변수(dependent variable)

o 가설(hypothesis)

o 독립변수(independent variable)

o 귀무가설(null hypothesis)

o 조작하다(operationalize)

o 전제(premise)

o 가능성(provability)

o 명제(proposition)

o 추론(reasoning)

o 과학적 방법(scientific methods)

과학적 정보분석론

o 의미 수준(significance level)

o 건전한 주장(sound argument)

o 출처 신뢰성(source reliability)

o 분석단위(unit of analysis)

o 타당한 주장(valid argument)

o 변수(variables)

학습 문제

1. 정보연구가 과학적 탐구방법(scientific method of inquiry)을 채용해야 하는 이유를 설명한다.
2. 추론(reasoning)의 2가지 형식과 이것을 실제로 어떻게 사용할 수 있는지 그 방법을 설명한다.
3. 연구에서 가능성(probability)의 역할을 설명한다.
4. 적절하게 수립된 가설(hypothesis)의 중요한 2개 부분을 설명하고 왜 그렇게 구성되는지 이유를 설명한다.
5. 독립변수와 종속변수의 차이점을 설명한다.

학습 활동

정보연구에 있어 변수를 조작하는 것이 필요하다. 그러면 범죄 분석관이 '폭행'(assaults)이라는 변수를 사회에서 관찰하고 측정할 수 있도록 하려면 어떻게 정의해야 하는지 검토한다.

5장 정보연구방법론

이 주제에서는 다음과 같은 사항을 검토하여 정보연구방법론(intelligence research methodologies)에 대해 고찰한다.

1. 양적 연구(quantitative research)
2. 질적 연구(qualitative research)
3. 혼합 연구방법(mixed methods research)
4. 정보연구 디자인(intelligence research designs)

소 개

자료는 현장 관찰에 기초한 1차 자료이든, 다양한 모습을 한 수치자료인 2차 자료이든 정보연구의 중심이 된다. 이 장에서는 자료를 수집(collecting), 기록(recording), 분석(analyzing)하는 3개의 방법론(paradigms)인 질적 연구, 양적 연구, 혼합 연구방법에 대해 검토할 것이다.

질적 연구와 양적 연구의 차이점은 인체와 유사한데, 양적 연구가 골격에 해당한다면 질적 연구는 근육에 해당한다. 하나의 방법론은 다른 방법론을 보완할 수 있지만 완전히 대체할 수는 없다. 그리고 혼방 방법론은 양자를 결합하여 보다 완전한 결과를 제공한다.

각 연구방법론은 강점과 한계점을 가지고 있다. 2가지 연구방법론은 성과를 더욱 확실히 하기 위해 (즉, 신뢰성을 높이기 위해) 연구결과를 결합하여 삼각형 연구성과(triangulate research findings)로 사용하기도 한다. 실제로 어떤 연구방법론을 더 많이 사용하는가는 연구자의 학문적 배경과 개인적 취향에 따라 달라진다. 또한 연구 질문이 어떻게 구성되어 있고 이용할 수 있는 자료가 무엇인가에 따라 연구방법론이 결정되기도 한다.

양적 연구(Quantitative Research)

양적 연구는 측정기구(measurement instrument)를 사용하여 측정할 수 있는 관찰의 결과를 기록하는 분석관의 능력에 달려있다.[5] 이러한 측정기구는 정신작용을 측정(psychometric tests)하기 위해 스스로 개발한 것이거나 이전에 개발된 것일 수도 있다. 다음과 같은 연구를 하는 분석관은 과거의 정보연구 프로젝트로부터 양적 접근방법을 빌려서 활용할 수도 있다.

o 검토할 자료가 대단히 많거나, 많은 주제와 관련된 자료를 수집하여 연구를 수행해야 하는 경우 (특히 연구 자금이나 지원 인력이 부족하거나, 연구 시간이 촉박한 경우)

o 연구 프로젝트에 활용할 수 있는 이전에 개발되고 검증된 자료수집기구를 파악하고 있는 경우

o 정책결정자가 수치 자료(numeric data) 또는 측정 관련 용어로 권고사항을 작성하는 것을 잘 이해할 수 있는 경우

o 표본(sample)에 기초하여 미래의 결과 또는 사건을 평가하거나 예측하고자 하는 경우

질적 연구(Qualitative Research)

질적 정보연구는 잠정적인 인과관계(tentative causal)를 설명하여 이해를 넓힐 수 있는 방법이다. 분석관은 조사하는 문제에 접근할 때, 표준화된 질문사항(standardized questionnaires)이나 체크할 항목(boxes to check)이 없는 비정형화된 방법(unstructured way)으로 자료를 수집한다. 일부의 질적 연구는 일정한 형식에 의한 질문지를 사용하기도 하지만, 응답자는 양적 연구에서 볼 수 있는 (단순히 '예'

---

5) 자료수집기구(data collection instruments)는 구어체로 도구(tools)라고 부르는 경우도 있다. 도구라고 할 때 이것이 진정한 의미의 도구를 의미하는 것은 아니고, 사용하는 유용한 방법(utility)을 비유적으로 표현하는 말이다. 공식적인 문서에서는 방법(methods)이라고 표현하는 경우가 많다.

과학적 정보분석론

또는 '아니오' 방식이나 리커트 척도(Likert－scale)에 의한 답변과 같은) 폐쇄적 방식의 (closed－ended) 답변을 해야 하는 것은 아니다.

질적 연구는 현장에서의 상호대화식(interactive) 연구 또는 비대화식 문서(non-interactive document) 연구로 진행할 수 있다. 자료는 현장에서 직접 관찰하여 수집할 수도 있고, 간접적으로 기록(diaries), 저널(journals), 인터뷰(interviews), 관심집단(focus groups) 면접 등을 통해 수집할 수도 있다. 자료의 2차 출처는 대단히 많고, 문서도 다양한 형태로 존재한다. 정보연구에서는 질적 자료를 통해 예비연구(pilot study)를 하고, 나중에 양적 자료를 사용하여 검증하는 연구를 통해 (즉, 기본이론 연구(grounded theory research)를 진행하여) 이론(theory)으로 발전시킬 수도 있다.

질적 분석의 핵심은 인상(impression)이다. 인상은 연구자가 자료를 파악하면서 갖게 되는데, 자료에 대한 견해(view), 이미지(image), 의견(opinion) 등을 형성하는 데 영향을 미친다. 실제적 관점에서 보면, 분석관은 자료를 검토하여 판단을 형성한 다음 코딩(coding)이라는 절차를 통하여 이러한 인상을 개념(concepts), 범주(categories), 특성(properties)으로 기술한다(다차원적으로 표현(dimensionalizing)한다). 그 다음에 분석관은 질적 방법 등이 포함된 하나 또는 그 이상의 분석기법을 이용하여 이것들의 연결관계(connections)를 파악한다. 이러한 연결관계가 의미(meaning)를 생성한다. 비정형적 자료(unstructured data)의 의미를 파악하는 데 사용되는 분석기법은 제11장 질적 분석기법(Qualitative Analytics)에서 상술한다.

질적 기법과 양적 기법을 모두 사용하는 예는 분석관이 문서를 읽고 쉽게 이해할 수 있는 평범한 수준이 아니라 주제의 토론이 필요한 내용분석(content analysis)에서 자주 나타난다. 조사하는 현상에 대한 분석관의 인상은 일반적으로 보고서의 결론을 다루는 부분에서 발견된다.

분석관이 정보연구 프로젝트에서 질적 접근을 할 수 있는 경우는 다음과 같다.

o 정보목표의 행동(behaviors), 감정(emotions), 생각(thoughts)을 파악하고자 하는 경우
o 어떤 이슈에 대해 이전에 발행된 보고서의 연구방법으로 얻은 정보가 부족하고, 전체적 개관(overview)이 필요한 경우

---

o 양적 자료로는 파악할 수 없는 깊은 이해가 필요한 (복합된 이슈(associated issues)
와 같은) 이슈를 연구하는 경우

혼합 연구방법(Mixed Methods Research)

혼합 연구방법은 양적 및 질적 방법론(paradigms)을 결합하는 것이다. 분석관
이 어떤 하나의 방법으로 만족하지 못하는 경우 (방법론적 다원주의(methodological
pluralism) 또는 방법론적 절충주의(methodological eclecticism)라고 불리는) 혼합 연구
방법은 2개의 방법론적 접근의 틈새를 메워줄 뿐만 아니라 어떤 방법을 단독으로
사용했을 때보다 우수한 결과를 보여주는 경우가 많이 있다.[6]

정보연구 디자인(Intelligence Research Designs)

정보연구에서 가장 널리 사용되는 연구 디자인은 다음과 같다.

실험연구(Experimental Research)

실험연구는 변수를 통제할 수 있는 능력이 있는 경우 인과관계(causality)를 검
증하기 위해 사용된다. 실험을 통해 하나 또는 복수의 독립변수를 조작하여 종속
변수에 주는 영향을 평가할 수 있을 때 사용한다. 분석관은 이러한 방법을 통하여
하나 또는 복수의 (또는 결합된) 독립변수가 종속변수에 영향을 미치는지 여부를
검증한다.

유사 실험연구(Quasi-experimental Research)

유사 실험연구는 실험연구 디자인을 할 수 있는 모든 지표(characteristics)가 충족
되지 않는 경우 특징적인 것을 무작위로 선정(random selection)하여 실시하는 것이
다. 유사 실험연구 디자인은 종종 시계열 분석(time-series analysis)의 형태를 갖게

---

6) R. Burke Johnson and Anthony J. Onwuegbuzie, "Mixed Methods Research: A Research
Paradigm Whose Time Has Come," *Educational Researcher* 33, no. 7 (2004): 14-26.

과학적 정보분석론

되는데, 이 경우 시계열 자료에 의해 연구가 방해를 받는 경우도 있고 그렇지 않은 경우도 있다. ('시계열 연구'(Time Series Studies) 참조) 이 접근법은 문서(archival) 분석 또는 다른 형태의 비간섭 자료(unobtrusive data) 분석에도 유용하다.[7]

사례연구(Case Studies)

사례연구는 사람, 단체, 사건, 행사 등과 관련된 하나의 이슈 또는 문제에 대해 연구하는 것이다. 사례연구는 목표 현상(target phenomena)에 대해 변수의 제한을 받지 않고 문제를 깊이 조사할 수 있는 체계적인 평가방법이다. 사례연구는 하나 또는 복수의 사례를 다룰 수 있고, 질적 연구에 한정할 필요도 없으며, 양적 연구 또는 혼합 연구도 가능하다. 이러한 연구 디자인은 전략정보 프로젝트에 적합하다. (예를 들면, 유럽의 미국 이익을 손상시키는 테러리스트의 폭탄공격에 대한 보복으로 미국 공군에 의해 단행된 1986년 리비아 공습 사례연구가 있다)[8]

평가(Evaluations)

평가연구는 정보작전(intelligence operation), 전술조치(tactical service), 전략 프로그램(strategic program)에 대해 체계적으로 평가하는 것이다. 평가는 보통 정식 (formative) 평가와 약식(summative) 평가로 구분한다. 정식 평가는 작전, 서비스, 프로그램이 투입(inputs), 기술(technology), 훈련(training), 절차(procedures) 등을 통해 개선되었거나 앞으로 개선될 수 있는지 평가하는 것이다. 약식 평가는 작전, 서비스, 프로그램이 원하는 성과를 거두었는지 평가하고, 만약 원하는 성과를 거두지 못했다면 장차 목표를 달성할 수 있도록 개선방안을 제안하기 위한 것이다. 전략정보 연구에서는 정책평가(policy evaluations)의 형태로 진행될 가능성이 높다. 이런 의미에서 성과(outputs)는 조직이 성취한 것인데 비해, 결과(outcome)는 광범위한 정책적 함의가 될 것이다. 예를 들면, 새로운 경찰 전략의 정책적 성과는 경찰관에 의한 체포 숫자가 될 것이고, 결과는 사회의 범죄 공포가 감소하는 것이

---

7) Richards J. Heuer, ed., *Quantitative Approaches to Political Intelligence: The CIA Experience* (Boulder, CO: Westview Press, 1978).

8) Henry Prunckun and Philip Mohr, "Military Deterrence of International Terrorism: An Evaluation of Operation El Dorado Canyon," *Studies in Conflict and Terrorism* 20, no. 3 (July-September 1997): 267-80.

다. 평가는 이슈와 관련이 있는 절차를 연구하는 절차평가(process evaluation)가 될 수도 있다. 절차평가는 (결과에 근거하여 효율성을 연구하는 것이 아니라) 절차의 효율성을 평가하는 것이다.

표적 집단(Focus Groups)

표적 집단은 질문의 초점을 분명히 하기 위해 폐쇄형 질문(closed questions)도 사용할 수 있으나 주로 개방형 질문(open-ended questions)을 통해 동시에 다수의 사람들로부터 자료를 모으기 위한 방법으로 질적 연구에 사용된다. 이 방법의 장점 중의 하나는 참가자들 사이의 상호 토론이 가능하여 정보가 풍부한(information-rich) 결과를 얻을 수 있다는 것이다. 이러한 토론은 보통 연구자가 기록하여 연구를 위한 자료로 활용한다.

심층 인터뷰(In-Depth Interview)

심층 인터뷰는 표적 집단과 유사하지만, 답변자가 한 사람이거나 소수인 경우이다. 인터뷰는 비정형화 형태(unstructured format)로 진행되는데, 분석관은 연구질문에 대한 자료를 얻을 수 있는 토론을 진행하기 위해 기본적인 개방형 질문을 준비한다. 심층 인터뷰는 개인적이고 민감하며 비밀스러운 첩보를 얻기에 적합하고, (예를 들면, 방첩 조사와 같이) 다수 집단을 대상으로 하는 것은 부적절하다.[9]

민족학(Ethnographies)

민족학은 사람들의 생활방식과 관련하여 질문에 대한 대답을 찾는 것이다. 민족학적 연구는 문화와 (예를 들면 폭동과 같은) 행동의 관계를 검토하거나, 다른 연구방법론으로 통찰력을 얻을 수 없을 때 유용한 연구방법이다. 민족학은 전략적이고 탐구적인 방법이지만, 특정한 질문에 대한 즉각적인 대답을 필요로 하는 작전적이거나 전술적인 필요에도 활용할 수 있다.

---

9) 방첩 조사(counterintelligence investigations)에 관한 추가 정보는 다음을 참조. Hank Prunckun, *Counterintelligence Theory and Practice* (Lanham, MD: Rowman & Littlefield, 2012).

기초이론(Grounded Theory)

기초이론은 확립된 이론을 검증하기 위한 연구가 아니라 자료로부터 이론을 발전시키기 위해 연구하는 방법이다. 분석관은 철저하게 귀납적 접근법을 사용하여 구체적 사례로부터 일반적 원칙을 도출한다. 기초이론 연구에서 개념은 분석의 중요한 요소가 되는데, 왜냐하면 개념은 이론을 발전시키기 위해 (즉, 자료의 개념화) 필요하기 때문이다. 예를 들면, 프런컨(Prunckun)은 방첩이론을 발전시키기 위한 연구에 기초이론을 이용하였다.[10] 이 연구는 2차 자료를 이용했고, 방첩 실무와 관련이 있는 핵심주제를 추출하였다. 이러한 개념에 입각하여 방어적 방첩(defensive counterintelligence)과 공격적 방첩(offensive counterintelligence)이라는 방첩 실무를 설명할 수 있는 논리적인 모델을 수립하였다. 요약하면, 이 이론은 3개의 공리(axioms)와 4개의 원칙(principles)으로 구성되어 있는데, 기초이론 접근법을 사용하지 않았다면 성취하기 어려웠을 것이다.

시계열 연구(Time Series Studies)

시계열 연구는 반복측정(repeated measures) 연구라고도 하는데, 왜냐하면 시간을 기준으로 동일한 변수로 관찰된 (즉, 측정된) 2개 이상의 결과가 사용되기 때문이다. 시계열 분석은 관찰된 결과에 따라 현상을 이해하고 변수의 미래를 예측하고자 하는 방법이다.

사전 디자인(Pre-Designs)과 사후 디자인(Post-Designs)

사전 디자인과 사후 디자인은 보통 의도적 개입(intervention)을 통하여 초래되는 (즉, 의도적으로 독립변수에 변화를 주어 종속변수에 영향을 주는) 변화를 측정하는 방법을 사용한다. 측정은 개입 이전에 하고 (기준자료, baseline data) 개입의 인과관계를 평가하기 위해 개입 이후에도 한다. 이러한 연구는 A-B 디자인(A-B designs)이라고도 하는데, A는 기준 단계(baseline phase)를 나타내고 B는 개입 단계를 나

---

10) Hank Prunckun, "A Grounded Theory of Counterintelligence," *American Intelligence Journal* 29, no. 2 (December 2011): 6-15, Henry Prunckun, "Extending the Theoretical Structure of Intelligence to Counterintelligence," *Salus Journal* (2, no. 2 June 2014: 31-49). 그리고 Hank Prunckun, *Counterintelligence Theory and Practice*, 2012 제3장 참조.

타낸다. A−B 디자인의 변형으로 A−B−A, A−B−A−B, B−A−B가 있다. B−A−B 디자인은 사용하는 것이 이상하게 보일 수 있으나, 어떤 상황에 대한 개입이 이루어졌는데(B 단계), 분석관이 사전에 기준자료를 확보하지 못한 경우에 활용할 수 있다. 그러한 상황에서 분석관은 사후 영향(A) 평가와 재도입(B) 평가를 위해 개입의 중단을 요청할 수 있다.

메타 분석(Meta − Analysis)

메타분석은 이전에 수행한 연구에 대한 요약을 통계적으로 연구하는 방법이다. 설문조사자보다는 분석관이 발간된 연구보고서를 사전에 직접 수집한다. 그러므로 이것은 연구된 숫자를 통계적으로 비교하는 전적으로 양적인 접근법이다.

중요 용어

이 장과 관련이 있는 중요 용어는 다음과 같다. 각 용어에 대해 자신이 이해한 내용을 하나 또는 두 개의 문장으로 짧게 정의를 내리거나 설명을 해 본다.

o 코딩(coding)

o 다차원화(dimensionalizing)

o 평가 연구(evaluation research)

o 기초이론 연구(grounded theory)

o 인상(impression)

o 첩보 풍요(information rich)

o 기구(instrument)

o 혼합 방식(mixed method)

o 질적 연구(qualitative research)

o 양적 연구(quantitative research)

o 반복 측정(repeated measures)

o 연구 디자인(research designs)

o 삼각형화(triangulation)

학습 문제

1. 양적 연구(quantitative research)와 질적 연구(qualitative research)의 차이점을 설명한다.
2. 양적 연구(quantitative research)와 질적 연구(qualitative research)를 사용하는 장점과 한계점을 각각 설명한다.
3. 이 두 가지 접근법을 결합하여 사용하였을 때 (즉, 혼합방식 연구) 서로를 보완할 수 있는 방법을 설명한다.

학습 활동

정보연구에서 사용할 수 있는 다양한 연구 디자인을 생각해 본다. 이 중에서 하나를 선택하여 최근에 탄도미사일(ballistic missile) 능력을 발전시키겠다고 공표한 Q국가에 대한 연구에 어떻게 적용할 수 있는지 검토한다.

6장 아이디어 창출과 개념화

이번 장에서는 아이디어를 창출하고 개념화하기 위해 가장 일반적으로 사용되는 기법에 대해 검토해 본다:

1. 브레인스토밍
2. 명목집단기법
3. 마인드 맵
4. 개념도
5. 유사 다이어그램
6. 점검표
7. 분류
8. 다자간 매트릭스

배 경

첩보를 정리하여 보관한다는 것은 자료 목록을 작성하고 그런 다음 검색을 위해 자료를 저장하는 것이라고 단순하게 말할 수 있다. 대조(collation)란 이러한 두 가지 과정을 포함하지만, 역시 분석의 몇 가지 기본적인 방식을 지닌다. 장대높이뛰기 선수에 비유하면, 뛰어오르는 선수는 분석으로 그리고 뛰어넘기 위한 도약은 대조로 이해될 수 있다. 분석은 대조 없이는 이루어질 수 없다. 운동선수가 높은 막대에 오르려는 것처럼, 도약이 어떻게 이루어지느냐에 따라 성공하거나 실패하게 될 것이다. 만일 대조가 적절히 이루어진다면 분석은 향상될 것이다.

대조 과정의 첫 단계에서 분석관은 조사중 연구에 포함하기 위해, 또는 더 큰 정보데이터 보관에 포함시키기 위해(예를 들면, 다른 연구에 활용하기 위해) 자료 평가를 필요로 한다. 만일 자료 항목들이 부정확하고 가치가 없는 것으로 밝혀진다면,

제거되어져야 한다. 때때로 수집된 첩보가 오류를 포함하고 연구와 관계없는 것일 수도 있다. 이러한 자료들은 확인된 후에 파기되어져야 한다. 만일 그렇지 않으면, 첩보가 정보 데이터베이스에서 장애를 일으킬 뿐만 아니라 이같은 첩보를 보유하는 것이 법을 위반하는 것이 될 경우에는 분석관과 기관을 법적인 위험에 처하게 할 수도 있다.

첩보수집 계획에 알맞은 것으로 간주되고 그 프로젝트와 연관된 자료는 분석의 주요단계에서 검색하기 위해 저장될 수 있다. 앞의 장을 돌이켜볼 때 비정형 자료 (unstructured data)는 다음에 의해 컴퓨터로 저장된다:

o 첩보 기록
o 색인 작성
o 상호 참조
o 키워드 작성

이 과정은 첩보수집계획에 명기된 요구에 대해 점검함으로써 수집된 첩보를 확인하는데 분석관에게 도움이 된다. 또한 노력했으나 아직 수집되지 않은 자료를 나타낸다. 그리고 특히 대조 기법이 시각적이라면 지금까지 분명하지 않았던 관계성을 나타낼 수 있다. 대조 기법이 다양하므로 이번 장에서는 정보순환의 대조 단계와 관련하여 아이디어를 창출하고 개념화하기 위해 폭넓게 활용되는 기법들을 논의할 것이다.

브레인스토밍

브레인스토밍은 수십년간 연구자들 사이에서 폭넓게 활용되고 있다.[1] 브레인스토밍은 그룹으로 활용되고(예를 들어 분석부문의 모든 구성원들 또는 일단의 전문가들과 함께), 분석관 개인적으로 단독 활용될 수 있다.

이 기법은 한계는 있지만, 비정형 자료(unstructured data)를 대조하기 위한 가장

---

1) Alex F. Osborn, *Your Creative Power: How to Use Imagination* (New York: Charles Scribner's Sons, 1948).

대중적인 기법 중 하나임에는 틀림이 없다. 수집이후 자료를 체계화하기 위한 방법으로, 또는 수집을 위한 체계를 수립하기 위해 수집이전 단계에서 활용될 수 있다.

이 기법이 수집이후 활용되는 예는 현장요원들이 목표로부터 많은 양의 자료를 획득하거나(목표와 관련된 장소를 급습하는 경우), 비밀 공작원이 목표로부터 비밀리에 획득한 많은 양의 첩보를 넘겨준 경우다. 수집이전에 활용하는 예는 분석관이 분석 요구에 답하기 위해 수집될 필요가 있는 첩보 출처를 위해 많은 아이디어를 창출하는 것이다. 이러한 아이디어 창출은 최종 첩보수집 계획을 진전시키기 위한 첫번째 단계중 하나가 되며, 수집활동에 도움이 되는 아이디어가 되기도 한다.

브레인스토밍은 참가자들이 다소 색다른 아이디어를 찾아내는 창의적인 과정이다. 그렇기는 하지만 브레인스토밍의 특징은 비슷한 지위에 있는 사람들이 모인 수평적인 사고 과정(lateral thinking process)을 통해 많은 아이디어를 창출해 내는 것이다. 진행도중 비판을 해서는 안 되며, 아이디어에 대한 평가는 오직 마지막에 이루어진다. 브레인스토밍 회의는 보통 5분에서 20분 정도로 짧다. 회의진행자는 비판이 논의 단계에서 일어나지 않도록 하고, 정의된 문제(그룹 앞에 분명하게 보이도록 표시되어야 한다)에 논의의 초점이 있도록 해야 한다. 참여자들이 흥미를 갖도록 유도하는 것은 폭넓은 아이디어들을 창출하는데 도움이 된다. 그러나 어떤 생각이 너무 멀리 또는 너무 오래 논의되지 않게 하는 균형유지가 필요하다.

아이디어들은 모든 참여자들이 볼 수 있도록 기록되어져야 하는데 이것은 다른 아이디어를 창출해 내는데 도움을 준다. 개인적으로 실시한다면 마인드 맵(mind map)이 대신 활용될 수 있다. 그룹으로 실시한다면 유사성 다이어그램(affinity diagram)이 아이디어를 구성하는데 도움이 될 수 있다(이번 장 뒷부분에 서술된 "마인드 맵"과 "유사성 다이어그램" 참조).

그러나 아이디어는 창작의 샘처럼 인간의 마음으로부터 흘러나오지 않는다. 아이디어를 다른 아이디어와 연결하기 위해 사용되는 일반적인 과정으로 연상과정(process of association)을 거친다. 예를 들어, 왜 어느 극단주의 단체가 어떤 특별한 장소를 목표로 삼는지에 대한 가능한 해결책을 조사하는 동안, 분석관은 또 다른 극단주의 단체에 관한 비슷한 이슈를 다룬 가설과 함께 연상할 수 있다. 이런 경우에 연상은 "유사성"(similarity)에 의해 이루어진다.

> 생각을 통해 당신은 A에서 B로 이동할 수 있다.
>
> 상상은 당신을 어디든지 데려갈 것이다.[1]
>
> 1) 독일 태생의 미국인 물리학자로서 고인이 된 앨버트 아인슈타인 박사의 말에서 인용하였다.

자유롭게 연상할 수 있지만, 때때로 조직적인 사고가 도움을 준다. 이와 관련하여 브레인스토밍 회의에서 활용될 수 있는 어떤 연상방법은 차이점(대비 또는 반대), 역사적 사례, 주제와 패턴, 무작위 용어 또는 비유를 사용하면서 이슈에 대해 사고를 넓히는 것이다.[2]

그룹으로 진행될 때 일부 제약요소도 있다. 참여자들이 두고온 사무실 일을 걱정하며 집중하지 못할 수 있다. 일부 참여자들은 성격적인 충돌로 인해 개방적이고 창의적인 논의를 방해할 수도 있다. 또한 일부는 자의식이 강해 자신들이 진행에 기여하지 못한다고 느끼기도 한다. 그러나 브레인스토밍의 그룹 활용은 아이디어를 만들어내는 긍정적인 영향을 지닌다. 즉, 브레인스토밍은 참여자들이 마음껏 아이디어를 창출할 수 있는 플랫폼을 제공한다.

6-3-5 기법

창의적인 사고를 자극하는 여러 방법들이 있는데 6-3-5 기법은 이들중 하나다.[3] 이 기법은 브레인스토밍을 위해 6명의 적합한 사람들을 소집한다. 또한 이 기법을 활용하되, 6명으로 이루어진 여러 그룹들이 동시에 소집될 수 있다. 각각은 3개의 아이디어를 5분내에 생각해내야 한다. 그래서 6-3-5 기법이라고 호칭되는 것이다.

일단 아이디어를 5분내 작성하게 되면, 참여자들은 자신들의 페이퍼를 옆 사람에게 건넨다. 각 사람은 다른 사람의 아이디어들을 살펴보고 숙고한 후 마찬가지로 5분 내에 3개의 아이디어를 기록한다. 이렇게 함으로써 더 많은 아이디어가 창출되는 것이다. 각 사람이 모든 페이퍼를 보는 기회를 가질 때까지 같은 과정이

---

2) Alex F. Osborn, *Applied Imagination: Principles and Procedure of Creative Problem-Solving*, third revised edition (New York: Charles Scribner's Sons, 1963).

3) Helmut Schlicksupp, *Kreative Ideenfindung in der Unternehmung: Methoden und Modelle* (Berlin: de Gruyter, 1977).

반복된다.

시간과 인원에 따라 이 기법은 변형될 수 있는데 즉, 3－3－2 기법 등 또 다른 변형을 의미한다.

무작위 입력

연구 중에 있는 과제에 새롭거나 다른 시각을 투입하는 또 다른 방법으로는 무작위 입력(random input) 기법을 활용하는 것이다. 이것은 그룹 내에(또는 개인에 의해) 아이디어 창출이 줄어들 때, 새로운 계기를 조성하는데 도움이 된다. 또한 추가적인 연상을 통해 아이디어들을 얻는 수단으로 활용된다.[4]

이것을 실시하는 가장 간단한 방법은 사전을 사용하여 무작위로 한 페이지를 선택하는 것이다. 그리고 그 페이지의 첫 번째 명사를 선택한다. 무작위 단어와 조사중인 이슈를 연결하기 위한 개념적인 출발점으로 이 단어를 활용한다. 이것은 여러번 반복될 수 있다.

발생가정 기법

줄거리와 짜임새와 같이 다양한 이야기 요소와 관련한 아이디어를 창출하기 위해 소설가들에 의해 활용되는 브레인스토밍의 변형으로서, 정보연구와 관련해서는 첩보를 대조하기 위해 활용된다. 이 기법은 "발생가정 게임"(what－if game)으로 알려져 있다.[5] 정보연구에 활용시, 고려되고 있는 이슈와 관련하여 발생할 수 있는 여러 가정을 분석관에게 질문하도록 요구된다. 이 기법은 브레인스토밍의 일환으로 추가적인 가능성의 범위를 검토하는데 활용된다.

악마의 변론

이것은 브레인스토밍 중에 올바로 사용된다면 유용한 기법이 될 수 있다. 그러나 공격적으로 사용된다면 창의성을 방해할 수도 있다. 이것을 활용하는 것은 아이디어의 균형을 이루면서 좋은 판단을 하기 위한 것이다. 단순히, 그룹 중 한 구

---

4) Edward De Bono, *Serious Creativity: Using the Power of Lateral Thinking to Create New Ideas* (Scranton, PA: Harper Business, 1992), 177.

5) James Scott Bell, *Plot and Structure* (Cincinnati, OH: Writer's Digest Books, 2004), 38.

성원이 악마의 변론자가 되어 반대되는 아이디어, 옵션 또는 가능성을 제안하는 것이다. 이것은 제한적으로 집중되어 있는 사고를 회피하기 위한 유용한 기법으로, 이를 통해 집단사고(groupthink)를 방지할 수 있다. 집단사고는 그룹의 구성원들이 대안이 되는 견해를 억누르는 분위기에서 발생하는데, 집단적으로 형성된 다수의 의견이 소수의 이의 표명에 당혹스러워하는 분위기가 형성되는 것이다. 그룹 내 악마의 변론자가 있다는 것은 구성원들을 좀 더 폭넓게 사고하도록 유도함으로써 TINA 증후군(즉, "대안이 없다")을 피할 수 있게 한다.

> 이번 장에 약술된 기법들은 정보연구 프로젝트와 관련하여 아이디어를 창출하는데 매우 적합하다. 지난 수년간 창의적인 작가들은 마음의 창조적 에너지를 풀어내는 수단으로 마약이나 술을 활용할 것을 옹호하여 왔다. 그러나 연구결과 이것은 신체 및 정신적 건강상 합리적인 접근이 아닌 것으로 밝혀졌다. 연구에 도움이 되기 위해서는 마약이나 술에 의존하거나 유혹되지 말아야 한다. 뛰어난 분석관이 되기 위해서는 마음과 신체와 정신이 건강해야 하는 것이다.

명목집단기법

명목집단기법은 브레인스토밍의 대안으로 활용될 수 있는데 특히 참여자들이 그룹 또는 그룹내 특정인들 앞에서 자신들의 생각을 표현하게 될 경우 어떤 제약을 느낄 때 활용될 수 있다. 논의를 억누를 수 있는 사람을 피하기 위한 수단으로 매우 적합한데, 소극적인 참여자들에게 용기를 줄 수 있다.[6] 그 단계는 다음과 같다:

1. 탁자를 둘러싼 팀의 참여자들을 편안하게 하고, 이들에게 필기 도구들을 제공한다.
2. 조사 중에 있는 질문을 그룹에게 제시한다. 사고를 장려하기 위해 자유로운 질문으로 표현되어야 한다. 예를 들면: Q라는 국가가 보안군에게 ... 행동을 하도록 하게 하는 방법으로는 무엇이 있을까?

---

6) A. L. Delbecq and A. H. Van de Ven, "A Group Process Model for Problem Identification and Program Planning," *Journal of Applied Behavioral Science* VII (July−August 1971): 466−91.

3. 각 참여자에게 1분 또는 2분간 문제를 생각하도록 요청하고, 개인적으로 여러 가능한 아이디어를 브레인스토밍한다. 브레인스토밍은 조용히 이루어지며 참여자들은 자신들의 아이디어들을 페이퍼에 메모한다.

4. 참여자들의 아이디어가 담긴 페이퍼를 회수한다. 플립 차트(또는 컴퓨터 데이터 프로젝터를 통해)에 모든 사람이 아이디어들을 볼 수 있게 한다. 이러한 과정에서 비슷한 것을 결합함으로써 중복되는 아이디어는 제거한다. 브레인스토밍과 같이 비판은 허락되지 않으며 모든 아이디어들은 활용될 수 있다. 진행자는 아이디어를 명확히 표현하기 위해 변화를 주고자 할 때는 사전에 그룹으로부터 허락을 받는다.

5. 모든 참여자들이 개별적으로(그리고 익명으로) 투표에 의해 아이디어들을 평가하도록 요청한다. 여러 평가방법이 있으나, 일반적으로 사용되는 2가지 방법은 다음과 같다:

o 가장 선호하는 아이디어에 높은 점수를 부여하고, 덜 선호하는 것에 낮은 점수를 부여함으로써 순위부여한다. 각 아이디어에 대해 합계를 낸다. 가장 높은 점수를 받은 아이디어가 주목받을만한 것이다. 1에서 5까지의 범위를 사용하며, 1은 가장 낮은 우선순위이고, 5는 가장 높은 우선순위로, [표 6.1]과 같다. B가 가장 높은 우선순위로 20점이고, E는 11점으로 가장 낮다.

o 다른 방법은 가중치 시스템(weighting system)을 활용하는 것이다. 예를 들어 각 참여자는 아이디어의 합이 100이 되도록 점수를 부여한다. 이것은 [표 6.2]와 같으며, B가 가장 높은 우선순위로 165점이고, E가 가장 낮은 25점이다.

표 6.1	아이디어 순위부여 방법						
	Dave	Betty	Kait	Lyndsey	Chris		Total
Issue A	1	5	4	1	2	=	13
Issue B	3	4	5	3	5	=	20
Issue C	3	5	3	4	3	=	18
Issue D	4	2	1	4	1	=	12
Issue E	1	5	2	1	2	=	11

표 6.2	아이디어 가중치 방법						
	Dave	Betty	Kait	Lyndsey	Chris		Total
Issue A		25	40			=	65
Issue B	30	20	50		65	=	165
Issue C	30	30	10	50	35	=	155
Issue D	40			50		=	90
Issue E		25				=	25

마인드 맵

마인드 맵은 일련의 관련된 아이디어들을 보여주는 도표다. 마인드 맵은 다양한 형태를 취할 수 있으나, 가장 인기있는 2가지는 계층 리스트(hierarchical list)와 거미 다이어그램(spider diagram)이다. 실제로 어느 것을 사용할지는 분석관의 개인 선호도에 따라 달라지는데, 어떤 분석관은 리스트를 생각하는 반면에 다른 분석관은 시각적인 면을 고려한다.

[표 6.3]은 본 책자를 위한 마인드 맵의 일부 예를 보여주는데, 저자에 의해 창안된 것이다. 이와 같은 리스트는 원칙적으로 책의 목차가 된다(그렇다, 목차는 마인드 맵의 한 형태다). 만일 분석관이 거미 다이어그램 사용을 선호한다 하더라도, 다이어그램의 주요 아이디어들을 분류, 재편성함으로써 거미 다이어그램은 계층 리스트로 전환될 수 있다. 마찬가지로 리스트는 거미 다이어그램으로 전환될 수 있다([그림 6.1] 참조).

표 6.3	주제의 계층 리스트	
정보의 원칙		정보연구절차
정보 대(對) 첩보		문제 서술
정보의 정의		문헌 조사
지식으로서의 정보		방법론
정보 사용자		정보수집계획

과학적 정보분석론

그림 6.1   주제의 거미 다이어그램

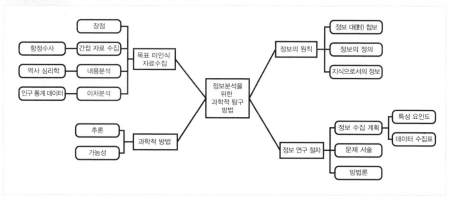

"마인드 맵은 근본적인 조직적 사고 도구이다. 그리고 매우 간단하다! 마인드 맵 작업시 컴퓨터가 유용할 수 있다! 물론 당신의 뇌가 모든 아이디어들을 제시할 수는 있지만, 최신 소프트웨어를 이용하면 마인드 맵을 화면에 그릴 수 있다. 그 장점은 분명하다. 파일에 마인드 맵을 저장하여 다른 사람에게 전송할 수도 있다. 컴퓨터 마인드 맵은 당신에게 마인드 맵 형태로 방대한 양의 데이터를 저장하게 하고, 데이터를 상호 참조하게 하며, 마인드 맵의 부문들을 한 쪽에서 다른 쪽으로 쉽게 이동시키고, 새로운 중요내용을 반영하여 마인드 맵 전체를 재배치하게 할 수도 있다..."[2]

2) Tony Buzan, *How to Mind Map* (London: Thorsons, 2002), 4, 69.

개념도

개념도는 마인드 맵과 매우 유사하나, 다음 측면에서 상이하다: 하위 주제가 마인드 맵에 제시되는 반면, 개념도는 설명 단어들을 사용한 여러 아이디어 교점 (idea nodes) 간의 연결을 나타낸다. 이러한 의미에서 개념도는 다양한 아이디어 사이의 관계를 보여주며, 따라서 개념도는 개념을 다이어그램으로 묘사하는데 유용하다. 복잡한 관계를 조사할 때 특히 유용하다.[7]

---

7) Joseph D. Novak, *Learning, Creating, and Using Knowledge: Concept Maps as Facilitative Tools in Schools and Corporations*, second edition (New York: Routledge, 2010).

대조기법으로서, 개념도는 분석관에게 관련된 아이디어지만 아직 체계화되지 않은 아이디어, 팩트, 조건, 특성 또는 아이디어들을 대조하는 방법을 제공하는데, 이는 이들의 관계를 명확히 나타내기 위해서다. [그림 6.2]는 불법 마약반입에 관한 정보분석 프로젝트와 관련한 개념도의 시작을 보여준다. 각 연결선을 위한 라벨을 사용한 설명은 교점 내의 아이디어 간의 관계를 설명하는데 도움이 된다. 이 그림에는 오직 2개의 아이디어가 표현되었지만 더 많은 아이디어들이 포함될 수 있으며, 마찬가지로 더 많은 하위 아이디어가 포함될 수 있다. 만일 소프트웨어 패키지가 활용된다면 이는 더 빨리 연결되게 하고 그리고 역시 아이디어들을 더 쉽게 재편성하거나 재배열하게 한다.

그림 6.2   개념도 예시

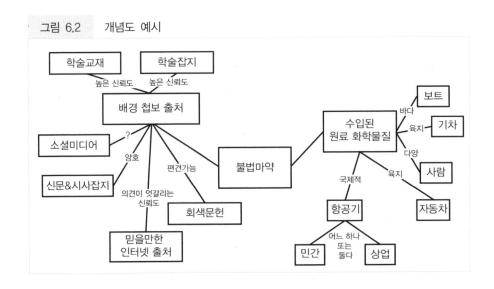

유사성 다이어그램

유사성 다이어그램을 만들어내는 것은 분석관이 데이터 항목(아이디어 또는 개념)을 비슷한 계통에 따라 클러스터를 이루게 하는 방법이다. 이런 이유로 유사성 다이어그램(affinity diagram) 또는 데이터 클러스터(data cluster)로 호칭된다(예를 들어, 유사한 특징, 특성 등으로 클러스터를 이룬다). 이같이 클러스터를 이루는 것을 분류하는 것과 혼동되어서는 안 된다. 분류할 때 항목들은 미리 정해진 종류(예를 들어 생물학 또는 농경학)에 따라 나누어진다. 클러스터를 이룰 때 그 목적은 데이터를 얻고 이것을 더 작은 클로스터로 나누는 것이며, 이를 통해 더 잘 관리되고 더 잘 분석되어질 수 있는 것이다.

데이터 클러스터는 브레인스토밍 이후 실시될 수 있거나 현장요원들에 의해 획득된 데이터(예를 들어, 수색 및 압류로부터 획득하거나 비밀 공작원 또는 정보원에 의해 획득된 자료)를 구분하기 위해 활용될 수 있다. [그림 6.3]은 초국가적인 조직범죄 이슈를 브레인스토밍하는 한 개인에 의해 만들어진 것으로 아이디어의 유사성 다이어그램의 샘플을 보여준다. 그 단계는 다음과 같다:

1. 광범위한 개념/이슈/아이디어/과제를 다수의 작은 카테고리로 분리한다.
2. 이러한 카테고리들을 칠판(화이트보드, 펜보드 또는 마커보드 등), 플립차트 또는 컴퓨터 데이터 프로젝터와 같은 간편한 수단을 통해 보여준다.
3. 첩보를 공통된 클러스터 안에 모은다(마인드 맵에서 한 것처럼). [그림 6.3] 참조.
4. 각 클러스터에 제목을 붙인다(이것은 절차 마지막에 이루어져야 하는데, 왜냐하면 처음에 지정되면, 데이터 항목이 더해지면서 제목명이 변경되거나, 새로운 클러스터가 만들어질 수 있기 때문이다).

그림 6.3   초국가적 조직범죄 이슈의 유사성 다이어그램

조직범죄 단체
- 정의
- 이론
- 역사
- 지리적 차이
- 조직 구성
- 기능

글로벌 영향
- 정치적
- 사회적
- 경제적
- 국제안보

재정범죄
- 사기
- 자금 세탁
- 화폐위조
- 증권 사기
- 주가 조작

재정출처
- 밀매
- 뇌물수수
- 경찰 및 정치적 부패
- 자동차 절도
- 살인
- 강탈
- 성매매
- 도박

밀수 네트워크
- 마약
- 총포
- 밀입국
- 핵물질
- 식물과 동물

통제 조치
- 글로벌 협력
- 정보 공유
- 상호 사법 협력
- 법 영역 밖의 활동

점검표

점검표(check sheets)는 자료 수집관과 분석관이 자료를 체계적으로 정리하고 기록하도록 도와준다. 이러한 자료는 역사적인 기록이나 사건 관찰로부터 얻어지며, 신속하게 제작되어 사용될 수 있다.

점검표 시스템을 활용하는 주요 장점은 자료가 시스템에 입력됨으로써 전체의 윤곽이 한 눈에 들어오게 하고, 문제, 이슈, 상황과 관련하여 사람들의 서로 다른 의견에 대해 사실관계가 무엇인지 분명하게 해준다.

체크리스트를 만들기 위해, 분석관들은 관찰을 필요로 하는 사건이나 조건들을 규정한다. 그리고나서 누가 데이터를 수집하고, 어느 기간 및 무슨 자료(역사적 기록이나 파일)를 지정할 것인지를 할당한다. 마지막으로 그들은 체크리스트 표를 만들고 자료를 수집하기 시작한다.

관련된 예시로서, 남쪽으로 통과하는 의심스런 차량의 증가를 보고하는 지방 마을의 예를 들어본다. 이와 관련하여 이것은 그 지역에 폭도들이 증강되고 있는 것과 연관되어 있다는 소문이 돌았다. 현장요원들은 점검표를 사용하여 24시간 동안 교통량을 은밀하게 기록하는 과제를 부여받았다. [표 6.4]는 이와 같은 도구의 예다.

표 6.4	점검표 대조 기법의 예	
관찰대상	빈도	
승용차	++++ ++++	|||
소형트럭	++++ ||	
트랙터	++++ ++++	
10륜 트럭	||||	
18륜 트럭	||	

분 류

분류는 간단한 대조 기법이다. 저수준의 분석과정이지만 훌륭한 결과를 산출해 내기도 한다. 법집행 문제를 예로 들어 본다.

몇 명의 사기꾼들이 주요도시에서 중고차 판매를 시작했다고 가정한다. 이들 무면허 판매자들은 적법한 대리점하에서 영업을 한다면 초래될 수 있는 법적책임을 피하기 위해 개인판매자 행세를 한다. 이들은 개인적인 판매를 위한 가장으로서 아파트를 임대하고, 지역 신문에 다수의 차량을 위한 광고를 냈다.

그렇다면 이제 분석관은 광고난에 실린 수천건의 광고에 대해 수사관을 위해 수사 단서를 어떻게 만들어낼 수 있는가? 한 가지 방법은 기초 자료를 분류하는 것이다. 광고 전화번호를 컴퓨터용 회계처리 프로그램인 스프레드시트(spreadsheet)에 입력한다. 그리고나서 자료를 오름차순 또는 내림차순으로 대조하기 위해 분류기능을 활용한다. 이는 숫자에 의한 순서 결과로 나타날 것인데, 같은 전화번호가 한번 이상 나타나는 경우에 주목한다. 이런 경우 차량들을 판매하는 자가 무면허 판매자라고 결론내릴 수 있다. 무면허 판매자들은 다양한 차량을 판매하는바 수사관은 이들을 방문할 필요가 있다.[8]

이것은 처음에는 어려운 수사 과제인 것 같이 보이나 결국 이러한 간단한 분류로 해결될 수 있다. 자료를 입력하는 노력만으로 많은 시간을 절약할 수 있었다.

다자간 매트릭스

분석관들은 두개의 자료 세트 사이의 다자간 관계(many-to-many relationship)를 보여주기 위해 매트릭스 다이어그램을 활용할 수 있다. 이러한 분석유형은 네트워크 분석으로 알려진다. 실제로 이것은 간단하지만 효과적인 기법으로, 제11장(질적 분석)의 [표 11.10]과 [그림 11.4]에서 상세하게 보여주고 있다. 당신은 이러

---

8) Henry Prunckun, "Would You Buy a Used Car from This Man: Utilizing the Intelligence Process in Combating Consumer Fraud in the Second-Hand Motor Vehicle Industry," *Law Enforcement Intelligence Analysis Digest* (Fall 1987: 32-40).

과학적 정보분석론

한 두가지 예시에서 다양한 관계가 매트릭스에 나타남을 알게될 것이나, 분석관들은 이러한 자료를 네트워크 차트([그림 11.4] 참조)로 전환할 수 있다. 매트릭스에서 자료 요소들 간의 관계가 존재하는 것을 심볼로 나타낸다. 이러한 절차를 행하기 위한 단계별 설명은 제11장에 있다.

매트릭스는 첩보의 대조를 통해 분석 영역에서 활용될 수 있다. 이것은 종합으로 알려진 기법을 활용함으로써 이루어진다. 이 기법에 대한 논의는 제11장에서 "매트릭스 종합"으로 제목붙인 부분을 참조한다.

중요 용어

본 장과 연관된 중요 용어는 아래 리스트와 같다. 각각에 대해 당신이 이해하고 있는 것을 짧게 정의하여 작성하거나 한, 두 문장으로 설명해본다.

o 6-3-5 기법
o 유사성 다이어그램
o 브레인스토밍
o 점검표
o 개념도
o 데이터 클러스터
o 악마의 변론
o 계층 리스트
o 다자간 관계
o 매트릭스 다이어그램
o 마인드 맵
o 명목집단기법
o 거미 다이어그램

학습 문제

1. 대조의 목적을 설명한다.
2. 데이터를 대조하기 위해 분석관이 활용할 수 있는 기법의 일부를 설명한다.
3. 브레인스토밍을 명목집단기법과 비교하되, 분석관은 이들 각각을 활용하는 예시를 들어본다.
4. 브레인스토밍과 명목집단기법은 서로 대체가능한가? 그렇다면 모든 경우 또는 오직 특정경우에만 가능한가? 이에 대해 설명한다.

학습 활동

분석관에게 위조 브랜드 상품을 파는 소매판매점을 조사하는 과제가 주어진다. 당신의 관할구역에 존재하는 여러 유형의 쇼핑장소에 적용되는 첩보를 대조하기 위해 마인드 맵을 활용한다.

7장 목표 미인식 데이터 수집

이번 주제는 정보연구에서 자료를 수집하기 위해 일반적으로 가장 많이 사용되는 기법중 하나인 '목표 미인식 방법'(unobtrusive methods)에 대해 살펴본다.

1. 기법의 장점
2. 간접적인 데이터 수집 기법

기법의 장점

설문조사, 상세한 인터뷰 및 연구자가 조사대상과 직접 접촉해야 하는 기타 다른 방법과는 달리, 목표 미인식 방법은 목표가 눈치채지 못하게 데이터를 추출하기 위해 시도하는 것이다. 즉, 목표가 자신에 대한 첩보수집 활동이 있음을 알지 못한 채 이루어지는 것이다.

정보분석관들이 조사할 때 목표 미인식 방법을 활용하는 것은 몇가지 장점을 가진다. 중요한 사실은 분석관이 실생활에서 매일 무언가 관찰하며 생활하고 있다는 것으로 이는 다른 기법에 의한 조사와는 대비된다. 이러한 방법들은 자연적이고 근본적으로 안전한 방법으로서, 분석관, 공작관, 공작원이나 현장활동요원이 목표와 직접 접촉하게 하지도 않고, 적대적이거나 위험한 상황에 처하게 하지 않는다.[1] 따라서 이것은 신중하면서도 생활 중에 자연스럽게 일어나는 방법이다.

이 방법은 직접적인 접촉에 의존하지 않고, 반복될 수 있음으로써 신뢰성을 증가시키며 확인할 필요가 있는 조사의 신뢰성과 타당성 점검이 가능하다. 접근이 문제되지 않는 바 허가가 필요하지 않기 때문이며, 쉽게 접촉할 수 없는 적대적인 목표에 대한 비밀수집을 위해 법원 또는 행정부로부터 승인을 받을 필요가 없다.

목표 미인식 방법은 비밀공작원들에게 과제를 부여할 필요도, 감시팀이나 수사

---

1) By way of example, see Joby Warrick, *The Triple Agent* (New York: Double day, 2011).

관들이 과제를 수행할 필요도 없어 비용면에서 효과적이다. 이로 인해 목표 미인식 방법은 분석관이 오랜 시간동안 목표의 활동을 지속 지켜볼 필요가 있는 경우 장기간에 걸친 변화를 다루는 조사에 활용될 수 있다.

그렇다고 해서 비밀자료 수집과 비밀출처로부터 획득한 자료의 가치를 평가절하해서는 안되며, 공개출처첩보와 목표 미인식 분석기법이 수집 계획에 포함될 필요가 있다. 2001년 9/11 테러공격 이후에 정보기관들은 지상요원의 부족이 야기한 문제점과 한계를 지속해서 지적해 왔다.[2]

목표 미인식 방법이 여기에서 긍정적인 의미로 논의된다고 해서 첩보의 은밀 및 비밀 출처가 목표 미인식 방법에 의해 결코 대체될 수는 없다. 분석을 위한 계량적 및 질적인 접근 방법중 어느 하나도 다른 것에 의해 배제될 수는 없다. 사실상 많은 경우 혼합된 기법 조사가 바람직한데, 이는 조사결과의 신뢰성과 유효성을 증가시키기 때문이다. 즉, 목표 미인식 자료 출처 및 비밀 자료 출처의 혼합을 말하는 것이다.

간접 자료수집 기법

간접 자료수집은 분석관의 주된 자료 출처로서, 또는 결과를 여러 각도로 측정하기 위한 시도에서 다른 형태의 자료를 보완하기 위해 활용될 수 있다. 간접적인 방법은 무인 및 전자수단에 의한 수집에 적합하다. 예시를 통해 간접적인 방법을 잘 이해할 수 있는데, 만일 어떤 특별지역에서 네오－나치 이슈에 대한 최근의 관심을 측정하기를 원한다면(예를 들어 증오범죄가 부활하는 어떤 조짐이 있을 때), 웹사이트를 설립하여 누가 접속하는지에 대한 통계첩보를 수집하는 정보활동을 전개할 수 있는데, 이와 같은 웹사이트를 방문하는 사람들은 이러한 독단적인 신조에 대한 이념적인 지지자들이거나 잠재적이든 그렇지 않든 이념 전파 참여자들이라고 가정한다.

인터넷 방문자가 속한 국가와 같은 데이터는 일자, 시간 및 접속된 웹페이지와

---

2) Robert Baer, *See No Evil: The True Story of a Ground Soldier in the CIA'S War on Terrorism* (New York: Crown Publishers, 2002); and, Melissa Boyle Mahle, *Denial and Deception: An Insider's View of the CIA from Iran－Contra to 9/11* (New York: Nation Books, 2004).

함께 추적될 수 있다. 이들이 얼마나 오랫동안 웹사이트에 머무르는지, 이들이 재방문자들인지 아니면 단 한번 방문한 자인지 등이 평가된다. 웹사이트를 통해 많은 다른 유형의 자료가 수집되어질 수 있는데, 웹사이트 방문자가 대화를 입력할 수 있게 한다. 필요시 이같은 자료수집 방법은 함정수사의 일환으로 역시 활용될 수 있는바, 웹사이트의 참여 기능이나 블로그를 통해 이메일 주소가 획득된다.3)

라디오방송 청취 선호도에 대한 연구는 문헌에서 자주 인용된다. 이 연구에서 연구자들은 특정지역에서 운전자들이 선호하는 라디오방송국에 대해 목표 미인식 설문조사를 한 것으로 나타났다. 연구자들은 자동차 정비소에 들려서 고객의 차들이 서비스되는 동안 라디오에 표시된 방송국(AM 또는 FM 방송인지와 주파수에 대해)에 대해 메모했다.

이 방법의 장점은 응답자에게 부담이 되지 않는 것이다. 대중적이지 않은 스타일의 음악을 듣거나, 어떤 정치적 메시지 방송을 청취하거나, 특정한 종교단체가 소유하고 있는 라디오 방송국을 청취하는 어떤 응답자는 거북하게 느낄 수도 있을 것이다. 이로 인해 거짓된 응답이 있을 수 있고 자료가 왜곡될 수도 있다. 또한 응답자들이 자신의 차를 정비소에서 정비하는 여유있는 자들이고, 스스로 차를 정비하는 자들은 응답에서 제외되는 한계가 있다. 또한 청취하는 라디오방송국이 가장 많이 청취되는 것이라고 가정하고 있는 것이다.

그럼에도 불구하고 만일 한 회사가 벤츠 자동차 소유자인 사람들에게 자사의 상품 또는 서비스를 광고하길 원한다면, 벤츠를 수리하고 서비스하는 정비소에 가는 것이 어느 라디오방송국에 광고예산을 지출해야 하는지와 관련하여 가장 빠르고 경제적인 데이터 수집방법이 될 것이다.

이 방법은 역시 잡지나 신문 독자층 선호도를 조사하기 위해 사용될 수 있는데, 목표지역의 거주자들에 의해 버려진 관련 출판물을 살펴봄으로써 가능하다. 이러한 기법을 활용할 때 유의할 사항은 자료가 목표의 허락없이 수집되는데 따른 윤리적이고 법적인 이슈가 있을 수 있다는 것이다. 예를 들면, 라디오방송국

---

3) See, for example: Henry Prunckun, "It's Your Money They're After: Sting Operations in Consumer Fraud Investigation," *Police Studies* 11, no. 4 (Winter 1988): 190–94; Henry Prunckun, "Sting Operations in Consumer Fraud Investigation," *Journal of California Law Enforcement* 23, no. 1 (1989): 27–32. See also, Steven K. Frazier, *The Sting Book: A Guide to Setting Up and Running a Clandestine Storefront Sting Operation* (Springfield, IL: Charles C Thomas, 1994).

수집의 경우, 소유자의 허락없이 차의 라디오를 점검하는 것이 사생활과 관련한 연방 또는 주의 법규를 위반하는지 여부이다.

버려진 신문 또는 잡지를 살피는 경우에, 이러한 자료 수집이 법원에 의해 무단침입이나 사생활 침입으로 여겨질 가능성은 거의 없는데, 버려진 것들이 더 이상 이전 소유자의 재산이 아니기 때문이다.[4] 그러나 쓰레기 수거 또는 재활용을 위해 통행을 방해하고 지장을 주는 것을 규제하는 지방조례가 있을 수도 있다. 그래서 첩보수집 계획에 목표 미인식 방법을 포함시키기 전에 법적인 조언을 구해야 한다.

간접적인 첩보의 다른 출처와 관련, 대중포럼에 참여한 정치지도자와 현장요원의 언급에 대해 라디오와 텔레비전 방송을 모니터링하는 것이 포함된다. 현장요원들의 경우에 정보분석관들은 이들에게 첩보수집 계획에 따른 필요한 특정첩보 뿐만 아니라 감시에 의해 얻어진 어떤 추가 첩보에 관해 브리핑 및 디브리핑할 필요가 있다.

간접적인 방법은 대개 적절할 수 있는데 왜냐하면 구해진 자료가 쉽게 이용가능할 수 있기 때문이다. 신뢰도는 수집수단이 제공하는 자료의 일관성에 따른다.

| 그림 7.1 | 사업체 밖 보도에 놓여있는 잠재적인 정보자료가 가득찬 종이류 재활용 용기들 |

---

4) Rick Sarre and Tim Prenzler, *The Law of Private Security in Australia*, second edition (Pyrmont, Australia: Thomson Lawbook, 2009).

분석관들은 스스로 수집방법의 신뢰성을 확인하길 원할 것이다. 이와 관련하여 간접적인 수집 기법은 사용 중(예를 들어 직접적인 방법)에 있는 또 다른 자료 수집 방법의 신뢰성을 점검하기 위해 활용될 수 있다. 이것은 다른 두 시점에서 자료를 수집하고, 이들 간의 연관성을 살펴보는 것이다. 이러한 두 가지 테스트 사이의 기본적인 조건에 변화가 없다고 간주된다면, 자료의 신뢰성은 있다고 평가될 수 있는 것이다.

중요 용어

본 장과 연관된 중요 용어는 아래 리스트와 같다. 각각에 대해 당신이 이해하고 있는 것을 짧게 정의하여 작성하거나 한, 두 문장으로 설명해본다.

o 일관성
o 간접자료 수집
o 공개출처첩보
o 신뢰도
o 목표 미인식 방법

학습 문제

1. 목표 미인식 데이터 수집방법이 왜 본질적으로 안전한지를 설명한다.
2. 목표 미인식 첩보수집 기법 3가지 예시를 들어본다.
3. 간접적인 데이터를 수집하기 위한 무인 시스템이 인터넷을 활용하여 마련될 수 있는 한 가지 방법을 논의한다.
4. 목표 미인식 방법을 활용하는 주요 장점을 간략히 서술한다.

학습 활동

Q라는 국가에서 갑작스런 리더십 교체가 있었다고 가정한다. 예를 들어 현지

공작원은 모든 자료의 비밀출처에 대한 접근을 잃었다. 당신은 분석관으로서 공작관이 공작원망을 재구축할 때까지 상황을 감시하기 위해 필요한 정보를 제공하기 위해 단시간 내에 목표 미인식 자료를 활용할 수 있는 방법을 강구해 본다.

8장 첩보의 공개출처

이번 주제는 아래 사항을 검토해봄으로써 정보분석에서 자료를 수집하기 위해 일반적으로 가장 많이 활용되는 출처중 하나에 대해 간략히 살펴본다.

1. 공개출처첩보란 무엇인가
2. 왜 공개출처첩보인가
3. 잠재적인 출처
4. 공개 대(對) 비밀
5. 공개출처첩보의 장점
6. 도서관
7. 다른 출처들 – 무엇이 어디에 있는가
8. 소셜 미디어
9. 웹과 딥 웹(deep Web)
10. 데이터 마이닝
11. 한계

공개출처첩보란 무엇인가

공개출처첩보는 대중이 이용할 수 있는 첩보를 말한다.[1] 공개출처첩보는 자료를 획득하기 위한 특별한 허가나 요구를 필요로 하지 않는다.[2] 공개출처는 정보 업무와 연관된 은밀 및 비밀 방법과는 정반대이다. 사회과학 연구의 용어에서 공

---

[1] 공개출처정보(OSINT: open source intelligence)로 호칭되기도 한다.
[2] 그러나 특별히 군사 및 국가안보기관과 같은 일부 기관의 경우에, 미국 시민에 관한 첩보의 수집, 보유 또는 배포를 금지하는 법규나 지시에 의해 제한이 있을 수 있다. See, for instance, Army Regulation 381 – 10, U.S. *Army Intelligence Activities, and Executive Order 12333, U.S. Intelligence Activities.*

개출처 첩보는 2차 자료로, 비밀 및 은밀 첩보는 1차 자료로 분류된다.

1차 및 2차 자료

1차 자료란 특정 프로젝트를 위해 정보연구자에 의해 수집된 첩보를 말한다. 예를 들어 분석관은 첩보수집 계획에서 오레나바드 강(Orrenabad River) 위의 어떤 특정 교량의 사진을 원할 수 있다. 이 경우, 활동요원이 가장신분하에 현장에 가서 사진을 획득할 수 있다.

이에 반해 2차 자료는 다른 목적을 위해(그리고 다른 사람들에 의해) 수집된 첩보이지만, 분석 과정에서 중요하게 활용될 수 있다. 오레나바드 강의 예시에서, 2차 자료는 위성으로부터 획득한 상업적으로 이용가능한 교량의 사진, 또는 최근 여행자들이 자신들의 소셜미디어 웹사이트에 올린 교량 사진, 또는 관광 홍보자료(웹 또는 도서관 자료의 복사) 또는 다른 공개적으로 이용가능한 출처를 포함할 수 있다.

왜 공개출처첩보인가

정보분석이 비밀리에 이루어지기 때문에, 분석관이 활용하는 첩보출처 역시 비밀스럽다고 여겨질 수 있다. 그러나 해리 하우 랜섬(Harry Howe Ransom) 교수는 정보에 관한 저서에서 "평화시기에 정보의 95퍼센트는 공개출처에서 비롯된다"고 작성하였다.[3] 랜섬 교수는 미국의 국가안보수집 노력에 대한 분석을 통해 80퍼센트 이상이 잘 조직된 첩보수집 시스템과 함께 누구든지 이용가능한 공개적인 방법으로 획득된다고 언급했다.[4]

고(故) 리처드 헬름스(Richard Helms) 전 CIA 부장은 전략정보국(OSS: Office of Strategic Service)이 해체된 제2차 세계대전 말에서부터 1947년 CIA가 창설될 때까지 전략서비스 부대(SSU: Strategic Services Unit)가 비밀정보기관의 역할을 했다고 언급하였다. SSU는 소련 사회주의공화국의 노조에 대한 정보연구를 행할 때 자료

---

3) Harry Howe Ransom, *The Intelligence Establishment* (Cambridge, MA: Harvard University Press, 1971), 19. 랜섬 교수는 제2차 세계대전 당시 해군정보국 부국장이던 엘리스 자카리아스(Ellis M. Zacharias)를 인용하였는데, 자카리아스는 정보의 4퍼센트만이 준(semi)공개출처에서 그리고 단지 1퍼센트만이 비밀공작원으로부터 비롯된다고 언급하였다.
4) Ransom, *The Intelligence Establishment*, 20.

과학적 정보분석론

의 주요출처로서 의회 도서관을 활용했다.[5] 소련과 관련하여 의회 도서관의 모든 자료는 개방되어 공개적으로 이용가능 했다.

비즈니스 정보와 관련 "... 당신과 당신의 비즈니스가 중요결정을 하고, 당신의 시장과 경쟁자를 이해할 것을 필요로 하는 모든 첩보의 90퍼센트는 이미 공개되어 있거나 공개자료를 통해 분석이 체계적으로 진행될 수 있다"[6]고 평가되어 왔다. 역사의 실례로서, 냉전의 예를 들 수 있다. 폴란드 정보장교로서 워싱턴 주재 군사 아타셰였던 파베우 모나트(Pawel Monat) 대령은 상업비행 "비밀"에 대해 공개출처 첩보에 접근함으로써 자국 정부에 상당한 자금, 시간 및 노력을 절약할 수 있게 하였다. 그는 항공 주간(*Aviation Week*) 잡지와의 경험에 대해 "이러한 첩보는 사실상 기밀 취급되지 않았다. 다른 출처를 통해 파악하려 했다면 수개월이 걸리고 여러 공작원에게 많은 자금을 들였을 것이다. 그러나 우리는 그 잡지로부터 별로 힘들이지 않고 모든 것을 얻어냈다."고 작성하였다.[7]

최근에, 탐 클랜시(Tom Clancy)는 그의 첩보소설에 포함된 기술적이고 과학적인 세부사항에 대한 정확한 지식을 갖고 있는 것에 대해 의심을 받은 적이 있다. 이에 대해 그는 비밀 국방첩보에 접근한 적이 없으며, 모든 사항은 다른 사람들이 이미 알아낸 정보로서 공개출처 문헌에 있는 것이라고 강조한 바 있다.[8]

잠재적인 출처

공개출처첩보의 출처는 결코 제한되어 있지 않다. 공개출처첩보는 신문, 잡지, 학문적이고 전문적인 학술지, 라디오 및 tv방송 그리고 인터넷으로부터 획득될 수 있다. 2001년 9/11 테러공격이 있기까지 정보분석관들은 이러한 첩보출처를 단순히 비밀첩보를 보충하는 수단으로 활용했었다.

---

5) Richard Helms with William Hood, *A Look Over My Shoulder: A Life in the Central Intelligence Agency* (New York: Ransom House, 2003), 73.

6) John J. McGonagle Jr. and Carolyn M. Vella, *Outsmarting the Competition: Practical Approaches to Finding and Using Competitive Information* (Naperville, IL: Sourcebooks, 1990), 4.

7) Pawel Monat with John Dille, *Spy in the U.S.* (London: Frederick Muller Limited, 1962), 120.

8) Frederick P. Hitz, *The Great Game: The Myth and Reality of Espionage* (New York: Alfred A. Knopf, 2004), 86.

"오늘날 뉴욕타임즈 주간지는 17세기 영국의 보통사람이 평생 이해하는 것보다 더 많은 첩보를 포함하고 있는 것으로 평가된다."[1]

1) David Shenk, *Data Smog: Surviving the Information Glut*, rivised and updated (New York: HarperCollins, 1997), 25–26.

공개출처첩보를 체계적으로 수집하고 분석하는 중요성은 9/11이 일어나기 전까지는 정보공동체의 우선순위가 되지 않았다. 예를 들어 인터넷을 기반으로 하는 첩보의 효과적인 검색은 정보공동체에게 지하디스트가 그들의 조직원을 훈련시키고 자금을 모으기 위해 인터넷의 웹 – 텔레비전, 인터넷 채팅룸 그리고 새로운 사이트를 어떻게 활용하는지를 더 잘 이해하게 한다.[9]

일반적으로 공개출처첩보는 분석관의 출처 접근과 자료 요청으로 쉽게 입수될 수 있다. 이것은 인터뷰, 설문조사 및 다른 형태의 직접적인 자료 수집과 같은 접근을 또한 포함한다. 이러한 첩보수집 방법들은 사회과학연구에 많이 활용되며, 분석관들에게도 중요한 참고자료가 된다.

공개 대(對) 비밀

공개출처첩보가 일반에 널리 공개되어 있고 접근하기 쉽다 하더라도, 비밀자료 수집과 비밀출처로부터 획득한 자료의 가치가 과소평가되어서는 안 된다. 공개출처 첩보와 목표 미인식 분석기법이 수집계획에서 갖는 장점이 활용되는 것이다.

공개출처가 잘 활용될 때 비밀 및 은밀한 수단에 의해 수집된 첩보에 큰 도움을 줄 수 있다. 그러나 앞장에서 밝힌 바와 같이, 서로 대체될 수는 없다.[10]

9) Richard Best and Alfred Cummings, *Open Source Intelligence Issues for Congress* (Washington, DC: Congressional Research Service, 2007).
10) Robert Baer, *See No Evil: The True Story of a Ground Soldier in the CIA'S War on Terrorism* (New York: Crown Publishers, 2002); and Melissa Boyle Mahle, *Denial and Deception: An Insider's View of the CIA from Iran – Contra to 9/11* (New York: Nation Books, 2004).

공개출처첩보의 장점

비밀자료 수집을 위한 가장 중요한 관심중 하나는 첩보수집 임무를 부여받은 공작관 또는 공작원의 안전문제다. 위험요인은 현실적이며, 실패할 경우 결과적으로 활동요원과 기관에 위험이 뒤따른다.

그러나, 공개출처 자료 수집은 같은 위험을 야기하지는 않으며, 첩보의 양은 잠재적으로 방대하다. 이것은 또한 단점이 될 수도 있다. 때때로 특정 정보가 요구되고 이것이 비밀이라면, 비밀 공작원이 이것을 수집하기 위한 유일한 방법이 될 수 있다. 이와 관련 첩보의 양이 많다고 해서 필요한 첩보가 여기에 다 포함되어 있는 것은 아니다.

그럼에도 불구하고 공개출처첩보는 연구 현안에 필요하고 전개되는 상황을 평가하기 위한 신속한 자료 공급 수단이 될 수 있다. 또한 첩보수집계획에서 요구된 것을 점검한 결과 누락된 첩보 부분을 알아내기 위해 역시 활용될 수 있다. 또한 이 단계에서 첩보수집계획은 비밀수단을 포함시킬 필요성을 제기하기도 한다.

도서관

공개출처첩보중 때때로 간과되는 출처는 공공 및 대학 도서관이다. 분석관들은 도서관을 간과해서는 안 된다. 이것은 풍부한 자료 출처가 된다. 도서관의 소장 자산의 양과 질은 다양하나, 일반적으로 도서관은 논픽션 문헌을 광범위하게 소장할 뿐 아니라 도서관 상호대출 제도를 가지고 있으며, 이러한 제도는 회원 도서관을 통해 전국적인 소장 자료에 대한 접근을 가능하게 한다.

도서관에는 풍부한 첩보를 포함한 도서는 물론이거니와 지도, 신문, 학술지, 정기간행물, 기록물 및 카탈로그 등이 있다. 도서관에는 역시 특별한 수집물들이 있고, 특정 관심 주제를 포함한 컴퓨터 데이터베이스가 있는데 도서관 전용으로 유지되는 데이터베이스다. 특별한 수집물의 예는 워싱턴디시 조지타운대학의 로인저 도서관(Rauinger Library)에 소장된 정보, 안보 및 비밀공작에 관한 러셀 보웬(Russell J. Bowen) 수집물들이다([그림 8.1] 참조).

출처: 저자 촬영

　디지털 수집이 있기 전에, 도서관으로부터 첩보의 검색은 시간을 필요로 하는 일이었다. 때때로 분석관은 색인 카드를 직접 찾아야 했고, 학술지 등 간행물 등을 크로스 체크한 후 필요한 내용을 찾아서 복사해야 했다. 만일 학술지가 도서관에 없을 때 이것을 구하는 절차는 대출제도를 통하거나 다른 도서관을 직접 방문하여 필요한 자료를 구해야 했다.

　그러나 디지털 수집이 이러한 비능률적인 요소를 제거하였다. 이제 분석관은 자신의 컴퓨터를 통해 자료가 어디에 있는지 검색할 수 있게 되었다. 검색을 통해 분석관은 학술지 논문을 찾아낸 후 다운로드하여 프린트할 수 있게 되었다. 많은 책들은 역시 전자형태로 다운로드될 수 있다. 한편 분석관들 중에는 도서관학 학위를 가지고 있는 자들이 있으며 이들은 전문적인 기술을 지니고 있다.[11]

---

11) Dr. Edna Reid, Federal Bureau of Investigation, Washington, DC, personal communication, June 7, 2011.

사적인 전문적인 수집

분석관들은 역시 정보 참고도서를 개인적으로 수집할 수 있다. 중고책 서점에 들려서 비교적 비싸지 않게 수집할 수 있다. 정보와 관련한 많은 종류의 출판물이 있는데 이에는 연구 방법론, 분석, 통계뿐만 아니라 정보와 방첩(예를 들어 암호해독, 스파이활동 기술, 정보역사, 스파이 회고록, 수사분석 등)과 관련한 것들이 포함된다. 분석관들은 역시 그들의 연구와 관련된 분야(군축, 무기확산, 초국가적 범죄, 테러리즘, 무기 및 마약밀매, 조직범죄, 부패, 사이버범죄, 전쟁범죄)에 관한 책들을 구입할 수 있다.

만일 분석관이 대학 근처에 거주하고 있다면 지난 학기의 교재가 있는 중고 서점들을 발견할 수 있다. 이들은 잠재적인 출판물의 풍부한 출처가 된다. 이런 방식으로 책을 구입한다는 것은 계획성 있는 것은 아닐지라도 필요하고 새로운 책들을 적은 비용으로 구입할 수 있는 기회가 되는 것이다. 매달 새로 들어온 보물과 같은 귀중한 어떤 책이 있는지 찾아보는 것도 재미있다. 사방이 책으로 가득찬 선반이 있는 방을 갖고 있는 것과 견줄 만한 것은 없다.

분석관들이 개인적으로 전문적인 책을 구입할 때 가능하다면 하드커버로 된 것을 사는 것이 바람직한데, 해를 거듭해도 내구성이 있기 때문이다. 일부 개인 서재에는 두꺼운 표지로 된 정보관련 전문서적들이 있는데 이들 중에는 제1차 세계대전 시대에 출판된 것도 있으며, 중고 서점에서 2달러 정도에 구입한 것들이다. 이런 서적들은 좀처럼 찾아보기 어려운 것들이다. 책들이 최근 발간되었다고 해서 가치가 있는 것은 아니며, 정보연구에서 역사적인 내용은 계속해서 가치를 지닌다 (제2장의 "기본 정보" 논의내용 참조).

"책을 태우는 것보다 더 악한 범죄는 없다. 범죄 중 하나는 책을 읽지 않는 것이다."[2]

2) 러시아 태생의 미국 시인이자 수필가인 Iosif Aleksandrovich "Joseph" Brodsky (1940 – 1996)가 언급한 것으로, 그는 1987년 노벨문학상을 수상했다.

다른 출처들 - 무엇이 어디에 있는가

1970년대 중반 CIA의 안보실(Office of Security)은 연방수사관들을 위한 첩보의 출처들을 약술한 안내서를 준비했다. 제목은 무엇이 어디에 있는가(*Where's What*) 였으며,[12) 수천의 첩보 출처들을 기록했다. 이들 중 많은 것들은 공개적으로 이용할 수 있는 것들이었으나, 어떤 것들은 오직 인가된 공무원들에 의해서만 접근 가능한 것들이었다. 참고문헌이 다소 오래된 것이지만 지금도 적절한 내용으로 남아 있다(때로는 출처들이 구조조정 등에 따라 지금은 다른 부서 이름으로 나타나기도 한다).

전문적이고 학구적인 문서로 된 많은 첩보 출처들이 있다. 예를 들면, 분석관들은 회의와 심포지엄 서류, 전문적인 협회뿐만 아니라 대학교수 및 특정분야의 선문가들에 의해 발표된 자료를 활용할 수 있다.[13)

의회도서관의 연방의회의사록(Congressional Record), 국립보존기록물 및 정보공개법에 의한 이용가능한 첩보들이 있다. 대부분의 자유민주주의 국가에서는 정보공개법과 같은 법령뿐만 아니라 위에서 인용한 보존기록물과 같은 것들이 있다.

마지막으로 공영 라디오 및 TV 방송이 있는데 이들은 매우 넓은 범위의 첩보를 제공하는 잠재력을 가지고 있으며, 사진과 영화 기록도 마찬가지다. 이러한 출처들 대부분은 현재 전자형태로도 이용가능하며 다운로드되어 분석관의 컴퓨터에서 재생될 수도 있다.

다른 공개출처첩보 출처의 예는 전화번호부, 시민명부, 차량번호판, 출생과 사망 및 결혼기록, 민형사 재판기록, 재산 소유권, 담보대출 서류, 학교기록, 유권자등록 명단, 신용조사기력, 공익기업, 신용카드회사, 보험회사, 증권중개인, 운송회사, 상공회의소, 경마 또는 도박 위원회, 은행과 금융회사, 우체국, 다양한 정부부처와 기관 및 법정단체, 그리고 직업소개소 등을 포함한다.

도서관 자료와 같은 출처 일부는 지금은 온라인으로 이용가능하다. 그러나 역

---

12) Harry J. Murphy, Office of Security, Central Intelligence Agency, *Where's What: Sources of Information for Federal Investigators* (New York: Quadrangle/The New York Times Book Co., 1975).

13) Mark M. Lowenthal, *Intelligence: From Secrets to Policy*, second edition (Washington, DC: CQ Press, 2003), 79.

사적인 연구를 위해서는, 이를테면 이전의 전화번호부를 보려면 도서관을 직접 방문하는 것이 필요하다. 자발적인 망명자가 순수한 의도인지 또는 그의 과거가 가장이나 경력을 통해 꾸며진 것인지를 알기 위해 그의 진실성을 조사하는 경우에는 그의 과거의 기록을 검토해야 하는 것이다.

회색 문헌

일반적으로 말하면, 지금까지 논의된 자료의 많은 것은 전통적인 출판 방식을 거쳐 분석관에게 입수된다. 그리고 이러한 출판 방법은 대개 어떤 상업적인 출판사와 연관되어 있다.

일반 대중이 첩보를 얻는 또 다른 길이 있는데 이것은 도서관학에서 회색 문헌(gray literature)으로 지칭되며, 인쇄에서 전자서비스로 그리고 다양한 포맷의 비공식적인 방법으로 발표된 첩보를 포함한다. 회색 문헌은 대개 기술 보고서, 과학논문, 조사보고서, 위원회 보고서, 백서(white papers), 논문의 사전인쇄 등을 포함한다.

이러한 발표는 다양한 출처에서 비롯되는데 예를 들면, 대학연구센터, 씽크탱크, 콘설팅 회사, 개인 연구자, 정부기관, 비정부기구 및 상업 비즈니스 등이다. 이러한 회색 출간의 숫자는 디지털 기술의 결과로 급격히 증가되어 왔다.

석사학위논문과 박사학위논문은 회색문헌으로 간주되지 않는다. 왜냐하면 이들은 논문심사위원들을 위해 준비되고, 이들 심사위원들은 연구에 대해 전문가 심사를 수행하기 때문이다. 회색문헌이 분석관을 위해 풍부한 첩보 출처를 제시하지만, 이러한 출간은 전문가 심사 절차 밖에서 배포되어, 따라서 각각 유효성과 신뢰성이 평가될 때까지 주의깊게 살펴봐야 한다는 점에 유의하여야 한다.

이와 관련하여 회색 문헌을 분류할 때 분석관이 주목해야하는 3가지 부문이 있다: (1) 문서의 성격, (2) 문서가 어떻게 배포되는가, (3) 문서의 출처다. 마지막 문서의 출처와 관련, 연구를 위한 재정지원의 출처는 자료의 객관성에 대해 영향을 미치는 요인으로 작용할 수 있다. 이와 관련 분석관은 다음의 질문을 감안하여 살펴볼 수 있다: 후원자의 재정지원은 어디에서 비롯되는가? 이것이 문서에서 투명하게 밝혀졌는가? 재정지원은 특별히 어떤 단체에 이익을 주기 위해 제공되었는가?

회색 문헌의 사용자들은 간과되고 충분히 활용되지 않는 출처에 찬사를 늘어놓는 한편, 역시 그 한계를 지적하고 내용의 비중을 살펴보기 이전에 먼저 모든 문서를 평가해볼 필요성이 있다고 강조한다. 일부 회색 문헌은 위조된 것으로 알려지기도 하는데, 즉 자신의 잇속만 차리기 위해 회색 문헌으로 가장한 문서들이다. 이러한 문서들은 지식에 대해 진정한 기여를 하는 척하는 가장 아래 어떤 특별한 관점을 증진시키려 한다.

이러한 위조 문서의 일부 출처는 산업단체, 상업회사, 비정부 기관, 씽크 탱크 등으로부터 비롯되기도 한다. 그렇다고 이러한 유형의 모든 단체가 이와 같은 의심스러운 출간 실행에 연루되었다고 말할 수는 없다. 그럼에도 불구하고 회색 문헌의 사용자들은 회색문헌이 학문적인 논리의 엄밀함을 갖춘 척 하면서, 단지 정치적인 메시지를 홍보하거나 기업의 이윤이나 기관의 평판을 증진하려는 경향도 있다고 불평한다.

소셜 미디어

문서 기록(Paper Trails)

우리는 첩보가 모든 삶의 중심이 되는 시대에 살고 있기 때문에, 각 개인에게는 자신의 문제에 대한 자료를 기록하게 하는 여러 의무가 부여되었다. 이것은 회사와 정부에도 똑같이 적용된다. 그것은 사회가 문서 기록으로 알려진 것을 만들어내는 기록 시스템 때문이다.

문서 기록이란 다른 개인, 기관, 정부부처 및 기업(공공 및 민간)과의 상업적이고 사회적 상호작용 과정에서 한 개인이나 독립체에 의해 만들어진 모든 기록 및 문서로 설명될 수 있다. 이러한 기록과 문서들은 개인(또는 독립체)이 어디에 있었는지, 누구와 거래를 했는지, 어떤 재화와 서비스를 구매했는지, 무엇을 소유하는지, 좋아하고 싫어하는 것이 무엇인지 그리고 좀 더 중요한 것으로 이들의 의도가 무엇인지에 대해 설명하는 기록을 남겨 놓았다.

분석관에게 이러한 기록은 감시 중에 있는 어떤 목표에 대해 몽타주 사진을 형성하는 것과 같다. 과거 기록의 한 부분을 알아낸 것은 다른 첩보의 출처를 알게 하는 실마리가 될 수 있다. 이러한 출처들은 서류에만 국한되지 않고, 목표의 친구, 이웃, 동료와의 인터뷰로 넓혀질 수 있으며, 이 때 물리적, 시각적, 전자 감시를 동원되기도 한다.

분석관들에게 문서 기록은 일련의 가치있는 일련의 단서가 된다. 대조되고 분석된 형태로서의 첩보의 가치는 때때로 법집행기관도 손대지 못한 주요 조직범죄 구성원들의 체포가 미디어에 보도되면서 알게 되기도 한다.

그러나 문서 기록은 서류로만 남겨지지 않는다. 소셜 미디어와 함께 과거에 기록되었던 것이 이제는 전자형태로도 나타난다. 전자미디어가 사람들이 사회적 상호작용을 기록하고 다른 사람들에게 접근하기 쉬운 형태이기 때문이다. 한 사람의 이념, 관심, 행동, 현재와 미래의 활동, 교육, 고용 등에 대한 첩보는 전자미디어가 기록하는 데이터 유형에 잘 나타나 있다. 또한 이전의 문서 기록과는 달리 전자 기록은 녹음 파일, 비디오 파일 및 사진 등을 포함하고 있다.

정보를 위한 적용

정보를 위한 소셜 미디어의 활용은 영향력이 크다. 사람들의 삶과 많은 기관의 일들이 매일 소셜 미디어를 사용하는 많은 방법을 통해 드러나기 때문에, 이와 같은 자료들은 첩보수집계획에 포함될 수 있다. 또한 이러한 자료들은 정보분석관과 기관들 간에 수집, 대조, 저장, 분석 및 공유될 수 있다. 온라인 검색 엔진을 통해 획득된 자료는 관련된 목표인물이 인지하지 못한 가운데 이루어질 수 있다.

소셜 네트워킹 웹사이트는 사람들에 대한 배경조사를 수행하기 위해 활용될 수 있다. 예를 들어 공작관이 어느 화가의 작품전시회 개관행사에서 잠재적인 공작원에게 접근하려는 상황이라고 상정해본다. 분석관은 소셜 네트워킹을 포함한 소셜 미디어를 활용하여 잠재적인 공작원에 대한 배경 자료를 모아 공작관에게 제공할 수 있으며, 이렇게 함으로써 이들은 잠재적인 공작원과의 관계를 트게 되는 것이다.[14)]

정부에 의해 감시된다고 생각하면 분개하지 않는 사람이 거의 없다고 말하는 것이 타당할 것이다. 국가가 모든 사람을 감시하는 독재자 사회는 어두컴컴하고

---

14) 방첩 맥락에서 소셜 미디어를 통한 이러한 데이터 유형에 대한 접속은 왜 정보관들이 자신에 대한 내용을 웹에 올리는 것을 피하고 제한해야 하는지의 이유가 된다. 그러나 정보관이 가장 신분으로 활동한다면 달라지는데, 소셜 미디어를 통해 가장이나 경력을 설정할 필요가 있기 때문이다.

사악하고 비밀스럽고 억압적인 정권이라는 것을 떠오르게 한다. 그러나 이제 전세계 사람들은 자진해서 개인적인 인포메이션을 소셜 미디어 수단에 올림으로써 이러한 독재자 사회와 같은 유형의 감시에 가담하고 있는지 모른다.

어느 측면에서 오늘날의 세계는 조지 오웰(George Orwell)을 놀라게 하고 혼란케 할지도 모른다.[15] 그러나 이러한 사회적 감시는 주민 다수에 의해 우려없이 허락되고, 마찬가지로 정보 종사자들에 의해 이용되기도 한다. 악명높은 요르단 출신의 테러범 후맘 칼릴 아부 물랄 알 발라위(Humam Khalil Abu Mulal al-Balawi)의 예를 들면, 그는 그의 활동을 소셜 미디어 웹사이트의 채팅룸에서 시작하였다. 세계의 정보기관들은 그를 이러한 미디어를 통해 감시하기 시작하고 그와 그의 활동과 관련한 자료를 모으기 시작했던 것이다.[16]

연구에 따르면 "거리 배회자"(street stroller)로 알려진 유형의 사람이 있는데, 이러한 유형의 사람은 대중적인 관심을 받기를 즐긴다. 그래서 이들은 무대 위의 배우처럼 공개적으로 자신들을 드러낸다. 이러한 개념을 소셜 미디어 세계로 이해하면, 이러한 거리 배회자는 "사이버 배회자"가 된다. 마찬가지로 이러한 첩보 출처를 첩보수집 계획의 일환으로 포함시키는 것은 분석관에게 큰 이익이 될 수 있다.

한계와 의도되지 않은 결과

소셜 미디어가 풍부한 첩보의 출처가 될 수는 있지만 한계를 지닌다. 한 가지 실례를 들면 속퍼핏(sock puppet)을 활용하는 것이다. 속퍼핏은 소셜 미디어 웹사이트에 올린 아이디어들을 조작하도록 속임수로 만들어진 거짓 아이디(false identity)다.[17] 이것은 필명을 사용하는 것과는 다른데, 속퍼핏이 실제 존재하는 인물인양 다른 사람을 칭하고 있으나, 그런 사람은 존재하지 않는다. 존재하지 않는

---

15) 조지 오웰(George Orwell)은 1984년(*Nineteen Eighty-Four*)이라는 소설을 쓴 에릭 아서 블레어(Eric Arthur Blair)의 필명이다. 이 책에서 오웰은 정부 감시가 존재하는 가공의 전체주의적 사회를 묘사하고 있다. 그는 공작원, 밀고자와 양방향의 감시를 구성하는 체제를 묘사하고 있는데, 유추해 볼 때 컴퓨터 모니터와 소셜 미디어 또한 감시를 나타내는 것이라고 간주될 수 있다. George Orwell, *Nineteen Eighty-Four, A Novel* (New York: Harcourt, Brace, 1949).

16) Joby Warrick, *The Tripple Agent: The al-Qaeda Mole Who Infiltrated the CIA* (New York: Doubleday, 2011).

17) 마케팅 담당자가 대중여론을 성공적으로 조작하기 위해 어떻게 온라인 저널리즘을 이용하는지와 관련하여 정보서비스 이용계정을 참조한다. Ryan Holiday, *Trust Me I'm Lying: Confession of a Media Manipulator* (New York: Portfolio/Penguin, 2012).

그런 사람은 제3자에 의해 만들어져 알고리즘과 함께 생성된 컴퓨터일 뿐이다. 이러한 알고리즘은 대개 서술기법과 통계적 확률 뿐만 아니라 다른 방법론에 기반을 둔다. 동시에 많은 거짓 아이디를 통제하는 소프트웨어도 존재한다.

이러한 것들이 정보기관에 의해 활용될 때 "온라인 공작관"은 (현장활동의 공작관처럼) "가짜 공작원"(fake agents)을 통제할 수 있는데, 이는 극단주의적인 소셜미디어 포럼에 침투하여 진행중인 정보프로젝트의 목표에 부합한 첩보를 심기 위한 것이다. 이와 같은 목적은 목표가 되는 온라인 커뮤니티를 겨냥한 간단한 방해활동에서 가짜 공작원의 활동을 지원하기에 이르기까지 광범위하다. 이것은 소셜 –웹 로봇에 의해 이루어지는데, 이러한 로봇은 존재하는 모든 다양한 유형의 소셜 미디어상의 컴퓨터 블로그에 대한 댓글달기를 자동화하기 위해 가짜 공작원을 움직이는 키워드를 사용한다.

소셜 미디어로부터 첩보를 수집하는 분석관들은 그들의 기관 또는 협력기관의 동료들이 온라인으로 속퍼핏 공작원을 운영하고 있을 수 있다는 것에 유념해야 한다. 또한 분석관들은 적의 공작원이 같은 일을 벌이고, 이런 웹사이트가 잘못된 허위정보를 포함할 수 있음을 알아야 한다(데이터 평가에 포함된 이슈와 관련 제3장 참조). 게다가 사회운동가들은 온라인 저널리즘 내에서 대중여론을 조작하기 위해 이러한 기술뿐만 아니라 판매자들에 의해 개발된 기술을 활용할 수 있다.[18]

소셜 미디어 웹사이트들은 분석관이 거주하는 국가 밖에서 거주하는 개인 및 목표 그룹에 의해서만 접근가능한 것은 아니고, 자국 시민들 역시 이러한 온라인 토론에 접속하여 참여할 수 있음에 유의해야 한다. 마찬가지로 또 다른 의도되지 않은 결과로 이러한 온라인 첩보의 조작이 대중여론에 영향을 미칠 수 있다. 이러한 이슈는 자유민주주의 국가에서는 더욱 중요하므로 간과되어서는 안 된다. 역사는 우리에게 이러한 교훈에 주의를 기울이지 않은 정부관리들의 결과를 보여주고 있다. ... 변호인에 의해 지속 제기되는 이슈와 관련, 법적 함의가 역시 있을 수 있는데 이는 법체계에서 함정수사로 알려진다.

위조된 소셜 미디어 내용의 자동화된 창출의 변형은 크라우드소싱(crowdsour-cing)을 이용하는 것이다. 이것은 대개 개도국에서 소셜 미디어 웹사이트에 거짓 이용계정을 만들어 이용하려는 자의 목적을 지지하는 편향된 첩보를 게시하기 위

---

18) Holiday, *Trust Me I'm Lying: Confession of a Media Manipulator*

해 활용된다. 이것은 이용하려는 자와 연관된 목적에 편들거나 반대편을 비하하고 또는 이 두 가지를 다 하려는 것이다. 이 기법은 재화와 서비스를 판매하는 상업 회사 또는 다양한 국가의 안보기관에 의해 활용될 수 있다. 어떤 경우든 이것은 위장술책 보호아래 또는 이용하려는 자를 격리시키기 위해 설치된 회사나 기관을 통해 이루어질 수 있으며, 이렇게 하여 부인가능성(deniability)을 높이는 것이다. 예를 들어, 인격에 기반한 소셜-웹 로봇과 함께, 이 기법은 정보활동의 목표가 되는 국가 내에서 정치적 변화에 영향을 주려는데 매우 효과적일 수 있다.

크라우드소싱 수사

2013년 4월 15일 보스톤에서 테러범들의 폭탄공격 당시 시민의식이 있는 사람들에 의해 촬영된 많은 사진들이 법집행기관에 제출되었다. 당시 보스톤 마라톤 대회에 참여한 사람들은 FBI의 지원요청에 응하여 자신들이 찍은 사진들을 FBI로 전송하였다.[19]

공격을 전후해서 촬영된 사진들은 궁극적으로 2명의 용의자를 확인하는데 도움이 되었다. 그러나 이러한 사진들의 제공은 사람들이 이러한 이미지들을 가지고 온라인으로 전문가답지 못한 수사를 행하는데 사용하는 계기가 되었다. 물론 의도는 좋았지만 이러한 수준 이하의 수사는 사건과 전혀 관계없는 사람들, 즉 결백한 사람들의 신원이 밝혀지는 결과를 낳았던 것이다. 찰스 스터트(Charles Sturt) 대학의 교수이자 대테러 전문가인 니콜라스 오브라이언(Nicholas O'Brien)은 " … 분석이 분명하게 부주의하게 이루어진 면이 있었는바, 선의와 악의가 혼합되어 궁극적으로 도움이 안 되는 아마추어 솜씨였다."라고 언급하였다.[20] 이러한 웹사이트에 올린 내용의 일부는 과학적 탐구방법에 기초한 정보연구의 맥락에서 볼 때, 불확실한 추측으로 이루어진 전문가답지 못한 뒷조사에 불과하였다.

의심할 바 없이 이 사건에 대한 대중의 반응은, 이러한 사건이 미래에 다시 일어난다면 더 많은 이미지들을 보낼 것이라고 하였다. 이와 관련, 정보분석관들은

---

19) 예를 들어, 이러한 목적을 위해 설립된 FBI의 웹사이트를 통해 전송하였다: https://bostonmara-thontips.fbi.gov/ (accessed April 23, 2013).

20) Nicholas O'Brien, "Did citizen sleuths give the FBI a run for its money in Boston? No," *The Conversation*, https://theconversation.com/did-citizen-sleuths-give-the-fbi-a-run-for-its-money-in-boston-no-13663(accessed April 23, 2013).

수신하는 많은 사진데이터를 저장, 대조, 검색 및 분석하는 시스템을 고려할 필요가 있다. 그러나 역시 다른 측면에서, 즉 범인과 연관되어 있거나 그렇지 않은 사람들에 의한 계획적인 사보타지를 고려할 필요가 있다. 이것은 수사를 잘못된 방향으로 이끌거나 분석관들과 수사관들의 시간을 허비시킬 수 있는 변경된 이미지들을 제공하려는 불만가진 사람들을 포함할 수도 있다. 또한 이러한 이미지들은 기관의 데이터 절차시스템을 감염시키기 위해 계획된 바이러스를 가지고 있을 수 있다. 선한 의도에도 불구하고, 조사를 혼동시키고 잘못된 정보를 제공하는, 훈련되지 않은 온라인 "탐정들"(detectives)을 상대해야함을 인식할 필요가 있는 것이다.[21]

웹(WEB)과 딥웹(DEEP WEB)

월드 와이드 웹 또는 생략하여 웹은 1991년부터 존재해오고 있다. 이것의 목적은 전세계 서버에 저장된 자료를 통해 첩보에 대한 접근을 제공하는 것이다. 웹의 첩보가 매일 더해지고 제거되고 변화되는 것을 감안해 볼 때, 2010년에 서피스 웹(surface web)은 약 6천억 페이지의 첩보를 포함한 것으로 추산되었다.[22] 데이터가 웹에서 제거됨에도 불구하고 더 많은 내용이 기하급수적으로 증가하고 있음을 알 수 있다. 이러한 첩보에 접근하기 위해, 사람들은 브라우저 소프트웨어를 사용하여 일반적인 검색엔진을 통해 검색한다.

그러나 모든 첩보가 이러한 상업적인 검색엔진에 의해 색인에 넣어지는 것은 아니다. 이것은 기준과 색인을 넣는 알고리즘이 웹에 존재하는 모든 첩보를 포착해 내지 못하기 때문이다. 이와 같이 웹에서 이용되지 않은 부분은 보이지 않는 웹(invisible Web), 숨겨진 웹(hidden Web), 또는 어두운 웹(dark Web)으로 지칭된다. 이들은 이러한 막대한 온라인 첩보에서 포착되지 않은 창고인 것이다.

이러한 자료들은 데이터베이스 안에 묻혀있다. 이들은 기술적으로는 검색이 가능함에도 불구하고 이들은 대개 일반 검색엔진으로 검색되지 않는다. 딥 웹을 검색하는 것은 알맞는 검색 인터페이스를 통해 이루어지는 것이다.

---

21) See chapter 3 – "Data Evaluation" – for more on misinformatin.
22) Mark Levene, *An Introductionn to Search Engines and Web Navigation*, second edition (Hoboken, NJ: John Wiley & Sons, 2010), 10.

서피스 웹처럼, 딥 웹에 대한 평가는 다양하며 추정에 근거한다. 서피스 웹보다 550배 더 크고[23] 수만 테라바이트의 자료를 포함하고 있다고 일부에서는 주장한다. 정보분석관에게는 이러한 방대한 양의 첩보는 쉽게 접근할 수 있는 첩보가 될 수 있다.

한계와 의도하지 않은 결과

정보자료를 웹 또는 딥웹에서 검색한다는 생각은 언뜻 보기에 거의 위험이 없는 비교적으로 해롭지 않은 과제처럼 보일 수 있으나, 분석관들이 명심해야할 2가지 수준의 우려가 있다.

첫째, 법집행 또는 정보기관이 어떤 관심 이슈와 관련된 웹사이트에 방문하는 것은 상대 기관에 의해 감시될 가능성이 높다는 것이다. 누군가 어느 선을 넘으면 경고를 알리는 인계철선(trip wire)을 생각해 볼 수 있다. 사이버공간에서 보안 및 정보기관들은 어떤 사이트를 방문하고 첩보를 검색하거나 다운로드하는 사람들의 IP 주소를 기록하는 비슷한 인계철선을 설치할 수 있다.[24] (정보기관들은 우려하는 이슈에 관심을 가진 사람들을 추적하기 위한 유인용으로 거짓된 웹사이트를 개설할 수도 있다.)

분석관들에게 위험을 알리기 위해 활용되는 인계철선 알고리즘은 기관과 이슈에 따라 다양하지만, 지하디즘(jihadism)에 대한 자료를 검색하거나 지하디스트 단체에 의해 발표된 자료를 다운로드 하는 것은 법집행 관련 기관에게 경보가 울리게 한다고 말할 수 있다. 다른 검색의 실마리가 되는 키워드나 어구가 있을 수 있는데, 예를 들어, 폭탄, 폭발물, 무기, 핵물질, 마약, 자금이전, 어떤 추적장소 이름 또는 어떤 특정인물의 이름 등이다. 만일 연구 프로젝트가 비밀이라면 자료를 검색하고 다운로드하는 것은 상대 기관에게 문서 기록을 남길 가능성이 높다. 만일 그 기관이 동맹국가가 아니라면 이것은 문제가 된다. 그 기관이 우방국이라 할지라도 알 필요성이 없거나 이러한 첩보를 그들과 공유할 이유가 없다면, 또한 문제가 될 수도 있다.

두 번째 우려는 정보수사의 목표에 의해 놓여진 인계철선과 연관이 있다. 검색

---

23) Mark Levene, *An Introductionn to Search Engines and Web Navigation*, 10.
24) IP 주소는 Internet Protocol의 약자다. 그것은 네트워크상에서, 컴퓨터같은 장치에 할당된 논리 주소다. 인터넷 상의 모든 컴퓨터는 IP 주소를 가지고 있다. 그리고 그 주소는 유일하다. 이에 따라 이러한 IP 주소를 차단하고 감추거나 가장하기 위해 방첩 계획이 구사되기도 한다.

과학적 정보분석론

과 다운로드를 기록하는 보안 및 정보기관처럼, 목표 자신들도 IP 주소와 그들의 사이트를 방문하는 사람들에 대한 접속 첩보를 기록할 수 있다. 그러므로 어떤 방첩전략이 구사되지 않으면 분석관은 부주의로 인해 그들의 목표에게 드러나게 될 수도 있다.[25]

데이터 마이닝

데이터 마이닝(data mining) 용어는 중요한 첩보를 추출하기 위해 여러 데이터 세트를 캐는 것(digging)을 떠올리게 한다. 어느 정도 이것은 데이터 마이닝의 절차와 실행에 대한 것이다. 분석관은 다수의 데이터베이스에서 통찰력있는 결론으로 이끄는 데이터의 연관성이나 패턴을 발견하고 정보를 얻기 위해 소프트웨어 응용프로그램을 활용한다.

데이터 마이닝은 새로운 것은 아니며, 수십년 전부터 존재해왔다. 그러나 실행하기에 비용이 비쌌으며, 사용된 데이터 세트는 지금 보다는 작았다. 컴퓨팅 하드웨어 역시 비쌌고 덜 효과적이었으며, 데이터베이스에서 정보를 얻기 위해 사용된 소프트웨어 앱도 마찬가지였다.

하드웨어와 소프트웨어 발전은 데이터 저장장치와 함께 처리 속도(예를 들어, 멀티 프로세서)와 정교함과 용량을 각각 높여왔다. 더구나 데이터 마이닝 시스템의 구매와 운영 가격은 민간 연구자들과 분석관들이 이러한 시스템을 어렵지 않게 구매할 정도로 초창기보다 상당히 떨어졌다. 많은 테라바이트의 첩보를 포함하는 데이터베이스(데이터 웨어하우스로 알려짐)는 유료로 접속될 수 있으며, 그래서 분석관들이 직접 수집할 수 있게 되었다.[26] 데이터 세트 자체도 역시 정형 및 비정형 데이터로 구성되어 있다.

---

25) 방어적이고 공격적인 방첩전략에 대한 상세한 논의와 관련하여 Hank Prunckun, *Counterintelligence Theory and Practice* (Lan ham, MD: Rowman & Littlefield, 2011) 참조.

26) 물론 이들은 기밀이 아닌 데이터 웨어하우스로서, 법집행, 군사 또는 국가안보기관의 데이터 웨어하우스가 아니다. 그러나 이러한 기관들 또한 의심할 바 없이 그들이 조사중에 있고 비즈니스와 관련된 데이터와 관련하여 어떤 상업적인 데이터베이스를 찾을 것이다.

"간단히 말해서 데이터 마이닝은 많은 양의 데이터로부터 지식을 추출하거나 채굴하는 것을 지칭한다. 이것은 실제로는 잘못된 호칭이다. 암석이나 모래에서 금을 채굴하는 것은 바위채굴 또는 모래채굴보다는 오히려 금채굴로 호칭되는 것을 상기해야 한다. 이와 같이 데이터 마이닝은 '지식 채굴'로 명명하는 것이 좀 더 적절할 수 있을 것이다..."[3]

3) Jiawei Han and Micheline Kamber, *Data Mining: Concepts and Techniques*, second edition (Burlington, MA: Morgan Kaufmann, 2006), 5.

원래 데이터 마이닝은 시장연구에 도움이 되기 위해 비즈니스 분야에 의해 활용되었다고 말할 수 있다. 그러나 정보기관은 이러한 유형의 분석의 가치를 이해하게 되자 곧 받아들였으며, 여러 큰 규모의 데이터 마이닝 프로젝트가 9/11 이후 운영되었다. 그럼에도 불구하고 시민들의 사생활과 자유에 대한 우려가 곧 주요 논쟁거리가 되었는데, 잠재 목표에 대한 데이터와 마찬가지로 법을 준수하고 성실한 삶을 살아가는 일반 개인에 대한 데이터가 이용될 수 있기 때문이었다. 또한 의도하지 않은 접근 또는 제3자뿐만 아니라 상대 정보기관의 침투에 의한 의도적인 데이터 마이닝 시스템 해킹에 관한 안보우려도 있었다.

데이터 마이닝의 가치는 서로 다른 데이터 세트에서 잘 설계된 소프트웨어 앱으로 복잡한 조건부 검사를 통해 어떤 관계가 나타나는지 알기 위해 데이터베이스를 조사하는데 있다. 이러한 패턴은 논리 그리고/또는 수학 개념에 기반을 둔 연관성 규칙을 기반으로 한다. 어떤 의미에서, 이러한 조건부 검사는 진실인지를 알기 위해 데이터에 대해 테스트되는 가설에 비유될 수 있다.

어떤 관계가 나타나기 시작하면 다른 소프트웨어 앱은 그래픽으로 결과를 보여주도록 이용될 수 있으며, 이차적인 조건부 검사를 하게 한다. 큰 암석에서 금덩어리를 발견하는 것처럼, 데이터 마이닝은 테라바이트(terabytes)나 되는 수많은 첩보가 처리되게 하여 수동으로 진행된다면 가능할 수 없는 어떤 관계성을 찾을 수 있게 하는 것이다.

데이터 마이닝은 정보분석을 위해 어떻게 작용하는가? 두 가지 핵심전략이 정보분석에 의해 활용되는데, 패턴 마이닝(pattern mining)과 주제에 근거한 마이닝(subject-based mining)이다. 전자와 관련하여 분석관들은 패턴을 찾기 위해 데이터 세트에서 변수 사이의 관계성에 대해 조건부 검사를 한다. 데이터베이스는 관계를 나타내기 때문에, 이는 변수들이 기존 데이터 항목(파생 데이터로 알려진)면에서 정의됨으로써 더 많이 만들어질 수 있음을 의미한다. 예를 들어, 새로운 변수가 속성(attributes) A와 D가 존재하는 데이터 항목으로 정의됨으로써 만들어질 수 있으며, 그러나 이러한 속성들은 속성 M 이전에 발생하는 경우에 한해서다. 이런 방식으로 새로운 변수들을 정의함으로써, 데이터 항목들은 많은 다른 데이터베이스로부터 새로운 변수들을 만들어내기 위해 조건부 검사될 수 있다. 이러한 새로운 변수들은 다른 기존 변수들 또는 다른 새롭게 파생된 데이터 항목들에 관해 조건부 검사될 수 있는 것이다.

주제에 근거한 마이닝과 관련해서는, 분석관들은 특정주제 첩보 항목들로 시작하여, 시작 데이터와 관련된 첩보의 프로파일 또는 서류를 만들기 위해 가지고 있는 데이터 웨어하우스를 채굴한다. 프로파일과 서류는 목표의 삶의 많은 면에 관해 광범위한 첩보 수집을 위해 사용되는 것이다.

미리 정의된 검색 옵션에 의해 규정된 독립조작이 가능한 규모가 작은 데이터 세트에 대해 개인적인 조건부 검사를 하지 않아도 되는 것은 분석관들에게는 좋은 것이다. 이 방법론이 여러 멀티코어 프로세서(그리고 여러 서버에 분산된)와 함께 컴퓨터를 사용하는 고도화된 소프트웨어에 의해 정보를 얻을 수 있는 테라바이트 첩보를 포함한 멀티 관계 데이터베이스와 함께 결부될 때, 데이터 마이닝은 헐리우드 영화가 만들어지는 소재가 되기도 한다.

예로서, 분석관이 테러조직을 찾고 있다면, 이론적으로 그는 파생된 데이터 항목과 함께 기존 데이터 항목(변수)들을 사용함으로써 여러 정부 데이터베이스에 조건부 검사를 할 수 있다. 이들은 역시 상업분야에서 유료로 이용할 수 있는 비즈니스 관련 데이터와 결합될 수 있다. 예를 들어, 이러한 이용가능한 일반적인 데이터베이스를 검토함으로써,[27] 누구나 이 방법론을 통해 언제 목표를 추적할지를 알 수 있는 바, 왜 민간 자유론자들이 이 방법의 잠재적 오용을 우려하는지를 알 수 있다.

---

27) See also the list of other potential sources of information in the section entitled "Other Sources—Where's What" earlier in this chapter.

o 주소 기록

o 항공기 등록

o 항공사 승객명단

o 출생 기록

o 선박 등록

o 민사 법원 기록

o 기업 및 사업체 등록

o 신용카드 구입 데이터

o 신용 기록

o 이혼 경력

o 운전자 면허 정보

o 화물운송 기록

o 족보/가족사 데이터베이스

o 지리공간 데이터

o 호텔/모텔 예약 데이터

o 토지 소유권 기록

o 결혼 기록

o 자금 이동/계좌이체 기록

o 자동차 등록

o 신문 기록보관

o 직업 면허 기록

o 경찰 전과 기록

o 선적 기록

o 사회보장 기록

o 블로그를 포함한 소셜 웹

분석 소프트웨어

만일 첩보수집 계획이 데이터 마이닝 활동의 특성을 갖춘 광범위한 데이터 세트를 포함한다면, 이 때 수동적인 절차는 비현실적이다. 분석 소프트웨어는 미가 공 데이터를 여과, 분류 및 대조하여 다양한 질문의 결과를 제시할 수 있도록 활 용되어져야 한다. 그러나 분석관들이 연구방법론 뿐만 아니라 사용하고 있는 데이 터의 특성을 그 한계와 함께 이해하는 것이 중요하다. 이에 대한 이해가 없으면 분석관은 분석관이 아니며, 단순히 훈련된 자에 불과한 것이다. 이와 같은 소프트 웨어 프로그램의 운용에 훈련된 직원이 있는 것이 바람직하며, 그러나 정보연구의 기초이론과 실행에 대한 이해가 없으면, 실수할 위험성이 증가한다. 예를 들어, 조 건부 검사에 대한 답이 부정확하거나 너무 지나친 결론에 도달할 수 있고, 결과의 한 패턴의 한 부분을 위해 잘못 판단된 특이값이 도출될 수 있으며, 질문들이 양 립할 수 없는 데이터 세트와 부딪칠 수 있고, 또는 1형(type I) 또는 2형(type II) 실수가 간과되거나 인식되지 않을 수 있다. 간단히 말해서 과학적인 탐구방법이 정보연구에 적용될 때, 이에 대한 빈약하고 부분적인 이해로 인해 광범위한 부정 확한 결과가 도출될 수 있는 것이다.

유통되고 있는 많은 분석 소프트웨어 패키지가 있다. 그리고 대부분은 매우 세 련되고, 브리핑과 보고서를 위해 놀라운 시각적인 제품들이다. 헐리우드 영화와 텔레비전 쇼는 이러한 제품들의 정교함을 이용해 왔으며, 영화에 맞춘 변형은 범 죄와 스파이 스릴러에 자주 나타난다.

이러한 소프트웨어 프로그램의 개발자들은 개인적인 단말기뿐만 아니라 다양 한 네트워크에 넘치는 서버를 이용할 수 있는 앱을 허용한다. 이러한 앱을 활용하 는 방법에 대한 훈련은 대개 소프트웨어 공급자에 의해 제공되며, 물론 이러한 프 로그램을 활용하는 방법에 관해 제3자 저자들에 의해 작성된 많은 교재들이 있다.

이러한 제품들은 대개 사용하기 쉽지만, 많은 기능과 특징이 있다. 그래서 소 프트웨어의 모든 분야에서 능숙하려면 단기 훈련과정이 필요하다. 이러한 소프트웨 어 프로그램의 일부 운영자는 이러한 소프트웨어 훈련을 정보 훈련과 혼동하는데, 똑같은 것은 아니다. 컴퓨터 운영자들이 정보기관에서 수행하는 역할이나 이들의 기술의 중요성을 손상시켜서는 안 되고, 이러한 소프트웨어 훈련은 외과의사가 받 는 교육과 비교할 때, 기능 훈련이라고 말할 수 있다. 분석관들의 판단에 의존하 는 비중을 감안할 때, 분석관이 적어도 학사학위 수준을 필요로 한다는 것은 설득 력있는 주장이다. 그러나 석사 또는 박사수준의 자격을 갖추면 더욱 좋다. 직업훈련에서 이러한 소프트웨어 앱을 능률적으로 다루는 것이 중요하다. 그러나 이러한 훈련이 어느 누군가를 분석관이 되도록 자격을 주는데는 충분치는 않다. 훈련 (training)은 결코 교육(education)과 혼동되어서는 안 된다.

한 계

공개출처첩보가 대중이 이용할 수 있는 첩보로서 이것을 수집하기 위해 특별한 공작원 또는 공작팀을 필요로 하지 않는다면; 그 수집이 법원명령 영장이나 다른 형태의 법적 권위를 필요로 하지 않는다면; 비밀 방법이 필요로 하는 물류 인프라를 지원하기 위한 큰 활동 예산을 필요로 하지 않는다면; 이는 완벽한 첩보출처에 접근하고 있다고 결론내릴 수 있다.

그러나 이것은 그렇지만은 않다. 공개출처자료 수집은 비밀스럽고 은밀한 방법과 마찬가지로 한계를 지닌다. 모든 가능한 한계를 여기에서 열거할 수는 없지만, 공개출처첩보를 활용하는 정보분석관들은 다른 출처로부터 첩보를 획득하는데 존재하는 같은 이슈를 염두에 둘 필요가 있다. 특별히 공개출처 자료의 특성상 분석관들은 특별히 기만과 편견에 유의해야 한다. 이것은 어떤 비밀 관찰 형태를 통해 첩보를 수집하는 방법과 달리, 데이터의 2차 출처는 의도적으로 조작될 수 있기 때문이다. "편견을 포함하거나 독자를 기만하려는 첩보로부터 객관적이고 사실에 기반을 둔 첩보를 분간하기 위해서는 공개출처의 배경과 공개 첩보의 목적을 이해하는 것이 매우 중요하다."28)

중요 용어

본 장과 연관된 중요 용어는 아래 리스트와 같다. 각각에 대해 당신이 이해하고 있는 것을 짧게 정의하여 작성하거나 한, 두 문장으로 설명해본다.

o 데이터 마이닝

---

28) Michael C. Taylor, "Doctrine Corner: Open Source Intelligence Doctrine," *Military Intelligence Professional Bulletin* 31, no 4 (October-December 2005): 14.

과학적 정보분석론

o 데이터 웨어하우스

o 딥 웹

o 파생 데이터

o 경력 자료

o 공개출처첩보

o 문서 기록

o 속 퍼핏(sock puppets)

o 서피스 웹(surface web)

학습 문제

1. 정보분석관이 수집계획에서 공개출처첩보의 활용을 왜 고려해야 하는지를 설명한다.

2. 어떻게 공개출처첩보의 활용이 비밀공작원을 활용한 첩보수집의 위험을 감소시킬 수 있는지 논의한다.

3. 분석관에게 가치가 있으면서 도서관에 있는 공개출처첩보를 최소한 12가지를 열거해본다.

4. 문서 기록이 무엇인지 그리고 이 개념이 인터넷의 디지털 세계에서 어떻게 이해되는지를 설명한다.

5. 서피스 웹 또는 딥 웹과 관계없이 웹에 포함된 첩보의 양을 평가하는 것이 왜 어려운지를 논의한다.

학습 활동

딥 웹을 조건부 검사하기 위해 인터넷에서 자유롭게 이용가능한 검색 인터페이스의 다른 유형들을 연구한다. 이러한 기능중 하나를 사용하여 다음 이슈들중 하나에 대한 첩보를 웹에서 검색한다: (1) 무기 밀거래, (2) 아시아 조직 범죄, (3) 지하디스트 이념, (4) 과격화(radicalization), (5) 사이버 무기(cyber weapons). 그런 다음 일반 검색 엔진중 하나를 통해 서피스 웹을 사용하여 같은 검색을 수행한다.

두 검색의 결과를 비교한다. 어떤 차이가 있는가? 당신이 선택한 이슈에 관한 연구 프로젝트를 수행하는 분석관의 관점에서, 하나 또는 다른 것을 사용하는 것이 가장 많은 이익을 산출하는지 아니면 두 유형의 검색의 조합을 활용하는 것이 가장 많은 이익을 산출하는지를 논의한다.

9장 첩보의 은밀 및 비밀 출처

이번 장에서는 아래에서 획득될 수 있는 첩보를 포함하여 이용가능한 광범위한 자료 가운데 첩보의 비밀출처를 검토한다:

1. 은밀 및 비밀의 정의
2. 비밀활동요원
3. 정보제공자와 공작원
4. 물리적 감시
5. 광학 감시
6. 비밀사진 촬영
7. 공중사진 촬영
8. 전자 도청
9. 오디오 도청 한계
10. 감시장치의 설치
11. 메일 기록
12. 폐기물 회수

은밀 및 비밀의 정의

첩보출처의 범위는 공개 및 준공개 출처에서부터 은밀 및 비밀 출처에까지 이른다. 제8장에서 공개출처첩보에 대해 검토한데 이어, 이번 장에서는 이와 반대되는 비밀출처에 대해 검토한다. 본질적으로 공개출처첩보가 공개되어 있어 누구나 획득할 수 있다 하더라도 은밀 및 비밀 수단에 의한 자료 수집과 마찬가지로 높은 수준의 계획을 필요로 한다.

은밀 데이터 수집(clandestine data collection)은 비밀 수집(covert collection)과 유

사하긴 하지만, 은밀한 수집활동은 목표에게 원래의 모습이 아니라 가장되어 나타난다는 점에서 비밀 수집활동과 다르다. 이와 달리 비밀 활동은 비밀리에 수행되는 바, 즉 비밀 활동은 감추어지고 심지어 가장된 형태로도 목표에게 보이지 않는다. 비밀 활동은 깊게 개입되어 있지만, 보이지 않기 때문에, 목표는 공작이 진행 중이라는 것을 알지 못한다.

이러한 방법들에 대해 이번 장에서 논의할 것으로 비밀활동요원, 정보제공자/공작원, 물리적 감시, 전자 도청, 우편물 기록, 폐기물 회수 등에 대해 살펴볼 것이다. 분석관들은 그들의 수집 계획에서 이러한 방법들의 활용을 원하는데, 공개방법을 통해 가치있는 첩보수집이 이루어지지 않을 수도 있기 때문이다. 예를 들어, 비밀 방법은 목표가 첩보를 감추고 있는 경우에 활용된다. 이런 환경에서 이같은 자료를 획득하는 유일한 방법은 비밀 방법을 통해 상대의 보안방벽을 뚫는 것이다.

비밀활동요원

비밀활동요원의 목적은 "가능한 깊숙이 침투하여 반대편 또는 적에 대한 첩보를 수집하는 것이다."[1]

1) J. Kirk Barefoot, *Undercover Investigation* (Springfield, IL: Charles C Thomas, 1975), 4.

비밀활동요원은 직접 관찰하기 위해 개인이나 조직 내부에 접근할 수 있다. 활동요원을 활용하는 것은 활동요원이나 이들을 고용한 측에게는 위험한 일인 바, 물리적이고 정신적인 위험을 수반한다.

활동요원은 신체적인 부상과 사망이라는 물리적 위해뿐만 아니라 가벼운 걱정에서 심각한 정신적 장애까지를 포함하는 다양한 정신적 피해 등의 위험을 무릅쓴다. 물리적인 위험은 목표에 침투해야만 하는데 따라 생길 수 있는 결과를 누구나 쉽게 상상할 수 있다. 정신적인 피해는 고립되고 위험한 환경에서 활동하고, 마약밀매 등 불법적인 활동에 관여하는데 따른 스트레스에 시달린다.

비밀활동요원으로부터 획득될 수 있는 자료는 매우 가치가 있을 수 있는데, 목표의 의도에 대해 알 수 있는 기회가 되면서, 다른 수단으로는 획득될 수 없는 목표의 사고방식, 논리적 근거와 행동에 대한 통찰력을 얻기 때문이다. 그러나, 위험이 뒤따르고 현장요원 운영에 따른 금전적 비용이 소요됨을 감안할 때, 우선적으로 먼저 활용되지는 않는 방법이다. 이것은 대개 마지막 수단으로서 또는 사회나 국가안보에 심각한 위험을 야기하는 목표에 대해 활용된다.

활동요원이 목표와 직접적으로 접촉할 것이기 때문에, 명심해야할 여러 이슈가 있다. 가장 중요한 것은 활동요원의 신분이 극비리에 보호되어져야 하는 것이다. 활동요원이 목표에 노출되면 가장이 드러날 뿐 아니라 심각한 부상 또는 사망에 이를 수도 있다.

활동요원의 브리핑 역할은 법집행 맥락에서 증거를 획득하거나, 국가안보와 관련한 기밀로 지정된 정보를 획득하는 것이다. 이러한 자료를 확보하기 위해서 활동요원은 세부사항을 기억한 후 분석관에게 보내기 위해서 작성하거나, 자료를 현장에서 보내는 전자장치를 활용할 수 있다. 후자가 믿을만하고 좋은 방법인데, 정보관점에서 중요한 세부사항을 기억해야 하는 활동요원의 능력에 의존하지 않아도 되기 때문이다. 자료는 질적(예를 들어 목표와의 논의내용)일 수도 있고, 양적(예를 들면, 항목의 수, 시간, 루트, 색깔, 선호도 등)일 수도 있다.

정보제공자 및 공작원

첩보를 수집하기 위해 정보제공자 또는 공작원을 활용하는 것은 기관의 활동과 목표 사이에 안전한 거리를 유지하게 한다. 정보제공자는 목적을 달성하는데 기관을 기꺼이 지원하고 싶다는 의향을 표명한 사람으로, 마약밀매범을 체포한다든지, 또는 기밀을 기관이나 정부에 제공하는 등으로 기관을 위해 행동하는 공작원과 유사하다. 정보제공자와 공작원은 다양한 이유에 따라 이러한 일들을 한다. 워터스 (T. J. Waters)는 그의 회고록 '클래스 11: CIA의 9/11 이후 첫 번째 스파이 클래스에서'(*Class 11: Inside the CIA's First Post−9/11 Spy Class*)에 다음과 같이 논하였다:

가치(values) + 믿음(beliefs) = 행동(behavior)이다. 당신은 이것을 명심할 필요가 있다. 당신 목표의 동기를 그들의 가치와 믿음의 맥락에서 이해하여야 한다. 가치는 우리의 행동을 위한 동기로서 행동을 지배한다. 믿음은 우리가 우리 자신과 다른 사람들에게 우리의 가치를 표현하는 방법이다.... 이와 관련하여 우리는 공작원의 이력과 이들의 동기가 어

떤 입장에서 비롯되었는지에 대한 근본 배경을 이해하여야 한다.[1]

정보제공자/공작원 조종을 위한 절차는 기관에 따라, 정보제공자에 따라 또는 공작원에 따라 다양하지만, 일반적으로 이들을 고용하는 절차는 어떤 등록(registration)의 형태로 시작한다. 이것은 여러 목적과 관련되는데 주요한 것은 궁극적으로 그들에게 지불되는 자금(또는 사례금)에 관한 것이다.

정보제공자를 운영할 때 부패 유혹에 빠질 수도 있는데, 그 시스템이 자금을 빼돌리지 않고 공작원에게 자금을 전달해야 하는 공작원 조종자의 정직에 달려있기 때문이다. 또한 이익을 챙기기 위해 허구의 공작원을 운영하려는 유혹도 있을 수 있다. 이러한 계략은 그레이엄 그린(Graham Greene)이 저술한 '우리의 아바나 요원'(*Our Man in Havana*)에서 전설적으로 다루어졌다. 여기에서 주인공인 짐 워몰드(Jim Warmold)는 존재하지도 않는 스파이 망을 운영하였으며 정기적으로 정보보고를 제출하기도 했는데, 물론 이것은 허구였다.[2]

'우리의 아바나 요원'의 상황이 스파이 추리소설의 한 페이지에서 발견되는 상상의 줄거리인 것 같으나, 현실 첩보활동을 토대로 하고 있으며, 전직 공작관 출신에 의해 확인된 것으로 그는 "대부분의 경험많은 공작관[3]들은 존재하지도 않는 공작원을 만나기 위해 어떤 미팅에 참석한 경험을 가지고 있다."[4]고 언급한 바 있다. 이것은 역시 중앙정보장(DCI)의 전 법률고문이자 유럽공작담당 부책임자에 의해 확인되기도 했는데 그는 "1980년대 서유럽에서 어느 CIA 스파이 운영자는 5년간 나토에 대한 지역 입장과 소련이 침공해올 경우 유럽동맹국을 방어한다는 미국의 공약에 대한 회의론에 관해 상상의 유럽공작원들로부터의 거짓된 내용을 보고함으로써 그의 동료들을 완전하게 속였다."[5]고 언급하였다.

이와 관련하여 정보제공자들의 사진, 지문과 이들에 대한 중요 자료들은 공식

---

1) T. J. Waters, *Class 11: Inside the CIA's First Post—9/11 Spy Class* (New York: Dutton, 2006), 118–19.

2) Graham Greene, *Our Man in Havana* (London: Heinemann, 1958).

3) *Operations officer*는 전통적으로 호칭된 case officer(공작관) 대신 현재 많이 사용되고 있는 용어다.

4) Melissa Boyle Mahle, *Denial and Deception: An Insider's View of the CIA from Iran—Contra to 9/11* (New York: Nation Books, 2004), 231.

5) Frederick P. Hitz, *The Great Game: The Myth and Reality of Espionage* (New York: Alfred A. Knopf, 2004), 124.

기록부에 보존될 필요가 있다. 이 기록은 기관에 의해 유지되며, 관련 자료는 알 필요성이 있는 사람들에게만 접근이 가능하다. 이것은 공작원의 신분과 안전을 보호하는데 도움이 된다.

정보제공자가 제공할 수 있는 자료는 정확하고 믿을 수 있는 것으로부터 정확하지 않고 믿을 수 없는 것까지 매우 다양하다. 만일 공작원들이 관찰 기술 또는 기억 보존 기법에 훈련되어 있지 않으면, 이들이 제공하는 자료는 불확실할 수도 있다. 그러나 이들이 훈련되어 있으면, 자료는 매우 믿을만 하다. 그렇기는 하지만, 경험을 통해 알듯이 공작원 보고서들의 정확성과 가치를 규명하는 것이 매우 어렵다. 이들의 진심을 밝히는 것 또한 매우 어렵다.6)

훈련부족을 극복하기 위해 도청장치가 사용될 수 있다. 그러나 이 옵션은 발견될 위험과 위해 가능성이 크기 때문에, 정보제공자가 단지 한두 번 활용될 때 사용될 수 있는 방법이나, 이에 따른 체포 가능성은 증가한다. 역시 송신기 부호를 수신하고 녹음하는 청음초소가 있어야 한다. 목표가 위치한 곳에서 가까운 곳에 도청장치를 실은 차량이 주차되어 있다면 이것 또한 의심을 불러일으킬 수 있다.

청음초소로 활용하기 위해 아파트가 임대되어 있으면, 이것은 재정적인 비용을 초래하고, 기관이 가장을 사용하지 않고 공개적으로 부동산을 임대한다면 부동산 중개업자 또는 임대주로 인해 누설될 수도 있다. 만일 기관이 가장하에 부동산을 임대하면 건물을 오고가는 사람들에 의해 활동이 노출될 수도 있다. 자료를 수집하기 위해 비밀요원과 함께 정보제공자 또는 공작원을 활용할 때, 몇 가지 위험요인으로 활동 노출, 정보제공자에 대한 위해, 원하는 첩보를 획득할 가능성과 첩보를 정확하게 획득할 가능성 등을 검토해야 한다.

위에서 마지막 의견과 관련 분석관은 공작원의 자료에 대한 정확성과 신뢰성을 검증하기 위해 노력할 필요가 있다. 이를 위한 여러 방법이 있을 수 있지만, 한 예는 같은 출처에 의해 제공된 비슷한 첩보에 대해 자료를 비교해 보는 것이다. 어떤 방법이든 정보제공자들을 운영하는데 불확실성이 내재되어 있음을 유념해야 한다. 이들의 동기는 진실 추구가 아닌 욕심과 보복 또는 대가(예를 들어 감형 선고)에서 비롯될 수 있다.

---

6) Richard Helms, *A Look Over My Shoulder: A Life in the Central Intelligence Agency* (New York: Random House, 2003), 33.

물리적인 감시

감시활동을 부여받은 활동요원은 환경과 효과적으로 조화를 이루도록 적합한 임기 응변의 재능과 융통성을 지녀야 한다.[2]

Raymond Siljander, *Fundamentals of Physical Surveillance: A Guide for Uniformed and Plainclothes Personnel* (Springfield, IL: Charles C Thomas, 1977), 5.

물리적인 감시는 사람과 차량을 또는 특정장소에서 발생하는 활동을 관찰하는 행위다. 많은 연구방법론은 자료를 수집하는 핵심 수단으로서 관찰을 활용한다. 이것은 거리 코너에 서서 보행자들이 지나가거나 또는 건물로 들어가는 보행자의 수를 세는 연구자의 형태를 취하거나, 또는 특정 교차로를 통행하거나 어느 도시 외곽 거리를 여행하는 차량의 수를 녹화하는 자료수집자가 될 수 있다. 정보활동 에서 사용되는 감시는 대개 비밀이고 이동감시 또는 고정감시 형태를 취한다.

물리적 감시가 특정 장소에서 이루어질 때 이것은 잠복으로 알려지며, 또는 계속 이동하는 상황에서 일어나는데 이것은 미행으로 지칭된다. 물리적 감시는 종종 공개출처로부터 획득된 첩보를 보완하기 위해 활용된다. 역시 단서의 발견을 촉진하고, 기존첩보를 확인하거나 다른 조사방법을 통해 구할 수 없는 세부사항을 얻기 위해 활동 초기에 활용될 수 있다.

고정감시는 지루하고 시간을 요하는 활동이다. 그러나 그 가치는 과소평가되어서는 안 된다. 목표에 대한 세부사항을 얻기 위해 임무를 부여받은 현장요원의 책임하에 이루어진다. 결과는 어떤 정보분석 프로젝트에 매우 중요하게 작용할 수 있다. 자료를 수집하는 사람이 클립보드를 들고 공개된 장소에 서서 오고가는 사람들을 세는 사회적인 연구와 달리, 활동요원으로 칭하는 비밀감시자가 밴의 내부 어두운 곳이나 승용차 뒷좌석에서 몇 시간이고 앉아서 목표와 주변인물들의 오고가는 움직임을 녹화한다.

이동감시는 활동요원이 목표를 뒤좇을 때 이루어진다. 이동감시의 목적은 고정감시와 같으나, 이동에 따른 미행이 이루어지는 것이다. 이동감시의 가장 일반적인 형태는 사람들이 일반적으로 타고 다니는 차량을 통해 이루어진다. 대중교통

수단인 항공기, 버스, 기차, 전차를 이용한 감시가 역시 가능하나. 발각될 위험 수준은 증가하는 바, 가까운 거리에서 목표에 대한 미행은 활동요원의 임무를 더 어렵게 할 수 있다.

비밀감시의 장점 중 하나는 비밀활동요원과 정보제공자/공작원이 제공해온 첩보를 입증하는 것이다. 예를 들어, 감시 활동요원은 정보제공자가 목표와 만났다고 하는 일시에 대해 별도로 검증할 수 있다. 활동요원은 당사자들 사이의 대화를 검증할 장소에 있을 가능성은 거의 없지만, 그 회합을 입증해보는 것은, 특히 패턴이 반복된다면 정보제공자의 신뢰성을 평가하는데 기여한다.

예를 들어, 회합시간의 길이는 정보제공자가 주장하는 세부사항이 맞는지 여부를 나타낼 수도 있을 것이다. 커피숍 밖 거리모퉁이에서 2분 정도의 대화는 식당에서 긴 식사시간을 통한 회합의 세부사항과는 일치하지는 않는 것이다. 감시를 통해 이같은 것에 대해 밝힐 수 있을 것이다. 마찬가지로 대화중의 두 사람간의 신체언어(body language)는 회합이 얼마나 잘 진행되는지 지표가 될 수도 있는데, 다툼, 불만, 불신, 위협이 있었는지, 상호 존중, 호의 및 편안한 분위기로 회합이 끝났는지를 알게 한다. 이와 같은 별도의 관찰은 비밀스럽게 획득된 다른 자료를 보완하거나 입증하는데 가치가 있을 수 있다. 중요한 점은 감시는 실제로 관찰한 것을 정확히 나타내야 하며, 편견의 대상이 되어서는 안 된다.

공개장소에 있는 차량

목표가 되는 차량은 잠재적으로 가치있는 첩보의 또 다른 출처가 된다. 어느 도시나 마을의 비즈니스 구역에 있는 거리를 걸으며, 도로변에 주차된 차량들의 내부를 관찰할 수 있다. 당신은 잘 보이는 곳에 남겨진 개인적이며 어쩌면 기밀품목들을 볼 수 있는 기회를 가질 수 있다. 차량의 경우에 뒷좌석, 앞좌석 및 계기판에는 풍부한 첩보를 제공하는 물건들과 기록이 산재되어 있고, 이들은 중요한 단서가 될 수도 있다. 윈도우에 부착된 허가증은 관심을 가질만한 많은 사실을 보여준다.

이것은 자주 사용되지 않고 첩보수집계획에 포함되지 않는 물리적 감시의 한 형태인데, 아마도 분석관들이 자료 출처로서 이러한 방법을 간과하기 때문일 것이다. 목표가 방첩활동을 전개하지 않는다면, 정보분석 프로젝트에 도움이 될 수 있는 첩보 소재가 있을 수 있다. 만일 차량에 물건 등이 남아있지 않다면, 이는 목표가 매우 꼼꼼하거나 그가 보안활동을 실행하고 있음을 의미한다. 이와 관련 만일 목표가 예를 들어 외국정보기관의 활동요원이나 테러리스트처럼 능수능란 하다면 수사관들은 공개장소에 있는 차량에서 첩보를 얻는다 하더라도 차량이 기만의 수단으로 활용될 수 있음을 알아야 한다(제3장 "자료평가" 절에서 고의적인 기만 첩보 참조).

광학 감시

활동요원들이 물리적 감시를 수행할 때 시력에 크게 의존하기 때문에 그들의 시력을 넓히는데 여러 기구들이 활용될 수 있다. 기술을 활용함으로써 활동요원들이 목표로부터 멀리 떨어져 있어 육안으로만 보는 것 보다 발견될 가능성을 줄이는 것이다([그림 9.1] 참조).

그림 9.1 | 불법조업에 대한 비밀광학감시. 호주 카펀테리아만(Gulf of Carpentaria) 근처 로퍼 항구(Port Roper)

출처: 호주 노던 테리토리(Northern Territory)주 소방방재청의 정보담당관 나단 맥그라스(Nathan McGrath)의 제공 사진

과학적 정보분석론

물리적 감시에 활용되는 기본적이고 전통적인 기구는 쌍안경(binoculars)이다.[7] 쌍안경은 병렬로 고정된 2개의 프리즘이 작동하는 망원경들로 구성된 광학기구이다. 이것은 활동요원(때때로 감시자로 호칭)이 두 눈을 사용하여 대상물체의 이미지를 확대하여 볼 수 있게 한다. 쌍안경은 확대율과 집광능력을 제공하도록 만들어졌다. 후자는 저녁과 밤에 감시 업무를 위해 필수적이다. 내장된 디지털 카메라를 보유한 쌍안경 역시 상업적으로 이용가능하다.

쌍안경의 유효거리를 초과하는 거리에서 대상을 보는 것은 망원경(telescope)을 사용한다. 망원경의 확대율은 정상시력의 20배에서 수백배의 범위에 이른다. 쌍안경은 이와 비교해볼 때 정상시력의 약 6배에서 20배에 이른다.

잠수함 안에서 조망하는 장치는 잠망경(periscope)으로 육상기지 첩보수집에서도 때때로 사용된다. 작지만 휴대가능하며, 고품질의 기구들은 높고, 접근하기 어려운 창문, 담너머, 모퉁이 주변을 들여다보는데 활용된다. 잠망경은 감시 밴(예를 들어, 지붕에 부착)과 같이 상황에 맞게 응용되어 사용된다. 소위 '액션 카메라'로 이용되는 것으로 카메라를 장대 끝에 매달음으로써 일종의 잠망경이 제작될 수 있다. 이 때 카메라는 차단벽, 담장 등 너머로, 또는 높은 창문 안을 관찰하기 위해 위로 올려질 수 있다.

광학기술의 지속된 발전으로 이제는 저렴한 가격에 조명이 약한 밤에도 이용가능한 기구가 만들어졌다. 이러한 기구들은 활동적이거나 수동적인 야간관측장비로 지정되어 활용된다. 첫 번째 활동적인 장비는 적외선 빔을 활용하여 작동된다. 감시자는 보이지 않는 에너지 빔을 발사하여 대상물체에 빛을 비춘다. 적외선을 가시광선 스펙트럼으로 바꾸는 특수장비에 의해 이미지가 나타나는 것이다. 두 번째 장비는 달, 별, 가로등 등과 같은 기존의 빛을 수천 배 증폭시키는데, 광학기기를 통해 밤을 낮으로 바꾸는 것이다.

---

7) 단안경(monoculars)은 쌍안경의 반정도 크기로 좀 더 작고 감추기 쉬워서 역시 많이 사용된다. 한편 단안경은 주변사람들에게 덜 주목되기는 하지만, 한눈을 감고, 한쪽 눈으로만 보며, 한 손만을 사용함으로써 쌍안경보다는 덜 명백한 것으로 알려진다.

비밀 사진촬영

정보업무에서 비밀사진촬영은 일반적인 용어인 감시사진촬영을 말한다.[8] 비밀 사진촬영을 수행하는데 일반적으로 가장 많이 사용되는 카메라는 디지털 싱글 반사식 카메라(SLR: digital single lens reflex)로 35밀리미터 등 특수목적을 위해 렌즈를 갈아 끼울 수 있다. 그러나 서류의 은밀한 복사과 같이 어떤 특별한 상황에서는 초소형 카메라가 대개 활용된다. 초소형 카메라의 가치는 감출만한 크기나 형태에 있다. 그럼에도 불구하고 디지털 SLRs의 장점은 빛에 민감한 대구경으로 되어 있다. 이미지를 다운로드, 상업적인 소프트웨어를 활용 및 편집하고 인터넷에 전송하는 기능은 모든 디지털 사진촬영에 적용된다.

물리적 관찰에서 쌍안경과 망원경과 같이 망원렌즈는 비밀사진촬영에서 중요한 역할을 한다. 반사경은 감시자에게 장비의 크기를 줄여 더 쉽게 감출 수 있게 하고 시야를 넓혀주는 역할을 한다. 기본적으로 반사굴절 렌즈는 빛의 광학거리를 압축하기 위해 거울시스템을 사용한다. 확대율(렌즈의 초점거리 측정)은 약 100에서 2,000밀리미터까지 다양하다.

디지털 비디오 카메라 역시 감시업무를 위해 많이 사용된다. 이 카메라는 SLRs 보다는 작으며, 모델 번호가 증가할수록 더 작아서, 이들은 종종 망원렌즈와 함께 사용되며, 감시자에게 안전한 거리에서 관찰을 녹화하게 한다. 디지털 기술이 지속 발달함으로써 고화질 해상도의 카메라를 갖게 될 것이다. 비밀감시를 위한 이러한 장비들의 활용은 지속될 것이다.

많은 핸드폰은 비디오 녹화기능을 가지고 있어서 비디오 카메라와 비교시 화질이 떨어지기는 하지만, 이상적인 비밀카메라 역할을 수행할 수 있다. 사진을 촬영하고 녹화할 뿐 아니라 인터넷에 접속할 수 있는 안경 스타일의 녹화장치가 개발되고 있다. 이러한 장치에 의해 촬영된 이미지와 첩보는 사용자의 목소리 지시를 통해 인터넷에 올려지고 인터넷으로부터 다운로드될 수도 있다.

고정위치 감시(잠복)의 경우에 저속촬영 옵션은 단일 디지털 메모리 장치로부터

---

8) Raymond Siljander, *Clandestine Photography: Basic to Advanced Daytime and Nighttime Manual Surveillance Photography Techniques* (Springfield, IL: Charles C Thomas, 2012), xi.

과학적 정보분석론

확장된 촬영을 제공하는데 사용될 수 있다. 이것을 달성하기 위해 저속 사진촬영은 전자메모리 저장(초당 25 장면의 실시간 녹화 가능)을 위한 요구를 상당히 줄이는 프레임별 모드로 작동한다. 많은 최신식 비디오 카메라가 서류가방, 책, 벽시계, 화재경보기, 펜, 그림 및 식물에 내장될 수 있다.

자동차 일부(예를 들어, 창문)뿐 아니라 헬멧, 벨트 등 개인장비에 부착될 수 있는 액션 카메라가 활용되고 있다. 한 감시요원이 고정된 장소를 장시간 감시할 필요가 있는 경우를 예로 들어볼 때, 그는 차량이나 밴에 앉아 있어야 하는데, 안에 숨어있을 수 있도록 창문 블라인드와 같은 여러 보호장치를 사용해야할 것이다. 그러나 그들은 역시 사람들이나 사건에 대해 즉각적으로 사진을 찍을 수 있어야 한다. 이와 관련 계기판에 장착된 액션카메라를 지닌 차량이 목표지역을 향해 주차될 수 있고 카메라는 원하는 가시범위를 녹화하기 위해 조정될 수 있다([그림 9.2] 참조). 차에 사람없이 주차되어 있어도, 여러 시간 또는 며칠간의 디지털 이미지가 획득될 수 있으며, 앞으로 감기 가능을 통해 필요한 관심사건 이미지가 검색될 수 있다. 다양한 이러한 기술이 가능해짐으로써 활동요원이 발견되어 활동이 노출될 우려가 줄어든다.

그림 9.2　전통적인 비밀사진 촬영. 여기에서는 한 활동요원이 차 안에서 목표를 관찰하고 있다. 이러한 상황은 계기판에 탑재된 액션카메라를 지닌 무인차량에 의해 대체될 수 있다.

출처: 저자에 의해 사진촬영 및 CC Thomas Publisher, Ltd에 의해 제공

공중 사진촬영

회전식 날개 및 고정 날개 항공기로부터 공중 사진촬영은 첩보를 수집하는 또 다른 효과적인 방법이다. 공중감시의 역사는 19세기 중반 프랑스 군대의 열기구로부터 최초의 사진이 촬영하던 때부터 시작된다.

이로부터 항공사진촬영 정찰분야에 많은 발전이 있어왔다. 현재 이용할 수 있는 기술은 정찰위성과 첨단 첩보항공기에서 재래식 휴대용 사진장비와 함께 임대된 경비행기에 이르기까지 다양하다. 물론 전자는 여러 국가의 정보기관에 의해 활용되며, 반면에 후자는 소규모 기관에 의해 필요에 의해 임대되어 활용될 수 있다.

이전에 원격조종 항공기는 선호되는 모델 분야였다. 발선을 서둡하여 지금은 상업적으로 이용할 수 있는 원격조종 항공기가 크기별로 다양하며, 감시업무를 수행하기 위한 디지털 카메라까지 갖추고 있다. 회전익 및 고정익 형태가 있으며, 보통 드론(drones)으로 불리는 군사 무인항공기(UAVs)도 두 가지 형태를 지닌다. 이러한 드론은 다양한 카메라를 가지고 있어서 여러 지상목표가 동시에 추적될 수 있도록 조종된다. 각 카메라가 특정 관심목표에 대해 초점을 유지하도록 소프트웨어 프로그램이 활용되거나, 미리 설정된 조건에 따라 목표를 촬영하고 스캔하도록 프로그램이 설정되어 있다. 이러한 광학 데이터가 획득되면, 예를 들어 관찰된 사람들의 소셜네트워크 차트를 생성하도록 다른 소프트웨어가 활용될 수 있다.

인터넷기반 지도제작 기능은 분석관에게 공중사진을 획득하는데 쉽고 비용효율적인 옵션을 제공한다. 웹사이트를 통해 지구상 어디든 모든 위성 이미지를 얻을 수 있다. 정보분석관은 위성사진, 지도 및 지형 등 여러 유형의 사진을 선택할 수 있다. 거리높이(street-level) 사진도 이용가능하다. 이러한 출처들은 대개 재생된 정적인 이미지들로서 군비통제협정을 감시하는 분석관들에게는 그렇게 유용하지는 않지만, 목표의 사업현장을 둘러싼 지형 정찰에 관하여 지역경찰이나 민간조사 감시팀에게 브리핑하기 위해 필요한 것들이다. 이들 중 어떤 것들은 품질이 매우 좋으며, 그렇기 때문에 노르웨이 보안기관이 미국의 애플사가 지도제작 어플의 사용을 위한 3D 사진을 촬영하기 위해 수도 오슬로 위를 비행하지 못하게 했다고 뉴스미디어가 보도한 바 있다. 노르웨이 정보기관은 이러한 고품질의 지도가 자국

안보에 해를 입히는데 사용될 수 있음을 두려워한다고 보도되었다.[9]

전자 도청

일반적인 원칙으로 적이 높은 수준의 활동보안(즉, 방어적인 방첩 조치)을 설정한 곳에서는, 활동요원과 공작원의 침투가 방해를 받을 것이다. 이러한 방해는 역시 문화, 인종, 종교, 언어 또는 다른 장벽과 같은 요인에서 올 수도 있다. 이러한 상황에서 자료수집 방법은 종종 기술수단에 의지한 수집으로 전환된다. 그렇다고해서 이러한 전환이 현지에서 직접적인 관찰을 토대로 보고할 수 있는 인간출처를 확보하기 위한 시도를 하지 않으면 안 된다. 활동보안과 기술수집방법 전환 관계는 [그림 9.3]과 같다.

그림 9.3   활동보안과 기술데이터수집 방법 간의 관계

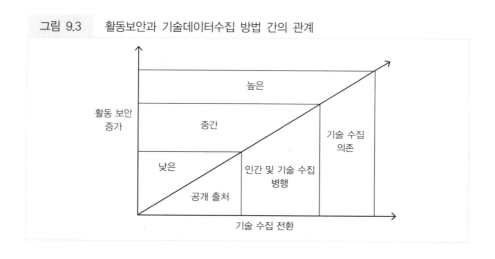

전자 도청은 기술수집 전환에서 주요 수단이 된다. 이것은 오디오 도청(즉, 실내 도청 장치), 전화 도청 또는 인터넷기반 도청의 형식으로 되어 있다. 무선주파수 도청(즉, 무선송신 도청)과 같은 다른 형태의 전자 도청도 있지만, 가장 일반적으로 활용되는 도청은 다음의 3가지 방법이다.

---

9) "Norway Blocks Apple Aerial Photos," *Sky News*, http://www.skynews.com.au/tech/article. aspx?id=896524, (accessed August 18, 2013).

오디오 도청

오디오 도청활동의 근본 원칙은 가능한 한 목표에 가깝게 고성능 마이크로폰을 설치하는 것이며, 이렇게 하기 위해서는 도청을 방해할 수 있는 잡음을 피한다. 오디오 도청에서 사용되는 마이크로폰의 유형은 작업 성격상 매우 작아야 하며, 시장에서는 초소형으로 지칭된다. 이들의 매우 작은 사이즈는 목표 주변에 비밀리에 설치되는 것을 가능하게 한다. 일단 설치되면 이들은 고성능 증폭기, 실시간 감시를 위한 헤드폰, 나중에 청취하기 위한 디지털 녹음기, 또는 청음소로 오디오를 전달하기 위한 송신기에 연결될 수 있다.

도청된 오디오를 보내는데 송신기가 사용되지 않는다면, 이 때는 전선이 필요하다. 마이크로폰에서 청음/증폭 장치로 연결된 전선은 적발을 방지하기 위해 숨겨져야 한다. 어떤 경우에는 전화, 전기 또는 심지어 도난경보기와 같은 기존 전선이 새로운 전선 대신에 사용될 수 있으며, 이것은 적발을 어렵게 만든다.

활동요원이 실내 전선을 페인트하기 위해 사용할 수 있는 유통중인 특별 금속 페인트가 있다. 일단 페인트로 칠해지면 그 전선들은 탐지되기 매우 어려운 것으로 알려져 있다(특별히 산업 또는 창고 환경에서 사용되면). 감시자가 활용할 수 있는 여러 유형의 마이크로폰이 있으며, 특정 상황에 맞게 활용되며 튜브(Tube) 마이크로폰, 콘택/스파이크(contact/spike) 마이크로폰, 뉴매틱(pneumatic) 마이크로폰, 방향탐지(directional) 마이크로폰이 있다.

튜브 마이크로폰은 매우 작은 드릴홀을 통해 목표가 되는 방 안으로 삽입되도록 만들어진다. 이러한 종류의 마이크로폰은 가느다란 튜브를 이용하는 것이다. 튜브는 목표가 되는 방의 벽과 수평을 이루어야 하며, 그렇기 때문에 오직 매우 면밀한 관찰에 의해서만 탐지될 수 있다. 튜브 마이크로폰은 스파이 소설의 고전적인 방법처럼 벽, 그림, 가구 및 가능한 오랫동안 탐지를 방해할 수 있는 무엇인가 뒤에 숨겨져 장치된다.

콘택/스파이크 마이크로폰은 이에 반해 설치하는데 수월한 편이다. 이러한 마이크로폰들은 종래의 마이크로폰이 반응하는 것처럼 공기 진동에 반응하지 않으며, 진동을 소리로 바꾼다. 콘택 마이크로폰은 음악가들이 그들의 악기를 증폭시키기 위해 사용하는 픽업(pickups)과 비슷하며, 스파이크 마이크로폰은 고전적인 축음기 바늘과 유사하다. 이러한 유형의 마이크로폰은 벽, 창문, 마루 또는 천장의 외부에 부착된다. 일단 설치되면 이러한 장치들은 목표 방 내에서 생산된 소리를 재생산해낸다. 이러한 마이크로폰은 영구적인 설치에 적합하다.

뉴매틱(pneumatic cavity) 마이크로폰은 벽에 댄 물잔·수법의 전자버전으로, 전통적으로 옆방의 대화를 엿듣기 위한 효과적인 방법으로 인정된 것이다([그림 9.4]). 뉴매틱 마이크로폰은 실제적으로 가치있으며, 사람들이 말하는 범위 내에서 오디오주파수로 진동에 매우 민감한, 특별히 제작된 작은 유리잔(shell)을 사용함으로써 작동된다. 뉴매틱 마이크로폰은 장치의 성능을 높이기 위해 종래의 마이크로폰 원리를 활용하기도 한다. 이것은 오디오출력을 직접적인 소리 출력보다는 벽의 표면(창문, 마루, 또는 천장 등) 진동에 상응하게 하는 것이다.

방향탐지 마이크로폰은 2개의 유형이 있는데, 파라볼라(parabolic)와 숏건(short-gun)이다. 파라볼라 마이크로폰은 내부에 뾰족한 마이크로폰 요소를 지닌 접시형 안테나로 구성된다. 목표가 되는 오디오는 반사되어 마이크로폰 요소로 모아지며, 이렇게 해서 방향탐지 효과를 얻는 것이다. 숏건 마이크로폰(라이플 또는 머신건 마이크로폰으로도 알려져 있다)은 같은 원칙에서 작동하나, 목표 대화를 정확히 찾아내기 위하여 클러스터 내의 긴 튜브를 활용한다. 이러한 마이크로폰의 효과적인 범위는 150미터 정도이며, 이들은 가까운 거리에서 닫힌 창문을 통해 음성을 찾아내는 것으로 알려진다.

| 그림 9.4 | "벽은 귀를 가지고 있다." 최첨단 시대의 간단하지만 효과적인 방법 – 벽에 댄 물잔 수법 |

출처: 저자 촬영

무선 송신기는 설치가 배선장치 보다는 훨씬 덜 수고를 필요로 하기 때문에 그만큼 상대방에게 탐지될 가능성을 감소시킴으로써 좀 더 높은 수준의 보안을 활동요원에게 제공한다.

오디오 도청의 또 다른 분야는 위에서 간략히 논의한 바와 같이 무선 마이크로폰으로서, 역시 소형 무선 송신기로 알려져 있다. 세련된 도청이라고 볼 수 있는데, 이러한 장치는 전선이나 이들의 위치를 드러내는 연결을 가지고 있지 않다. 이들은 가구나 고정설비에 자석이나 접착제에 의해 붙여지거나 고리, 펜, 담배라이터, 책, 재떨이나 그림과 같은 일상적인 물체에 숨겨져 있다. 송신기는 도청자나 그의 장비가 근처에 위치하는 것을 필요로 하지 않는다. 이들의 송신 범위는 60미터에서 거의 1킬로미터에 이르기까지 다양하다. 직접적으로 송신기의 강도, 둘러싼 벽의 두께, 수신기의 민감성과 감도 뿐 아니라 안테나 시스템에 달려있다.

신체 송신기(body transmitters)는 일반적으로 무선 마이크로폰보다 좀 더 크고 강력하고 더 잘 구성되어 있다. 이것은 탐지될 가능성이 경미하기 때문이며, 장치는 반복해서 사용될 수 있다. 이러한 장치들은 활동요원의 코트 주머니, 속옷에서 작동하게 만들어졌거나, 활동요원의 몸에 테이프로 직접 부착된다.

신체 송신기와 유사한 것으로 서류가방 송신기가 있다. 이 장치는 자발적인 스파이에 의해 사용될 수 있을 뿐 아니라, 이후의 대화를 획득하기 위해 목표의 방이나 사무실에 남겨질 수 있다. 다른 유형의 전자도청 송신기는 매우 낮은 주파수 범위(3kHz와 30kHz 사이의 매우 낮은 주파수)에서 작동된다. 이 장치는 신호 송신기를 위해 전력선을 사용한다. 신호는 배선 경로를 따라 이동하며, 장치의 매우 낮은 주파수로 인해 매우 작은 에너지가 공간에 방출된다. 이러한 통신방법은 가정 내의 무선 전화에 활용되고 상업적으로 판매된다.

표준 FM 라디오 방송 주파수의 범위를 넘어서 작동되는 통신장비는 도청(88MHz에서 108MHz 주파수 범위 밖에 있다)으로부터 좀 더 안전한 경향이 있다. 이러한 유형의 라디오 수신을 위해 필요한 라디오 수신기들은 일반 소매점에서 판매되지 않는다. 그렇지만 이들은 라디오 전자상점에서 구매가 가능하며 아마추어 무선사(ham radio)들이 사용하고 있다.

역시 어떤 색다른 내용이나 출처를 위해서 라디오 스펙트럼 청취를 찾는 것이

취미인 청취자(예를 들어 단파 청취자)들로 알려진 공동체내 일단의 무선애호가들이 있다. 이들 애호가들은 매 초마다 고성능 안테나와 수많은 개인 무선주파수를 찾을 수 있는, 일반적으로 스캐너(scanners)로 호칭되는 광대역 수신기를 가지고 있는데, 도청장치에 의해 수집된 대화를 탐지할 수도 있다([그림 9.5] 참조).

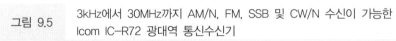

그림 9.5   3kHz에서 30MHz까지 AM/N, FM, SSB 및 CW/N 수신이 가능한 Icom IC-R72 광대역 통신수신기

출처: 저자 촬영

일반청취자들에 의한 도청 가능성이 있다면, 도청장치 시설을 감시하는 무선 기술자는 도청방지용 주파수대 변환기(scrambler) 또는 다른 형태의 암호화의 사용을 고려해야 한다. 이러한 대응조치를 1972년 실패한 정치적인 워터게이트 스파이활동과 대비할 때, 당시 활동요원들은 그들의 양방향의 무선대화를 보호하기 위한 어떤 보안활동을 하지 않았다.10)11)

---

10) 이들 활동요원들은 그들의 송신기가 도청되었다는 증거가 없다는 추정과 함께 위험을 감수했다. G. Gordon Liddy, *Will: The Autobiography of G. Gordon Liddy* (London: Severn House, 1980), 244.
11) 워터게이트 검은백 작전에 앞서, 1971년 9월 다니엘 엘즈버그(Daniel Ellsberg)의 정신과 사무실의 침입을 위해 (Daniel Ellsberg, *Secrets: A Memoir of Vietnam and the Pentagon Papers* [New York: Viking, 2002]), 활동요원들은 라디오색(Radio Shack)사 전자소매상으로부터 구매한 4대의 포켓용 무선기인 27MHz 생활무선 서비스에서 작동하는 5-와트, 6-채널 TRC-100B를 사용했다. 그리고 활동요원들이 사용한 주파수는 지역 택시회사에 의해 공유되었다(*Liddy, Will: The Auto-*

일부 수신기는 무선 스펙트럼의 극초단파 지대에서 작동하는데, 전기통신을 위한 전화회사에 의해 그리고 컴퓨터 데이터 송신을 위한 민간회사에 의해 사용되는 것들과 같은 것이다. 이와 같은 수신기는 정교하게 만들어져 값이 비싸기도 하며, 이미 군대와 정보기관들에서 사용하고 있는 것들이다. 극초단파 통신을 도청하는데 사용되는 장치는 밴이나 송신기에서 수신기로 이어지는 길을 따라 건물 어디든 설치될 수 있는데, 그 길은 수백 킬로미터가 될 수도 있다.

여러 장치들이 도청을 위해 특별히 만들어진 것은 아니지만, 이들의 기능이 활동요원들에게 응용범위를 증가시켜 주기 때문에 가치가 있는데, 이들은 드롭 아웃 중계기(drop-out relay), 음성 작동 스위치(VOX) 및 캐리어 스위치(carrier switch) 등이다.

드롭 아웃 중계기는 목표의 전화선에 부착되며, 송신기로 타전한다. 수화기가 들어질 때마다 도청장치로 전환되고, 제자리에 놓을 때 끊어진다. 이것은 배터리 수명을 연장시키는데 도청장치가 계속해서 송신하고 있지 않기 때문이며, 전자 보호조치 점검(electronic countermeasures sweep)에 의해 탐지될 위험을 줄인다.

음성 작동 스위치(VOX)는 목적에 있어 드롭 아웃 중계기와 비슷하다. 도청장치는 방 송신기에 연결되면 음성소리와 소음에 의해 작동되기 전까지 작동하지 않는다. VOX는 사람들이 목표 방에 들어올 때 켜지고 나갈 때는 꺼진다.

마지막으로 캐리어 스위치는 오디오 신호를 받을 때 디지털 리코더를 작동 및 중지하는데 사용될 수 있으며, 숨겨진 송신기에 의해 작동될 수 있다. 캐리어 스위치가 드롭 아웃 중계기 또는 VOX와 함께 사용되면 활동요원의 도청능력을 크게 증가시킨다.

전화 도청

전화는 전자도청을 위한 매우 유용한 수단이다. 전화를 활용하여 첩보를 획득하기 위해서는 두 가지 방법이 있다. 첫째, 지상통신선으로부터 직접 대화를 도청하는 장치를 사용하며, 목표의 건물 안으로 침투할 필요가 없다. 둘째, 실내 도청을 위해 전화시스템의 한 부분을 이용하는 것으로 전화시스템의 어떤 부분에 대한 물리적인 접근을 필요로 한다.

---

biography of G. Gordon Liddy, 165).

도 청

도청은 고정된 유선전화와 팩시밀리 통신뿐만 아니라 지상통신선으로 전송되는 컴퓨터 자료에 대한 도청을 말한다. 이러한 신호의 도청은 목표가 위치한 곳과 감시자가 위치한 곳 어디서든 가능하다. 전화시스템에 도청 장치를 설치하기 위해 목표 전화선을 건물 밖으로 끌어내는 것은 어렵다. 목표 전화선이 일단 건물 밖으로 나와서 전화네트워크와 결합되면 도청은 훨씬 쉬워지는데, 감시자는 법원의 허락으로 좀 더 쉽게 목표 미인식 장비를 설치할 수 있기 때문이다.

전화회사가 목표의 전화서비스를 작동하는데 필요한 모든 전력을 공급하기 때문에, 이는 활동요원에게는 큰 도움이 된다. 예를 들어, 전화 전력공급은 전자 도청장치를 직접적으로 작동하는데 사용될 수 있고, 전화선 자체는 발생한 오디오 신호를 운반하는데 사용되며, 전화기의 마이크로폰은 실내 대화를 도청하는데 사용될 수 있기 때문이다.

전화선으로부터 대화를 도청하는데 사용되는 기술은 (1) 직접 전화선 연결과 (2) 유도 코일(induction coils)로 구성된다. 직접적인 전화선 연결에서는 선을 절단하여 도청장치를 연결하며, 전자매칭 네트워크(electronic matching network)를 활용한다. 유도 코일은 오디오 신호를 전화선에서 빼내는 것으로 전화선에 연결할 필요가 없다. 이러한 이유로 인해 유도 코일은 전자 보호조치 점검에 의해 탐지되기 어렵다. 이러한 유형의 도청장치를 탐지하는 효과적인 방법은 전화선에 대한 외관 검사 뿐이다.

직접 전화선 연결에 대한 대안은 무선시스템이다. 이것은 마이크로폰 요소를 필요로 하지 않는다는 점을 제외하고는 앞에서 설명한 무선 마이크로폰과 같다. 이것은 오디오 부호가 이미 전기 형태로 존재하기 때문이다. 무선 시스템은 에너지를 위해 배터리가 아닌 전화선 전압을 활용하며, 목표 전화선상의 어떤 대화든 원격 수신기/디지털 리코더로 전송한다.

전화도청장치의 설치는 상당히 임의적으로, 오직 유일한 제약은 목표의 전화시스템에 접근하는 활동요원의 능력뿐이다. 장치는 전화기 자체내에 설치될 수 있고, 목표된 빌딩내 전화선, 빌딩 밖의 전신주 또는, 전화선이 분기회로 공급장치 케이블에 결합되는 배선실이나 단말기실에서 가능하다.

목표가 전화할 때 전화번호와 일자를 기록할 수 있도록 활동요원에게 허락하는 여러 다른 전자 전화도청장치가 있으나, 대화 녹음은 가능하지 않다. 이들은 보통 전화이용상황 기록장치(pen register)로 지칭되는 다이얼 임펄스 리코더(dial impulse recorder), 그리고 터치톤 디코더(touch tone decoder)이다. 이들은 단순히 각 다이얼 펄스그룹에서 임펄스, 즉 다이얼을 돌린 번호를 산정하는 것이다. 이들 두 장치의 대안은 다양한 속도의 테이프 리코더다. 이것은 원하는 대화를 녹음함으로써 작동하는데, 다이얼을 돌린 번호가 산정되도록 감소된 속도로 재생한다.

하모니카 도청장치(harmonica bug) 또는 고성능 송신기는 전화기 자체 내에 설치하기 위해 사용되는 도청장치다. 이 장치는 오디오 앰프와 결합되어 음의 강세를 조절하는 스위치와 마이크로폰으로 구성되어 있다. 그것은 전화시스템을 이용하지만, 전화대화 도청기가 아니라 실내 도청기로 기능한다. 고성능 송신기는 비밀리에 획득한 대화를 전달하기 위해 기존 전화선을 사용한다. 그것은 응답기에 의해 사용되는 것들과 유사한 발신음 발생기에 의해 먼거리에서 작동된다. 발신음은 다른 이름인 하모니카에 의해 생산된 음이라고 불린다.

고성능 송신기를 작동하기 위해서 활동요원은 목표의 전화번호에 전화를 거는데, 이것은 지역전화, 다른 주 전화 또는 국제전화일 수 있다. 번호에 전화를 건 후, 그러나 전화가 울리기 전에 활동요원의 전화 송화구에 발신음이 소리난다. 목표의 전화에서 고성능 송신기는 오디오 발신음을 받고, 물리적으로보다는 전자적으로 전화를 응답하는 것이다. 만일 이것이 제대로 수행된다면 목표의 전화는 울리지 않는다. 이것은 수화기가 걸려있어도 전화가 작동하고 있음을 의미한다. 일단 작동되면 감시자는 실내 대화를 도청할 수 있다. 대상자가 전화를 사용하려 하면, 활동요원은 단순하게 전화를 끊는다. 그러면 장치는 전자적으로 연결이 끊어지고 전화기는 정상 작동하게 된다.

전화기 변형을 통해 도청하는 여러 다른 기법들이 있다. 이러한 전자도청 형태는 전반적인 전화시스템의 정상 운영을 이용한다. 전화기의 훅 스위치(hook switch)를 단락하거나 우회함으로써 전화는 작동하는 마이크로폰이 되는 것이다. 이러한 기법은 텔레폰 컴프러마이징(telephone compromising)으로 알려진다.

전자도청에 대한 다른 차원은 빛에너지의 방향 빔을 활용함으로써 작동하는 시스템이다. 이러한 시스템은 도청된 오디오를 전달하기 위해 가시 에너지의 레이저 빔과 적외선 에너지의 레이저 빔을 활용한다. 이들은 상당히 신뢰할 만한 것으로 알려져 있으며 사실상 탐지가 불가능하다. 이 시스템은 목표 방의 창문에 빔의 초점을 맞추는 레이저 광원, 수신/해독장치로 이루어져 있다. 시스템은 방의 오디오에 의해 야기된 반사광의 미세한 진동을 탐지함으로써 작동한다. 이러한 진동의 해독(decoding)은 내부의 대화나 소리를 재생한다.

컴퓨터자료의 도청은 방에서 이루어지는 실내 대화에 대한 도청과 비슷한 방식으로 이루어진다. 자료 도청과 함께 사용자의 자료 전송은 적절한 도청장치를 통해 도청되며, 오디오 경우에서 이루어지는 것처럼 녹음되거나 청음소에 송신된다. 컴퓨터 데이터의 도청과 함께, 활동요원은 단자에서 컴퓨터 본체로 데이터 교환을 감시하고, 그럼으로써 입력데이터와 컴퓨터반응을 표로 만든다.

전화이용상황 기록장치(pen register)

활동요원에게 또한 목표가 다이얼을 돌린 번호에 관해 데이터를 수집하게 하는 장치(전화이용 상황 기록장치로 알려진다) 또는 목표에게 전화를 걸어온 번호를 수집하게 하는 장치(함정과 추적 장치로 알려진다)가 있다. 이러한 장치의 소유와 사용은 법에 규정되어 있으며, 법은 관할지역마다 다양하다.

전화이용상황 기록장치는 오직 목표의 전화지역코드, 번호와 같은 세부사항들과 구내전화가 어디에서 사용되었는지와 다이얼을 돌린 구내전화번호를 기록하도록 일반적으로 제작되어 있다. 대체로 전화이용상황 기록장치가 거래 데이터(transactional data)로 일컫는 것을 수집할 수 없는 이유는 터치톤 전화에 의해 입력된 데이터가 예를 들어 계좌번호 또는 비밀번호와 같은 것으로서 다른 형태의 법원영장을 필요로 하기 때문이다. 그러므로 오직 번호를 기록할 수 있는 전화이용상황 기록장치는 전자도청 영장을 필요로 하지 않는다.

인터넷기반 도청

일부 대학과 정부 학술도서관과는 별도로 인터넷은 의심할 바 없이 분석관들에게는 풍부한 첩보출처가 된다. 인터넷은 발행자료는 물론 인터넷으로 전송된 개인 메시지(예를 들어 이메일)의 출처인 것이다. 비즈니스, 정부와 개인 모두는 인터넷으로 연결된 컴퓨터 서버에 위치한 많은 기록을 제작하고 접속하며 변경한다. 이러한 데이터는 자기매체상에 디지털 형식으로 존재하기 때문에, 이러한 영역은 사이버공간(cyberspace)으로 알려진다.

일반적으로 분석관들은 데이터가 공공영역에 있다면 영장없이 데이터를 획득할 수 있다. 이것은 접근이 제한되지 않는 자연세계와 유사한 바, 공공도서관, 상업적으로 출판된 책과 잡지 및 신문 등이 이에 해당된다. 그러나 접근이 법원에 의해 사적이라고 간주될 수 있는 경우에는, 어떤 형식의 법적인 명령이나 소환장 등이 필요하다. 대체로 전화도청에 관한 법은 사이버공간에서 자료 도청에도 적용된다. 많은 사법관할 구역에서 이와 같은 도청을 다루기 위해 법이 제정되었다. 분석관들은 항상 첩보수집 계획을 세울 때 법 테두리내에서 일해야 한다. 의심이 있을 때는, 특히 이것이 새롭거나 이전에 검증되지 않은 데이터 수집이라면, 법적인 자문을 구해야 한다.

오디오 도청 한계

매년 정보공동체에 의해 수행되는 전자 도청의 규모를 알아내는 것은 불가능하다. 보도된데 따르면 전자 도청은 상당히 폭넓게 사용되고 모든 정보활동에 활용되고 있는 것으로 나타나고 있다. 만일 목표가 자신이 도청의 대상이라고 의심한다면, 일반적으로 오디오 보호조치 점검을 통해 도청이 이루어지고 있는지를 알기 위해 노력할 것이다.

그러나 이러한 점검은 오직 점검 시간에만 작동중인 도청장치를 발견할 것이다. 어떤 방도 오디오 도청에서 안전하다고 볼 수 없다. 과거에, 심지어는 모스크바 주재 미 대사관에서 가장 민감한 방도 침투되었던 것으로 알려진다. 일정하지 않은 간격으로 점검을 수행하는 것은 오디오 도청에 대응하는 가장 효과적인 방법이다. 이것은 오디오 도청 장치를 점검하는 가장 믿을만한 방법인 것이다.

그러나 이러한 유형의 보호조치에 제한은 있다. 첫째, 전화의 경우 비록 전화기가 점검시에 의심할 여지없이 도청되는 것으로 나타난다 하더라도, 상대편 전화역시 도청되는지 여부에 대해서는 파악할 수 없다. 현재까지 전화국이 도청 장치를 점검하기 위해 이용가능한 기술은 없는 것으로 알려져 있다. 둘째, 높은 수준의 기술적 정교함으로 탐지되지 않는 최첨단 장치와 기술이 정보기관에 의해 사

       과학적 정보분석론

용되고 있다.

오디오 보호조치 점검은 전문적인 비즈니스 점검회사와 사설탐정에 의해 수행되기도 한다. 이와 같은 서비스는 대개 전화번호부의 옐로우 페이지(Yellow Pages)에 수록되어 있다. 전문적인 점검은 의심지역의 모든 물체와 장소에 대한 물리적 수색과 전자 점검을 포함한다. 전자 점검은 햄 라디오 운영자에 의해 사용되는 것처럼 광대역수신기 그리고/또는 송신기를 검사하기 위해 특별히 만들어진 전파세기 측정기(field strength meter)를 활용한다. 금속 탐지기가 비금속 물체들 가운데 도청장치와 그리고 벽, 복도 및 천장에 깊이 설치된 장치를 찾는데 활용될 수 있다. 역시 도청의 존재를 위한 전화선 전압을 검사하기 위해 사용되는 다양한 진단 계량기(diagnostic meters)가 있다.

도청 장치의 설치

만일 목표의 건물에 오디오 도청장치를 설치한다면, 다음의 스파이활동 방법을 활용할 수 있다.

o 친근한 접근
o 비밀 출입
o 침투
o 선물 속에 은닉

친근한 접근

목표의 건물에 대한 접근은 고용인과 알거나 약속된 방문자들로 제한된다. 모든 다른 방문자들은 감시되고 이들의 신분은 출입 이전에 검증된다. 우편배달원과 관리원을 포함한 출입자들은 같은 방법으로 통제될 것이다. 사무실에 대한 접근 또한 제한될 것이다. 만일 방문자/직원의 드나듦이 많다면 고용인들의 신분증 착용은 피아 식별을 위해 효과적인 방법이 될 것이다. 화장실과 여타 격리된 장소들은 빌딩 안에 활동요원이 숨어 있을 가능성에 대비하여 그날 업무 마지막 시간에 점검된다.

비밀 출입

침입과 절도가 업체와 가정에서도 발생하는데, 1972년 6월 워터게이트 사건은 침입이 일반 범죄자들에 의해 현금과 가치있는 유형자산을 얻기 위해서 뿐만 아니라 정보수집을 위한 기술로도 활용된다는 사실을 보여주었다.[12]

그러나 중앙정보장(DCI)을 역임한 고(故) 리처드 헬름스(Richard Helms)는 이것들은 뒤따르는 위험과 기대되는 효율성이 비교 평가되어야 하는 어려운 활동이라고 언급한 바 있다. 파일을 사진촬영하고 전화를 도청하고 전자도청장치를 설치하는 것은 기획과 자금지원과 장비를 잘 갖춘 정보기관을 필요로 한다. 정보기관은 역시 유능한 기술 엔지니어의 지원을 받는 잘 훈련된 활동요원을 필요로 한다.

정보업무에서 이러한 기술은 검은백 활동(*black bag operation*)으로 지칭된다. 비밀 출입은 도청장치를 설치하기 위해 또는 다른 비밀 정보수집 활동을 수행하기 위해 사용된다. 활동요원에게 이것은 활동을 위해 필요한 바, 사무실을 100퍼센트 도난 방지되게 하는 방법은 없다. 심지어 버킹검 궁에 대한 침입자도 계속 있어왔다.

구실, 책략, 또는 가장을 활용한 침투

구실은 정보분석관을 위해 행동하는 활동요원에게 비밀첩보를 획득하기 위한 그럴듯하고 상식적인 기술을 제공한다. 구실은 활동요원에게 거짓 이유에 의해 첩보를 구하게 하는 책략, 속임수, 가장과 같은 기만행위다. 이것은 첩보를 얻기 위해서, 또는 그렇지 않으면 활동요원이 접근하지 못하는 장소에 들어가는 것을 포함한다.

> "구실을 사용하는 기술은 과학으로, 과학적 지식에 입각한 방법으로 접근되어져야 한다."[3]
>
> 3) Greg Hauser, *Pretext Manual* (Austin, TX: Thomas Investigative, 1994), 5

---

12) Helms, *A Look Over My Shoulder*, 8, 그러나 이러한 잘못된 활동을 둘러싼 사건에 관한 논의를 위해서 역시 3-13쪽 참조..

구실(pretext)은 최근 인기를 얻은 사회공학(*social engineering*) 의미와 혼동해서는 안된다. 사회공학은 일반적으로 대개 사기 목적에서 개인의 속임수 행위를 지칭하는 속어이다. 이것은 대규모 사회 계획이라는 원래의 의미와는 매우 다르다. 이와 관련 사회공학 용어를 몰래 첩보에 접근한다는 맥락에서 사용하는 것은 맞지 않는다. 기법은 책략, 속임수 또는 구실에 지나지 않는다. 사실 구실은 민간 조사자에 의해 가장 많이 사용되는 용어로서 민간 조사자들은 이러한 기법을 그들의 목표에 대한 첩보를 구하는 수단으로 크게 의존한다.13)14)

전화에 의해

이 방법은 활동요원에 의해 대개 일회성으로 비즈니스에 관한 일반적인 첩보를 얻기 위해 사용된다. 그것은 가장 안전하고 위험하지 않은 유형의 침투다. 이러한 유형의 침투는 단순히 목표에게 전화함으로써 수행되며 이때 구실을 사용하여 가능한 한 많은 첩보를 추출하기 위해 시도한다. 여러 번의 전화가 일정시간의 기간 동안 이루어질 수 있다.

외견상으로 개인 전화는 관련이 없는 것으로 보이지만, 특정 첩보를 얻기 위해 이루어진다. 구실과 이루어진 구실전화의 회수에 달려있기는 하지만, 활동요원이 수집할 수 있는 첩보의 깊이는 일반적으로 제한적이다. 목표는 특별히 모르는 사람들에 대해 민감한 보안의식을 갖게 될 수 있다. 목표가 의심을 한다면 그는 통화자의 전화번호를 요구함으로써 통화자의 신원을 확인하기 위해 노력할 수도 있으며, 활동요원에게 회신하기 전에 온라인 전화번호부를 사용함으로써 검증할 수도 있다(답신전화에 의한 확인).

우편과 이메일에 의해

이것은 다른 낮은 등급 형태의 침투다. 활동요원은 구실을 활용하여 목표에게 첩보 요구를 위해 작성할 것이다. 보안을 의식하는 목표는 사서함, 위장 업체명 및 다른 주의 주소와 같은 우편침투 가능성을 보여주는 징후가 있는지 살펴볼 것

---

13) M. Harry, *The Muckraker's Manual: How to Do Your Own Investigative Reporting* (Mason, MI: Loompanics Unlimited, 1980), 73–78.
14) Hauser, *Pretext Manual*.

이다. 이메일과 관련하여, 무료 웹기반 이메일 계정은 증명할 수 없는 계정이므로 목표의 의심을 불러일으킬 수 있다.

직접 개인침투

목표에 대한 직접적인 개인침투는 전화, 우편/이메일 침투 및 물리적 감시에 의한 구실 접촉에 뒤이어 일어난다. 이러한 방법에서 활동요원은 직접 침투를 위한 믿을만한 가장을 설정하기 위해 충분한 첩보를 수집해야 하며, 또는 과제를 수행할 공작원을 포섭하기 위해 필요한 첩보를 숙지해야 한다.

> "첩보를 확보하기 위한 가장 일반적인 기법은 비즈니스가 아닌 환경에서 경쟁자들과 어울리는 것이나. 기업인들은 일반적으로 그들의 경쟁자들을 부정직으로 여기며, 자신들이 어느 누구보다도 경쟁정보를 잘 수집한다고 믿는다."[4]
>
> 4) William Cohen and Helena Czepiec, "The Role of Ethics in Gathering Corporate Intelligence," *Journal of Business Ethics* 7, no. 3 (1988): 199–203.

간접 침투

이 침투기법은 조직하고 운영하기에 복잡하나 놀라운 결과를 만들어낼 수 있다. 기본적으로, 활동요원은 목표, 목표의 사업체 또는 목표의 참모중 한 명을 끌어당기기 위해 은밀한 사업체 또는 조직을 만든다. 가짜 사업체는 활동요원에 의해 통제된다. 이러한 은밀한 업체는 무역 뉴스레터처럼 단순할 수 있거나, 완전 가동 중인 사업체처럼 복잡할 수도 있다.

일단 설립되면, 활동요원은 분석관의 첩보수집계획에서 확인된 첩보를 수집하기 위해 이러한 가장을 사용한다. 이에 대한 하나의 예는 새롭고 듣기에 매우 매력적인 사업의 일자리를 광고한다. 사업체는 목표를 유인하기 위해 시장에서 제시된 것보다 높은 연봉과 부가 복지수당을 제시할 수 있다. 일단 목표의 이력서가 도착하면, 이력서는 원하는 첩보를 위해 분석된다. 이를 통해 구하는 첩보가 밝혀지지 않으면 지원자와 개인적인 인터뷰를 통해 추가 첩보를 구한다. 활동요원 또는 이러한 가장 조직의 누군가는 목표에게서 교묘하게 첩보를 알아낼 것이다.

과학적 정보분석론

선 물

도청장치가 목표에게 주는 선물에 감추어진다면(트로이목마의 형태로), 전문적으로 이루어질 필요가 있다. 선물이 도청장치를 내장한 많은 사례가 있다. 가장 주목되는 사례는 1952년 러시아 정부가 모스크바 주재 미 대사관에게 수여한 미국의 인장(Great Seal)이었다. 보안의식이 있는 목표는 선물을 잘 검사할 것이다.

메일 기록

우 편

우편물 기록은 매우 유용한 자료수집 방법이다. 이러한 수사 기법은 수십년간 법집행기관에 의해 사용되어 왔다. 사진촬영, 디지털 스캐닝 등의 사진 기법을 통해 봉투나 포장물의 겉면에 적혀있는 것을 기록함으로써 첩보를 수집한다. 분석관에게, 메일 기록 활동은 우편(예를 들어 편지나 카드)의 내용을 읽거나 기록하는 것이 아니라는 것이다. 오직 겉면의 자료가 기록되는 것이다. 그럼에도 불구하고 이러한 간단하고 효과적인 자료수집 방법은 발신인주소, 우편물 소인과 관련된 첩보(발송 날짜와 장소), 그리고 내용물에 대한 서술(예를 들어, 구부리지 마세요 – 사진 및 카드 동봉 등)과 같은 첩보를 얻을 수 있다. 메일은 개봉되지 않으며 오직 물리적 감시의 형태일 뿐이다. 목표는 메일이 감시되고 있음을 결코 알지 못할 것이며, 그래서 기관이 감시를 수행하기 위해 행정적 요건을 갖출 필요는 없다. 우편물 가장은 대개 법과 국가 우편서비스 규정에 따라야 하며, 이러한 방식은 이러한 기법이 어떻게 그리고 언제 사용될 수 있으며 뿐만 아니라 수집활동 기간을 규정한다.

이메일

2013년 PRISM으로 알려진 미국의 신호정보 도청프로그램이 노출되었다. 이메일과 사진, 비디오 대화와 같은 다른 형태의 실시간 통신내용이 2007년 이래 정보기관에 의해 도청되고 있다는 혐의가 제기되었다. 이러한 도청은 메시지의 내용을 읽는 것이 아니고, 우편물 기록에서 이루어진 것처럼 메시지를 보낸 전자봉투에 포함된 데이터를 읽는 것으로 이해되었다(위의 내용 참조).

이러한 메타데이터(metadate)는 다른 데이터 출처와 결합되면 매우 유용하다(공개출처첩보에 관한 장에서 데이터 마이닝 참조). 적어도 하나, 둘, 또는 세 개의 추가 첩보와 함께 이러한 메타데이터는 중점이 되는 실마리나 목표 또는 그들의 행동에 관한 통찰력을 제공할 수 있다. 이러한 활동 유형의 장점은 도청이 자동화되어 있어, 수백만건의 도청이 매일 처리될 수 있는 것이다. 더구나 이러한 메타데이터는 다른 첩보들과 결합될 때 데이터 웨어하우스 환경에서 쉽게 검색될 수 있다.

폐기물 회수

이것은 오래된 법집행이며 일반에게 쓰레기통 뒤지기(*dumpster diving*)[15][16][17]로 지칭되는 사설탐정 기술이다. 누군가의 폐기물을 뒤진다는 생각에 혐오감이 들기는 하지만, 이것은 잠재적으로 풍부하고 가치있는 첩보 출처다([그림 9.6] 참조). 모든 유형의 기밀 자료가 폐기물에서 발견될 수 있다 – 설명서, 편지, 메모, 보고서, 파일, 사진, 패스워드, 신분증, 영수증, 스케줄, 여행 일정표, 전화번호 등(컴퓨터 하드 디스크 드라이브, USB 휴대용 저장 장치 및 CD와 DVD에 보존된 다양한 데이터 포함). 그 이유는 대부분의 사람들은 서류 한 장 또는 오래된 컴퓨터 드라이브가 일단 쓰레기통에 들어가면 없어진 것으로 믿기 때문이다. 그들은 어느 누구도 누군가의 쓰레기를 뒤지면서 더러워지지 않으려 한다고 믿는다.

회수는 목표가 쓰레기를 버린 곳에서부터 매립지 사이 어디에서든 발생할 수 있다. 회수가 목표의 건물내에서 발생하면, 회수될 자료가 아직 목표의 수중에 있으므로 활동과 연관된 법적인 이슈가 있을 수 있음을 의식해야 하는데, 이럴 때는 법원의 영장이 필요하기 때문이다.[18]

폐기물 회수를 통해 획득된 첩보는 예전에는 수집 비용에 비해 더 많은 장점을 산출하기 때문에 고가치/저비용으로 간주되었다. 그러나 언론과 영화를 통해 대중

---

15) 대형 쓰레기통(dumpster) 용어는 Dumpster 상표명이 상품명화된 것이다. 영국에서는 skipping으로 호칭되며, 이동식 쓰레기통은 skips로 알려져 있다.

16) John Hoffman, *The Art and Science of Dumpster Diving* (Boulder, CO: Paladin Press, 1993).

17) John Hoffman, *Dumpster Diving: The Advanced Course: How to Turn Other People's Trash into Money, Publicity, and Power* (Boulder, CO: Paladin Press, 2002).

18) Rick Sarre and Tim Prenzler, *The Law of Private Security in Australia*, second edition (Pyrmont, Australia: Thomson Lawbook, 2009).

에게 많이 알려지게 됨으로써 폐기물 회수는 더 어려워졌다. 정부기관, 사업체 그리고 개인들은 규칙적으로 문서 파쇄기를 사용하고, 어떻게 그리고 무엇을 폐기하는지를 좀 더 잘 알게 되었다. 폐기물에 대한 비밀문서파기가 이용가능한 서비스로 상용화되면서 개선되었다.

그림 9.6   잠겨있지 않은 대형쓰레기통은 잠재적인 풍부한 첩보 출처가 된다.

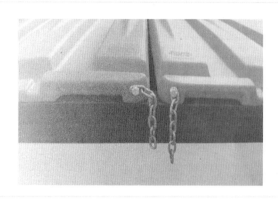

출처: 저자 촬영

중요 용어

본 장과 연관된 중요 용어는 아래 리스트와 같다. 각각에 대해 당신이 이해하고 있는 것을 짧게 정의하여 작성하거나 한, 두 문장으로 설명해본다.

- o 공중 사진촬영
- o 오디오 도청
- o 블랙백 활동
- o 도청장치
- o 은밀 출처
- o 회신에 의한 확인
- o 비밀 사진촬영

o 비밀 출처

o 쓰레기통 뒤지기

o 전자도청

o 고정 감시

o 친근한 접근

o 침투

o 정보제공자(또는 공작원)

o 인터넷기반 도청

o 이동 감시

o 공개출처첩보

o 활동요원

o 광학 감시

o 문서 기록

o 물리적 감시

o 우편물 기록

o 구실

o 무선 송신기

o 잠복

o 비밀출입

o 감시자

o 미행

o 전화 도청

o 비밀 활동요원

o 폐기물 회수

o 광대역 수신기

o 도청

과학적 정보분석론

학습 문제

1. 비밀방법에 의한 첩보획득과 은밀방법에 의한 첩보획득 간의 차이를 설명한다.
2. 분석관이 이용가능한 비밀데이터 수집의 여러 다른 유형들을 설명한다.
3. 비밀자료에 내재하는 한계에 대해서 그리고 목표가 침투에 대비하여 구사할 수 있는 보안 예방조치에 대해 설명해본다.
4. 비밀 자료의 장점들은 무엇이며, 분석관은 이것들을 실제로 어떻게 활용할 수 있을까? 예를 들어본다.

학습 활동

당신의 관할구역의 어느 공공건물을 선택한다. 상상의 감시팀을 위한 전자 슬라이드 브리핑 자료를 제작하기 위해 인터넷기반 공중사진촬영 기능을 활용한다. 당신의 브리핑에 건물 출입, 주변지형 그리고 잠재적인 침투 및 탈출 지점에 관한 사항을 포함시킨다. 지도가 가질 수 있는 한계에 대해 기록한다.

10장 질적 데이터의 내용 분석

이번 주제는 아래 사항을 살펴봄으로써 정보분석에서 비정형 자료를 분석하기 위해 가장 일반적으로 사용되는 기법중 하나에 대해 검토한다:

1. 방법의 장점
2. 정신분석 프로파일링
3. 주제 분석
4. 주제 측정기준
5. 데이터의 2차 분석

방법의 장점

내용분석은 문서 내에 포함된 텍스트에 대한 분석이다. 이러한 자료는 대개 서술형식(예를 들어, 기록된 구술 연설, 언론 인터뷰 또는 대중에 대한 공개서한)으로 되어 있기 때문에, 가장 일반적인 분석형태는 질적인 방법을 통해서이지만, 분석은 역시 양적 방법 또는 둘 다 포함할 수 있다. 내용분석의 중요목적은 표면적인 메시지를 넘어서 텍스트에 포함된 것을 잘 이해시키기 위해서다. 내용분석을 위해 일반적으로 사용되는 기법은 주제 분석, 색인 작성과 질적설명 분석을 포함한다.

정신분석 프로파일링

역사심리학 및 언어심리학 같이 좀 더 전문화된 기법들은 목표의 가능한 행동 과정에 대한 단서를 제공하는데 사용될 수 있다. 이 기법들은 이전의 서면(또는 기록된 구술) 전달에서 목표(국가, 주 또는 다른 행위자들을 포함)에 의해 나타난 행동패턴을 검토하는 것이다. 행동패턴이 이러한 전달을 통해 표현된 가운데, 분석관은 목표의 정신분석 프로파일을 통해 일련의 행동지표들을 추출해낼 수 있다고 가정한다.[1] 이러한 프로파일은 목표의 행동에 대한 통찰력을 제공한다. 이 기법은 분석관이 자료를 확실히 평가하기 위해 주제에 대한 전문지식(예를 들어, 임상심리학 또는 정신의학)을 갖출 것을 필요로 한다. 이와 관련 전문지식을 갖추고 있지 않다면, 민간 전문직종사자와 대학 교수로부터 도움을 얻을 수 있다.

> 1973년 10월 6일 이스라엘은 이집트와 시리아에 의해 시작된 기습, 즉 욤 키푸르 전쟁(Yom Kippur War)을 겪었다. 이스라엘은 이를 인지하는데 실패하였거나 전쟁에 대비한 사전 군대배치에 필요한 통찰력을 제공할 수 있었던 지표를 잘못 해석하였다. 민일 당시 수주 전 이집트의 사다트(Sadat) 대통령의 도발적인 연설에 대해 언어심리 분석이 이루어졌더라면 이와 같은 지표들을 밝혀낼 수 있었을 것이다.

마찬가지로, 역사심리 분석은 어느 나라의 행동이 사회, 인류, 정치 및 주목할 만한 역사적 사건을 포함한 문화적 정체성을 이루는 다양한 요인들에 의해 영향 받을 수 있다는 가정에 기초한다. 예를 들어, 중남미에 대한 역사심리 분석은 미국-중남미 관계의 이슈를 감안할 필요가 있다는 것이다. 그간 중남미 지역의 많은 국가들에 대한 미국의 개입과 함께 중남미에서 미국의 이해관계는 몇세기 거슬러 올라간다. 중남미 여러 국가들이 높은 수준의 반미감정을 가지고 있는 것을 감안하여 어느 행동이 미치는 영향에 대한 평가가 이루어질 필요가 있는 것이다. 이와 같은 역사심리 분석의 장점은 1961년 피그만 사건 이후 겪은 정치적 비난을 피하기 위한 통찰력을 제공할 수 있었다.

주제 분석

주제 분석은 일련의 주제가 텍스트로부터 추출되는 내용분석의 다른 형태다. 책을 읽을 때 아이디어들이 발견되고 여기에 적절한 라벨이 붙여진다. 특정 주제와 관련한 텍스트의 구절이 표시되고 해당 주제와 연계된다.

---

1) William Colby with Peter Forbath, *Honourable Men: My Life in the CIA* (London: Hutchinson, 1978), 337.

수동 시스템을 사용한다는 것은 텍스트 페이지를 복사하고, 가위를 사용하여 단어와 구절 또는 단락을 잘라내고, 그것을 확인된 다른 구절과 함께 큰 봉투안에 두는 것을 의미한다. 문서의 각 부분(단어, 구절 또는 단락을 포함)은 이를테면 하버드 참조 스타일을 사용할 때 텍스트에 다시 참조되며, 자료가 마지막 보고서에 포함되어 작성될 때, 분석관은 그것이 어디에서 왔는지를(에세이를 쓸 때 주를 다는 것과 유사) 알게 된다.

이러한 분석유형은 제5장에서 논의한 대로 이론 연구에 근거하여 사용될 수 있는데, 비정형 자료를 체계화하는데 원칙적으로 도움이 되기 때문이다. 근거있는 이론 연구와 함께 이러한 주제들은 현상을 설명하기 위해 이해될 수 있다(즉, 조사 중에 있는 이슈에 대한 이론 개발).

주제 측정기준

만일 컴퓨터기반 소프트웨어 패키지가 주제 분석과 관련하여 사용된다면, 같은 절차가 수동 시스템에 관해 논의한 대로 일어난다. 그러나 이것이 전자적으로 이루어지면서 소프트웨어는 손으로 하는 모든 오리기, 참고문헌 달기, 저장 이슈들을 피하게 된다. 소프트웨어가 가독성 산정(Flesch Reading Ease)과 가독성 학년수준(Flesch-Kincaid Grade Level) 테스트들과 같은 측정기준을 포함하여 다른 특징들을 가지게 됨으로써 컴퓨터기반 해결을 사용하는 장점은 크다(이번 장에서 다음의 절 참조). 이러한 분석유형은 분석관에게 질적 및 양적 분석을 포함하여 이들의 혼합된 접근을 활용하게 한다.

많은 문서들은 이러한 기법을 활용하여 분석될 수 있으며, 어느 외국의 정치적인 인물이 그 나라의 지역 언론을 통해 연설할 경우, 이러한 대중연설은 장기적인 변화과정을 다룬 연구를 통해 분석될 수 있다. 그렇지 않으면 측정기준에 맞추어 분석될 수 있다.

일례로서 가독성 산정 그리고/또는 가독성 학년수준 테스트들은 어느 연설이 개도국의 지역주민을 목표로 했는지 또는 일간신문에 보도된 것이 국제지도자들에게 메시지를 주기 위한 수단인지 여부를 분석관이 판단하기를 원하는 경우에 사용될 수 있을 것이다. 이러한 두 가지 테스트의 활용을 통해 조사 중에 있는 그

연설이 그 나라 국민에 적합한 수준에 따른 가독성을 가지고 있는지, 아니면 좀 더 교육을 받은 국제적인 청중을 목표로 하고 있는지를 제시하는 결과가 빠르게 산출될 수 있다.

색인 작성은 텍스트의 의미를 확인하는 다른 방법이 된다. 주제를 확인하는 것보다 오히려 색인은 문맥상의 핵심어를 알려준다. 이것은 컴퓨터 소프트웨어로 진행될 수 있다. 소프트웨어가 텍스트를 검색할 때 a, an, and, the, is, it, of 등과 같은 중요하지 않은 단어들은 색인에 넣지 않는다. 다른 모든 단어들은 색인 대상이 된다.

이러한 단어들은 문서내 문맥에서 나타난다. 이것은 분석관에게 어떤 단어(예를 들면 infidel 같은 반복된 단어)의 출현을 연산하게 할 뿐만 아니라 이후에 활용하기 위해 이러한 핵심단어들이 나타나는 문장 또는 단락에 태그를 붙이게 한다. 색인 작성은 양적 설명 분석과 밀접하게 연관되어 있다. 설명 분석은 수치 자료로 이루어지므로(가장 빈번히 사용된 단어 또는 절을 표현) 텍스트의 특징을 양적으로 설명한다. 이러한 유형의 분석은 질적 및 양적 기법의 혼합된 접근에 도움을 준다.

> "중요하다고 해서 모두 셀 수 있는 것은 아니고, 셀 수 있다고 해서 모두 중요한 것도 아니다."
>
> — 앨버트 아인슈타인(Albert Einstein)

내용분석은 매우 큰 문서(및 다중문서)의 분석을 허용하는 컴퓨터기반 방법을 지니는 장점을 갖고 있지만, 한계가 없는 것은 아니다. 우선, 컴퓨터로 분석을 하려면 데이터는 문자로 되어 있어야 한다. 그렇지 않으면 분석은 일어나지 않는다.

다른 접근과 마찬가지로 표본추출 편향과 관련하여 유의해야 한다. 위에서 논의된 지역신문에 외국 지도자의 연설이 보도된다고 가정할 때, 라디오나 TV방송에 의해 또는 대중 앞에서 직접 전달하는 방법에 의해 전달된 지도자의 연설에 대한 분석은 생략될 수 있다. 다른 한계는 소프트웨어 패키지가 자동으로 색인작성, 연산, 텍스트에 태그 붙이기에 유용하지만, 이러한 패키지들은 단어나 구절이 의미하는 것을 해석할 수 없는 바, 분석관이 한 단어 한 단어, 한 구절 한 구절을 해석해야 한다.

과학적 정보분석론

가독성 산정 분석

가독성 산정 분석의 결과물은 0에서 100사이의 척도로 숫자에 의해 표시된 순위평가다. 점수가 높을수록 텍스트는 읽기 쉽다. 예를 들면, 다음의 가독성 점수로 된 문서는 다음과 같이 해석될 수 있다.

o 90에서 100 – 매우 쉬움

o 80에서 89 – 쉬움

o 70에서 79 – 약간 쉬움

o 60에서 69 – 일반적으로 평이한 영어로 간주됨

o 50에서 59 – 약간 어려움

o 30에서 49 – 어려움

o 0에서 29 – 혼란스러움

점수를 계산하는 공식 : 가독성 산정 = 206.835 – (1.015* 문장당 평균 단어의 수) – (84.6* 단어당 평균 음절). 대부분의 문서작성 패키지는 철자와 문법 검색 프로그램의 부분으로서 이러한 특징을 지니지만, 어떻게 계산되는지를 이해하는 것은 정보분석관에게는 흥미로운 일이다. 문장당 평균 단어의 수는 문서전체 단어의 수를 문장의 수로 나눔으로써 결정된다. 단어당 평균 음절의 수는 전체 음절의 수를 전체 단어의 수로 나눔으로써 계산된다. 단계별로 살펴보면 다음과 같다:

1. 모든 단어의 수를 센다.

2. 모든 음절의 수를 센다.

3. 모든 문장의 수를 센다.

4. 단어당 평균 음절의 수를 계산한다.

5. 문장당 평균 단어의 수를 계산한다.

6. 가독성 점수에 맞추어본다.

가독성 학년수준 분석

가독성 학년수준 분석은 가독성 산정 점수를 미국기준 학년에 상응한 수준으로 전환한 것이다. 점수를 계산하는 공식: 학년수준 = (0.39* 문장당 평균 단어의 수) + (11.8* 단어당 평균 음절의 수) − 15.59. 예를 들어 점수 12는 12학년 교육을 이수하는 학생이 문서내 포함된 텍스트를 이해할 수 있는 수준을 가리킨다. 단계별로 살펴보면 다음과 같다:

1. 모든 단어의 수를 센다.
2. 모든 음절의 수를 센다.
3. 모든 문장의 수를 센다.
4. 단어당 평균 음절의 수를 계산한다.
5. 문장당 평균 단어의 수를 계산한다.
6. 문장당 평균 단어의 수에 0.39를 곱한 수와, 단어당 평균 음절의 수에 11.8을 곱한 수를 더한다.
7. 위의 결과에서 15.59를 뺀다.
8. 점수를 미국 학년과 맞추어본다.

만일 문서작성 또는 다른 소프트웨어 패키지가 이러한 연산을 수행하는데 사용된다면, 학년수준이 12를 초과할지라도, 그 결과는 12학년 수준만을 나타내므로 소프트웨어에 명시된 제한사항에 유의한다.

데이터의 2차 분석

데이터의 2차 분석은 내용분석과 밀접하게 연관된 양적인 접근이다. 데이터의 2차 분석은 이미 수집된 첩보에 달려있다. 그러나 2차 분석은 텍스트 데이터를 분석하기 보다는 두 번째로 양적 데이터를 분석하는 것이다. 즉, 1차 수집 프로젝트와 관련없는 검토다.

예를 들어, 정보분석관들은 1973년 프랑스 선거와 관련하여 2차 데이터 분석을 활용하였다. 당시 미국의 의사결정자들은 프랑스에서 사회주의-공산주의-좌익 급진 연합이 정부를 형성할 가능성에 대해 관심이 있었다. 그러므로 미 의사결정 자들은 선거의 가장 가능한 결과에 대한 정보평가를 요구하였다. CIA 정보분석관 들에게 관련 평가 과제가 주어졌다. 기존 데이터 세트에 의존하여 CIA 분석관들 은 다양한 역사적인 경제조건이 좌익의 투표패턴에 미치는 영향을 판단하기 위해 다중회귀분석(multiple regression analysis)을 사용했다.[2]

기존 데이터의 이러한 2차 분석의 결과에 의존하여 분석관들은 다른 중요한 정 치적인 고려사항만 없다면, 경제적 조건이 실제로 선거에 영향을 준다고 결론을 내렸다.[3] 분석관들은 기존 데이터 세트를 사용하여 선거에 영향을 미치는 국내 정치적 요인이 이전 선거에서 만큼 강력하지 않을 것이라고 예측했다. 이에 따라 좌익의 승리 가능성이 제기되었다. 그러나, 이러한 정치적 요인은 필요한 투표의 수가 좌익 연합으로 가지 않을 것이라는 것이 확실한 것으로 역시 평가되었다.

다른 예는 1차 데이터 수집에 종사하는 공작원을 가지고 있지 않은 국무부다. 그러므로 국무부의 정보조사국은 조사를 착수하기 위해 다른 기관에 의해 수집된 데이터에 의존한다.[4] 이것은 1953년 2차 데이터를 해석함으로써 DNA의 이중나 선구조를 발견한 노벨상 수상자들인 제임스 왓슨(James Watson) 박사와 프랜시스 크릭(Francis Crick) 박사에 의해 수행된 연구에 비유되었다.[5]

전세계 사회경제계획을 위해 정부가 수집한 데이터의 양은 방대하다. 인구통계 자료, 범죄 통계, 사회 데이터, 교육 데이터, 경제 데이터, 소비자 데이터 등 넓은 범주들이 있다. 데이터는 역시 민간회사, 씽크 탱크와 다양한 비정부기구들에 의 해 이들 자신의 계획 목적에 따라 역시 수집되며, 이러한 데이터는 역시 외부의 연구자들에게 이용가능하다. 이러한 데이터는 컴퓨터로 저장되기 때문에, 분석관 에 의해 사용되는 소프트웨어 패키지에 데이터를 불러올 수 있는데, 이를테면 SPSS와 같은 스프레드시트 또는 통계 소프트웨어 패키지를 말한다. 1973년 프랑

---

2) Susan Koch and Fred Grupp, "Regression Analysis: Impact of Economic Conditions on Left Voting in France," in *Quantitative Approaches to Political Intelligence: The CIA Experience*, ed. Richards J. Heuer (Boulder, CO: Westview Press, 1978).

3) Koch and Grupp, "Regression Analysis," 57.

4) See, http://www.state.gov/s/inr/(accessed July 16, 2012).

5) James D. Watson and Francis H. C. Crick, "Molecular Structure of Nucleic Acids; A Structure for Deoxyribose Nucleic Acid," *Nature* 171, no. 4,356 (April 1953): 737-38.

스 선거 예에서 보여준 대로, CIA 분석관들은 다중회귀분석을 행하기 위해 여러 데이터베이스로부터 데이터를 활용했다.

2차 데이터 분석은 연구수행의 효율적인 수단이다. 기존 데이터 세트는 어떤 경우에는, 수집하기에 수개월이나 수년이 걸릴 수 있는 오랜 수집단계의 문제를 완화해 준다. 그것은 역시 데이터가 비용을 들이지 않거나 저렴하게 이용될 수 있음을 의미한다. 어떤 구실로 데이터 세트를 구해도, 그것은 목표(또는 목표가 되는 국가 또는 기업)에게 정보활동의 대상이라는 것을 의식하게 하지 않을 것이다. 예를 들어, 대부분 소규모 정보분석 연구는 요구되는 비용과 시간을 감안할 때 국가 표본(또는 위에서 인용된 프랑스에서와 같은 국제표본)을 수행하기에 충분한 예산을 확보하지 못할 가능성이 크나, 인구통계자료 세트를 활용함으로써, 소규모 연구 예산으로도 상당한 영향력을 얻을 수 있다.

그럼에도 불구하고 2차 분석은 일부 한계를 지닌다. 대체로 분석관들은 원래의 수집에서 접한 문제 또는 결과 데이터에 내재된 오류에 대해 완전히 이해하는 것이 어렵다는 것을 발견하게 되는 바, 2차 분석동안 데이터를 처리할 때 이러한 한계가 고려되어야 한다. 데이터베이스의 구조, 측정수준이든 측정단위든 공통점이 거의 없는 2개 이상의 데이터 세트를 연결시키는 것은 매우 어려운 과제일 것이다.

중요 용어

본 장과 연관된 중요 용어는 아래 리스트와 같다. 각각에 대해 당신이 이해하고 있는 것을 짧게 정의하여 작성하거나 한, 두 문장으로 설명해본다.

o 내용 분석
o 가독성 학년수준 분석
o 가독성 산정 분석
o 정신분석
o 역사심리학 분석
o 언어심리학 분석
o 2차 분석

과학적 정보분석론

학습 문제

1. 이를테면 어느 나라 지도자의 대중연설의 형태로 되어 있는 비정형 자료를 가지고 양적 분석이 어떻게 수행될 수 있는지를 설명한다.
2. 2차 데이터의 5개 출처를 열거해본다.

학습 활동

주요 전국 또는 지역 신문(존재하는 여러 주제를 위한 충분한 시야를 보장하기 위해)에서 수천 단어를 포함한 한 사설을 선택한다. 주제 분석을 활용하여 사설에서 논의된 다양한 주제/소주제를 표시한다. 가위를 사용하여 이러한 구절들을 오려낸다(또는 그 대신에 주제에 번호를 매긴다, 예를 들어, 1=정치, 2=사회, 3=교육, 또는 4=감정, 5=위협, 6=논리 부족 등으로 번호를 매긴다. 주제들에 대해 정의해 본다). 사설을 두 가지 수준으로 요약한다. 첫 번째는 사설의 분명한 메시지이고, 두 번째는 당신의 주제 분석의 결과다. 후자의 경우에서 당신은 주제가 단어에 포함된 간단한 메시지를 넘어 무엇인가를 제시하는지 여부를 당신 자신에게 문의할 수 있다.

11장 질적 분석(Qualitative Analysis)

이번 장에서는 비정형 데이터 분석에 사용되는 여러 분석 기법에 대해 알아 볼 것이다.

1. SWOT(스왓)분석법
2. PEST(거시환경)분석법
3. 역장분석법
4. 경쟁가설분석법
5. 매트릭스합성분석법
6. 특성요인분석법(생선뼈 분석)
7. 형태학적분석법
8. 인식평가분석법
9. 투시예측분석법
10. 연표 및 핵심일정표 분석법
11. 네트워크분석법
12. 통화기록분석법
13. 사건 및 상품유통분석법
14. 계보분석법
15. 재정상태분석법

서 론

통계분석법에 있어서 하나의 공통적인 문제가 있다고 하면 아마 "고객 수용"이 될 것이다. 다변량 분석에서 알 수 있듯, 통계분석은 본질적으로 추상적 개념의 수학공식을 활용한다. 그렇기 때문에 의사결정자들은 통계분석에 근거한 평가결과를 신뢰하느냐는 질문에 곤란함을 느끼게 된다. 그러나 이번 장에서는 여러 정보 환경에서 비정형 데이터를 활용하는 분석기법으로서 분석관이 쉽게 사용할 수 있으며 동시에 의사결정자도 쉽게 이해할 수 있는 질적 분석기법들에 대해 살펴보기로 한다. 여러 가지 다양한 분석기법을 살펴보는 이유는 각자가 특정한 문제에 대해 적합한 성향이 있기 때문이다. 즉 분석기법마다 각각의 장단점이 있어서 어떤 상황을 분석하는데 어떤 분석기법이 더 낫고, 다른 상황에는 또 다른 기법이 더 나은 기법이 있다는 말이다. 전략평가용으로 사용되는 분석법이 있는가 하면, 전술 및 작전 문제 해결용 분석기법도 있다.

분석관이 이 가운데 한 가지 방법을 활용해 데이터를 분석한다고 해서 그 결과가 반드시 절대적인 것은 아니다. 분석기법은 분석관이 결론 도출 과정을 독자들에게 투명하게 공개하도록(이를테면, 자신의 결론을 변호할 수 있게끔)하는 방법이다. 그들의 분석결과는 사용한 분석기법의 타당성과 신뢰성이 입증될 수 있도록(즉, 과학적 분석방법의 원칙에 맞게) 똑 같이 되풀이 될 수 있어야 한다. 여기서 핵심은 분석기법이라는 것이 건전한 비판적 사고나 전문적인 식견을 대신하는 것이 아니라 이 두 요소에 도움을 주는 조력자 역할을 한다는 것이다.

> 질적 성격의 자료인 경우 어떤 분석기법이 사용되어야 하는지에 대한 공통된 합의라는 것이 없다.

SWOT 분석법

처음에 비지니스 업계에서 기업계획을 수립하고자 고안한 방식이 SWOT분석기법이다. 이 스왓 분석기법은 강점(Strength),약점(Weakness), 기회요인(Opportunities), 위협요인(Threats)을 분석하는 방법으로서 정보분석관들이 가장 많이 사용하는 기법인데 여기에는 두 가지 이유가 있다.[1]

---

[1] The technique is sometimes referred to as SLOT analysis because the L stands for limitations rather than the W for weaknesses. In both cases, the same idea is represented.

1. SWOT 분석은 여러 가지 비정형 데이터(1차 혹은 2차 자료에서 나온 여러 질적 자료)들을 활용한다.
2. SWOT 분석 시 연구 초점은 변수에 의존적이지 않는다— 즉 분석대상은 분석 목표인 타겟이거나 타겟을 대상으로 작전을 수행하는 정보기관에 한정된다.

이 분석기법은 기업들의 장기적인 사업계획수립을 목적으로 고안 됐으나, 전략적 또는 전술적 목적으로 정보영역의 여러 문제에 적용할 수 있는 방법이기도 하다. 목표대상 분석을 위한 정보 분석이나 현재 상황의 이해에 도움이 되기 위해 활용되기도 한다. SWOT분석법은 처음 시작할 때 전략환경에서는 '최종상태(end-state)'라고 불리고, 전술적 상황에서는 '목표(objective)'라고 불리는 것에 대해 그것이 무엇이다라는 정의를 내리면서 시작한다.

SWOT의 T인 위협요인(threats)의 위협은 18장에서 다룰 위협분석(threat analysis)의 위협과는 다른 뜻 이다. 안보차원에서 위협이란 한 사람이 다른 사람에게 해를 가할 마음을 먹는 것을 의미한다. 그러나 SWOT분석법에서 말하는 위협이란 위협적인 주체(threat agents)를 가리키는 말이 아니라 리스크, 피해, 위험 같은 위해 요소를 지칭한다. SWOT분석법이 기업에서 산업 및 상업예측을 위해 처음 고안된 것이기 때문에 기업들은 위협이라는 단어를 포괄적인 개념으로 사용한다. 그러나 안보에서 위협은 그 뜻이 다르다. 따라서 분석관은 이 차이점을 유념하며 SWOT분석법을 실시해야 한다. 떠오른 아이디어나 데이터 조사법 가운데 하나를 실시하여 데이터를 4분면 SWOT표 안에 넣는다. SWOT 분석 때 사용되는 전형적인 표가 있지만 분석관에 따라 SWOT분석표 구성은 달라질 수 있다. 전략적 평가 측면에서 보면, SWOT의 네 가지 요인 중에 하나를 제대로 파악하기 위해서는 한 가지 이슈를 넓은 관점에서 보고 여러 분야의 다방면에 걸친 전문가를 모아 팀을 꾸리는 것이 좋다. 전술적 평가의 경우 작전 직전 혹은 작전 중에 수집한 정보에 기초로 분석을 수행할 수도 있다.

이 작업이 끝나면, 한번에 한 요소씩 평가를 진행하고 네 부분이 서로 반대되거나 역설적인 부분은 없는지 등을 재차 검토한다. 다음과 같은 가상질문을 해 봄으로서 평가를 마친다.

o 어떤 식으로 강점을 유리한 장점으로 활용 할 수 있을 것인가?

o 약점은 어떻게 보완될 수 있는가?

o 각각의 기회요인을 활용할 수 있는 최선의 방법은 무엇인가?

o 리스크, 위험과 같은 위협요소를 경감시킬 수 있는 방법은 무엇인가?

전술적인 환경에서, 분석관은 목표대상의 작전구조나, 작전방법, 역량과 재정 기반 등을 파악하기 위해 SWOT 분석결과를 활용하기도 한다. 12장에서도 가상 의 국제범죄기업과 연루된 목표분석(타겟 프로파일링)을 작성 예시로 하여 SWOT분 석기법을 사용하였다. SWOT분석 범위 안의 정보를 사용하는 여러 가지 방법들이 다음과 같이 SWOT 요소들의 조합을 근거로 하여 만들어 질 수 있다.

강점/기회요소　강점을 이용하여 기회요인이 실현되도록 하는 방법

약점/기회요소　기회요소가 발현되도록 구호조치를 제공하여 약점을 약화시키 는 방법

강점/위협요소　위협요소를 줄이기 위해 공격적으로 강점을 활용하는 방법

약점/위협요소　위협요소에 맞서 보호하기 위한 방어적 방법

표 11.1	SWOT을 이용한 분석매트릭스	
강점, 약점, 기회요인, 위협요인 분석		
	지원적 요인	위해적 요인
내부적	강점(Strenghts)은 최종목적을 달성하는 데 도움이 되는 여러 가지 조사 중인 이 슈나, 문제, 기관등과 연관 되어있는 특 성이다.	약점은 피해를 끼치거나 최종목적을 달 성하는데 방해가 되는 여러 가지 조사 중인 이슈나, 문제, 기관등과 연관된 특 성이다.
외부적	기회요인은 목적 달성을 돕는 사법적, 범죄적, 정치, 경제, 사회, 심리학적 조 건을 말한다.	위협요인은 정보기관이 작전을 실행하 는 방식에 대해 위해를 끼칠 수 있는 사 법적, 범죄적, 정치, 경제, 사회, 심리적 조건을 말한다.

과학적 정보분석론

PEST(거시환경)분석법

만약에 분석기법의 촌수관계가 있다면, 아마 PEST분석은 SWOT과 사촌쯤이 될 것이다.

PEST는 정치(Politica)요소, 경제(Economic)요소. 사회(Social)요소, 기술(Technological)요소를 줄인 말이다. 사회(Social)요소라는 용어는 필요할 경우 사회문화(Sociocultural)요소와 같은 훨씬 넓은 의미로도 활용 될 수 있다. 기술(Technological)요소라는 용어 역시 정책 관련 이슈에도 활용 될 수 있다. 이들 요소들은 대체로 종속변수에 영향을 미치는 독립변수들이다. 이 PEST 분석기법은 기업계에서 시장의 작동이나 조직단체에 영향을 미칠 수 있는 외부요소를 평가하는데 사용되어 왔다. 그러나 SWOT 분석기법처럼 이 PEST분석기법도 정보계에서 조사 중인 사안들을 평가하는데 활용할 수 있다.

PEST가 외부 요인을 조사하는 분석방법이기 때문에 SWOT분석의 절반을 차지하는 셈이다. 그러나 SWOT과의 차이는 바로 연구조사의 초점이다. SWOT이 목표(타겟)의 행동이나 어려움을 조사하는 반면 PEST분석은 문제가 된 그 사안의 환경을 조사하는 데 초점을 맞춘다. 다른 관점에서 보면, PEST분석은 거시적 분석법이고 SWOT분석은 미시적 분석법인 것이다. 따라서, PEST분석법은 이른바 환경조사(environmental scans)라는 것을 수행할 때 분석관이 주로 사용하는 방법이다. 따라서 PEST 분석법은 문제가 복잡한 전략분석 시에 더 자주 활용될 가능성이 있다.

여러 현안을 쉽게 확인하기 위해 아이디어 워크샵 등을 통해 SWOT분석에 앞서 PEST분석을 실시하기도 한다. 그러나 SWOT분석을 PEST분석보다 먼저 실시할 가능성은 낮다. PEST분석에서 제기된 문제들이 그 다음 SWOT분석에 참고가 될 수 있기 때문이다.

PEST분석은 여러 가지 다른 형태로 바뀌어 사용되기도 한다. 일부 전문가들은 PEST의 순서를 바꿔 STEP 같은 단어로 부르기도 하고 추가 요소를 더해 환경(Environmental)요소, 사법(Legal)요소, 산업(Industrial) 요소를 더해 PESTELI 분석법, 산업요소가 빠지고 조직(Organizational)요소와 미디어 요소가 들어간 PESTELOM

분석법, 사회(Social)요소, 기술(Technological), 요소, 경제(Economic)요소, 윤리(Ethical) 요소, 정치(Political)요소가 들어간 STEEP분석법, 사법, 환경, 인구(Demographic)요소 가 들어간 STEEPLED 분석 등 여러 가지 새로운 용어를 만들기도 한다.

그러나 여러 가지 명칭의 분석기법으로 만드는 것이 반드시 필요한 것은 아니며 오히려 이것이 PEST분석을 지나치게 복잡하게 만든다고 보는 견해도 있다. 일부 학자들은 PEST의 4 요소가 다른 하위요소를 조사할 때 등장하는 사안들을 전부 포함한다고 주장한다. 즉, PEST의 주요 4요소만 분석해도 기타 하위 요소도 전부 분석 하게 된다는 말이다. 그럼에도 불구하고 앞서 언급된 여러 요소들이 연구 프로젝트의 특성에 잘 맞게 조합될 수도 있을 것이다.

최종적으로, PEST분석은 SWOT 분석처럼 연구결과를 의사결정자들이 쉽게 이해가 되면서도 강력한 설득력을 가지고 전달된다. PEST분석은 예시가 많지만 [표 11.2]와 [11.3]에 두 가지 대표적 예시를 들었다. [표 11.2]는 단순 PEST 분석이고 [표 11.3]은 세부요소가 추가됐다. 두 예시 모두 첩보 연구 시 가장 많이 활용되며 특징에 따라 수정 할 수 있다. 또 분석관의 개인 선호에 따라 세부 사항을 더하거나 뺄 수 있고, 혼합할 수도 있다.

표 11.2	단순 PEST 분석 예시		
정치 이슈들을 정리한다	경제 이슈들을 정리한다	사회 이슈들을 정리한다	기술 이슈들을 정리한다
A	A	A	A
B	B	B	B
C	C	C	C
D	D	D	D
E	E	E	E
F	F	F	F
기타	기타	기타	기타
결론			
결론부분은 여기에 위 표에 적은 요인들을 기반으로 작성한다. 이들 결론은 핵심만 언급하는 형태로 적어도 되고 서술형태로 적어도 된다.			

표 11.3 | PEST분석 예시

Comments and Observation	Impact Estimate High Medium Low Unknown	Timing 0−6mths 7−12mths 13−24mths 24+mths	Direction + Positive − Negative 0 Neutral	Rise/Fall > Increase < Decrease = Stable 0 Unknown	Import critical Important Somewhat Not Very Not at All Unknown
Include comment and observations here for each factor	High High Low	0−6mths 0−6mths 7−12mths	+ + +	> > =	Not Very Not Very Somewhat
Include comment and observations here for each factor	Medium Low High	7−12mths 24+mths 7−12mths	+ 0 −	> > <	Not at All Important Critical
Include comment and observations here for each factor	Low Low Medium	7−12mths 13−24mths 0−6mths	− − +	< > =	Somewhat Important Net Very
Include comment and observations here for each factor	High Low High	24mths 0−6mths 7−12mths	0 + +	= > >	Critical Important Important

역장(Forcefield)분석

역장분석법은 조사중인 특정한 정책적 입장이나 작전전술, 혹은 그 어떤 사안에 적용되거나 혹은 방해가 될 수 있는 압력 요소들을 조사하는 실용적인 분석기법이다. 이 방법은 분석관이 관련된 사안의 긍정적 요인과 부정적인 요인들에 대해 신중하게 비교한 결과를 토대로 판단할 수 있도록 도와주는 기법이다.[2]

---

2) This technique is based on the method attributed originally to Kurt Lewin's discussion which

예를 들어, 계획한 작전의 성공 가능성을 파악할 목적으로 역장분석을 실시 할 수도 있으며 '제약요인'을 감소시키거나 또는 '촉진요인'을 모으기 위해 실시할 수도 있다. 사실 역장분석의 역할은 '촉진요인', '제약요인'과 같이 상반되는 두 이해 요소가 안정된 평형상태를 유지하여 균형을 유지하도록 하는 것이다. 달리 말해, 역장분석은 부채와 자본 상태를 일목요연하게 나타내는 대차대조와 유사하다. 따라서 역장 분석은 '장단점나열분석' 이나 '이익손해균형분석' 같은 여러 이름으로 불리기도 한다.

역장분석을 구체적으로 설명하기 위해 먼저 오토바이 갱단의 폭력을 억제하기 위해 새로 발의된 법안의 효과에 대해 의사결정자들에게 보고하는 경우를 생각해 보자. 분석관은 정보수집계획에 따라 수집된 데이터를 기반으로 새 법안의 장단점을 나열한 역장분석표를 삭성했다. 역장분석의 개념적 형테는 [그림 11.1]에 나오고 이 개념을 이용해 정리한 역장분석표가 바로 [표 11.4]이다.

분석관은 브레인스토밍 워크샵을 통해 정보를 얻었다. 이 접근방법은 조사연구 중인 이슈의 타임 프레임이 6개월 보다 길었기 때문에 특히 유용하였다. 만약에 타임 프레임이 연 단위로 측정되었으면, 그만큼 복잡해졌을 것이고 여러 학문 분야 전문가(여기선 정부 부처)를 소집해 브레인스토밍 하는 방안이 고려되었을 것이다.

방금 이야기한 예시와 데이터 프로젝터를 이용하여 분석관은 역장분석표에 장단점을 논의하며 제기된 문제들을 표시한다. 그리고 마지막에 정보기관이 선호할 만한 결과를 제시한다. 선호하는 선택지가 무엇이던 최초 질문사항은 반드시 언급해야 한다. 이를 테면 여기선 '새로 발의 된 법이 오토바이 갱단 폭력을 억제할 수 있는 효과가 있을 것인가?'이다.

> 완벽한 정책결정이란 있을 수 없다. 우리는 항상 상충된 목표, 상충된 견해, 상충된 우선 순위 사이에서 적절하게 균형을 맞추려고 해야 한다. 최고의 결정은 단지 완벽에 가깝게 노력하는 것일 뿐이며 항상 위험이 있게 마련이다.[1]
>
> 1) Peter F. Drucker, ManagementL Tasks, Responsibilites, Practices
>   (woburn, MA: Butterworth-Heinmann, 1974), 387

appeared in Dorwin Cartwright, editor, *Field Theory in Social Science: Selected Theoretical Papers* (New York: Harper & Row, 1951).

분석관이 고려하는 것은 바로 총 합산 효과(Sum effect)이기 때문에 분석관은 제안서 작성 시 실제로 그 법이 시행 될 경우 쟁점사안이 '촉진요인'에게 유리하게 작용될 수 있도록 개별요소 변화를 제안 할 수도 있다. 예를 들어,

− 다음과 같은 형태의 '제약요인' 이 있다고 가정해보자: 새로운 반 갱단법이 의도치 않게 사법시스템의 업무량에 엄청난 부담을 주어 판결지연의 결과를 낳을 수 있다.

− 추진하는 측에게 힘을 북돋는 제안으로 다음과 같은 것을 가정한다: 새 갱단법이 제정됐을 때의 과도한 재판목록작업과 재판지연을 방지하고자 검찰이 '촉진요인'으로서 형사재판소와 함께 재판리스트의 관리업무에 협업할 필요가 있다는 것이다.

− 이렇게 두 번째 항의 지침에 따라 정책제안을 만들게 되면 '제약요인'을 지지하는 입장에서 '촉진요인'을 고려하는 입장으로 선회하도록 균형 추를 바꿀 수 있게 된다. 달리 말하면, 역장분석이란 조사중인 사안의 '긍정적 요인' 과 '부정적 요인' 을 찾아내는 방법이기도 하지만 동시에 분석관이 '제약요인'에 대처하는 방법을 시각적으로 나타내는 구조를 만드는 방법이기도 한 것이다.

− 역장분석은 다음과 같은 순서로 실시한다.

1. [표 11.4]와 같이 표 윗단에 쟁점사안이나, 계획, 제안서, 정책옵션과 같은 것들을 기술한다. 표 안에 요인 별로 별도의 세부 표를 그려 이미 확인된 속성이나, 정책, 옵션 등을 기입한다. [표 11.4]는 이해를 돕기 위해 위 요소를 반영한 표이다.

2. 왼쪽 열에는 현재 조사중인 사안의 '촉진요인' 으로 볼 수 있는 속성과, 옵션, 여러 요소 등을 나열한다.

3. 오른쪽 열에는 '제약요인'으로 볼 수 있는 요소들을 나열했다.

4. 두 열에 나열된 각각의 요인에 수치를 부여하여 점수를 매긴다.

예를 들어 척도비율방식을 사용하여 '촉진요인'요소는 약할 경우 +1점, 강할 경우는 +5점, '제약요인'은 가장 강한 경우 −5점을 약할 겨우 −1을 부여한다. 이렇게 정성(定性)적 요소를 수치화 하려면, 분석관은 자신의 견해는 물론이고 정부 및 핵심 관료들에 대한 환심성 견해를 의식적으로 넣지 않으려 해야 한다. 역장분석에서 선입견이 개입한다는 것은 분석이 인위적으로 조작되거나 객관적 연

구의 탈을 쓴 과학연구로 전락할 수 있기 때문에 비윤리적이다. 따라서 역장분석 시, 가치평가를 가장 안전하게 하는 방법은 '판단샘플'이나 '편의샘플' 또는 기타 샘플링 테크닉을 바탕으로 가능한 해결책을 제시할 수 있는 여러 분야 전문가들과 토론하여 합의를 이끌어 내는 것이다.[3] 시간과 자원만 충분하다면 명목집단 기법이 굉장히 유용할 수 있기도 하다. 그렇게 함으로서 분석관은 각자가 가지고 있는 선입견과 그 선입견에 기반한 분석단위에서 자유로워진다.[4]

5. 각 열을 합친 뒤 두 열의 값을 더한다. 만약 합산 값이 음수라면 '제약요인'이 제시하는 옵션을 더 염두에 두어야 한다. 총 합산 값이 양수일 경우 '촉진요인' 옵션을 더 염두에 두어야 한다. 물론 합산 값이 0이 나오거나 +1, -1 같이 다소 애매한 결과값이 나올 수도 있다. 그럴 경우에는 진행에 따라 방향이 달라질 수 있음을 의미한다. 그러나 분석관은 이런 상황이 오더라도 경험에 비추어 판단해야 한다. 분명한 것은 이 역장분석이 사고와 추론을 안내하는 방법이지 어떤 주어진

표 11.4	장단점이 나열된 전형적인 역장분석표			
국제해적행위의 근절을 위한 확고한 대응조치				
촉진요인	점수	제약요인	점수
---	---	---	---
국제해상무역로를 계속해 유지할 수 있다.	+4	해적차단 및 지원 선박과 인력확보를 위해 대규모 전함의 투입	-4
국제상업을 계속 유지할 수 있다.	+4	해적이 지배하고 있는 지역은 전체 해상항로 중 극히 일부에 지나지 않는다.	-2
해적들이 국제법 및 협약을 의도적으로 어기고 있는 것에 대해 관용을 배풀지 않아야 한다.	+5	해적들은 이렇게 강경해도 달라지지 않는다.	-3
승선한 선박 선원들의 안전을 위해 필요하다.	+5	해적 차단작전 과정에서 군이 오히려 위험해 질 수도 있다.	-3
총 합계: 18점-12점=6은 이 정책제안을 어느 정도 지지하는 것으로 볼 수 있음.			

해당 표는 조사중인 프로젝트나 사안에 따라 다른 형태로 바뀔 수 있다.

---

3) Gary T. Heiuy, PYOCtiCDl Sampling (Newbury Park, CA: Sage, 1990), 17-20.
4) Gennaro F. Vito, Julie Kunselman, and Richard Tewksbury, Introduction to Criminal Justice Research Methods. An Applied Approach, second edition (Springfield, IL: Charles C Thomas, 2008), 125-28.

상황을 대비하여 절대적인 해결책을 제시하는 만능해법이 아니라는 것이다.

그림 11.1 역장분석의 개념도

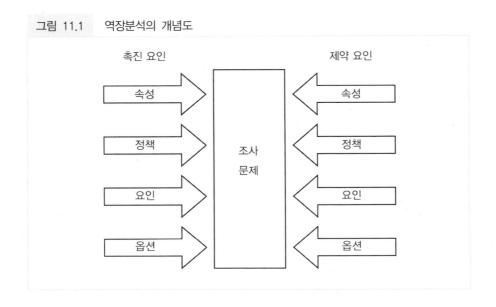

찬 · 반 · 보완분석(Pros – Cons – Fixes)

역장분석의 한 형태로 찬·반·보완분석이라 불리는 의사결정방법이 있다.[5] 이 분석법은 문제 해결을 위해 가능한 옵션들을 전부 나열하여 분석을 시작한다. 또 그에 상응하는 내용을 각 옵션 옆쪽에 달아놓고 긍정적 속성을 적는다(사실 이 부분은 표의 형태로 만들거나 또는 서술식으로 기술하는 경우도 있다). 반대쪽에는 모든 부정요소를 나열한 뒤 그에 대한 해결책도 적는다. 만약 해결책이 마땅치 않다면 '해결책 없음' 이라고 적는다. 마지막 단계에서는 이 모든 옵션을 재배열하지만 해결책이 제시된 옵션은 제외한다. 이것은 해결될 수 있는 옵션은 중립적일 수 있기 때문에 제외되는 것이다: 그런 옵션들은 문제와 관련 없거나 분석의 혼란을 초래할 수 있다. 표에 남아있는 것들이 확실하게 평가될 수 있는 장단점들이다.

---

5) Former analyst with the Central Intelligence Agency, Morgan D. Jones, *The Thinkers Toolkit* (New York: Three Rivers Press, 1998), 72 – 79.

PMI 분석기법

찬·반·보완분석의 질적 형태가 곧 PMI 기법이다. 찬반·보완분석과 PMI 분석은 방법은 똑같지만 전자의 '보완'이라는 칸 대신에 후자분석에는 '흥미로운 점'이라고 하는 칸이 있는 것이 다르다. 이것들은 긍정적이거나 부정적 요소가 다 될 수 있다. 게다가 역장분석을 위해 인용한 예시와 비슷하게도 각각의 이슈논평은 중간에 0 그리고 −5에서 +5까지의 범위를 설정하는 리커트 척도방식을 사용하여 수치화된다. (모든 플러스요인과 마이너스요인 그리고 흥미로운 이슈에 대해)

이 작업이 끝나면 분석관은 모든 이슈들에 매겨진 등급점수를 열끼리 더해 각 선택방안에 대한 총합 점수를 낸다. 고려중인 각각의 옵션들에 대해 별도의 표를 구성하여 각 옵션에 대해 나온 총합점수가 다른 검토 옵션들과 함께 비교하여 평가될 수 있게 한다. [표 11.5]는 국제해적문제와 관련 이 분석기법을 활용하여 도출한 한 가지 정책옵션의 예시이다.

표 11.5	P−M−I 분석의 간략한 예시	
옵션1 – 국제해적에 공세적 강경입장을 취해야 한다		
플러스 요인	마이너스 요인	흥미로운 요인
국내 신뢰도 향상(+3)	잘못 개입하면 재외국민의 안전이 위협 받을 것이라는 견해도 있음(−2)	타국 지도부와 기자회견을 할 기회가 생김(+4)
국제평판증가(+4)	지역국가의 역할로 잘못 비춰질 수 있음(−2)	공동작전이 가능해짐(+2)
해상로 안전 확보(+5)	군부에 추가비용을 투입 해야 함(−1)	특수부대에 대한 좋은 훈련기회일 수 있음(+2)
국제 무역의 안전 유지(+3)	군병력의 장기간 해외파견 및 자주 파견(−1)	선박개입 및 무력차단 문제로 국제법 분쟁이 제기될 수 있음(−3)
총 합계: (15+5)−6=14, 따라서 첫째 옵션에 대해 강력한 지지를 시사함.		

경쟁가설분석법(Competing Hypotheses Analysis)

경쟁가설분석법은 귀납적으로 도출된 여러 이론들을 합리적으로 생각해보는 유용한 방법이다. 이 분석법은 분석관이 조사중인 문제를 설명하는데 있어서 여러 가지 그럴듯한 제안들이 제시될 경우에 중요한 해결방법이다. 분석관은 단 한가지 이론만 수용하도록 강요되기 보다는 경쟁이론분석을 통해 모든 이론을 평가하게 된다.[6] 이 분석기법을 통해, 분석관은 자신들의 주관적 평가 기준이 아니라 가용할 수 있는 증거를 바탕으로 가장 가능성 있는 이론을 찾는다(여기서 '증거'란 사람의 주장에도 해당되는 일반적인 용어이다). 만약 데이터가 부족해 결론 도출이 어렵다면, 경쟁이론분석에서는 새로운 정보수집계획을 수립해 추가적으로 양질의 데이터가 확보되어 분석과정에 활용하게 되어 있다. 현장요원이나 다른 정보수집 요원의 책임자는 해당 분석법의 결과를 이용해 자신들의 정보자산을 보다 효율적으로 활용하게 되고 귀중한 시간을 아낄 수 있다.

경쟁가설분석을 수행하는 방식은 다음과 같다

1. [표 11.6]처럼 매트릭스(행렬표)를 그린 다음에 행칸에는 다양한 가설을 나열하고, 왼쪽 열에는 가설들에 대한 중요한 증거들을 차례로 나열한다. 명심해야 할 점은 반드시 증거라 생각하지 않았던 것이 증거가 될 수도 있으므로 중요한 증거만 나열해선 안 된다. 또 핵심증거는 있어도 드러나지 않을 때도 있다는 점을 명심하자. 각자의 가설에 대한 각각의 가설과 증거를 전부 다 나열할 필요는 없다. H1,H2, E1,E2 처럼 간략하게 적어도 된다. 바로 아래 설명하고 있는 '헤로인 수입 문제' 예시처럼 분석관은 나중에 기억이 나게 메모가 필요하할 경우 매트릭스 위쪽이나 아래쪽에 상세한 설명을 적을 수도 있다. 이 시점에서는 매트릭스야 말로 확실한 상황 파악을 위한 가장 빠른 정보수집 방법이다.

2. 매트릭스를 작성하며 열 부분에 '+' 나 '−'를 넣어 각 가설과 증거의 일치 여부를 따져본다.

3. 열의 값을 총합하여 '+'값이 가장 많은 열의 가설이 가장 그럴듯한 가설인

---

6) Richards J. Heuer, Psychology of Intelligence Analysis (Washington, DC: Center for the Study of Intelligence, Central Intelligence Agency, 1999).

지 검토해 본다.

역장분석을 통해 도출한 결론의 경고사항을 이 분석기법에도 적용해본다.

4. 특정 열이 '+'값이 많다고 해서 그것이 최선의 선택이라는 것을 의미하지는 않는다. 어떤 증거는 다른 증거보다 훨씬 더 비중이 클 수도 있다. 이럴 때는 실제 행동조치가 취해지기 전에 분석관은 약간의 판단을 개입시켜야 한다.

5. 민감한 사안의 경우 분석관은 또 다른 척도방식인 서열척도를 사용하여 각각의 증거에 비중감이 반영되도록 할 수 있다. 예를 들어, '+'나 '–'를 하나가 아니라 두 개를 사용하는 식으로 중요도에 차별을 두는 것이다. 아니면 역장분석에서 사용된 척도처럼 수치를 부과하는 방식을 채택할 수도 있다.

매트릭스의 사용은 분명 유용하긴 하다. 하지만 청중이 전문가들이 아닌 이상 분석관이 이것을 최종보고서나 브리핑에 넣지는 않을 것이다. (이를 테면, 품질관리 과정의 일부로써 동료 집단에게 초기결과를 제출하거나 또는 방법론의 타당성을 검증하거나 하는 과정이 아니라면).

헤로인 불법수입 설명의 예시

경쟁가설분석이 실제로 어떻게 활용되는지 설명하기 위해 호주에서 2000년대 초 실제로 발생한 헤로인 밀수에 대해 조사한 것을 예시로 들어보겠다.[7] 그 당시 불법마약 사용자와 경찰, 마약전문가들 모두는 거리에서 유통되는 헤로인이 공급이 부족하다는 것에 대해 주목하고 있었다. 여기에 대해 4가지 가설이 제기되었으며 모두 다 그럴듯하였다. 그러나 어떤 가설이 실제 공급부족의 원인인가? 4가지 가운데 어떤 것이 실제 원인일까?[8]

이 연구는 네 가지 가능성에 대하여 탐색을 하였으며 아래와 같이 그 분석결과를 요약했다. 조사연구의 질문이 제기되고 그에 대한 네 가지 가설 및 증거들이 함께 열거되었다. [표 11.6]에 나온 행은 각각의 가설 H1부터 H4를 나타낸다. 이들 다양한 가설에 대한 증거는 열에 나열돼 있다. 각 행과 열의 교차점에는 가설

---

7) Hank Prunckun, "A Rush to Judgment?: The Origin of the 2001 Australian 'Heroin Drought' and Its Implications for the Future of Drug Law Enforcement," *Global Crime* 7, no. 2 (May 2006): 247–55.

8) Prunckun, "A Rush to Judgment?", 247–55.

과 증거가 일치되는지의 여부를 나타내는 표시가 '+' 또는 '−'로 나타나 있다. 물론 이 연구에서는 각각의 표식에 대한 서술식 답변이 있지만 여기 제시된 표에는 헤로인 부족사태가 탈레반의 아프가니스탄 양귀비 재배 감소 조치와 관련 있을 수도 있다는 H4 가설에 대한 증거를 우선 순위화 하여 한눈에 볼 수 있게끔 했다.

조사연구 질문
2001년 시드니에서 발생한 헤로인 부족사태는 왜 발생했는가?
가설
H1 − 근래 발생한 사법당국의 헤로인 압수조치
H2 − 헤로인 공급 및 유통망을 담당하는 중요 인물들의 체포
H3 − 미얀마의 양귀비 재배지역에 끔찍한 가뭄의 발생
H4 − 탈레반에 의해 취해진 아프가니스탄 양귀비 재배의 감축
관련증거
E1 − 호주 사법기관이 헤로인을 압수했다는 양적 증거가 있음
E2 − 익명의 불특정 사람들의 제거
E3 − 미얀마의 곡물생산과 강우량 데이터
E4 − 아프가니스탄의 마약생산에 대한 양적 자료
E5 − 아프가니스탄 산 양귀비 재배량 3천미터 톤(3백만kg) 감소
*E6 − 골든 트라이앵글 헤로인(호주로 가는)이 아프간 산 양귀비 부족을 채우기
위해 유럽지역으로 전용되었음을 확인한 경찰첩보*

표 11.6	프룬쿤 연구를 기반으로 실시한 경쟁가설 매트릭스			
	H1	H2	H3	H4
E1	+	−	−	−
E2	−	+	−	−
E3	−	−	+	−
E4	−	−	−	+
E5	−	−	−	+
E6	−	−	−	+

매트릭스 합성분석법

수학에서 매트릭스는 성분 값을 갖고 있는 행과 열의 조합을 의미한다. 각 성분값은 각 행과 열의 교차점에 위치한다. 예를 들어, 3×3 행렬의 경우 최대 9개의 값이 들어간다. 이 값은 숫자, 상징, 기타 수학적 표현 모두가 될 수 있다.

정보분석 시 분석관은 수학자들이 활용하는 매트릭스를 이용해 질적 자료를 종합할 수 있다. 매트릭스는 경쟁이론분석에 유용하기 때문에 이 분석에도 같은 방식이 사용된다. 매트릭스는 성분 값들 간의 관계를 빠르게 이해하는데 도움이 되고 동시에 가용 가능한 정보를 시각적으로 파악할 수 있게 하며 또 첩보가 진실인지 확인하는 수단으로써 쓰이거나 기타 여러 연구에도 활용된다. 매트릭스는 또한 정책결정자들에게 브리핑을 하는데 있어서 가장 손쉬운 방식이기도 하다.

예를 들어 보자. [표 11.7]은 가상의 테러조직의 폭발물을 제조 능력을 파악하기 위해 여러 정보를 합하여 구성한 매트릭스를 보여준다. 표 맨 윗 행에는 "테러집단이 현재 폭발물을 제조할 수 있는 능력이 있는가?" 와 같이 분석관이 연구 중에 던질 수 있는 몇 가지 질문을 나열했다. 여기에는 네 가지만 있지만 더 늘어나도 상관 없다. 각 왼쪽 행에는 신뢰할만한 정보소스가 나열 돼 있다. 이들 정보출처는 비밀 인간정보이거나 또는 공개출처이거나 기술정보(CCTV, 도청장치 등) 등 모두가 다 정보출처가 될 수 있다. 각 행과 열의 교차점에는 조건에 상응하는 데이터 값을 적는다. [표 11.7]의 경우 질적 설명이 되겠다.

분석관은 매트릭스라는 이 단순한 분석기법을 여러 가지로 변환하여 사용할 수 있다. 리커트 척도방식을 더한다던가 표 오른쪽 열에 데이터나 관찰사항을 요약하여 덧붙이는 것이 그것이다.

비록 이런 예시가 가상의 테러조직이 가진 능력에 대한 분석이긴 하지만 이 방법은 위의 경쟁가설분석에서 매트릭스를 활용한 것처럼 더 광범위한 연구질문에도 활용될 수 있다. 매트릭스합성 분석은 단순히 정보를 비교하는 것에도 활용될 수 있다. 이에 대한 상세한 설명은 6장에 나오는 '다(多)대(對)다 매트릭스 분석법'이라고 불리는 항목을 참고하자.

표 11.7	가상테러집단의 폭발물 제조 능력에 대한 합성매트릭스분석법 예시			
	테러리스트 기존 지식	테러리스트의 새 지식확보 움직임	현재 자원이 필요	자원을 구매할 자금 확보
소스알파	테러리스트중 두 명이 화학을 전공	속단할 수 없음	폭발실험을 견딜 만한 아지트를 지을 자금이 없음	속단할 수 없음
소스베타	속단할 수 없음	속단할 수 없음	속단할 수 없음	테러리스트들은 비싼 옷을 입고 자가용이 있고 호화로운 아파트에 거주함 테블릿 PC를 사용하여 인터넷에 접속함
소스찰리	소스알파의 정보가 사실임을 확인하였으며 아지트에 화학서적 여러권이 있음을 확인	테러리스트가 질산과 글리세린을 안정적으로 화학조합할 수 있는 사람을 인터넷으로 찾고 있음	소스알파의 정보가 사실임을 확인하였으며 현재 테러리스트는 폭발물을 만들기에 충분한 자금이 없음	그러나 재원을 곧 조달받을 것으로 보임
소스델타	화학서적이 아지트에 있을 뿐 아니라 비커,플라스트,테스트튜브 같은 실험용 유리제품도 다수 있었음	테러리스트들이 얼음을 이용해 화학적 작용을 가라앉히는 방법을 인터넷을 통해 살펴봄	테러리스트들이 모든 실험장비를 활용해 액체폭발물을 만들려 하나 화학재료가 부족함	일원중 하나가 인터넷을 통해 자신의 은행계좌로 접속하였고 이를 어렴풋하게 나마 볼 수 있었음 억 단위 였던 것으로 보이나 정확한 금액은 추산 불가

특성요인(생선뼈) 분석법

특성요인분석, 이른바 생선뼈 분석법은 인과관계를 나타낼 때 사용되는 질적 분석방법이다. 이 방법은 현재 조사중인 문제와 관련된 주변 요소를 확인하고 파악하기 위해 사용 된다. 특성요인 분석법은 또 분석관의 정보수집을 돕는데 사용될 수 있다. 특히 이 경우 제3장에 나온 [표 3.1]을 통해 이 분석법이 정보수집플

랜에서 어떻게 활용되는지 알 수 있다. 특성요인 분석을 실제 적용하는 것은 다음과 같은 순서로 실시한다: 우선 분석관이 다이어그램을 만들어 맨 오른편에 조사할 문제를 적는다. 이 부분은 '생선 머리(the fish's head)'라고 한다. 그 뒤 해당 문제와 관련된 주요 정보 카테고리를 나열하여 '생선'의 뼈를 구성한다. 통상적으로 카테고리소재는 기계, 장비, 장치, 사람, 방법, 재료 등 이지만, 정책이나 절차, 플랜트, 장비, 사람도 될 수 있다. 사용된 카테고리는 실제 분석을 위한 큰 틀을 제공하는 역할만 하기 때문에 어떤 것인지는 중요하지 않다. 조사 중인 문제에 따라 카테고리는 정해지는 것이다.

> 군사정보분석관들은 아군과 적군, 중립적 군대와 관련된 문제를 집중적으로 나타내주는 9가지 전투요소를 사용한다. 이들은 다음과 같은 9가지 요소를 포함한다. 첫째 부대편성의 구성, 둘째 부대위치 및 배치를 포함한 부대배치상황, 셋째 병력, 무기류, 장비와 관련된 부대의 힘, 넷째 그 부대가 사용하는 전술, 다섯째 개인 및 부대 수준에서의 훈련정도, 여섯째 부대 공급을 위한 병참지원, 일곱째 부대의 전투역량, 여덟째 전자 및 통신기술역량 아홉째 부대와 관련된 잡다한 배경첩보 및 지원첩보

각 '뼈'에서 다시 가지치기를 통해 '가시'를 만들어서 그곳에 '뼈'의 기여요소를 나열한다. 작은 시냇물이 큰 개울로 흘러가고 그것이 다시 강으로 흐르면서 큰 수로를 만드는 것처럼, 작은 이슈가 큰 문제로 발전해 나가는 것이다. 특성요인 분석법, 즉 이 생선뼈 분석법은 문제의 원인을 확인하여 분석관이 대책을 세울 수 있게 한다. 다이어그램을 구성할 때, 분석관은 일부 주제는 문제가 하나 이상인 경우에 기여하고 있음을 알게 된다. 그때 생선뼈 분석법이 유용하다. 이 분석법은 문제가 하나 이상인 주제가 등장해 그 해결책을 강구해야 할 때 빛을 발한다. 해결책을 얻기 위해 분석관은 브레인스토밍이나 명목집단분석 기법을 활용할 수도 있다.

이것이 실제로 어떻게 활용되는지를 설명하기 위해 앞서 언급했던 국제해적문제와 관련된 데이터를 입력하여 형성화시킨 [그림 11.2]의 모형을 살펴본다. 예를 들어 "방법" 카테고리에 "가시"에 해당되는 선박 공격 건수를 몇 가지 나열할 수 있다. "재료" 카테고리에는 쾌속정이나 소형화기, 폭발물 등의 세부정보를 나열할 수 있을 것이다. 이런 식으로 모든 "뼈"에 자료를 입력한다. 뼈"를 따라 구성된

과학적 정보분석론

"가시"에는 다시 추가 정보를 담은 "두번째 가시를" 만들어 세부사항을 입력시킬 수도 있다. 예를 들어 "방법" 카테고리에 "기습"이라는 세부 정보가 언급됐다고 해보자. 이 세부 정보는 다시 새벽기습과 해질녘 기습과 같은 2차정보로 나눌 수 있을 것이다. 다른 카테고리에도 적용된다. 세부정보의 정도는 조사중인 문제를 이해하는데 필요한 정보량에 따라 달라진다.

그림 11.2   특성요인 분석법 예시

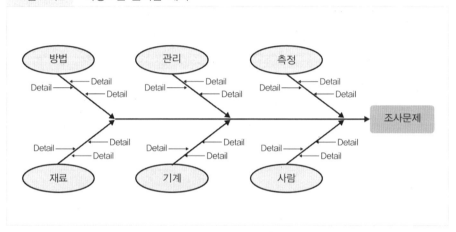

결과에 영향을 미치는 각 원인에 집중함으로써 분석관은 문제해결을 위한 개입 옵션을 제시할 수 있게 된다. 국제해적문제를 예로 들면, 분석관은 발생 원인의 특별한 측면에 주목하면서 여러 가지 가능한 개입조치를 구상할 수 있다. 해적들의 공격이 주로 새벽과 해질녘에만 발생한다는 사실을 발견했다고 해보자. 이 경우 분석관은 24시간 감시근무 교대보다는 해당 시간대 집중감시 강화 전략을 마련해야 한다고 판단할 것이다. 가능한 모든 대책이 마련됐으나 자원사용이 제한적일 경우 분석관은 20장에서 언급된 최상의 20%를 투입하여 80%의 성과를 얻어내는 파레토 법칙을 고려해 볼 수 있을 것이다.

형태학적 분석(Morphological analysis)

정보계에서 "형태학적(Morphological)"이라는 말은 복잡한 정책문제를 조사할 때 사용된다. 그 이유는 이 방법의 장점이 한 가지 현상에 대해 여러 가지 설명을 제시할 수 있기 때문이다. 또한 이 분석법의 강점은 가능한 결과나 해결책, 과거 사건 혹은 앞으로 발생할 사건에 대한 원인적인 이론(causal theories)들을 도출하는데도 활용될 수 있다는 것이다. 시간이 제한적이거나 전문가와의 접촉이 어려울 경우 분석관은 브레인스토밍을 하는 대신 이 분석방법을 활용할 수도 있다. 분석가들은 형태학적 분석법에서 도출된 결과를 경쟁이론분석 같은 후속 분석방법에 넣어 활용할 수도 있는데 그 순서는 이렇다.

표 11.8	사이버무기 통제의 형태학적 분석
금지요소	규제요소
1- 사이버 무기 제조	A- 현 관련 형법
2- 사이버 무기 소지	B- 현 관련 형법의 개정조항
3- 사이버무기 유통	C- 사용허가증 규정 사용(오락목적의 총기사용 등)
4- 사이버무기 판매	D- 새로운 사용허가 규정
5- 사이버무기 이전	E- 소프트웨어 무기만 규제
6- 사이버무기 사용	F- 하드웨어 무기만 규제

1. 구성요소를 밝혀내기 위해 먼저 조사중인 문제를 해체해 본다. 예를 들어 다음과 같은 연구 질문이 있다고 해보자. "사이버 무기를 통제하려면 어떤 수단이 필요한가?" 이 문제를 분석하기 위해 잠시 물고기 뼈 분석법을 빌려오자. 즉, 기계/장비, 인력, 방법, 재료가 들어가는 카테고리 그리고 앞서 언급했던 정책, 절차, 장비의 카테고리를 써도 되고 또는 분석관 자신만의 카테고리를 만들어도 된다.

2. 본 연구 질문과 관련된 제목을 만들기 위해 매트릭스를 구성한다. [표 11.8]은 프룬쿤의 사이버 무기 통제 연구에 기반을 두고 만든 예시다.[9] 표 위에 쓰는

---

9) Hank Prunckun, "'Bogies in the Wire': Is There a Need for Legislative Control of Cyber

제목 열에는 "금지사항"과 "규제사항"이라는 두 가지 제한 카테고리가 들어간다. 이를 통해 첫번째 단계인 해체단계를 실시하는 것이다. 아래 행부터는 제목 카테고리를 구성하는 요소를 열거한다. 편의에 따라 제목 카테고리를 맨 아래 적고 구성요소는 그 위에 적어도 된다.

3. 가능한 시나리오를 작성해 본다. 시나리오를 작성하는 방법은 여러 가지가 있다. "금지사항"부터 시작해 보자. 분석관이 해당 열과 관련된 것들을 골라 무작위로 적어내려 간다. 각 행을 모두 채울 때까지 반복한다. 조금 더 체계적인 방법으로는 가능한 조합이 모두 들어가 있는 선택사항을 정렬하여 나열한다. 2×6매트릭스에서 성분들을 짝지어 조합 할 경우 36가지의 경우의 수가 나오고 두 열에 있는 성분을 각각 선택해 독자적 옵션까지 만들면 12개의 경우의 수가 더 나온다. 이 매트릭스를 통해 분석관은 많은 경우의 수를 재빨리 확보할 수 있다. 특히 다른 조합을 만드는 경우, 예를 들어 첫번째 열에서 하나, 두번째 열에서 두개 이상의 요소를 선택하는 것 같은 다른 조합을 만드는 경우 특히 많은 경우의 수를 확보할 수가 있다.

4. 3번째 단계에서 나온 가설들을 각자 평가하고 가능성 높은 순서부터 가능성이 가장 낮은 순서대로 나열한다. 그 중에 어떤 것들은 논리적으로 맞지 않는 것도 있을 것이다. 그럼에도 이 과정은 나중에 의사결정자들이 필요한 행동조치의 일부로써 고려할 만한 여러 선택방안들을 분석관에게 제공하는 것이다. 아니면 분석관은 이 형태학적 분석방법을 통해 다른 분석기법으로 찾아낼 수 없었던 방안을 알아내는 과정으로 이용하거나 추가 연구를 진행할 수도 있다.

형태학적 분석기법의 활용을 예시로 보여주기 위해 [표 11.8]에 제시된 데이터들이 가능성 있는 결과들을 나타내기 위해 사용된다. 지금까지 개략적으로 설명한 순서를 따라 간략하게 축약된 형태의 목록이 아래 제시된다. 만약 형태학적 분석을 100% 수행할 경우 1A, 1B, 1C⋯2A, 2B, 2C...6A, 6B, 6C..까지 총 36가지 순열(6×6)이 나온다. 그러나 지금은 예시인 만큼 몇 가지만 나열했다. 위에 보는 것처럼 두 카테고리만으로도 수많은 가능한 해결책이 열거된다. 만약 다른 조합이 선택될 경우, 이를테면 1열에서 하나 2열에서 두개 이상의 요소를 뽑아 조합하면 1AB, 1ABC, 1DEF, 1ACE⋯12AB...23ABC 등의 더 많은 경우의 수가 생긴다. 마

Weapons?", *Global Crime* 9, no. 3 (August 2008): 262−72.

지막으로 시나리오 구성의 4단계에서는 위의 두 가지 보기-이를테면 가장 실현 가능성 있는 것과 그렇지 않은 것-들을 제외하고 골라낸다. 예를 들어 고비용/저비용 시나리오가 반영된 조합 요소를 골라낸다던가 발생확률이 가장 높은/낮은 요소, 파급효과가 큰/적은, 최악/최상의 시나리오, 빠르게 조치되거나/완성 될 수 있는 시나리오나 발생확률은 매우 낮지만 결과는 엄청나게 심각한 "검은 백조" 가 될 가능성이 있는 시나리오들을 골라낸다. 그래서 가장 적절한 시나리오 매트릭스 인 6×6을 만든다면, 최소 경우의 수는 6의 6승(6×6×6×6×6×6 = 46,656)이다. 물론 어떤 분석관도 모든 경우의 수를 일일이 살펴볼 만큼 시간이 남아돌지 않는 다. 그러나 분석관이 모든 제안사항에 대해 선택적 기준을 활용할 경우 모든 시나 리오를 참작하여 만든 "대표적인 세트"를 만들 수 있다.

강제관계분석(Forced Relationships)

강제관계분석은 형태학적 분석과 비슷한 계보의 분석기법이다. 이 분석법은 약 간 다른 방식으로 접근해야 하지만 그 의도는 형태학적 분석법과 같다. 즉, 여러 개의 잘 드러나지 않는 설명이나 옵션을 찾기 위해 사용한다. 예를 들어, 분석관 이 6장에 열거된 아이디어생성기법 가운데 한 가지를 활용하여 리스트를 만든다 고 해보자. 그 리스트를 활용해 분석관은 리스트 내 서로 다른 항목간의 관계를 "강제적"으로 시도해 본다. 그 결과가 그 동안 계속 간과되었을 수 있는 여러 가 지 가능성을 명백하게 드러나게 할 수 있는 것이다. 예를 들어, 사무실 내 컴퓨터 워크스테이션을 보호할 방첩전략 리스트를 만든다고 한다면(21장 참고), 효과적인 시스템 보호 방안은 다음과 같은 것들이 될 것이다.

1. 효과적 보호전략으로 우선 실무자가 자리에 없을 경우 효과적인 보호전략은 컴퓨터 기반 유닛을 워크스테이션으로만 제한하고 서버 룸을 잠금.

2. 아니면 컴퓨터 스크린을 적용하여 창문이나 출입구, 유리 파티션을 통해 엿 보는 것을 방지하고 신뢰할 수 있는 전문기술인력만 접근권한을 부여하거나 혹은 시스템을 약간 수정하는 것도 효과적.

3. 전자적 대응조치를 실행하여 불규칙한 간격으로 버그나 도청을 예방하고 금 속절연체를 서버룸 케이블에 씌워 전자기 방사선으로 서버에 침투하거나 불법 도

청을 할 수 없게 함.

다른 방식, 이를테면 형태학적 분석을 통해 나온 해결책과 같은 것을 마련하는 것도 가능하며 전체 리스트를 사용할 수 있는 것도 가능하다. 그러나 위의 예시 같이 단순한 사례를 통해 강제적 관계맺기 식의 아이디어가 제시되었다. 해당 분석법을 어떻게 적용할 지는 분석관, 문제, 주어진 시간, 얼마나 많은 옵션이나 가능한 설명을 조사해야 할지에 따라 달라진다고 하겠다.

인식평가분석법(Perception Assessment Analysis)

인식평가분석법은 첩보분석관이 현장요원들이 취하는 조치와 그 조치를 보거나 직접 겪는 이들의 인식상태 간 관련성을 파악하도록 돕는다. 심리 및 인지학에서 인식(perception)이란 감각기관을 통해 대상을 지각함을 의미한다. 이 분석법은 작전 책임자들로 하여금 특정 조치의 실행에 있어서 인식문제 때문에 파생할 수 있는 장애요소를 파악할 수 있게 해준다. 매트릭스 포맷으로 인식평가분석 결과를 나타내게 되면 이를 통해 의사결정자들은 인식이 어떻게 정책실행을 방해하는지 파악할 수 있게 된다.

군(軍)을 예로 들어보자. 인식평가는 작전환경에서 아군을 제외하고 다른 편 즉 적군이나, 민간인, 또는 다국적군이나 연합군이 아군과의 관계에 대해 어떻게 인식하고 있는지를 보여준다.[10] 매트릭스가 이 분석법에 가장 적합하다. "성공"을 결정하는 기준을 정하는데 큰 도움을 주기 때문이다.

하지만 이런 종류의 분석을 실시하려면 해당부대는 작전중인 국가, 지역, 지방의 중요 사회, 문화적 이슈에 대해 평균이상의 상당한 이해가 필요하다(같은 작전이라도 어느 곳이냐에 따라 큰 차이가 있을 수 있기 때문이다). 그러나 만약에 분석관이 이와 관련된 배경지식이 없을 경우 심층인터뷰나 포커스 그룹 등을 통해 관련 전문가들에게서 정보를 얻어야 한다. 이렇게 해서 취득한 지식은 아군이 취하는 행동에 대해 다른 사람들이 어떻게 반응을 보일지에 대한 파장을 평가하는데 활용된다. 사법분야 쪽에서 보면, 우호세력들은 이웃지역이나 기업 감시 프로그램, 혹은

---

10) U.S. Department of the Army, FMI 2-22.9: *Open Source Intelligence* (Fort Huachuca, AZ: Department of the Army, 2006), 4-16.

기타 지역사회 범죄예방 프로그램을 실시하는 전략수단 안에 편입될 수 있다.

인식을 측정한다는 것은 어려운 학문(a difficult science)이다. 일각에서는 물리적 자극의 정도(아군이 취하는 조치)와 사람이 그 조치를 인식하는 정도가 어떤 상관관계에 있다고 주장한다. 그러나 사회문화적 배경에서 보면 꼭 그렇지는 않다. 아군이 긍정적 활동이라 여기는 것이 현지인에게는 모욕적이고 무례한 것으로 여겨질 수 있기 때문이다. 그럴 경우 아군 및 그들이 취한 조치가 오히려 역효과를 불러올 수도 있다.

분석가들은 몇 가지 방법을 통해 인식의 정도를 측정할 수 있다. 미군에서는 다음의 네 가지 방법을 사용할 것을 제안한다.[11]

1. 인식과 반응을 구성하는 인구, 문화적 요인을 확정한다.

2. 이전에 실시한 조치에 대한 기대치와 반응을 살펴보고 유사 패턴과 지표를 파악한다.

3. 보고 된 반응들을 비교하여 조치를 보고 그것들이 실제로 나온 반응인지 인식된 조건들에서 나온 것인지 파악한다.

4. 관련 신문의 사설이나 오피니언 칼럼을 모니터하여 사람들이 사회, 단체, 집단 등의 의견에 특정 반응을 보이게끔 어조에서의 변화나 의견 변화가 있었는지 살펴본다.

[표 11.9]는 완성된 인식평가분석의 보기이다. "공개출처정보"라는 제목의 미군 임시야전교범에서 찾아 볼 수 있는 예시이며 조치를 취하기전에 고려해야 할 카테고리를 맨 윗 행에 열거했다.[12] 각 열에는 카테고리와 연관된 항목을 나열했다. 중간을 기준으로 왼쪽 3열은 사실에 입각한 필수 자료이며 오른쪽 세열은 왼쪽 세열 자료를 해석한 것이다. 따라서 오른쪽 3열을 작성하려면 역사, 사회학, 고고학, 신학, 정치학 등의 학문적 지식을 가진 전문가들이 필요하다.

국경보안작전에 있어서 인구규모와 밀집도, 종교, 사회구조 및 소수 민족집단 등은 매우 중요한 고려사항이다. 현지의 관습은 크게 다르다. 군부대는 현지 관습을 존중하도록 교육받아야 한다. 국경보안작전은 현지인들의 관습과 사회활동 및 복지를 최대한

---

11) U.S. Department of the Army, FMI 2−22.9: *Open Source Intelligence*, 4−16.
12) U.S. Department of the Army, FMI 2−22.9: *Open Source Intelligence*, 4−16.

과학적 정보분석론

으로 파괴하지 않도록 주의를 기울여야 한다.[2]

2) U.S. Department of Army, *FMI 31-55: Border Security/Anti-Infiltration Operations* (Washington, DC: United States Government Printing Office, 1972), 7-2.

첫번째 조건인 "식량"을 예로 들어보자 아군은 폭동으로 먹을게 귀해지자 현지인에게 식량을 분배하기로 계획했다. 그 의도만 보면 인도주의적이고 영예롭다. 그러나 이 분석에서 확인된 인식문제를 고려하면 이 계획은 오히려 현지인을 굶기는 결과를 낳을 수 있다.

이런 분석법은 투명성과 반복성을 제공하기 때문에 과학적 조사방법과 일맥상통한다.[13] 최종 판단에 도달하기까지 사실과 추론과정이 명확하다. 그렇게 함으로써 최종판단이 무난하게 받아들여질 수 있는 것이다. 이 분석법을 군(軍)상황에 적

표 11.9	완성된 인식평가분석의 예시				
조건	문화기준	동맹군의 조치	대중 인식	인식의 원인	미변경 시 파생 결과
식량	쌀	보급 고기와 감자	부적합하고 현지와 부합하지 않음	실용적(감자를 먹어본 적이 없으며 육류에 대한 문화적 섭생거부	굶주림 및 폭동
무장 시민군	모든 남성이 무기를 소지	무기압수	불공평하고 무례함	역사적(서방에 대한 과거의 경험/정부의 군사적 형태)	미군과 무장 시민군과의 충돌위험
정부구조	부족	군사정부수립 (위계적)	정권이 수요를 충족시키는 한 관용적		필요사항을 충족하지 못할 경우 신뢰 하락 및 통제권 상실

13) Some scholars prefer the term *reproducibility*. Both terms are perfectly acceptable, as it is the intent of science to be able to verify research results, detect intellectual fraud, and understand limitations of various research approaches, data, and so on. The view taken here in this book is that both terms reflect this intent.

용하여 이야기 했지만 국가안보, 사법, 기업, 개인 등 다른 정보적 상황에서도 활용 될 수 있다. 경찰은 이 분석법을 지역갱단감시프로그램에 활용 할 수 있다. 기업은 해외 신시장의 개척과정에서 상품과 서비스의 마케팅에 사용할 수 있으며, 민간분야는 특정상황에서 CCTV를 사용하는 것이 사생활 침해를 야기한다는 우려에 대한 지역사회 반응을 파악하는데 사용할 수도 있다.

투시예측분석법(The Third Eye – Trend Prediction)

트렌드란 어떤 현상이 진행되고 있는 전반적인 방향이다. 이 방향은 늘어날 수도, 줄어들 수도 있으며 현 상태를 유지 할 수도 있고 또는 어떤 순환적인 형태로 나타나거나 다른 궤도로 진행될 수도 있다. 트렌드를 예측하는 일은 작전지역에 자원을 배분하거나 기타 전술임무를 부과하는데 통찰력을 제공한다는 점에서 정보조사 시 유용하게 사용될 수 있다. 트렌드를 이해하는 일은 또한 예측상황에 대비한 준비과정이 몇 달 또는 몇 년이 걸리는 장기계획의 수립에도 매우 유용하다.

트렌드 예측은 일종의 미래 조사연구(Futures Research)이다. 미래조사연구는 사회과학에서 나왔으며 역사연구와 유사하다. 역사가들은 과거를 연구하지만 미래학자들은 미래에 발생할 일에 대해 연구한다. 미래연구란 과학이자 예술인 것이다. 투명한 방법론적 접근을 한다는 점에서 과학이지만 직관, 본능, 지각을 이용한다는 점에서 예술에 가깝다.

미래연구는 별도로 책을 써도 될 정도로 많은 형태를 갖고 있다. 그러나 특정한 관심문제의 의미를 조사해야 하는 정보분석관의 경우 이런 미래연구는 손쉽게 필요한 모든 것을 이해하는 편리한 분석기법이다. 눈에 보이는 것 이상을 볼 수 있는 보이지 않는 신비한 시력이라는 의미에서 이런 연구를 투시예측분석법이라고도 한다.

이 투시 예측분석법은 일부 미래연구처럼 막대한 시간을 쏟거나 준비작업에 공들일 필요는 없다. 분석관은 상황에 대한 질문을 하여 미래에 어떤 의미를 갖는지를 논의하는 기반만 제공하면 된다. 이들 질문들의 맥락에서 검토중인 이슈의 의미를 논의함으로써 미래에 어떤 상황이 전개될 가능성이 있는지 파악하게 되는 것이다. 예를 들어 다음과 같은 질문을 해보자.

과학적 정보분석론

1. 이 주제에 누가 가장 관심을 가질 것인가?
2. 이 사람들이나 기관이 향후 3, 6, 12 개월 동안 그 주제에 대해 무엇을 할 것인가?
3. 더 큰 광역 사회가 이 문제에 대해 관심을 갖고 있을 것인가?
4. 혹은 단지 하위문화적 수준의 관심인 것인가?
5. 만약 지역사회나 하위문화가 관심을 가지고 있다면, 얼마나 관심을 가지고 있을 것인가?
6. 관련 지역사회와 하위문화가 정치, 종교 ,지역사회 지도층에게 그에 대한 어떤 조치를 취하도록 압력을 가하게 할 것인가?
7. 그 요구사항에는 어떤 것이 수반될 수 있는가?
8. 지도부는 그러한 관심사항에 대해 얼마나 심각하게 여기고 있는가?
9. 이 문제는 동시에 발생한 다른 사태에 의해 영향을 받을 수 있는가?

등등이 있겠다.

위의 질문목록은 절대 모든 것을 다 포함한 포괄적인 것이 아니다. 이것은 단지 분석관이 트렌드를 예측하려고 할 때 생각해 낼 수 있는 많은 질문의 일부일 뿐이다. 그러나 이 몇 가지 안 되는 질문만으로도 우리는 2~3페이지 분량의 토론을 할 수 있다. 이 토론은 사실기반의 실존 데이터를 기반으로 진행하게 되며 미래가 어떨지 생각하게 하는 심리적 자극제 역할을 한다. 이런 분석을 토대로 분석가들은 문제 해결을 위한 선택방안을 더 잘 제시할 수 있게끔 된다.

연대표와 주요 일정 분석법(Timeline and Key Dates Analysis)

질적 자료를 사용하는 분석기법 중에 상대적으로 과소평가된 분석법이 있는데 바로 연대표와 주요 일정 분석법이다. 이것은 주요 날짜와 관련된 문제를 특정용어로 설명한다는 점에서 기술통계분석과 유사하다. 최종 결과를 연대표나 또는 이를 약간 수정된 형태로 보여준다.[14] 그 표는 분석관에게 다량의 사실적 정보를 제공하여 분석관으로 하여금 제안된 조치에 대해 사회문화적, 정치적, 종교적 맥락

---

14) Marilyn Peterson, *Applications in Criminal Intelligence: A Sourcebook* (Westport, CT: Greenwood Press, 1994), 36.

에서 파악할 수 있게 해주고 이를 통해 현지주민, 혹은 더 넓게는 국제 행위자들과 충돌을 피할 수 있게 해준다.

여기서는 주로 군사적 관점에서 이야기 하고 있지만, 연대표 분석기법은 사법기관이 대테러계획 수립과 같은 일에도 활용할 수 있다. 이 분석법에 기반한 보고서를 통해 의사결정자들은 일부 외국주민들이 아군의 활동에 대해 어떤 반응을 보일지 또는 치안적으로 현지 사법기관이 언제, 왜 테러가 발생할 것으로 전망하는지에 대해 파악할 수 있다. 이 연대표들은 종교, 문화적 행사 뿐 아니라 국가나 지역, 지방의 공휴일 등까지 모든 사건들을 나열한다. 정치적 소동을 겪은 지역에서는 상징적인 정치적 중요성을 갖는 공공사건들도 주목되어야 한다.

작전계획과 관련된 곳의 인구 구조 변화나 정치 발전에 대한 설명은 당연히 들어간다. CIA 월드 팩트북[15](The CIA World Factbook) 같은 기본정보(Basic Intelligence)에 들어가 있는 첩보들이 이 분석기법에 포함될 수 있는데 이를 테면 지리, 경제, 국민, 정부, 통신수단, 수비군대 등의 정보라고 하겠다. ("기본정보"의 의미에 대해서는 제2장 "정보조사의 분류"를 참고)

그림과 함께 핵심 날짜가 들어간 연대표분석의 예시는 [그림 11.3]에 잘 나와 있다.[16] 비록 이것이 많은 정보가 들어간 요약 보고서이긴 하지만 그렇다고 하더라도 의사결정자들에게 이 표를 있는 그대로 보여주는 것은 지나치게 많은 것일 수 있으며 자칫 핵심에서 벗어나 본래 목적과는 벗어난 결론을 도출 할 위험성도 있다. 이런 이유에서 주요 일정표 분석법은 어떤 특성을 비교하는 수단으로 사용되거나 데이터를 분석하기 위한 기본 틀로 활용된다. 이런 과정을 통해 도출된 최종결론은 서술형태의 보고서로 제출될 수 있을 것이다. 주요 일정에 대한 연대표가 사용되는 보고서의 형태로 13장의 전술평가 편에서 다루었던 전술평가보고서가 있다.

---

15) Central Intelligence Agency, *The CIA World Factbook*, 2012 (New York: Skyhorse Publishing, 2011).
16) U.S. Department of the Army, *FMI 2−22.9: Open Source Intelligence*, 4−18.

그림 11.3   핵심날짜 타임라인 분석예시

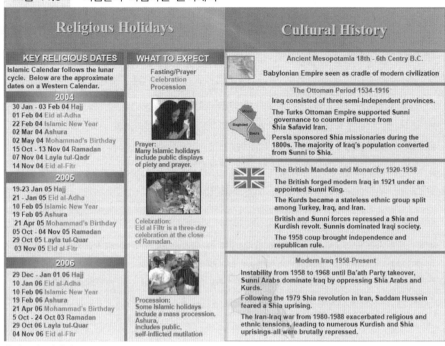

출처: 미 해병정보국

네트워크 분석법(Network Analysis)

만약 어떤 연구 질문이 두개 혹은 그 이상의 개인이나 조직, 사건 기타 요소 간의 상관관계를 파악하는 것을 중점으로 두고 있다면, 네트워크 분석법이 이런 관련성을 명확하게 하는데 큰 도움이 된다. 그런 관계는 그 어떤 것도 될 수 있다. 이를테면, 사회적, 사업적, 재정적 관계가 될 수 있고 심지어 영향력, 지원, 멘토링과 같은 추상적 개념을 나타내는 관계도 될 수 있다.

네트워크 분석법은 사회과학 범주에 속하며 모레노와 같은 학자들이 관계를 나타내기 위해 2차원 다이어그램을 고안하며 시작됐다.17) 이 다이어그램은 소시오그

---

17) Jacob L. Moreno, *Who Shall Survive? Foundations of Sociometry, Group Psychotherapy, and Sociodrama* (Washington, DC: Nervous and Mental Disease Publishing, 1934).

램(sociograms)이라고 불리지만[18], 정보학에서는 네트워크 분석법이라고 칭한다.[19] 네트워크 분석은 교통분석(traffic analysis)으로 알려진 분석법과 비슷하므로 혼동하지 않도록 해야 한다.

> 네트워크 분석은 통화량분석이 통신주체 사이에 무선 및 원격통신의 도청과 관련되기 때문에 공통점이 있다. 이들 통신과정에서 특정한 패턴이나 분석방법을 사용하여 또 다른 의미를 조사중인 문제의 맥락에서 찾아낼 수 있다. 그러나 여기에서 연구의 대상은 통신교환이지 메시지의 내용이 아니다. 시간, 날짜, 빈도, 지속, 전송방식, 암호방법 등이 분석대상이다. 그 자체로 통화량분석은 목표(타겟)가 무선암호전송방식을 사용하는 경우에 사용되는 중요한 분석방법이다.[3]
>
> 3) U.S. Department of the Army, Fundamentals of Traffic Analysis (Radio Telegraph) (Laguna Hills, CA: Aegean Park Press, 1980). This is a reproduction of original Department of the Army TM 32-250(1948) and Department of the Air Force AFM 100-80, Traffic Analysis, without changes. However, a glossary and an index were added by Aegean Park Press.

네트워크 분석은 연관분석(Association analysis)로 불리기도 한다.[20] 또, 분석관이 매트릭스를 이용하여 링크 연관성을 찾기 때문에 링크분석(Link analysis)으로 불리기도 한다. 이처럼 여러 용어가 있지만 다른 용어는 전체 분석법의 일부 특징만 갖고 있기 때문에 필자는 네트워크 분석이라는 표준용어 사용을 선호한다. 네트워크 분석법은 첩보기관에서 오래 전 부터 사용됐기 때문에 분석관도 다른 용어보다 네트워크 분석법이라고 많이 부른다.[21]

이 분석법은 비정형데이터를 사용하는 구조화분석기법이다. 이 분석법은 각 실체를 대표하는 노드(접속점)으로 구성된다. 예를 들어 동그라미의 경우 사람을 지칭하고 사각형은 기업, 실선은 강한 연관성 점선은 약한 연관성, 선을 따라 매긴 숫자는 각 실체 간의 상호작용 혹은 접속 횟수 등을 말한다. 영향력(Influence) 같

---

18) John Scott, *Social Network Analysis: A Handbook* (Newbury Park, CA: Sage, 1991).

19) Henry Prunckun, "The Intelligence Analyst as Social Scientist: A Comparison of Research Methods," *Police Studies* 19, no. 3 (1996): 67-80.

20) International Association of Law Enforcement Intelligence Analysts, *Successful Law Enforcement using Analytic Methods* (Alexandria, VA: IALEIA, 1997).

21) Francis Ianni and Elizabeth Reuss-Ianni, "Network Analysis," in Paul Andrews and Marilyn Peterson, eds., *Criminal Intelligence Analysis* (Loomis, CA: Palmer Enterprises, 1990).

은 개념은 선 대신 화살표 등으로 나타낼 수 있다. 전체 네트워크를 구성하는 각각의 링크는 실체 간 관계의 특성에 의해 상세하게 묘사될 수 있다. 형사법적 맥락에서 보면, 실체 간 특성이란 아마 통상적인 정보형태들, 이를테면 희생자의 집 주소나 휴대전화번호, 범행을 당하기 전 동선이나 범인의 범행방식 등이 될 것이다. 이 모든 것들은 수사단서가 되며 조직의 위계질서 등도 파악할 수 있고 강점, 약점 등도 파악할 수 있다. 네트워크 분석 순서는 다음과 같다.

1. 모든 실체들을 다 파악한다. 이런 것은 통화기록 분석이나 감시보고서로 부터 찾아낸 분석을 통해서나 쪽지, 인터뷰 내용, 전화, 이메일, 급습으로 압수한 서류와 같은 다른 분석형태를 통해 찾아낸다.
2. 이 데이터들을 상관성 매트릭스에 입력한다([표 11.10] 참고). 이것은 표준 매트릭스 형태로 왼쪽에 위쪽 부터 아래쪽까지 같은 실체들이 나열된 매트릭스이다. 실체가 자체적으로 겹치면 그 칸은 비워둔다. 두 실체 간에 관계가 이미 확인된 경우 실선으로 해당 실체에 대한 별도의 셀을 만든다. 만약 관계가 확실하지 않은 경우 "○" 같은 모양을 사용하고 어떤 사람이 그 기업이나 조직에 핵심 인물인 경우 플러스 사인을 활용해 표시할 수 있다.
3. 다이어그램에 심볼로 실체를 묘사한다. (다이어 그램은 화이트보드, 플립차트, 컴퓨터 서류 같이 어떤 형태든 상관 없다.)

그 뒤 [그림 11.4]처럼 실체 간의 관계선을 그려준다. 일반적으로 동그라미는 사람, 기업은 네모, 네모안에 동그라미는 그 조직과 관련된 사람, 실선은 강한 연관성, 점선은 약한 연관성 또는 관계가 확실하지 않음을 의미한다. 영향력 관계는 영향을 주는 쪽에서 받는 쪽으로 화살표를 그린다. 컴퓨터 프로그램을 사용하는 경우 미리 사전에 그 실체를 위해 만들어진 기호를 활용할 수도 있다. 예를 들어 전화기는 "☎" 선박은 배 모양, 자동차는 차나 트럭모양의 기호 사람은 실루엣 등으로 표시 한다. 차트에 실체를 나타내는 방법에는 "정답"은 없다.

정보프로젝트는 서로 다르기 때문에 차트도 다양하게 나올 수밖에 없다. 실체 간 숫자와 관계 역시 다양할 수밖에 없다. 따라서 분석관은 보는 사람이 관계를 한눈에 쉽고 명확하게 파악할 수 있도록 "예술적 감각"을 발휘해 차트를 만들어야 할 것이다. 만약 자료가 너무 "복잡하면(busy)" 보는 사람도 혼란스러울 것이고 그렇게 되면 네트워크 분석으로 데이터를 제시할 필요가 없다.

표 11.10	네트워크 매트릭스 예시					
	Jack's Restaurant	Giacomo	Elizabeita	Rosa	Vladimir	Ignacy
Jack's Restaurant						
Giacomo	+					
Elizabeita	+	+				
Rosa	+	+	+			
Vladimir				+		
Ignacy	+	+	+			

통화기록분석법(Telephone Record Analysis)

이 분석법은 위에 언급된 네트워크 분석법을 다른 매트릭스 형태로 나타낸 것이다. 이 방법은 네트워크 분석법과 같은 방식으로 진행되지만 실체들을 모두 다 열거하는 대신, 매트릭스가 전화번호를 열거한다. 왼쪽에는 수신된 전화번호 맨 위에는 전화를 한 횟수를 적는다. 연관성이 발견되면 숫자를 이용해 상대에게 전화를 한 횟수를 기록한다.

분석관은 통화기록분석 데이터로 네트워크 분석 때 했던 것과 정확하게 똑같은 다이어그램을 만들지만 화살표는 영향관계를 나타내는 대신 전화가 걸린 곳에서 전화를 받은 쪽을 나타낸다. 전화를 걸은 횟수는 화살표를 따라 숫자로 표시한다. 유선전화, 무전기, 휴대전화, 팩스, 컴퓨터 모뎀도 통화기록분석법에 포함된다.[22]

그림 11.4   가상의 범죄집단 조직원 간에 관계를 표시하는 네트워크 다이어그램의 보기

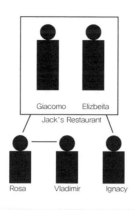

통화기록분석법은 노동력이 많이 들어가는 방법이다. 특히 휴대폰 요금이나 전화기록같이 데이터가 많을 경우 더 그렇다. 만약 통화기록분석법을 실체들에 대한 네트워크 분석법과 함께 사용하게 되면, 도청장치 설치를 위해서나 아니면 물리적 감시에 필요한 목표를 찾아내는데 큰 도움이 된다.

사건 및 상품유통 흐름 분석법(Event and Commodity Flow Analysis)

사건흐름 분석법은 여러 다중 사건이 특정 기간 동안 −이를테면 연, 월, 일, 시간별로− 발생한 상황들을 명확하게 파악하는데 사용 된다. 이들 상황이란 복잡하지만 동시다발적으로 일어난 밀접한 역사적 사건들로써 발생시간의 순서로 정리되지 않으면 제대로 이해하지 못하여 혼란을 겪을 수 있는 사건들을 의미한다.

분석관은 이 분석법을 사용하여 상품의 흐름을 파악하기 위해 질적 분석을 위한 구조를 만들 수 있다. 이를 테면 불법마약, 도난물건, 금지/제한물품의 수출입, 무기나 무기 부품의 판매, 폭발물, 화학전구물질, 기술 등과 같은 상품유통의 흐름도를 이해할 수 있게 된다. 따라서 사건 및 상품 유통 분석법은 사건이나 움직임의 순차적 발생을 다이어그램으로 도식화하여 묘사한다.

---

22) Marilyn Peterson, "The Context of Analysis," in Paul Andrews and Marilyn Peterson, eds., *Criminal Intelligence Analysis* (Loomis, CA: Palmer Enterprises, 1990).

일단 이렇게 시각화하고 나면 분석관은 추가 조사단서를 만들거나 가설을 검증하기 위한 추론을 도출할 수 있다. 사건흐름 및 상품유통 분석법은 다음과 같은 순서로 진행된다.

1. 조사중인 문제와 관계된 모든 사건을 찾아낸다. 분석관은 범죄현장조사를 통해서 관련 데이터를 수집하거나 또는 네트워크 분석을 할 때와 마찬가지로 감시보고서의 일부, 쪽지, 인터뷰내용, 전화 도청, 급습을 통해 압수한 문서 등을 통해서 이런 데이터를 수집할 수 있다.

2. 연대표에 수집된 데이터를 시간 순으로 정리한다. 이 과정은 주요일정 분석법에서 했던 연대표 작성방식과 유사하다.

3. 각 사건을 기호로 표시하여 차트에 그려 넣는다. 차트종류는 화이트보드 플립차트, 컴퓨터 문서형식 등 다양하다. 그리고 사건 사이에 진행 선을 그린다. 사건들을 나누는 시간은 동일 시간간격으로 나눠 수직선으로 구분한다. 만약 두 개 이상의 사건이 동시에 발생할 경우, 사건을 연결한 진행선은 갈라져서 동시발생 사건들과 연결된다. 이들 진행선들은 다음 사건으로 나갈 때 다시 합쳐지게 된다.

계보분석법

계보학(Genalogy)이란 역사적으로 거슬러 올라가 집안의 혈연관계를 추적하여 가족관계를 연구하는 학문이다. 때때로 정보분석관은 목표(타겟)의 가족관계에 대한 기술적 분석(descriptive analysis)을 제시하라고 요구받을 때가 있다. 예를 들어 이라크의 마지막 독재자, 사담 후세인의 경우 2003년 12월 체포 당시 가족 관계를 상세하게 파악하고 있었던 것이 큰 도움이 됐다.[23] 이런 계보분석법에서 사용하는 데이터는 구술로 전해지는 가족력(친인척관계), 개인기록, 출생일, 사망일, 결혼기록, 신문기사, 장례기록, 인구조사 기록, 군 및 기타 정부 기록 등 그 출처가 질적 성향의 데이터이다. 분석관은 친척관계나 혈연을 보여주는 정보라면 어떤 정보라도 다 활용 한다. 계보학과 가계조사와 다른 점은 전자의 경우 친척관계를 연구하는 것이라면 후자의 경우 가족구성원의 삶과 역사를 상세하게 조사하는 것이

---

23) U.S. Department of the Army, *US Army Field Manual 3-24/ Marine Corps Warfighting Publication 3-33.5* (Chicago: University of Chicago Press, 2007), 323.

다. 분석관은 조사한 결과를 바탕으로 다이어그램을 만든다. 다이어그램이 가족관계를 한눈에 파악하기 쉽기 때문이다. 문어체로 보고서를 작성할 수도 있지만 만약에 친인척이 많다면 오히려 그것이 혼란만 가중시킬 수 있다. 가계분석도는 맨손으로 그리거나 미리 작성된 도면에 그리거나 여러 가지 방식으로 그릴 수 있다. 하지만 관계를 나타내는 컴퓨터 패키지를 이용해 관계도를 표현하는 것이 가장 효율적이다. 이 패키지는 각 가족들에 대한 전체 자료지, 후손 및 조상에 대한 차트, 개인관계 차트, 구성원 별 프로파일, 출생일 사망일 결혼기념일 같은 날짜 등이 포함된 보고서를 작성할 수 있게 해주면 심지어 만약 가족사진이 있을 경우 계보 D/B에 통합하여 계보도표로 나타낼 수도 있다. 임의로 생각한 국제범죄기업에 가상의 가족이 연루되었다고 가정하고 만든 계보분석법이 [그림 11.5]에 있다.

| 그림 11.5 | 가상의 범죄 가족 집단 계보분석법 예시 |

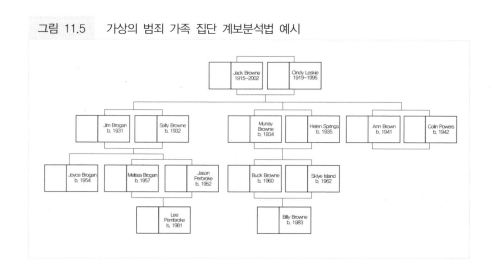

재정상태 분석법

  엄밀히 말하면 질적 분석은 아니지만 재정상태 분석법도 여기에서는 질적 분석으로 간주된다. 재정상태분석 역시 비정형 데이터를 가지고 결론 도출을 위해서 구조화형태의 분석을 하기 때문이다. 다행히도 재정상태분석에서 사용되는 데이터는 단어나, 개념, 주제, 기타 형체가 없는 정보가 아니라 숫자들이다. 어떤 사람이나 기관의 재정상태는 말 그대로 물리적 재산이나 여러 곳에서 들어오는 수입, 현금, 다양한 형태의 투자 등과 같은 것들에 대한 것이다.

회계사가 아닌 일반 분석관에게 가장 유용한 분석방법은 바로 순자산 분석(Net worth analysis)이다. 대부분의 정부 기관에서는 자격증이 있는 법률 전문회계사를 두고 재정분석을 실시한다. 목표(target)의 재정상태를 재구성해서 나타내려면 그 과정과 절차를 이해할 정도의 전문지식이 필요하기 때문이다.

그러나 정보분석관은 여기 설명된 재정상황분석을 이용해 목표(타겟)의 순자산 정도만 미리 사전에 분석한다. 만약 이를 응급 구조사와 외과전문의에 비유하면, 정보분석관은 외과전문의가 도착하기 전까지 일차조치를 실시하는 응급구조사라고 할 수 있으며 전문 법률전문 회계사는 외과전문의로써 중심적인 문제에 대해 더 복잡한 정밀분석을 실시하는 것이다.

순재산 평가법(Net Worth Method)

순재산 평가법은 목표(타겟)의 소득을 간접적으로 파악할 수 있는 방법으로써 분석관은 이를 통해 불법 기업활동이나 무기 밀매와 같은 뒷거래를 암시하는 정보를 쉽게 찾게 된다. 또한 목표대상(타겟)을 요원으로 물색하고자 할 때 현장 요원이 재정지원을 통해 요원으로서의 적합성을 평가하기 위한 방법으로도 활용된다.

순재산은 목표(타겟)의 총재산과 부채의 차액이다. 만약 분석관이 예를 들어 특정 회계년도 말에 일정기간의 순재산 분석을 실시할 경우에 목표대상의 재산 증감 규모와 그 정도를 파악할 수 있다. 순재산을 계산하는 방법은 다음과 같이 단계적으로 실시한다.

1. 재산 − 부채 = 순재산
2. 순재산 − 전년도 순재산 = 순재산의 증감 규모
3. 순재산 증감 규모 + 생활비 = 소득
4. 소득 − 공개된 출처의 자금 = 잠재적으로 불법적 자금[24]

---

24) Leigh Edwards Somers, *Economic Crimes: Investigating Principles and Techniques* (New York: Clark Boardman Company, 1984), 99.

과학적 정보분석론

중요 용어

이 장의 중요 용어는 다음과 같다. 간단하게 정의를 내려 보거나 한 두 문장으로 설명하여 얼마나 이해하고 있는지 알아보자.

- o 경쟁이론(Competing hypotheses)
- o 촉진요인(Driving forces)
- o 최종상태(End-state)
- o 환경조사(Environmental scan)
- o 사건 및 상품유통 분석법
- o 재정상태분석법
- o 특성요인분석법(생선뼈 분석)
- o 역장분석법
- o 계보분석법
- o 형태학적 분석법
- o 네트워크 분석법
- o 순재산 평가법
- o 인식평가매트릭스
- o 거시환경(PEST)분석법
- o 제약요인
- o 사회적 도형
- o SWOT분석법
- o 통화기록분석법
- o 통화량분석법

학습 문제

1. SWOT분석의 4가지 요소가 무엇인지 이야기 하고 각 요소에 대해 설명하시

오. 그리고 어떤 종류의 데이터를 분석관이 넣어야 하는지도 설명하시오.

2. SWOT분석과 PEST분석의 공통점과 차이점을 비교하고 설명하시오. 또 분석관이 두 분석법을 언제 왜 더 사용하는지 설명하시오.

3. PEST분석법이 다른 형태로 변환된 분석법들에 대해 설명하시오.

4. 네트워크 분석법을 실시하는 단계를 요약하시오.

5. 분석관이 사건흐름분석과 상품유통분석을 실시하는 상황에 대해 논의하시오.

학습 활동

당신이 Q라는 국가의 독재자에 대해 계보 차트를 구성해보라는 지시를 받았다고 가정하자. 당신의 차트에는 그 독재자에 대한 심리/언어학적 분석의 일부가 포함되어야 할 것이다. 손이나 컴퓨터를 이용하여 가족계보차트를 그려 본다. 이 학습 활동을 위해 자신의 차트 작성기술을 나타내는 방식으로 실제 자신의 가족구성원에 대해 차트를 만들어 보자. 실제 프로젝트를 하는 것처럼 가능한 한 여러 곳에서 데이터를 모은다. 가족에 대한 데이터를 수집하다가 한계에 부딪히면(마치 실제 타겟을 상대로 하다가 겪는 것처럼), 어떻게 하면 다른 출처에서 해당 정보를 수집하는 방법이 있는지 생각해본다. 데이터 수집에 대한 모든 대안 출처 및 수집방법을 열거한다(예를 들면, 정보수집계획을 사용하듯이).

12장 목표분석(Target profiles)

이번 장에서는 작전형 정보보고서(operational-orientated intelligence report) 중 하나인 목표분석에 대해 중점적으로 다뤄보고 특히 목표분석보고서에 담길 다음과 같은 내용을 살펴보자

1. 서론
2. 배경
3. 목표분석의 핵심요소
4. 용어 및목표분석의 예시
등으로 나눠 살펴 볼 예정이다.

서 론

목표분석은 특정 목표에 대한 정보가 축약된 정보 보고서의 형태이다. 짧은 단문 형태의 보고서로 작전위주의 보고서이다.[1] 미국의 저널리스트인 조비 워릭(Joby Warrick)은 CIA 이중 스파이 공작을 다룬 자신의 저서에서 목표분석(타겟 프로파일)에 대해 이렇게 설명하고 있다.

> "큰 모자이크 판에 조각을 하나 하나 완성해가는 예술가 처럼, '타겟터'(targeter: 타겟이 된 대상을 조사하는 사람)도 첩보기관의 스파이나, 드론 운용자, 잠복근무 수사중인 요원들의 작전을 위해 활용 될 수 있게 '타겟' 정보를 전화도청, 휴대전화 도청, 감시카메라, 정보원들이 작성한 보고서, 심지어 뉴스기사 나 기타 대중매체를 통해 하나 둘 모아 목표분석보고서를 작성한다."[2]

---

1) 여기서 논의된 보고서와 19장에서 논의되는 전략 정보평가 및 장문 보고서를 서로 대조해 볼 것.
2) Joby Warrick,, 삼중스파이(The Triple Agent): CIA에 침투한 알카에다 스파이(New York: Doubleday, 2011), 69.

여기서 말하는 "목표(타겟)"은 개인일 수도 있고 집단일 수도 있으며, 어떤 경우엔 기업이나 조직이 될 수도 있다. 기업이나 조직이 "타겟"인 경우, 보고서 제목은 "범죄 기업 프로필", "테러 조직 프로파일" 등으로 명명될 수도 있다. 목표분석의 또 다른 형태는 "문제 프로파일(problem profile)"인데 "이 문제 프로파일"은 개인이나 조직이 아니라 발생한 문제에 초점을 맞추는 것이다. 지리적 분쟁 지역에서 발생하는 일련의 범죄행위들이 그 예가 될 수 있다. 어쨌든, 현재 조사 하고 있거나 향후 조사 할 대상 모두 타겟이 될 수 있다. 쉽게 말해, "목표분석"은 알려진 정보를 요약해 놓고 부족한 정보를 찾아내서 추가적인 자료를 수집할 계획을 마련하는 것이다.

배 경

목표분석은 종종 현장 공작원들에게 목표(타겟)이 요주의 행동을 계속할 경우 의도성과 관련된 여러 가지 옵션(이를 테면, 추론을 통해 도출된 가설)이나 발생가능한 결과(이를테면, 모험성 평가를 통해)를 파악하게 해준다. 목표분석 보고서가 작성이 잘 되면 조사중인 목표에 대해 추가 조사의 필요에 따라 우선 순위로 분류 할 수 있게 해주고 정보기관 관계자들로 하여금 심문에 필요한 자원을 효율적으로 배분할 수 있게 해준다.

목표분석은 작성배경, 개인신상, 범죄전력(사법적 문제와 얽힌 경우), 물리적 환경, 행동 분석, 계획과 같이 "목표에 대한 이야기"를 말해주는 여러 개의 요소로 구성된다. 보고서 맨 마지막에 첨부사항이 붙기도 한다. 목표분석을 구성하는 요소들을 이번 장에서 다룰 것이나, 목표분석의 완성본 예시는 맨 마지막에 언급하도록 하겠다. 목표분석의 실제 작성 연습을 위해 인도와 몇 몇 유럽, 중동국가 등지에서 범죄를 목적으로 운영하는 것으로 의심되는 한 기업을 예시로 하여 살펴보겠다.

컨텍스트(맥락)는 어떤 문제나 상황에 대한 배경으로서 분석관으로 하여금 핵심요인들을 설명하도록 하여 왜 사건이 일어나는지를 이해하게 해준다.

목표분석의 핵심요소

인물소개

이 부분에는 법적 근거 및 정보당국의 정책에 대한 세부사항이 들어 있어서 해당 분석관이 보고서를 작성하게 된 경위를 포함하여 실무자의 이름(이를테면 정보부서의 관리자)과 날짜, 감사목적을 위해 매겨진 파일번호 등이 들어 있다.

작성배경

목표분석의 작성배경 부분에는 보고서 작성 목적과 목표, 조사범위에 대한 간략한 언술과 함께 "목표(타겟)"이 전체 큰 그림에서 어떻게 관련돼있는지의 전후 맥락(이를테면 오토바이 갱단과의 연관성)에 대한 간략한 설명이 들어 있다.

개인신상

개인신상에는 "목표"에 대한 구체적 분석이 담긴다. POI로 일컬어지는 이른바 요주의 인물(Person of interest)에 대한 정보도 이따금 담긴다. "목표"의 전기(biography)나 신체정보 그리고 필요한 경우 사진까지도 들어간다. "목표"의 직업, 사무실주소, 사업관계 및 별명에 대한 내용도 보고서에 담긴다. 운전면허, 무역허가증, 소유차량 이나 정기적으로 사용하는 차량(자가용이 없는 경우) 같은 기타 사항들도 이 부분에서 나타난다. 개인신상 부분은 목표의 사회성이나 심리적 상황에 대한 상세한 정보도 들어간다. 이런 정보는 "목표대상"이 자주 들르는 장소나, 친한 친구, 친인척관계, 사업동료 등에 대한 정보들과 함께 판단에 도움이 된다.

직업세부사항

직업 세부사항에는 "목표"의 사업 혹은 "목표"가 관련된 사업에 대한 정보가 담긴다. 사람들이 흔히 생각하는 반드시 들어가 있어야 할 정보들이라기보다는 흔히 육하원칙으로 알려진 키플링 방식(the Kipling method)의 형태로─누가, 언제, 어디서, 무엇을, 어떻게, 왜?─로 보고서의 목적 및 목표에 맞게 설명된 된 세부사항이 들어간다. 예를 들어, 돈 세탁 사건이 발생했다고 가정할 경우 역외은행, 온라인 이체방식, 자금흐름망에서 잡힌 기업 및 비영리 단체에 관한 정보는 물론 핵심인물, 금융정보 및 관할권내 담당 정부기관으로 부터 받아낸 데이터 등에 대한 상세한 정보가 포함되어야 한다.

나는 6명의 정직한 도우미가 있다. (그들이 내가 알고 있는 모든 것을 가르쳐주었다); 그들의 이름은 무엇을(What), 왜(Why), 언제(When), 어떻게(How), 어디서(Where), 누가(Who) 이다.[1]

1) Rudyard Kipling's Poem, "I Keep Six Honest Serving–Men," 예를 들어 동물이야기 (Cornwall, UK: The House of Stratus, 2011), 134를 참고할 것. 이 방법은 저널리스트와 사법수사관들에게 '다섯개의 W와 하나의 H(이따금 5W1H로 쓰이는)라고 알려져 있기도 하다.

범죄전력

범죄전력부분에는 "목표"의 전과기록 말고도 법정출두기록, 이전의 보호관찰 또는 가석방 명령에 대해 보인 행태, 만약 현재 보석 중이라면 보석 조건과 출두 방식 등에 대한 것들이 포함된다. 또한 혹시 수집이 가능하면 교도소로 부터 획득한 정보 또는 교도소 내 정보팀으로 부터 받은 정보들도 사태파악에 유용할 수 있는데 이들도 프로필에 포함시키도록 한다.

"목표"의 유죄판결기록이나 폭력 혹은 무기사용혐의로 인한 체포이력은 특히 강조될 필요가 있다. 동료 수사관들이 직업 상 "목표"와 일대일로 마주해야 할 지 모르기 때문에 중요한 안전문제가 될 수 있다. 더구나 "목표"의 범죄종류와 범죄 빈도 역시 왜 목표분석이 작성되어야 하는 지와 관련되기 때문에 특이사항으로 강조되어야 하는 것이다. 만약 정보기관 기록에 "목표(타겟)"의 작업방식을 주목하고 있다면, 이 정보는 반드시 포함시켜야 할 굉장히 중요한 프로필 정보가 되는 것이다.

기업 및 민간분야 정보분야의 경우 실무자들은 이런 데이터에 대한 합법적인 접근 권한이 없다. 이럴 경우 분석관들은 공공 데이터 베이스를 통해서만 이런 정보를 얻을 수 있다. 종이신문이든 온라인 신문이든 신문은 지방이나 주나 할 것 없이 전국에서 발생하는 범죄활동에 대한 기사를 싣는다. 여기에는 범죄자 실명, 범죄행위, 법정 기소, 보호감찰, 가석방에 관한 세부사항이 다 실린다. 이 정보들은 공개 기록의 일부를 구성하기 때문이다. 이런 데이터들은 범죄행위가(법정 등에서) 사실로 판명난 것이나 사법기관이 혐의가 있다고 추정한 것들이기 때문에 이런 항목에 넣는 것이 좋다. 모든 범죄가 신문에 다 보도되지는 않지만 이와 같은 공공 데이터 베이스의 경우 기업 및 사설 정보분석에 굉장히 중요한 정보출처가 된다.

공 범

이 항목은 추가적인 사실이 제공될 필요가 있을 경우에 부가적으로 포함된다. 전과기록이 있는 공범의 세부사항이 여기에 들어간다. 체포기록 및 기소기록과 관련된 세부 정보들이 사건발생 연대의 역순, 즉 최근 순서로 작성된다. 만약에 공범이 보호관찰기록이나 교도소 파일, 가석방 서류가 있을 경우에 그런 세부사항이 이 항목안에 포함될 수 있으며 또는 더 명확하게 해야 할 경우에는 정보내용에 걸맞는 제목을 붙여서 그 아래 새로운 항목안에 넣을 수 있다.

물리적 환경

감시요원들이 작성한 관찰기록이 이 항목에 들어간다. "목표"의 물리적 공간에 대한 세부사항들이 목표의 사회적, 심리적 기질에 대해 알려진 것을 더 보완해준다.(예를 들면 체포나 기소도 그들의 심리상태가 외부적으로 노출된 외부징후라고 할 수 있다.) 더구나 감시요원들은 "목표(타겟)"이 어떻게 첩보원들을 역으로 감시하거나 다른 정보활동 대책을 마련했는지 그런 방식들의 일부를 알아챘을 수도 있다. 그럴 경우 감시 보고서에는 이에 대한 예방 대책이 정례적으로 실행되고 있는지 또 때때로 그 예방책이 실제로 효과가 있는지에 대한 의견이 들어갈 수도 있다.

분 석

이 부분이야말로 목표분석 보고서의 핵심이다. 지금까지 언급된 항목들의 자료가 특성상 기술(記述)적 성향인 반면 이 "분석"부분에서는 분석관이 분석기법을 적용하여 유의미한 결과를 도출한다. 그러다 보니 가끔 "분석"부분은 "그래서 어쨌다는 거냐?(so what)"라는 항목이라고 불리기도 한다. 즉, 과거의 사실들이 의미하는 게 무엇이고 그래서 그것이 과연 어떤 의미를 시사시하는 것인지를 보여준다.

간단히 말해서 이슈나 혐의에 따라 목표(타겟)을 "더 넓은 범위의 범죄 지형도"안에 위치시키는 것으로서 이를테면 타겟이 초국가적 범죄조직이나 테러조직(혹은 분파), 스파이 망이나 군부조직 등 어디에 적합한지를 세련되게 상술하는 것이다. 이것이 바로 분석파트의 몫이다; 분석관은 "예감"이나 "직감", 경험이나 신념과 같은 것들에 의존하지 않는다. 만약 결론이 도출됐다면, 분석관은 어떻게 그 결론에 도달 할 수 있었는지를 입증할 수 있어야 한다. 예를 들어, 위험평가가 "목표대상(타겟)"이 지역사회(또는 현장요원)에 끼칠 위험에 대해 초점이 맞추어져 있다면, 이에 대한 위험분석(risk analysis)이 반드시 수행되어야 한다. 이런 유형의 분석이 얼마나 정교한지는 보고서의 목적뿐만 아니라 "타겟"을 둘러싼 이슈 및 사실에 달려 있다. 그러나 일반적으로 목표분석의 목적상 핵심위험요소 발생 가능성(위험의 원인)이나 파급영향을 검토한 단순하고 직설적인 도표여야 한다.

만약 사업이나 금융정보가 분석보고서의 비즈니스 항목에 있으면, 분석관은 일종의 재정상태분석이나 관련핵심 인물들에 대한 네트워크 분석내용을 함께 첨부할 수도 있다.

만약에 관련 데이터가 너무 적어서 걱정이라면 최소한 분석관은 "목표(타겟)"의 강점, 약점, 기회요인, 위협요인을 분석하는 이른바 SWOT분석기법을 수행하는 것도 괜찮은 방법이다. SWOT분석기법은 미싱 데이터(없는 데이터)가 무엇인지 잘 알려주며 새로운 정보수집플랜을 통해 추가데이터를 수집하는 기반으로 활용된다. 이전 항목에서 어떤 데이터가 기술되었는지에 따라 분석관이 추가분석을 새로 포함시킬 수 있지만 분석관이 반드시 포함시켜야 할 중요한 분석은 그 무엇보다 대응책에 대한 분석이다. 그 정도로 대책마련은 중요한 요소이다. 유·무선통화나 인터넷통신을 이용한 전화(VOiP), 데이터전송(이메일 포함), 쌍방향 무선라디오, 인공위성전화 등을 사용할 때 타겟은 항상 사전조치를 해놓는데 이것에 대한 간단한 역장분석(영향력요인 분석)만 하더라도 현장 요원의 미래 임무수행계획수립에 대해 도움을 줄 수 있다. 만약 이런 정보가 없다면, 이것에 대해 확실하게 강조되어야 한다. 또한 "분석"부분에는 "타겟"이 다른 핵심인물과 직접 접촉한 경우 그에 대한 관찰기록도 들어간다. 예를 들어, "타겟"이 접촉한 상황에서 역감시 조치(countersurveillance)를 하고 있는가? 서로 소통을 할 때 코드나 암호, 부호를 사용하는지를 기록한다.

과학적 정보분석론

목표기획

목표의 활동에 대해 더 잘 이해하기 위해 이미 알고 있는 사실을 제공하고 또
그것을 이용하여 분석하게 되면 이를 통해 생겨난 통찰력을 가지고 이 항목에서
"현 시점에서 어떤 방향으로 접근할지" 혹은 "지금 무엇을 해야 할지"에 대한 질
문에 답할 수가 있게 된다. 목표기획 항목은 우선 "목표(타겟)"에 대해 알아낸 것
들을 전체 목적의 맥락과 연결하여 간략하게 서술하고 이어서 그 문제를 제기하
는 실질적이고 현실적인 방법에 대해 논의한다. 여기에는 "아무것도 하지 않는(do
nothing)" 선택부터 "최고의 대안(gold standard)"이 될 수 있는 선택방안까지 다양
한 정책대안과 작전 방안이 포함된다. "타겟"의 활동으로 인해 대규모 정치적 압
박이 발생하지 않는다고 하면, 보통 최상의 옵션은 예산범위 안에 있지 않으므로
채택되지 않는다. 그렇기 때문에 중간 범위의 방안이 더 매력적인 방안이 된다.(물
론 보고서안에서 특히 강조되어야 하는 효과성과 효율성의 상호 교환효과에 대해 인정하지
만) 목표기획의 기본은 정책결정자에게 타겟활동이 야기하는 불법적이고 위험한
결과를 저지 및 방해하거나, 혹은 감소시킬 수 있는 방법들을 제시한다는데 있는
것이다. 무행동(아무것도 하지 않는) 옵션도 이내 무시되곤 하지만 중요한 정보를 수
집할 시간이 필요하거나 또는 모든 데이터가 확보되어 체포, 생포, 압수 가 마지
막 최종단계로 남아 있는 상황에서는 괜찮은 방안이(a viable choice) 될 수도 있다.
만약에 추가정보가 더 필요할 경우, 분석관은 데이터수집 과정에서 발생할 수 있
는 비용을 염두에 두어야 하지만 그러한 추가정보수집이 분석을 향상시키고 보고
서의 해결책 조언에도 상당히 도움이 될 수 있다는 것을 알아야 한다.

첨부사항

목표분석은 보통 짧게 핵심만 집중적으로 언급하는 보고서이기 때문에 첨부도 최소한으로만 들어가야 한다. 첨부사항에는 지도나 사진, 그리고 만약 문자형태로 기술되면 혼란을 야기할 수 있는 복잡한 관계를 잘 정리해서 보여 주는 조직표 같은 자료가 들어간다.

전문용어

첩보계통에서 사용되는 용어 중에 상당한 용어가 부적절하게 쓰여지는 경우가 많다. 정책실무자로서 핵심용어를 올바르게 사용하는 것은 매우 중요하다.; 만약 우리가 잘못 사용하게 되면 우리가 쓴 보고서의 신뢰도가 크게 떨어질 것이다. 다음에 적힌 것들이 우리가 어려움을 겪게 되는 전형적인 용어들이다. 각각의 용어 옆에 적힌 것들은 그 용어의 정의다. 물론 해당 용어들은 다양하게 정의 될 수 있다. 그러나 분석관은 자신의 생각을 보고서에 정확하게 쓰는데 집중해야 한다.

- o **혐의**: 기소됐으나 아직 범죄가 입증되지 않음
- o **분석**: 과학적, 수학적, 또는 논리적 절차나 과정을 따라 체계적으로 조사하는 것
- o **추정**: 증거가 없지만 사실인양 생각하는 것
- o **믿음**(belief) : 믿음, 신념(faith)과 동의어로서 첩보계에서 인정된 방법론이 아님. 이 용어 대신 사실이나 이유에 근거하여 생각한다는 뜻의 숙고하다(Consider) 또는 숙고(consideration)라는 용어의 사용을 제안함
- o **결론**: 판결 또는 판명
- o **숙고**: 숙의(deliberation)와 같은 말. 오랫동안 조심스럽게 장고(長考)하는 과정
- o **증거**: 어떤 것이 존재한다고 시사하는 물증을 제공하는 것 또는 어떤 것의 진실을 입증하는 과정에 기여하는 것을 일컬음
- o **사실**: 오감을 통해 관찰하거나 관찰되거나 직접 경험을 할 수 있는 것
- o **가설**: 이론, 즉 어떤 것에 대한 설명으로써 조사나 수사의 근거로 사용되어 지는 것. 추정, 짐작, 추측

o **추론**: 분석대상인 데이터를 기반으로 구축된 이론

o **정보**: 어떤 최종 결과물(예를 들면 보고서나, 목표분석, 목표평가, 예상 등의 결과물)로써 표현된 통찰력을 제공하는 지식 또는 그러한 결과물을 만들어 내는 과정

o **수사**: 어떤 사건을 들러 싼 사실의 재구성(이후에) 또는 사실의 모음(이전에) 행위

o **가정**(想定): 이론의 기반을 구성하는 것으로서 오랫동안 사실인 것으로 간주되어 온 것

o **확률**: 발생가능성, 무언가가 일어날 가능성. 통계 신뢰도는 어떤 진술의 사실일 가능성을 말함. 만약에 확률이 분석에 기반한 수치가 아닐 경우 그것은 확률이 아닌 추측임.("어떤 사건이 그럴 것이다"의 "그럴 것 이다(will)" 같은 100% 확신을 나타내는 단어는 확률분석이 그 것을 확실하게 보장하지 않은 이상 사용을 삼가야 한다.)

o **입증**: 어떤 것의 진실을 밝혀내기 위한 의도로 사실에 증거를 가져다 증명하는 법적 절차

o **입증기준**: 합리적 의심(형사)과 확률의 균형(민사)을 넘어서는

o **용의자**: 혐의자(alleged)와 같은 말

o **진실**: 주관적인 개념이다. 예를 들어 한 때 사람들은 지구가 평평하다고 생각했는데 그때는 그것이 진실로 받아 들여졌다. 이 진실에 의문을 제기하면 이단으로 간주됐다. 형사사법제도에서 진실은 증거규칙, 형사절차규칙, 판례에 따라 증거를 입증하는 사법적인 과정을 통해서 도출된다.

마지막으로 다른 말은 다른 사람들에게 다른 것을 의미한다. 정보보고서의 작성에서는 자극적인 느낌을 주는 형용사를 사용해선 안 된다. 따라서 최선의 방법은 "묘사"를 하려 하거나 "설명"하는 것으로 흥분을 야기시키려는 것은 좋은 방법이 아니다. 예를 들어, 분석관이 "극단적인" 것으로 간주한 것을 독자들이 "대수롭지 않은" 것으로 받아들일 수 있기 때문이다.

> 정보보고서를 작성할 때는 모호한 용어의 사용이나 개인적이며 주관적이고 입증이 안된 아이디어들은 사용을 피한다. 의견의 제시는 증거에 의해 지지될 필요가 있다.

목표 분석의 예시

인물소개

날짜	2014년 2월 28일
책임관	국가범죄분석국(NCAA) 국장
범죄분석대상	국제조직범죄단체 델타 엑스레이(Delta X-Ray)
관련 법안	1992년 반(反)인신매매법 제50항
서류철 번호	1-0043/2014

작성배경

인터폴(국제경찰) 측에서 국가범죄분석국에 인신매매혐의 수사 지원을 요청하였다. 현재 용의자 루시엔 드와이어(Lucien DEWIRE)가 델타 엑스레이의 범죄에 연루되어 있는 것으로 의심되고 있다. 델타 엑스레이라는 범죄단체는 프랑스, 영국, UAE, 인도 등 여러 개의 국가에서 활동하고 있는 것으로 의심되고 있다.

신상정보

이름   루시엔 드와이어(줄여서 "더 와이어(The Wire)"로 불림)
생년월일   1983년 4월 1일
출생지   프랑스 그레노블
국적   프랑스
결혼여부   이혼
직업   아부다비 A2B 트랜스포트 소유주

경력사항

- 2000 to 2002 - 텔레마케터
- 2002 to 2005 - 보험판매원
- 2005 to 2008 - 중고차 딜러

- 2008 to 2010 – 인쇄업 판매원
- 2010 to present – UAE 아부다비 트럭기업인 A2B트랜스포트 파트너이자 공동 소유자

공 범

① 알래인 프레스콧(Alain PhESSCOT)은 알비 프레스(Albee PRESS)라 불리기도 함. 프랑스 국적이며 프랑스 마르세유에 있는 미그논 신디케이트(the Mignon Syndicate)와 밀접하게 지냄. 인터폴은 영국에서 발생하는 인신매매와 미그논 신디케이트가 연관돼있다고 보고함. 프레스콧은 마르세유를 방문할 때마다 신디케이트 관계자들을 만남. 대학교육은 경영학 학사. 아부다비에서 컨테이너 트럭 기업 소유. 범죄전력은 없음.

② 권터 렛츠(Gunther LETZ). 그런터(Grunter)로 불림. 독일국적을 가지고 있음. 스위치 블레이드(switchblade: 칼날이 튀어나오는 나이프)로 타인을 상해하여 체포된 전력이 있음. M1 소총을 불법소지한 전력도 있음. 독일정찰대원으로 아프가니스탄에서 군 복무했던 경험이 있으며 아프리카의 여러 광산기업에서 "경호원"으로 근무함(언론에서는 "용병"이라고 지칭). 인터폴은 그런터가 미그논 신디케이트 일원이며 수단 항에서 용선사를 운영하고 있고 원양어선도 몇 척 보유 한 것으로 확인함. 현재 인신매매혐의로 인터폴의 수사를 받고 있음.

표 12.1	범죄전력	
연도	범죄	처벌
2010	80000$ 자금세탁혐의로 체포	증거 불충분으로 풀려남
2008	위조지폐제조기 소유혐의로 기소됨 (유죄판결)	20000$ 벌금형과 법정비용
2006	가짜 예술품 소유혐의로 기소 (유죄판결)	5000$ 벌금형과 법정비용
2004	종교 유물 모조품 제작 지원 및 교사협의로 기소.	징역 6개월 및 6개월 집행유예
2002	만불 가지의 위조수표 유통으로 기소, 유죄판결	징역 – 3개월 집행유예 6개월

물리적 환경-감시보고서

① **인터폴 첩보 보고서 - #01/2014**: 2014년 1월 25일 UAE 두바이 에서 렛츠와 프레스콧이 만남. 렛츠는 여행경로를 우회하는 수법을 사용하여 접촉장소인 인터 콘티넨탈 호텔로 감.

② **인도 이민국 보고서 - #02/2014**: 루시엔이 아부다비 인도 대사관에서 UAE 에서 인도 하이데라바드로 가기 위해 상용비자를 신청했음. 루시엔은 6개월 체류 의 복수비자를 신청함.

③ **아부다비 경찰 첩보 보고서 - #03/2014**: 아부다비 경찰 측에서 보낸 정보에 따르면 루시엔이 2014년 2월 1일 아부다비 수출무역사무소(the Abu Dhabi Export Trade Office)에 방문했음. 그의 문의사항 가운데 몇 가지 우려되는 점을 발견함. 보고서에 따르면 루시엔은 수단에서 UAE까지 배편으로 물건을 옮기려면 어떤 서 류가 필요하며, 그 뒤에 다시 UAE에서 영국까지 트럭으로 짐을 옮기려면 어떤 서 류가 필요한지 물어 봄. 루시엔은 필요한 양식을 모두 가져가면서 완성된 서류의 샘플도 보고 싶다고 요청함. 그 이유를 묻자, 실수 없이 정확하게 양식을 작성하 고 싶어서 그렇다고 말함.

④ **인터폴 첩보 보고서 - #04/2014**: 렛츠를 계속 감시한 결과 2014년 1월 30일 인터콘티넨탈 호텔에서 한번 모임이 있었던 것으로 확인 됨. 이번 모임은 렛츠, 프레스콧 말고도 디와이어의 모습과 흡사한 유럽 남성이 있었음.

⑤ **인터폴 첩보 보고서 - #05/2014**: 상당수의 난민이 수당 항구 인근 교외지역 으로 유입 됨. 이들은 항구 외곽지역에 판잣집을 짓고 머무는 것으로 알려짐. 이 당시에는 왜 난민들이 이곳을 찾아오게 됐는지 알 수가 없었음.

⑥ **인도 이민국 보고서 - #06/2014**: 루시엔은 2014년 2월12일 아부다비에서 인도로 입국함. 항공편으로 하이데라바드로 감.

⑦ **중앙수사국 보고서 - #07/2014**: 루시엔은 2014년 2월 12일 약 19:00시 경, 하이데라바드 노바텔에서 한 남성과 접촉함. 그 남성은 루시엔과 만날 때와 헤어질 때 손에 검은색 서류가방을 들고 있었음. 서류가방 안에는 무엇이 들었는지 확인되 지 않음. 그러나 감시원들이 뒤를 밟아 그 남성이 라메쉬 군투르(Ramesh Guntur)라 고 하는 청년임을 알아냄. 군투르는 21살 대학생으로 현재 소프트웨어 엔지니어링

을 전공하고 있음. 경찰기록을 조회한 결과 범죄기록은 없는 것으로 나타남.

⑧ **인터넷 조사결과 — #08 2014:** 페이스 북이나 다른 소셜미디어 등을 통해 인터넷 공개 정보를 수집하였음. 그 결과, 라메쉬 군투르라는 이름을 가진 사람 한 명이 인도에 거주하며 "맞춤형" 인증서 및 증명서를 팔고 있다는 사실이 드러났음 (여기서 "맞춤형"은 가짜 위조 서류를 일컫는 말임). 군투르는 웹사이트에 자신의 "맞춤형"서류가 최고의 수준이라고 공고하기까지 함.

분 석

인터폴은 국가범죄분석(NCAA)에 자신들이 하고 있는 인신매매 혐의 인물에 대한 수사 지원을 요청하였음. 혐의는 루시엔이 미그논 신디케이트와 연루돼있을 가능성이 있다는 것임. NCAA도 현재 루시엔 관련 상당한 데이터를 보유하고 있으며 이 데이터에는 루시엔 개인 인적사항, 직업세부사항이 있고 "타겟"과 주변 인물이 비밀 접촉 시 역감시(Countersurveillance)를 하는 지와 범죄기록, 공범 및 감시보고서가 담겨있음.

SWOT분석으로 본 데이터를 다음페이지에 도표로 정리해 놓음.[3] SWOT 분석의 두 가지 요인을 검토한 결과 4가지 강점과 8가지 위협요소가 나타남.[4] 경찰이 이런 강점들을 잘 이용해 공세적으로 위협요소의 위험을 줄일 수 방법이 몇 가지 있음. 그 중에 확실한 방법은 다음과 같음.

1. 목표(타겟)의 공범인 렛츠의 경우 군 정찰대로 훈련을 받았으며 비밀접촉 시 항상 역감시를 붙이고 있음. NCAA는 이 사실을 잘 활용하여 감시요원을 파견해야 하며 기타 다른 자료수집 작전 중에도 NCAA의 개입이 탐지되지 않도록 해야 할 것임.

2. NCAA의 국내감시 지원역량은 유일하게 알려진 인도인 공범, 군투르에게만

---

3) 분석에도 여러 종류가 있지만 SWOT분석의 경우 특별한 훈련이 필요 없이 가장 효과적이면서도 간단하게 사용할 수 있는 분석기법이다.

4) 간결하게 정리하면 단지 두 가지 사항만 고려하면 된다. 다른 SWOT요소들도 유사한 형태로 나열될 수 있다. 예를 들어 "목표기획" 항목을 구성하는데 있어 기본 사항으로 몇 가지 요인을 결합하여 구성한다.
강점/기회요인 — 사법기관이 자신들의 강점을 활용하여 기회요인이 실현될 수 있도록 하는 방법
약점/기회요인 — 사법기관이 자신의 약점을 파악하고 약점을 최소화하여 기회요인을 실현하는 방법
강점/위협요인 — 사법기관이 강점을 활용하며 공세적으로 위협요인의 요소를 약화시키는 방안
약점/위협요인 — 이 경우, 사법기관이 위협요인에 맞서 취할 수 있는 방어 수단들이 있는가?

집중될 수 있음.

3. NCAA의 국내 감시 역량을 잘 사용하면 그 범죄활동에 연루된 다른 공범들도 감시할 수가 있음.

4. NCAA는 인터폴 첩보를 토대로 타겟의 인도활동과 타겟의 인도 공범인 군투르에 대한 상세한 신상명세서를 작성할 수 있음.

목표기획(타겟 플랜)

본 분석의 결과 홍해 수단 항구에서 선박에 사람을 태운 뒤 아부다비로 이동하고 트럭 컨테이너로 사람들을 옮긴 뒤 영국까지 이동하는 대규모 인신매매 범죄기업이 있다는 가설에 힘이 실린다. 여기서 한발 더 나아가, 해당 사항들은 보고서 "타겟"인 루시엔이 인신매매에 필요한 여행 서류가 필요하여 하이데라바드에 거주하는 위조범 군투르의 지원을 받았음을 보여준다. 해당 위조여행서류들이 어떻게 전해졌는지도 확실하지 않을 뿐더러 인터폴 측에서 신원이 확인되지 않은 사람 여럿이 수단 항 외곽에 거주 중이라고 이야기했기 때문에 인신매매가 곧 인근 지역에서 벌어질 수도 있다. 만약 본 가정이 맞아 본 작전이 범죄전면수사로 이어질 경우, NCAA가 다음의 조언을 따라 인터폴을 지원할 수 있을 것이다. 최우선 행동 순서에 따라 우선

1. 루시엔, 렛츠, 프레스콧에 대한 이민국 경보를 발령 할 것.

2. 만약 "타겟"과 그의 공범 2명이 인도를 방문할 경우, 즉시 감시에 들어갈 것.

3. 렛츠가 인도를 방문할 경우, 모든 감시작전을 통해 그의 폭력성향을 파악할 것.

4. 모든 감시작전요원들은 "타겟"과 두 공범들이 감시받고 있다는 것을 잘 알고 있어 대응조치로 역감시를 한다는 사실을 잘 인지하고 대응할 것.

5. 군투르와 그의 주변인 그리고 그의 활동에 대한 정보파일을 작성할 것.

6. 위조서류와 관련하여 루시엔과 군투르가 충분히 범죄를 저질렀을 개연성이 농후하나 이 문제에 대해서는 사전에 법률자문을 구할 것.

7. 만약 법률자문을 구해 인신매매에 가짜서류를 쓴 혐의가 인정됨을 확인했을 경우, 군투르를 체포하고 수색영장을 발급받아 그의 거처와 컴퓨터를 조사할 것.

8. 만약에 법률자문을 통한 혐의 확보가 실패했다면 전자기기 도청 수색영장을 발부 받아 위조여행서류의 즉시 발급을 위해 군투르가 인터넷으로 한 활동 증거

과학적 정보분석론

를 수집하도록 할 것.

표 12.2	타켓 플랜	
	장점	단점
내부적 요인	강점 NCAA의 작전 개입을 "타겟"이 눈치 못챔 자국 내에서 근접감시가 가능 국내 공범에 대한 장문의 보고서를 신속하게 작성할 수 있음 군투르의 인도 활동을 감시할 수 있음	약점 "타겟"과 공범의 해외 위치 파악이 어려움 법적 관할권 분쟁의 여지가 있음 해외 감시의 수행이 어려움 운송수단(선박, 트럭) 정보에 대한 인터폴과 다른 첩보기관의 의존도가 높아짐
외부적 요인	기회요인 인터폴과 밀접하게 협력할 수 있음 수단에 대한 공개출처정보 수집이 용이 공범과 사업 파트너에 대한 공개출처정보 수집이 용이 루시엔은 비폭력적 성향이지만 "사기꾼"임 프레스콧은 폭력적 성향이 없는 사업가임	위협요인 데이터 상으로는 인신매매가 수단 항을 출발하여 선박을 통해 아부다비로 들어가고 이후 (아마) 트럭을 통해 영국으로 들어가는 것 같음 데이터 상으로는 루시엔의 경우 하이데라바드 위조범인 군투르를 통해 위조여권과 위조 여행서류를 얻은 것으로 보임 신원이 미확인된 사람들 다수가 이미 수단 내 렛츠 소유의 항구에 모여 있음 범죄집단과 연결되어 사업을 할 경우 불법적인 활동을 하기 위해 대량 자금을 운용할 수 있음 "타겟"과 공범들의 경우 비밀접촉 때 항상 역감시를 하는 것으로 보임 다른 사법기관도 함께 수사할 경우 작전기밀이 유출 될 위험도 높아짐 렛츠는 폭력전과가 있으며 군인출신으로 프랑스에 기반을 둔 미그농 신디케이트라는 범죄조직과 연루됨

중요 용어

이 장의 핵심 용어와 문구는 다음과 같다. 간단하게 정의를 내려보거나 한 두 문장으로 무슨 뜻인지 설명하여 어느 정도 이해했는지 알아보자.

o 요주의 인물
o 키플링 법
o 목표분석

학습 문제

1. 목표분석의 핵심요소를 나열하고 각 섹션마다 어떤 종류의 첩보가 있는지 첩보의 유형에 대해 간략하게 설명하라.
2. 왜 분석관이 보고서 작성 시 정보관련 용어 사용에 유의할 필요가 있는지 설명하시오.

학습 활동

현재 여론에 큰 반향을 일으키고 있는 조직범죄와 관련된 이슈들(그것이 어느 수준이든, 지방이나 국가 또는 국제적 수준이든)을 조사한다. 이를 테면, 마약밀매, 무기밀거래, 인신매매, 자금세탁, 갈취, 불법 모터사이클 갱단 같은 것을 조사해 보라. 이 최근 이슈가 되고 있는 조직범죄에 대해 조사해본다. 정보를 찾았으면 그 정보를 바탕으로 목표분석(개인에 대해서든 범죄기업이나 갱단에 대해서든) 대상을 선정하고 실제로 작성해 본다. 앞서 보여준 목표분석 샘플과 각주 말미 4번에 있는 SWOT 분석방법을 참고한다.

13장 전술적 평가

이 장의 주제는 이전 장에서 다룬 작전 정보보고 에 대한 것으로 다음과 같은 내용의 또 다른 보고형태에 대해 알아 본다:

1. 서론
2. 전술 평가 대 전략 평가
3. 전술 평가 또는 작전형 평가
4. 전술적 평가의 핵심 부분
5. 전술 및 작전 보고서에 대한 일반적 고려사항
6. 전술 평가의 예

서 론

전술 평가는 목표의 상황을 더 폭넓게 보는 정보 보고서의 유형이다. 전략적 평가의 범주에는 해당되지 않지만, 이러한 유형의 보고서는 사후 대응으로부터 예측 대응으로 중점을 옮기는데 목적을 두고 있다. 목표분석(프로파일링)이 특정 개인 (또는 회사 또는 조직)에 초점을 맞추는 반면, 전술적 평가는 문제를 더 넓은 시각으로 본다. 전술적 평가를 받아보는 독자는 업무를 다루는 전체 기관 그룹 또는 여러 부처의 (군부 또는 다른 사업기관이 포함될 수 있는) 자산을 전반적으로 조율하는 업무를 담당하는 기관간 그룹이 될 것이다.

예를 들어, 마약 밀매에 연루된 인물, 잭 나이프의 조사 경우, 전술적 평가는 그가 마약 매매의 어느 부분에 연루되어 있는지 뿐만 아니라 불법 마약 거래에 관련된 정도와 연루된 사람들, 지역 사회, 경제에 미치는 직접적인 영향, 합법적 기업인이나 정치인 또는 규제 당국자들을 부패시키는 등의 부당한 이익의 간접적이고 중대한 영향 등을 조사할 수 있다.

전술적 평가 대 전략적 평가

비록 전술적 평가가 전략적 평가의 특징(19장에서 논의가 될)을 지니고 있지만, 불법적이거나 원치 않는 활동을 방지하기 위한 즉각적인 조치로 야기될 단기 목표에 집중하고 있기 때문에 그것에는 미치지 못한다. 전략적 평가는 더 긴 기간을 고려하고, 보통 위협으로부터 보호 및 위협을 무력화하거나 다루는데 필요한 몇 가지 권장사항들이 복합적으로 되어 있다.

기관들은 이러한 유형의 보고서와 관련, 자체적인 스타일이 (다양한 이름들로 알려지기도 하지만) 있겠지만 상당히 이런 기본 틀을 따를 것이다. 분석관은 그들이 작업 중인 정보보고 프로젝트에 적합하게 형식과 항목을 최직화하려고 할 것이다. 전략적 평가가 어떤 주제에 대한 특별한 형태의 보고서라고 한다면, 전술적 평가는 수명이 짧기 때문에 새로운 보고서 또는 수정된 보고서가 주마다 또는 월별로 생산되어야 할 수도 있다.

전술 평가 또는 작전적 평가

비록 이 분석이 전술적 평가라고 불리지만, 2장 "정보 조사연구 분류학"의 주제어 아래 엄밀하게 논의된 전문용어를 적용한다면 작전적 평가로 불리는 게 더 적합할 것이다. 정의하자면, 조사 중인 문제가 전술적 수준(예: 조사와 이해)에서 일어나는 문제보다 더 광범위하지만 전략적 정보처럼 예측성이 없다는 점에서(장기적 효과 측면에서) 작전적 평가로 불려야 한다. 그러나 전술적이라는 용어가 관례상 사용되었고 여기서도 그렇게 사용된다.[1] 이런 특이한 사항이 보고서 작성 시 혼란을 초래할 수 있다ー이 용어의 느슨한 적용에 근거해 보고서가 작성되면 그 보고서의 범위가 쉽게 잘못 이해될 수 있다.

따라서 목표분석(타겟 프로파일링)과 마찬가지로 조사에 따라 전술적 평가의 명칭을 다르게 명명할 수도 있다. 이를테면 범죄 사업 평가, 테러리스트 조직 평가, 도난 차량 평가 같이 특정 범죄 문제와 관련된 이름을 따서 명명할 수 있다. 연구

---

1) 영국의 "국가정보모델" (2000) 참고.

과학적 정보분석론

중인 주제에 맞게 자유롭게 변형시키고 적응시킬 수 있다. 그러나 무엇이든 간에, 그것이 어떤 유형의 보고서인지 명확하게 할 필요가 있으며 그것이 목표분석이나 전략적 평가와 다르다는 것을 분명하게 할 필요가 있다.

> 전술(평가)의 가치는 사법 집행관에게 긴급체포 및 기소 외에도 자원을 어떻게 어디에 어느 정도의 집중도로 할당할 지를 결정하는데 극도로 중요하다는 것이다.[1]
>
> 1) Tustin J. Dinton and Fredrick T. Martens, Police Intelligence System in Crime Control (Springfield, IL: Charles C Thomas, 1983), 114.

전술 평가의 핵심 부분

서 론

이 항목은 분석관이 감사 목적을 위한 승인 담당자(정보 관리자) 이름, 날짜 및 파일 번호 등을 보고서에 작성할 수 있는 법적 근거 또는 기관 정책에 대한 세부 사항을 제공한다.

배 경

보고서의 처음 서론 부분에는 조사 중인 문제 또는 이슈의 발생 배경과 함께 평가의 목적 또는 목표에 대한 설명이 들어간다. 목표분석(프로파일링)과 마찬가지로, 이 항목은 보고서 작성 권한과 보고서 책임자(예: 담당 그룹 책임자 또는 부처간 위원회 위원장)의 이름을 제시하는 법적 근거 또는 기관 정책에 대한 승인내용이 제공되어야 한다.

목 표

본질적으로 보고서 목표는 보고서의 조사에 대한 질문이다. 조사의 방향을 안내하고 특정 문제에 대한 조사가 계속 집중되도록 하기 위한 것이다. 이는 조사 과정에서 흥미로울 수 있지만 문제의 결과와 전혀 상관이 없는 영역에서 "방황"을 하지 않게 도와주는 것이다.

현재 상황[2]

이 항목은 배경설명 이후에 나타나는 다른 서술적 항목과 유사한데 다만 목표대상 분석 앞부분에 위치한다. 사실상, 이 항목은 문제에 대한 설명 자료의 여러 하위 항목들로 구성될 수 있다. 이들 데이터들은 다른 정보 보고서(예: 목표분석), 공개 자료(인터넷), 학문 연구(예: 박사 학위 논문 및 석사 학위 논문) 또는 학술 저널의 논문, 서적, 정부 간행물(통계 자료) 등에서 얻을 수 있다.

현상에 대한 설명 외에도, 분석관은 이 문제의 파급영향을 역사적, 사회적, 경제적, 정치적, 종교적, 문화적, 또는 인류학적 맥락에서 설명할 수 있으며 관할권(지역, 국가 또는 전 세계) 정도에 대해서도 설명할 수 있다. 하지만 여기 이 항목에서 중요한 것은 이들 정보를 해석하려고 들지 않는 것이다. 그것은 예측 부분인 분석 이후에 해야 하는 것이다. 물론 분석관은 현재 진행 중 개선상황, 조사 중 발생한 어려움 또는 지금까지의 개입 실행에 대해 설명할 수 있다. 하지만 여기 있는 정보들은 다음 항목인 분석파트를 준비시키는 역할을 하는 것이다.

분 석

위에서 논의한 목표분석의 분석파트처럼, 여기에서는 분석관이 조사질문의 범위에 따라 통계 분석, 네트워크 분석, 역장이론 분석, 스왓 분석, 거시환경 분석 등의 다양한 기법을 이용한 분석의 결과를 제시한다.

예측전망

예측전망 부분은 기본적으로 분석에 대한 논의이지만 조사 중인 사안에 대해 밝혀진 내용을 평가하고 향후 어떤 대책을 강구할 수 있는지를 결과물로부터 추론하는 것이다. 분석관은 행하거나 이미 행해진 일로 부터 새로 수정하거나 완전히 새로운 접근방식 또는 동일한 개입조치에서의 우선순위 변화 등으로 초점을 바꾸어 볼 수 있다.

---

2) 샘플 보고서의 이 섹션은 표시할 수 있는 정보의 유형과 작성 방법을 설명하기 위해 축약되었다. 만약에 그것이 실제 사례였다면, 그 절은 그것의 2, 3배의 길이일 수도 있고, 그 이야기는 사실이나 주장을 증명하는 학술적 문헌에 의해 뒷받침될 것이다. 인터넷에 하버드 출처 방법을 설명하는 많은 무료 가이드들이 많이 있다.

일반적으로 이런 논의는 분석 결과의 틀 안에서 행해진다. 분석의 논리적 순서이기도 하지만, 이 것은 연역적 추론을 서술적 형태로 행하는 것이거나, 또는 앞서 분석 과정에서 발견된 각각의 이슈에 대해 "생각을 말로 옮기는" 과정인 것이다. 의사결정자가 고려해야 할 다양한 옵션 제시를 위해, 이 항목에서는 기관의 전략적 임무/목표 또는 핵심 성과 지표(KPI)와 이러한 기준지표들에 영향을 미칠수 있는 가능한 개입조치 등에 대해 설명한다. 그러면 회의석상에서 의사 결정권자는 "어떤 효과", "최고 가치" 또는 "최고의 관행"에 따라 우선 순위와 필요 자원에 대해 논의를 전개할 수 있다. 예측전망 부분에서 논의되는 문제는 아래 "파이브 Is 모델"에 포함된 토픽 중 어느 하나로 부터 도출될 수 있다.

Intelligence(정보) — 정보 수집, 분류 및 분석(과거 또는 미래)

Intervention(개입) — "문제"를 차단, 파괴, 약화 또는 제거하기 위한 전술

Implementation(실행) — 제안된 개입(이론 또는 원칙)의 목표를 현장에서 실용적인 방법으로 전환

Involvement(관여) — 다른 기관(또는 회사, 조직 및 개인)이 개입조치의 일부로 참여하도록 하는 방법

Impact(영향) — 어떻게 문제를 평가할 것인가 그리고 누구에 의해 평가받을 것인가. 문제가 전술적 특성 중 하나이므로, 간단하냐 복잡하냐를 떠나서 기본적인 평가가 가장 필요할 것이다(예: 결과보다 성과기반에 초점을 맞춘 평가).

권고사항

이러한 유형의 평가 범위에 속한 전술적 문제를 다루는 정보 관리자들에겐 검토할 선택안이 필요하다. 이전 항목에서 추출하여, 분석관은 선택이 가능한 모든 옵션의 범위만 재 작성하면 된다. 어떤 옵션이 가능한지 포인트로 간단하게 표시할수 있다. 선호하는 옵션이 있는 경우 강조를 하는 식이다. 이를 테면 선호도가 높은 옵션을 목록의 맨위로, 선호도가 낮은 다른 옵션들은 맨 끝에 배치할 수 있다.

권고 사항을 정리하기 위해, 20장에서 논의된 "허수아비" 기법을 이용한다. 이 기법은 의사결정자로 하여금 다른 옵션과 비교하여 선호하는 옵션의 장점/이점을 이해하게 할 수 있다.

첨 부

전술 평가는 목표분석보고와 같이 초관심 보고서이므로 첨부 자료는 최소한으로 유지해야 한다. 장문의 서술형 보고서보다 복잡한 관계를 잘 보여주는 조직차트, 사진, 지도와 같은 것들이 포함되는 게 좋다.

전술/작전형 보고서에 대한 일반적인 고려사항

정보 보고서를 작성할 때, 동일한 섹션 내에 사실, 추론, 권고 및 분석을 함께 배치하는 것을 피하는 것이 좋다. 보고서 작성에 "깔때기 접근방식"의 사용을 고려하라. 즉, 깔때기의 형태처럼 처음 일반적인 것부터 시작해 구체적이고 세부적으로 들어가는 것이다.

각 항목은 이야기가 논리적으로 전개되도록 "스토리"의 설명을 도와야 한다. 만약 보고서의 항목이 현 상황을 논의하는 경우, 알려진 사실을 포함시킬 수 있다. 이어지는 분석파트에서는 이러한 사실들을 취합하여 하나 이상의 분석 기법을 사용해 분석함으로써 통찰력을 가질 수 있게 한다. 또한 한계(예: 리스크 또는 추론 분석에 기반)에 대한 논의를 통해 이러한 시나리오(또는 가설)가 어느 정도의 가능성/확률이 되는지를 제시한다. 그리고 독자를 "깔때기"형태처럼 구체적인 계획 및 권고사항 부분으로 이끄는 것이다. 간단히 말해서, 시작, 중간, 끝의 기승전결 형태로 이야기를 하는 것이다.

허구적 이야기와 달리, 정보 이야기의 시작은 누가, 무엇을, 어디서, 언제, 어떻게, 왜의 (키플링 법) 사실들을 포함한다. 중간 부분에는 주로 분석이 포함되며, 끝 부분에는 보고서의 결론, 권고 사항 또는 정책 방안 등이 포함되며 이 모두가 다양한 형태로 나타날 수 있다(종종 고용 기관이 제시한 표준화된 형태가 있음).

분석관은 보고서 끝 부분에 분석 결과를 첨부하고 싶을 수도 있겠으나 이는 그 결과를 이야기의 전개과정에 적절히 융합하지 못했다는 것을 의미할 수 있으니 가능한 피해야 한다. 또한, 독자들에게 부록을 참고하도록 하는 것은 독자로 하여금 분석관의 일을 하게 시키는 것일 수 있다.

같은 맥락에서, 데이터 표 또는 매트릭스에는 종종 많은 세부사항이 들어가 있으므로 보고서의 분석 파트에 그냥 자동적으로 집어넣어선 안 된다. 이러한 분석

과학적 정보분석론

의 핵심 요점을 요약하는 것이 좋으며, 독자가 큰 그림 또는 결론이 어떻게 도출됐는지 보고 싶어 할 수 있으므로 다이어그램 또는 기타 그림/표를 부록에 제시하도록 한다.

이런 서술 방식을 제안하는 이유는 분석관이 권고사항을 작성할 때 바로 이 핵심 요점들이 근거가 되기 때문이다. 평가 권고안을 정책방안으로 제시하는 것은 보고서의 중요한 측면이다. 위협 평가, 위험 평가, 예산 또는 가능한 인적 자원 등의 측면을 고려하여 선택방안을 만들어 내는 것은 아주 훌륭한 접근 방식이다. 독자들은 이러한 장점들 때문에 권장 사항을 채택할 수 있게 된다.

이 지침들이 완벽한 해법은 아니지만, 이런 지침을 따른다면 정보 보고서에 포함된 메시지들을 의사결정자들이 이해할 수 있는 가능성이 훨씬 늘어나며 따라서 정책으로 실현될 가능성도 높아지는 것이다.

전술 평가의 예

서 론

날짜: 2014년 4월 1일

승인자: 국가 범죄 분석원장

범죄 분석관: 국제 범죄 조직부서(델타 엑스레이)

관련법: 밀입국 방지법 50조, 1992

사건 파일: 1992년 밀입국금지법, 제5항

I-0038/2014

배 경

6주 전, 국제 범죄 조직부서 델타 엑스레이는 밀입국 범죄에 개입한 혐의와 관련 루시앵 '디와이어'에 대한 목표분석 보고서 작성임무를 맡았다. 이 범죄 조직은 프랑스, 영국, 아랍에미리트연합, 인도 등에서 활동을 한 것으로 추정되고 있다. 목표분석(프로파일링) 결과, 수단 항구에서 많은 사람들을 배를 태우고 홍해를 통해 아부다비까지 밀입국을 하여 화물 트럭 컨테이너로 운반한 범죄 조직의 존재가 있다는 가설이 뒷받침되었다. 이 보고서의 분석결과 '디와이어'가 인도 하이데라바드에 기반을 두고 있는 위조범(군터)을 이용해 밀입국한 사람들에게 필수적인 여행입국 허가서를 제공한다는 것을 추정할 수 있었다.

목 적

이 전술평가의 목적은 '디와이어'와 관련된 문제가 밀입국 사건에만 국한된 건지 아니면 이 불법사업에 종사하는 여타 범죄 조직들이 존재하는지를 조사하는 것이다.

현 상황

밀입국은 국경을 넘어 사람들을 밀수하는 불법적 운송이고 비밀스럽고 (공작) 은밀하게 (속임수) 일어난다. 이 일은 일반적으로 허위 여행허가서 또는 신분증을 필요로 하며 작전을 도우는 개인 또는 그룹이 관여된다. 조력자는 허위 문서 취득을 포함, 그들이 도와준 데 대해 보수를 받는다.

밀입국은 현대판 노예로 묘사되이온 인신매매와는 다르다는 점을 유념해야 한다. 인신매매는 압박과 강압을 당하는 것이며, 때로는 속임수와 결부되어 그 대상자들이 자유를 박탈당하고 빚더미에 놓이게 된다. 인신매매의 가장 흔한 형태는 성 착취와 노동 착취다. 인신매매는 이 평가의 주제가 아니다.

조사연구 결과, 밀입국자들이 국경을 불법으로 넘는데 동의한 이유는 한가지일 수가 없지만 대체로 그 주된 원인은 새로운 사회적, 고용 기회, 혹은 목적지에서 가족들과 재회하는 것이다. 밀입국 업자에게 지불되는 비용은 합법적인 여행비용의 몇 배일 수 있으며, 밀수자가 밀수 작전 수행의 약속을 이행할 것이라는 보장 또한 없다. 그전에 있었던 한 일화에 따르면, 육지 이동 시 4,000달러에서 해상 이동 시 75,000달러까지 밀수업자들에게 지불된다. 사례 연구에 따르면, 바다를 통한 밀입국 시도는 배의 전복, 때로는 집단 익사로 끝난다. 다수의 인명 구조와 입원 조치, 그리고 사건 후속 조사는 관계 기관에 많은 비용과 시간을 소모한다. 육지를 통한 밀입국 사건 케이스들은 질식사와 열기로 인한 사망사건 등으로 이어질 수 있는데 이런 비극적 결과를 처리하기 위해 많은 공적 자원이 소비된다.

밀수업자와 계약한 사람들은 밀입국 도중에 신체적 또는 성적 폭력의 대상이 될 수 있다. 비록 일반적이 아니라 약간 소수의 사례이겠지만 그래도 밀입국 자들은 최종 목적지에 입국해서도 그들의 불법 거주 지위의 노출을 두려워하여 밀수업자의 협박의 대상이 되는 경우가 있다.

"디와이어"와 관련된 현 사례는 전형적인 밀입국 범죄의 특징을 모두 지니고 있다.

과학적 정보분석론

그림 13.1   물에 빠진 여성을 구출하는 홍콩 경찰

국제 조직 범죄 조직부서 "델타 엑스레이" 분석 팀이 작업한 목표분석(프로파일링)은 이러한 가설을 뒷받침하며, 그 보고서는 이 제안을 뒷받침할 수 있는 강력한 증거를 제시한다. 목표분석 보고가 작성된 이후, 인터폴은 이 문제에 대한 범죄수사를 수행하겠다는 의사를 알려주었다.

밀입국은 비밀리에 이뤄지기 때문에 정확한 규모나 범죄조직이 몇 개나 연루됐는지 알기 어렵다. 허나, 이 분야의 연구자들은 지난 한 해 동안 80만 명의 사람들이 EU에 유입되었을 것으로 추정하고 있다. 이 추정치는 확실하지 않은 UN 조사방식에 기초한 것이지만 상당히 합리적인 근사치라고 할 수 있다. 이는 사실 밀입국의 적발률이 매우 낮다는 것을 공식 통계가 뒷받침하는 것이다.

연구결과, 출생 이나 또는 도착지 국가라는 측면에서 고려할 때 전세계 거의 모든 나라가 밀입국과 관련해 영향을 받는다는 것을 보여준다. 범죄활동으로부터 창출되는 막대한 이익이 결국 밀입국 범죄가 벌어진 국가들에서 범죄와 부정부패의 가능성이 증가하도록 영향을 미치는 것이다.

분석[3]

이 전술평가의 목적은 이것이 단지 '디와이어' 와 관련된 사건인지 혹은 이 활

---

3) 이 샘플 보고서의 축약된 "현 상황" 섹션처럼 분석 섹션도 더 길며 보다 상세한 분석 요약을 포함할 수 있다. 그러나 이 섹션이 어떻게 생겼는지 보여주는데 있어서는 여기에 제공된 정보로 충분하다.

동이 다른 범죄 집단과 연관된 가능성이 있는지를 평가하는 것이었다. 위에 제시된 사실들에 장단점 분석([표 13.1])을 거쳤을 때, 단지 '디와이어' 만의 문제가 아니라는 결론을 뒷받침하는 압도적인 양의 증거가 있었다. 국가 범죄 분석국 감독 관할권 내에서나 그 지역을 통해 다른 밀수업자들이 활동할 가능성이 높다는 결론을 내릴 수 있다. 또한 해상 운송에서 관할권의 지리적 위치를 고려할 때, 관련된 자금의 양은 유엔 추정의 최우치에 있고, 이는 결국 부정부패의 가능성을 증가시킨다고 결론지을 수 있다. 예를 들어, UN 이 문제의 규모를 80만건으로 추정하고, 그 비용에 대한 추정치가 1인당 10,000달러로 계산된다면, 이것은 연간 80억 불 규모와 맞먹는다.

표 13.1	장단점 정리
장점	밀입국은 비밀스럽고 은밀하게 행해진다. 밀입국자는 자발적으로 참여한다. 보상이 매우 높다. 성공의 높은 가능성(잡힐 위험이 적음) 많은 숫자로 인해 관리국에서 모든 항구와 국경선을 효과적으로 관리할 수 없다. 부패 관리들에게 돈을 지불함으로써 밀입국 감시 가능성을 줄임.
단점	합법적 여행과 비교할 때 비이상적 비용 위험함 발각 가능성(낮음) 부상 혹은 실패 가능성(낮음)

예측진단

국가 범죄 분석국장이 NCAA 의 '디와이어' 의혹 조사 태스크 포스 합류를 허가했지만, 이 기관의 최우선 과제는 현안이 고립되어 있는가 혹은 광범위하게 확산되어 있는가에 있다. 이 평가에서는 문제의 규모가 단일 범죄 조직보다 훨씬 더 클 가능성이 높으며 불법 산업의 잠재적 규모를 감안할 때, 사회가 직면한 다른 범죄에 영향을 미칠 수 있는 진행중인 문제일 가능성이 높다고 결론짓는다.

권고사항

이 시점에서는 관할권 내에서 밀입국 사업의 범위를 이해하는 것이 중요하다. 이는 정보전 문제이며, 국제 조직범죄 담당부의 전략분석팀(델타 브라보)은 전략적 평가 보고서를 작성해야 한다.

전략적 평가서는 밀입국 과정의 출처, 목적지, 과정 등에서 관할 당국이 어떤 역할을 해야 하는지 기술해 놓아야 한다. 또한 범죄 조직의 수, 인신매매되는 사람들의 수, 그리고 2차 범죄 또는 관할권 내의 결과적 범죄 측면에서 그 문제의 크기에 대한 추정치를 포함해야 한다. 마지막으로 평가서는 보고서에서 제기된 각 문제를 해결하기 위한 다양한 옵션을 제공해야 한다.

중요 용어

이 장과 관련된 주요 핵심용어와 문구는 다음과 같다. 한 두 문장으로 간략한 정의와 설명을 작성하여 이해의 정도를 알아본다.

o 다섯 개의 아이(I)들 모델
o 깔때기 문법 접근법
o 전술적 평가

학습 질문

1. 전술 평가의 핵심 부분을 나열하고 각 섹션에 나타날 정보의 유형을 간략히 설명하시오.
2. 보고서 작성에 "깔때기" 접근법을 사용하는 것이 왜 유용한 방법인지 설명하시오.

학습 활동

12장의 학습 활동에서 개발한 목표분석(프로파일링)을 사용하여 본인의 선택 과제에 대한 연구를 계속하시오. 프로파일링과 이 장에서 얻은 추가 정보를 사용하여 전술적 평가서를 작성하시오. 도움이 필요하면 이 장에 제공된 전술 평가 샘플과 제2절 및 제3절을 참조하시오.

14장 차량 이동 경로 분석

이번 주제는 전쟁이 일어난 지역에서 아군의 안전경로확보와 적대적인 시가지에서 고객의 안전경로확보를 위해 필요한 두 가지 검토사항에 대한 것이다.

1. 기본 기획안
2. 분석 과정

서론

비록 여기에서는 군사 또는 준 군사 작전 측면에서 차량 이동 경로 분석의 개념이 논의되지만, 이 개념은 다른 안보환경에서 작전하는 사람들에게도 동일하게 적용된다. 예를 들어, 분석관은 인질납치나 차량 납치의 위협과 관련된 분석도 수행할 수 있다.

그것은 대비가 최선의 방어 형태라고 생각하는 사람들에게 아주 귀중한 사고방식이며, 전세계 테러와의 전쟁에 관여하고 있는 지역에서 활동하는 세력들에게 있어서는 거의 필수 불가결한 사고이다. 그럼에도 불구하고, 분쟁 지역, 예를 들어 갱단의 폭력이 난무하는 선진산업국의 도시에서 작전을 하고 있는 사람들의 경우에도, 차량 경로 분석은 중요하다고 할 것이다. 그것은 정보 분석을 위한 구조화된 사고방식일 뿐만 아니라 보안 요원들을 위한 실용적인 기술이기 때문이다.

이 분석방법은 군 관계자들이 제일 많이 사용하겠지만, 밀착 개인경호 분야에서 일하는 경호요원들에게도 중요하다. 또한, 적대 지역에서의 차량이동이나 혹은 호송계획에 관여하는 정보 요원들에게 매우 중요한 것이다. 이는 1회성으로 승객한 명을 실어다 주는 업무이거나 며칠 동안 여러 회의에 VIP들을 태워주는 다중 차량 행렬이건 모든 차량 이동의 중심에는 차량이동 경로 분석이 있기 때문이다.

기본 기획안

이동 경로 분석을 위한 기본 기획안의 마련은 10개의 상호 연관된 세부계획을 기반으로 만들어진다. 이 세부계획들은 분석관이나 작전요원이 전체 분석을 수행하는 방법에 대하여 단계적 접근법을 구성한다.[1] 즉 분석관은 다음과 같이 단계별로 수행한다.

1. 지도 정찰
2. 위험 분석
3. 위기대응계획
4. 이동 지면 분석
5. 공격 현장 분석
6. 공격 방법 분석
7. 차량 강화 계획
8. 역 감시 계획
9. 커뮤니케이션 계획
10. 보강 정보의 참작

이런 기본 틀은 지리와 상관없이 적용해야 한다. 즉, 보호 대상 차량이 세계 주요 도시 중 하나를 통과하든 전쟁 지역을 통과하든 그에 상관없이 이런 조치들이 단계적으로 적용되어야 한다. 그러나 이러한 지리적 맥락의 문제도 차량, 즉 VIP를 태운 차량에 따라 다를 것이다. 이를 테면, 매사추세츠 애머스트에서 VIP를 태우고 이동하는 차량과 인도의 하이데라바드를 지나는 경호차량과는 다른 것이다.

---

[1] Robert H.Deatherage Jr, Survival Driving: Staying Alive on the World's Most Dangerous Roads

분석 과정

지도 정찰

이 분석 과정은 어떻게 진행되는가? 먼저, 지도정찰을 통해 목적지까지 오가는 몇몇의 대안 경로에 대하여 결정한다. 최소 세 개의 경로를 갖는 것은 어떠한 적대적 위협도 좌절시킬 만한 예측 불가능 변수를 초래한다. 이 분석은 만약 공격이 발생할 경우 주요 요충지역이나, 정밀도로 및 안전 대피소와 같은 특징적인 장소를 찾아내는데 도움을 준다. 이러한 데이터는 시중에서 구입 가능한 거리 안내도, 정부가 제작한 지형지도, 상업 또는 비밀위성 사진, 상수도 회사에서 사용하는 지도 등 다양한 지도에서 얻을 수 있다(물론 인터넷 기반의 지도를 이용할 수도 있다).

이 접근 방식은 이동 경로 전체의 특징을 보다 잘 이해할 수 있게 데이터를 종합하기 때문에 사용을 권장한다. 이상적으로 어떠한 형태의 지공간 지도 시스템이 이용될 수 있다면, 이것은 분석관에게 최선의 방법이 될 것이다. 그렇지 않은 경우, 15장에서 논의된 시간이 걸리는 오버레이 지도 시스템이 더 나은 성능을 발휘할 것이다(플립차트 혹은 컴퓨터 프리젠테이션와 같은 전자장비 방식을 이용하더라도).

그림 14.1   하이데라바드를 비롯, 전 세계의 복잡한 대도시들은 차량경로 분석에 어려움을 준다.

출처: 저자 촬영

위험 분석(Hazard Analysis)

다음으로 위험 분석에서는 직접적인 위험을 노출할 수 있는 모든 지역을 찾아 내게끔 해준다. 따라서 이 위험분석을 통해 분석관은 차량 이동을 제한하거나 공격 위협을 가할 수 있는 개인 또는 그룹(18장에서 논의한 위협 요원)을 커버할 수 있게 된다. 또한 이 분석은 공격자가 개활지에서 공격을 하게 함으로써 노출된 위험에 도움이 되는 방향으로 간접위험을 찾아내도록 해준다. 예를 들어 차량이 지나갈 때 잠재적 위협요원이 통행에 통제를 가능하게 할 수 있는 그 어떤 제한구역 장치로 교통 신호등, 정지 표지판 또는 고속도로 지하도와 같은 단순한 요소들이 있을 수 있다.

간접 위험의 예로는 쭉 뻗은 포장도로를 따라 고층으로 개발된 도시지역이다. 비록 도로가 공격을 개시하기에 적합하지 않지만, 공격자는 치고 빠지는 기습공격을 개시한 다음에 인근의 "도시 정글"로 재빨리 사라져 차량 보안 정보를 식별당하거나 검거, 또는 체포당하지 않을 수 있다. 이동 위험이란 차량의 경로 변경 능력을 저해하거나 차량의 이동을 통제하게 하는 그 어떤 요소로써 그 진행 동선을 더 취약한 곳으로 모는 것이다.

위기 대응 계획

이 작업 이후, 다음 단계는 주요 요충지나 경로 위험에 대한 위기 대응 계획을 수립하는 것이다. 이는 미리 결정된 지침으로, 취약지점에서 운전자가 갑자기 공격을 받을 경우 미리 운전자에게 대비책으로 준비된 지침을 하달하는 것이다. 그것은 최선의 탈출구 방향, 다음 피신처까지의 거리, 도움을 청할 수 있는 사람, 그리고 가장 중요한 것으로 가지말아야 할 길 등에 대한 선택방안을 제공한다.

지원 요청을 대비해, 차량에 휴대용 무전기를 장착되어 있어야 한다. 탑승자가 차량을 버리고 도보로 탈출 및 피신을 준비해야 하는 경우, 휴대용 무전기는 상황에 대한 세부 정보제공과 구조 작전 시에 지극히 중요하다(후에 소개되는 커뮤니케이션 계획 참조).

차량이나 호위차량으로 몇 시간 동안 이동할 경우 예정된 정차를 계획하고 있어야 한다. 집중력과 주의력을 유지하기 위해서는 첫 1시간 후 약 15분 정도 정차

과학적 정보분석론

하는 것이 필요하다. 이후, 매 2시간마다 약 10분씩 정차하는 것이 필요하다. 이러한 정차를 계획할 때 전체적인 안전 우려와 관련하여 위치, 보호, 신속한 대피 및 인체의 쾌적함에 대한 규정을 고려해야 한다.

주행위험 상황 및 비상 대응 계획을 결정할 때는 차량이 주행할 도로 표면에 대한 분석도 수행되어야 한다. 이 분석은 다양한 계절마다의 조건(오랜 시간 승객을 운송해야 하는 경우)이나 또는 경로를 이용하는 그 당시의 계절(단기이동의 경우)에 나타날 가능성이 있는 모든 조건들을 고려해야 한다.

이동 지면 분석

도로 지면에 대한 고려는 전체 분석 과정의 중요한 부분인데, 이는 같은 도로 지면에서도 주행 조건이 다르기 때문이다. 예를 들어, 건조한 계절에 완벽하게 지나갈 수 있는 비포장도로가 불과 작은 수량의 비로 인해 도로가 미끄러운 진흙 판으로 만들어져 차량 속도를 늦추거나 운전조작능력을 잃게 함으로써 매우 어려운 위험을 초래할 수 있다. 이러한 도로 상황은 공격자에게는 더할 나위없는 완벽한 살해구역을 만들 수 있다.

여러 대안 경로, 또 각 경로와 관련된 안전 대피소와 경로 위험 및 도로 표면 특징을 분석한 후에 그 다음으로 전체 경로 계획의 단계는 각각의 공격이 예상되는 공격장소를 분석해내는 것이다. 이것은 다른 유용한 분석 결과를 토대로 만드는 보다 구체적인 형태의 분석이라고 할 수 있다. 이것은 가장 개연성이 높은 치명적인 공격장소, 즉 공격이 시작되고 끝이 나는 그 경로를 알아내는 설명들과 위협이 숨어 있을 지역을 표시하는 그림들을 제시할 것이다.

공격 현장 분석

분석의 마지막 단계는 가능한 공격형태에 대한 검토이다. 이는 과거의 경험을 토대로 한다. 연구조사결과 공격자는 통상 익숙한 방법을 사용하는 경향이 있는 것으로 밝혀졌다. 따라서 공격자는 이전에 사용한 무기와 전술을 사용할 가능성이 높다. 예를 들어, 어떤 집단들은 급조한 폭발물을 사용하는 경향이 있는데 비해 또 어떤 집단들은 공격수단으로 저격용 무기나 로켓 추진 수류탄을 선호하기도 한다.

치고 빠지는 매복공격을 준비하기 위해 장애물을 설치하는 방법부터 치명적인 공격장소 한 지역에 전체 호송차량을 공격하는 방식에 이르기 까지 여러 종류의 공격이 있을 수 있다. 6장에서 논의된 아이디어 생성 기법(다양한 데이터 수집 기술 등) 중 하나를 사용하여 모든 가능성을 조사하고, 그 결과를 경쟁 가설과 같은 기법(11장 참고)을 사용하여 평가하는 것이 중요하다.

공격 방법 분석

분석관은 차량이나 수송대가 이동하는 지역을 근거지로 활동하는 단체를 조사하여 경로의 취약한 지점과 지면상황의 맥락에서 그 데이터들을 적용해야 한다. 이것이 이루어지는 과정이 시나리오 작성 기법 또는 분석 기관이 선호하는 이론화 방법이든 그건 중요하지 않다. 중요한 것은 여러 가지 변형된 공격형태가 있을 수 있으며, 도시정지 공격, 도시이동 공격, 시골정지 공격, 시골 이동공격 그리고 원거리 무기공격 등을 고려해야 한다는 점이다.

이런 유형의 분석을 고려할 때, 위협 요원들이 게릴라 반란군들인지 아니면 그들이 정규군인지를 구별하는 것이 중요하다. 이는 사용되는 전술과 무기가 크게 다를 수 있기 때문이다. 일반 군대의 경우, 헬리콥터를 이용한 공중매복이나 포격 같은 공격방식이 포함될 수 있다. 반면에 현지 반란군이라면 급조된 폭발 장치, 로켓 추진 수류탄 발사기 또는 저격수 등의 사용이 포함될 수 있는 것이다.

차량 강화 계획

분석 과정에서 차량이나 호송차량에 위험을 초래하는 공격 요소가 발견되는 경우, 위험을 완화하기 위해 차량 강화가 요구된다. 차량 종류에 따라 차량 보호 강화 방법이 많기 때문에 자세한 내용은 여기에서 다루지 않는다. 그럼에도 불구하고, 필요한 보호 수준에 맞춰 설치할 수 있는 무장의 종류를 결정하기 위해 자동차 엔지니어나 정비사로부터 상담을 받는 것이 바람직하다.

보호 무장을 더 강화하는 것은 단순한 문제가 아니다. 이는 강화된 설계에 차량의 능력을 반영해야 하기 때문이다. 즉 차량의 운송중량 및 조향, 가속 및 제동 성능과 같은 요소들이 신중하게 고려되어야 한다.[2]

---

2) 예를 위해, U.S Department of Army, *Counterinsurgency Operations*를 참고할 것.

역 감시 계획

이 모든 생각을 함께 종합적으로 판단하기 위해서는 이동 경로를 따라 나타나는 몇 몇 고정 장소에서 역 감시 작전을 펼치는 이점을 평가하는 것이다. 이 대응 방안은 전체적인 이동 위험에 대한 평가뿐만 아니라 역 감시가 얼마나 이점이 있을 지에 대한 현실적인 평가에 달려 있다.

비밀 현장요원들을 배치하려고 하다가 이들이 납치, 고문 또는 살해될 수 있는 더 위험한 상황을 만들 수 있다는 것을 인지하여야 한다. 분명한 건 이런 결정은 역감시 팀의 리더와 상의해서 하거나 또는 차량 보안의 세부정보를 통해 이루어져야 한다.

또한 분석관은 감시조치가 잘 먹히지 않게 하는 수단으로써 위장술, 은폐 및 기만 등을 고려해야 한다. 위장은 차량이 주변 환경에 섞여 보이는 것을 말하고 전통적으로, 눈, 삼림지, 정글 또는 사막 위장이라 는 것이 있다. 하지만, 만약 차량이나 호송차량이 외국의 도심 지역에서 운행된다면, 차량을 도시 거리를 가로지르는 현지 주민들의 것과 비슷이 보이게 만드는 것을 의미할 수도 있다.

은폐는 운반 중인 물품을 감추기 위해 방수포로 차량의 짐을 덮는 것만큼 간단할 수 있다. 기만은 공격자의 주의를 돌려 다른 차량이나 호송차로 가도록 만드는 그런 전술이라고 할 수 있다. 예를 들어, 공격자의 감시 팀이 공격자를 다른 방향으로 보낼 수 있도록 가짜 호송차량들을 몇 분 더 일찍 출발하게 하는 것이다.[3]

커뮤니케이션 계획

차량 또는 호송행렬의 진행 상황에 대한 상황 보고(상황보고)를 하는 것은 기본적이다. 일반적으로 이러한 보고는 작전본부에게 간다. 따라서 양방향 무전기 장비는 튼튼하고 잘 작동하는 것이어야 한다. 군용 규격에 맞게 제조된 것이어야 하기 때문에 소매점을 통해 판매되는 상업용 무전기는 사용할 수 없다. 이는 "군용 규격" 장비가 일반 상업용 무전기보다 훨씬 높은 수준으로 먼지, 열, 감기 및 진동을 견딜 수 있도록 설계되었기 때문이다. 군사용 무전기는 일반 시장에서 판매되긴 하지만 '공공 안전용' 무전기로 광고되고 경찰, 소방, 응급구조 용으로 판매된다.

---

3) 역 감시에 대해 *Counterintelligence Theory and Practice*를 참고할 것.

무전기 종류도 이 계획에서 정해질 필요가 있다. UHF 무선통신은 HF 세트의 범위를 지니고 있지 않다.[4] 이러한 요인은 차량이나 호송대가 다음 마을을 이동하듯이 10km 정도를 운행하는 것이 아니라 수백km의 장거리를 주행하는 경우에는 매우 중요한 고려요인이 된다.[5] UHF 무선은 깊은 계곡에서 안 터지거나, 강한 모래폭풍 속에서 그리고 연기가 자욱한 경우 문제를 일으키지만 VHF 무선의 경우 이러한 조건에서 더 나은 성능을 발휘할 수 있다.[6] 가장 적합한 장비를 결정하거나 작동 주파수를 결정하기 위해서 무전기 엔지니어로부터 도움을 받을 필요가 있다. 차량에 각 주파수 대역(HF, UHF, VHF)에 맞는 송수신기를 차량에 설치하는 문제도 결정해야할지 모른다. 그런 다음 각 주파수 대역과 주파수에 대한 절차를 전체 임무와, 일부 임무 또는 비상 상황의 발생에 맞춰서 적절하게 선택할 수 있다.

장비 구비사항이 결정되면 체크인 시간과 수파수를 지정하여 일련의 무선 호출 부호를 설정해야 한다. 또한, 비상사태와 일상 상황에 대한 암호법을 이해해야 하며, 필요한 경우 모든 무전병은 무선이 무음으로 유지되어야 하는 시간 및 지역에 대해 미리 사전 브리핑을 받아야 한다.

---

4) UHF 는 Ultra-High Frequency 의 약자이다. 이 무전의 주파수는 300MHZ 에서 3GHZ까지의 범위다. 작전 영역을 벗어나지 않도록 시그널을 "봉쇄"해야 할 경우 훌륭하고 가시성이 뛰어나다(지점에서 지점까지). 이는 제3자가 어느 정도 거리를 두고 차량의 신호를 감시하려고 할 때, 시그널이 인터셉트될 가능성을 줄이므로 중요할 수 있다. 모니터링 스테이션이 가시거리 내에 있지 않으면 시그널이 인터셉트될 가능성이 줄어든다. 음성 암호화를 사용하여 통신 보안을 강화할 수도 있다. 상업용 암호화 장치도 매우 높은 수준의 보안을 제공하지만 기밀 또는 최고 기밀 분류에 쓰일 수는 없다. 그럼에도 불구하고, 통신 보안이 짧은 시간(시간 또는 하루) 동안만 필요한 경우, 암호화된 시그널은 그 시간 안에 암호를 풀 수 없으며, 결국 작전은 실패하고 수송대는 안전하게 목적지에 도착한다. 무전 엔지니어는 이러한 장비의 기술 사양과 통신 보안 측면에서 임무 수행에 대해 상담할 필요가 있다. 이 대역의 신호는 지상 및 지형의 대기 상태와 관련된 변수의 영향을 받는다. 그러나 UHF는 가시거리에서 작동하고 이 신호는 상부 대기의 이온화 층을 통해 직접 전달되기 때문에 위성을 통한 통신에 이상적이다. 위성 통신을 사용할 수 있는 경우, UHF 장비는 호송대 내부 통신(단순 주파수를 사용하는)과 장거리 통신(이중 주파수를 사용하는)에 적합할 수 있다.

5) HF, 고주파는 3MHZ에서 30MHZ의 주파수 역대이며, 범위가 몇 km에서 대륙 횡단 거리까지이며 신뢰할 수 있는 통신을 전달할 수 있는 대역이다. 또한 단파 밴드로도 알려져 있다. 그러나 이러한 신호들이 이동할 수 있는 거리가 길기 때문에 제3자에 의한 도청이 증가한다. 참고로, Harry L. Helms의 *How to Tune the Secret Shortwave Spectrum*(Blue Ridge Summit, PA: Tab Books, 1981)과 Oliver P. Ferrell의 Confidential Frequency List, 5th edition을 참고하라. 정보기관들은 계속해서 이 밴드들을 감시하고 있기 때문에, 만약 호송대의 무전 통신이 어떤 식으로든 민감하다면, 세상 어딘가에 있는 정보기관 중 일부가 감시하고 있다고 생각해야 한다.

6) VHF는 매우 높은 주파수를 의미한다. 이 밴드는 30MHZ에서 300MHZ의 주파수 대역이다. HF 대역과 UHF 대역 사이에 위치하며 UHF 대역의 신호처럼 대기 환경과 지형에 민감하지 않기 때문에 유용한 밴드이다.

차량이 호송행렬 안으로 들어와 운행하는 경우, 통신 계획은 UHF 주파수 등을 사용하여 호송차량 간 통신을 위한 주파수와 절차를 명시하여 신호가 원격에서 차단될 수 있는 가능성을 줄여야 한다(각주4 참고). 일반적으로 이런 무전기들은 차량에 장착되는 2차 사양의 것들로 작전본부와의 통신에 사용되는 주파수와는 다른 주파수로 작동하게 한다(예: HF 그리고/또는 VHF).[7]

휴대용 무전기도 위기 대응 계획의 일부로 전체계획 내에 통합될 필요가 있다. 비상 시 차량에서 대피하는 경우, 이 때 차량에 장착된 무전기는 비상 상황, 위치 상태(locstat) 또는 상황 보고서의 세부 정보를 제공하는 데 아무런 쓸모가 없다.[8]

보강계획

전체 차량 이동 경로 분석에 기여하는 다양한 분석을 실행하는 동안, 분석관은 보고서 본문의 설명에 해당되지 않는 요소를 추가하는 것이 필요하다고 생각할 가능성이 있다. 지도, 도표, 항공 사진 등이 즉시 떠오르지만 안전 가옥 사진, 위협 요원, 경로 위험요소 등 다른 요소가 있을 수 있다. 이러한 자료가 있는 경우, 이 정보들을 보고서 끝에 추가하거나 적당한 항목에 참조로 넣을 수 있다. 이러한 유형의 정보는 비상 상황에 이해를 돕고 참고자료를 제공하는데 도움이 될 수 있다. 이를 테면 비상 주파수 목록과 같은 것이다.

요 약

지금까지 우리는 단지 이동 경로 분석의 분석적 고려사항을 검토했지만, 위험도가 높은 지역에서의 이동 시 여러 측면에 대한 철저한 이해가 필요하다. 운행 지역이 바그다드 지역이든, 베이루트이든, 보고타이든 지역에 상관없이 위험지역에서라면 반드시 고려해야할 사항이다. 따라서 분석관과 작전 요원들이 이동 경로 분석과 관련된 모든 중요사항을 이해할 수 있다면, 다음과 같은 다양한 하위 분석

---

7) HF 통신은 특성상, 대형 안테나가 필요하다. 예를 들어, 27MHZ 쿼터파 안테나는 9피트(2.6미터)이다. 14MHz에서는 약 16피트(5m)가 된다. 그리고 5MHz에서는 차량에 탑재된 쿼터파 안테나가 약 47피트(14m)가 될 것이다. 물론, HF 안테나는 일반적으로 로딩 코일을 추가하여 "축소"되고 무전기 세트에 내장된 자동 튜닝 장치를 통해 튜닝되지만, 여전히 매우 크다. 이 안테나의 크기는 차량이 눈에 띄게 하여 그것과 호송대가 주목되는 표지 역할을 할 수 있다.
8) 비상 상황 통신의 기본적인 설명은 다음의 책에서 다뤄지고 있다. American Radio Relay League, *Emergency Communication Handbook*, Steve Ford, ed.

을 수행하는 데 크게 도움이 될 것이다. 예를 들어:

- 차량 동력
- 따돌리기 기술
- 차량 무장의 장점과 단점
- 차량 행렬 방어 전술
- 구조 경로를 찾아내기
- 차량 안전 장비
- 차량 폭탄에 대한 검색 방법

경로 분석 방법에 대한 기본사항들이 논의되었지만, 실행에 있어서는 이 책의 범위를 벗어나는 많은 지식이 필요하리라 예상된다. 그럼에도 불구하고, 이론적 맥락을 이해하는 것은 이러한 유형의 계획을 수행하는데 관심이 있는 이들에게 VIP 들이 어디서 폭발물이나 소형화기로 매복공격을 당하였었는지; 그들이 어디서 도중에 납치되었는지; 공격시에 어디서 따라잡혔는지 등에 대한 역사적 지식의 필요성을 시사한다. 또한 관심 있는 분석관이나 작전관들은 차량 동력학, 따돌리기 기술 및 차량무장에 대해 논의하는 책을 찾아보면 도움이 될 것이다.[9] 사례연구 방법도 이러한 유형의 연구에 적절하다. 사례연구는 공격자와 피해자의 장단점을 이해함으로써 잠재적으로 이용가능한 대응책과 다양한 사례에 적용하는 방법을 명확하게 알려주기 때문이다.

중요 용어

이 장과 관련된 주요 핵심용어와 문구는 다음과 같다. 한 두 문장으로 짧은 정의나 설명을 작성하여 각각의 용어에 대해 얼마나 이해하고 있는지를 알아보자.

o 공격 현장

---

9) Ronald George Ericksen II의 *Gateway: Driving Techniques for Escape and Evasion*은 실용적 기술과 실제 차량 개조에 중점을 둔 우수한 문고이다.

o 공격 방법

o 역 감시

o 위기 대응

o 위험

o 정찰

o 이동 지면

학습 문제

1. 차량 이동 경로 분석의 7단계를 대략적으로 설명하시오.
2. 지도 정찰을 위한 지공간 정보의 잠재적 출처 3가지를 열거하시오.
3. 주행 표면 분석을 수행하는 것이 중요한 이유를 설명하시오.

학습 활동

당신이 VIP 방문 계획을 세우는 것을 도와달라는 요청을 받았다고 가정하자. 그 사람은 당신이 일하는 곳과 가장 가까운 공항에서 여행하고 5km 떨어진 은밀한 장소에서 열리는 회의에 참석할 것이다. 위의 두 번째 연구 질문에서 확인한 출처 중 하나의 지도를 사용하여 5km 반경으로 공항 주위에 원을 그린다. 이제 반지름 선을 따라 인구가 많은 도로를 선택하고 차량 분석의 7단계를 사용하여 계획을 작성한다. 그 계획은 대단히 상세할 필요는 없다. 당신이 달성하고자 하는 것은 계획을 구성하는 각 요소에 대한 이해이다. 작성한 후, 다음과 같은 문제에 대해 숙고해본다: 각 하위 분석의 배치가 만족스럽게 되었는가? 그렇지 않다면, 무엇이 불충분했는가? – 교과 지식? 그 지역에 대한 더 많은 정보가 필요했나? 이 훈련을 실제 상황으로 간주하고 한다면, 당신은 어디에서 세부적인 사항을 찾을 수 있는가? 훈련이 아닌 경우 이러한 유형의 분석을 완료할 때 어떤 교과 지식에 자신감을 느껴야하는가?

15장 지리학적 분석

이번 주제는 공간 데이터를 제시하는 세 가지 기초적인 방법에 초점을 맞춘다.

1. 지도
2. 오버레이
3. 모자이크

지 도

기초사항

지도는 지구의 표면을 단순하게 2차원(2D) 그래픽으로 표현한 것이다. 이 지도는 지도 제작자가 축척에 맞춰 그려진 것으로써 (야전에서 만들어진 머드 지도 라 부르는 것을 제외하고) 항상 북위방향을 지향하게 그려진다. 지도 제작자들은 보다 쉽게 이해할 수 있도록 특정한 장치를 고안하여 사용한다 — 표현을 증가시키기 위한 다양한 색상과 선뿐만 아니라 실제 물리적 세계의 다양한 특성을 의미하는 보편적인 기호를 사용한다.

어떤 지도들은 모래, 점토, 목재, 플라스틱, 종이 또는 판지로 제작된 3차원 지도도 있지만, 여기서 논의되는 것은 주로 2차원 형태의 종이 지도와 전자 지도로 제한된다. 이들은 심지어 가장 단순한 형태의 공간 분석으로도 만들어질 수 있으며, 그 결과는 의사결정자가 고려할 수 있게 쉽게 표시될 수 있다.

지도는 서술적 형태일 때 혼동을 줄 수 있는 정보들을 한번에 많이 보여주기 때문에(말 천마디보다 그림 한 장이 더 낫다는 금언처럼) 분석관에게 매우 중요하다. 또한 분석관은 지도 매체를 통해 원거리와 가시선을 비교하고 접근성, 이동 경로 등을 평가할 수 있다. 각 지도에는 수많은 데이터 항목이 포함되어 있기 때문에, 지상의 많은 요소들의 존재와 위치 및 거리를 보여주는 자체적인 D/B이다.

정보 분야에서 지도를 가장 자주 이용하는 곳이 군대임은 의심할 여지가 없다. 비록 범죄와 범죄 현장 지도를 사용하는 법 집행 기관들도 지도를 사용하지만, 그들의 사용은 그렇게 보편적이지는 않다. 정보 보고서에 지도를 첨부할 시에는 분석가가 독자가 아는 정도의 지도기술 수준만큼 첨부해야 한다. 예를 들어, 독자가 도시 거리 지도를 읽는 정도의 지식을 갖췄다면, 지도에는 그만큼의 정교함만 제시되어야 한다. 그 이상의 상세한 사항은 독자의 흥미를 잃게 할 수 있으며, 분석가도 독자가 없어지게 된다.

출 처

지도는 토지 조사를 담당하는 정부 부서에서부터 고품질의 지도 제작을 전문으로 하는 비스니스 회사에 이르기까지 여러 곳에서 조달할 수 있다. 이 글을 쓰는 지금, 인터넷은 지구의 위성 이미지를 보여주는 지도를 포함한 몇 개의 디지털 지도의 출처를 가지고 있다. 이러한 영상의 해상도는 양호하며 이용자는 필요한 확대 수준을 선택할 수 있다. 이러한 위성 영상은 지형 기능이 있는 간단한 지도 또는 복합 형식(지형 및 이미지)으로 표시될 수도 있다. 이 글을 쓰는 현재, 이용 가능한 다른 인터넷 기반 지도 체계에는 전 세계 도시의 거리 수준의 지도와 바다의 경관을 보여주는 지도들이 있다.

데스크톱 컴퓨터 워크스테이션과 소프트웨어 패키지를 통해 분석관은 종이 기반 지도를 디지털 이미지로 변환하여 브리핑 시 화면을 띄울 수 있으며, 디지털 방식으로 작성한 문서에 통합하거나 호스트 기관의 보안 인트라넷 사이트에 저장할 수 있다(예: 기관의 기초 정보 의 일환으로서의 전자 지식 기반의 일부 형태).

항공 사진

항공 사진은 고정익 비행기, 무인 비행기, 뜨거운 공기와 가스가 가득 찬 풍선, 위성 등 다양한 공중 플랫폼에서 찍은 사진이다. 항공 사진은 지도의 보조 자료 또는 대체 지도로 사용할 수 있다.

분석관은 왜 항공사진 형태로 정보를 보여주는 것을 고려하는가? 지형 지도의 경우, 몇 년 전에 만들어졌을 수 있고 그렇다고 하면 너무 오랜 구형일 것이다. 반면 최근에 찍은 항공 사진(연구 초기 분석관의 정보 수집 계획을 통해)은 지형의 변화

발생을 보여준다.

이런 점에서 항공사진과 지도는 따로 보여주기 보다는 함께 보여주는 것이 더 많은 정보를 제공한다. 사진은 쉽게 얻을 수 있는 반면 지도를 작성하고 준비하는 데는 몇 주가 걸릴 수 있다. 문제가 중요한 경우 매일 또는 매시간마다 변경 사항을 기록하고 비교할 수 있다. 그러나 [그림 15.1]에서 보듯이 부정적인 측면은 항공 사진 해석이 상당한 기술과 훈련을 필요로 하는 예술이자 과학이라는 것이다.[1] 그럼에도 불구하고, 기초적 정보는 쉽고 명확하게 일반 분석관에게까지 전달될 수 있다.

그림 15.1   1차 대전 당시 적군의 복잡한 참호시스템의 항공사진을 연구하는 군사정보 학생들

오버레이

오버레이는 지도에 의해 제한된 지리적 영역 내의 지형 또는 활동에 대한 추가 정보를 표시하는 데 사용된다. 오버레이는 지도와 항공 사진 모두에 사용될 수 있다. [그림 15.2]는 지도 판독 및 지상 항법으로 일컬어지는 미군 현장 매뉴얼의 지도 오버레이다.[2]

---

1) John Patrick Finnegan, U.S. Army Intelligence and Security Command, U.S. department of the Army, *Military Intelligence: A Pictorial History* (Arlington, VA: Department of the Army, 1984), 40.
2) U.S. Department of the Army, FM3−25.26: *Map Reading and Land Navigation* (Washington, DC: Department of the Army, 2001), figure 7−2.

그림 15.2   여백에 기호들이 들어가 있는 군사지도 오버레이의 보기

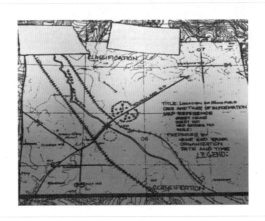

분석관이 표준화된 기호나 코드를 사용해 지도/사진에 손으로 그리거나 주석을 달기 위해 오버레이는 일반적으로 플라스틱과 유사한 재료의 투명 시트다. 가장 일반적으로 사용되는 곳은 빠른 결정과 잦은 계획 변경으로 특징 지어지는 작전 구역이다. 일정이나 계획이 변경되면 시트의 표시를 지우고 다시 그릴 수 있다. 몇몇 오버레이들을 이용해 다양한 활동을 그림으로 "구축"하거나 여러 다른 전술적 옵션을 표시할 수 있다.

손으로 그린 오버레이에 표시할 수 있는 모든 것은 소프트웨어 패키지를 통해 전자적으로 표시할 수 있다. 이 방법은 이미지가 표시되는 구두 브리핑시 가장 효과적이며 마우스 버튼 클릭으로 추가 정보를 중첩시켜 분석관이 원하는 점을 강조할 수 있다.

모자이크

모자이크는 둘 이상의 겹치는 그래픽이 하나의 그림으로 구성되도록 결합하여 만든다. 그래픽은 지도, 항공 사진 및 항공수직 측량사진 등이다. 그러나 대부분의 모자이크들은 사진의 특성을 지니는데 이는 작전 지휘관들과 현장 요원들에게 조사 중인 지역에 대해 파노라마 형태의 시각을 제공하기 때문이다.

세계 1차 대전에 이용된 이후 모자이크들은 공간 데이터를 보여주는데 유용했

던 중요한 정보였다. 오늘날의 소프트웨어 패키지를 이용해 사진과 지형 데이터를 결합해 디지털 이미지화 된 3D, 모자이크–직교 지도를 만들 수 있다.

이러한 모자이크들은 현장 요원들이 적대적인 국가(또는 법 집행의 경우 폭력적이거나 위험한 지역)에 들어갈 때 필요한 국경 횡단 및 비밀 공작 기술이 요구되는 훈련에 중요하다. 컴퓨터로 만들어진 이 모자이크–직교 지도는 광범위할 수 있으며 수만 평방 킬로미터를 포함할 수 있다.

중요 용어

다음은 이 장과 관련된 중요 용어들이다. 한 두 문장으로 간단하게 정의를 내려보거나 설명을 통해 이에 대해 얼마나 이해가 되었는지 알아보자.

o 항공 사진
o 지도
o 모자이크
o 머드맵
o 오버레이

학습 문제

1. 지도의 의미를 정의하고 일반적으로 사용되는 지도의 3가지 예를 제시하라.
2. 정보 분석관이 오버레이를 사용할 수 있는 상황을 설명하라.
3. 모자이크의 주요 특징을 열거하라.

학습 활동

공작 작전에서 현장 작업자를 지원하기 위해 오버레이 지도를 만들라는 요청을 받았다고 가정하자. 당신이 살고 있는 도시의 도로 지도를 예로 들어, 상상력을 동원해 다음의 정보를 주는 오버레이 지도를 만들어라: 사전 작업 보고를 위한 필수 지점, 개념적 목표의 위치, 그리고 잠재적인 위험 요소(역 감시 지점). 적절한 보안 분류와 함께 주석을 오버레이에 달아라.

16장 양적 분석기법

이번 주제는 정보분석에서 사용되는 필수적인 통계기법에 대한 것이다.

1. 데이터 척도의 수준(levels of data measurement)
2. 일변량 분석
3. 퍼센트 증감 계산하기
4. 1인당(소득)계산(per capita caluculations)
5. 지수(index numbers)
6. 비율
7. 반올림하기
8. 이변량 분석
9. 통계적 유의성
10. 대수방정식을 이용한 문제해결

데이터 척도의 수준(levels of data measurement)

정보분석에 있어서 변수가 찾아지면 관찰에 의해 수집된 자료들이 분석관이 부여한 숫자에 따라 정리된다. 변수를 나타내는 숫자가 부과되는 것은 이들 데이터에 대한 통계검정을 실시하기 위한 것이다. 데이터에 부과된 숫자들은 척도수준을 결정하게 되며 이 데이터 척도수준에 따라 사용할 통계검정방식이 결정된다.

데이터 척도의 수준에는 4가지가 있다: 명목자료, 서열자료, 등간자료, 비율자료 등이다. 각 척도수준은 사용할 수 있는 통계검정 유형에서 한 단계씩 더 상승되는 것을 의미한다. 척도수준 그 자체가 모든 통계검정의 기본 가정이라고 얘기할 수 있을 정도이다. 즉 데이터 유형이 어떤 통계검정방식을 사용할 지를 결정하는 것이다. 만양에 이런 기본 가정이 지켜지지 않으면 그 어떤 통계결과도 무효화

되는 것이다.

예를 들어 데이터가 명목등급의 자료라고 한다면 그 때 이런 자료를 분석하기 위해 개발된 유일한 통계검정방식이 사용되어야 한다(이를 테면 카이 스퀘어 분석). 그러나 만약에 자료가 비율척도의 자료가 한다면 그 때는 비율척도에서 쓸 수 있는 모든 통계검정은 물론 그 아래 등급의 자료를 위한 통계기법도 다 사용할 수 있는 것이다. 이것은 왜냐하면 비율척도 자료들은 그보다 낮은 척도의 자료로 변환될 수 있기 때문이다. 만약에 그 자료가 이미 더 낮은 등급의 자료라고 한다면 상위 척도의 자료로 변환될 수는 없다. 마찬가지로 일단 데이터가 낮은 등급의 척도로 변환되면 처음 원자료(original data)가 비율척도 형태를 갖고 있으며 모를까 더 작은 단위로 분해될 수는 없다(즉, 비율척도처럼 작은 숫자로 나누어질 수 없다).

분석관은 또한 파생자료(derived data)라는 것을 사용하기도 하는 데 이것은 척도수준과 동일한 것이 아니다. 이것은 한 두 개의 데이터들을 조합하거나 연관시켜서 가공해낸 새로운 형태의 정보이다.

예를 들어, 분석관이 여러 개의 사건에 대한 데이터를 가지고 있는데 거기에 그 사건들이 발생한 시점에 대한 데이터도 갖고 있다고 가정해보자. 컴퓨터 프로그램을 이용하여 분석관은 알고리즘에 기반을 둔 새로운 데이터를 생산할 수 있다. 이를 테면 "특정 시점 전에 발생한 모든 사건들을 목록으로 만들고 그다음에 (그 사건이 특정시점에 그 어떤 다른 형태의 사건과 연계되지 않는 한) 특정 시점후의 사건목록을 만들어 본다.

명목척도 자료

명목자료는 가장 낮은 등급의 척도이며 집단적으로 관찰될 수 있는 자료들이다: 이를테면, 미국인, 호주인, 영국인, 캐나다인, 뉴질랜드인 등(그 자체로 이따금 범주척도라고 불리기도 한다) 이 명목척도 자료의 주요 특성은 자료에 등급이나 서열이 없다는 것이다. 즉, 어떤 집단이 타집단에 비해 더 크다거나 더 많다거나 하는 비교의 개념이 들어가 있지 않다는 것이다.

그 자체로 집단 사이에 "거리"가 존재하지 않는다. 즉 우리가 만약에 호주인이라고 한다면 호주인이 뉴질랜드인에 비해 두배나 더 "종족(ethnic)"적이라고 말할 수 없다. 이 보기에서 말할 수 있는 모든 것은 한 집단은 호주인이고 또 다른 집

과학적 정보분석론

단은 뉴질랜드인이다라는 것이다.

서열척도 자료

서열척도 자료는 명목척도 자료와 유사한 특성을 가지고 있지만 여기에 덧붙여 등급(이따금 등급척도라고도 불리기도 함)의 속성을 가지고 있는 자료이다. 여기서 등급이라는 의미는 어떤 특정한 척도의 방향, 즉 정도의 크고 작음이 있다는 것을 의미한다. 예를 들어 테러범죄를 예로 들어보자. 최소한 3개의 사건들이 그 심각성의 정도에 따라 나누어 질 수 있다: 납치, 암살, 폭탄. 명목척도와 비슷한 속성을 가지고 집단별로 관찰될 수 있기는 하지만 여기에서는 이 집단들이 어떤 순서로 되어 있는지에 대한 관계가 나타나 있다. 이런 관찰이 순서대로 만들어지기 때문에 측정의 수준도 한 단계 더 상향되는 것이다.

등간척도 자료

등간척도 자료는 서열척도자료와 동일한 속성을 가지나 다만 거리, 즉 간격의 개념이 들어간다. 이 등간척도로 측정된 자료의 경우 모든 관측에 공통된 단위를 나타낼 수 있다. 예를 들어 시간에 대해서 등간척도로 사용하는 경우와 관련하여 테러범의 사례를 살펴보자. 테러범이 사람들이 북적대는 시장에다가 급조된 폭발물을 1 : 00에 설치하고 다시 그 것을 1 : 30에 원격장치로 터뜨렸다고 가정해보자. 그렇다면 분석관은 서로 다른 두 개의 사건을 데이터로 취급할 경우에 명목척도가 되는 것이며 폭탄 설치한 사건보다 폭발시키는 사건이 더 심각한 사건이므로 이들은 서열척도가 되는 것이고 두 사건사이의 경과된 시간은 등간척도가 되는 것이다. 즉 측정이 가능한 간격의 개념이 들어가 있기 때문에 등간척도는 분석가들로 하여금 데이터에 대한 산술적 계산이 가능하게 된다. 이 등간척도에도 0 (zero)이 존재할 수 있지만(이를 테면 00:00 時) 이 0의 개념은 임의적으로 만들어진 개념이지 실제 아무것도 없다는 그런 無(무)의 개념은 아니다.

비율척도 자료

비율척도 자료는 데이터의 가장 높은 수준의 자료이다. 이 비율척도는 위에 언급한 모든 척도들의 속성을 지니고 있으면서 동시에 측정의 출발점인 실제 0의 개념을 가지고 있다. 실제 0을 출발점으로 한다는 것은 두 관측사건사의 비율계산 (덧셈, 뺄셈, 나눗셈, 곱셈)이 가능하다는 것이다. 위의 테러범 사례를 다시 이용한다면 테러범이 급조해서 만든 폭발물안에 15킬로의 고성능 폭약이 들어 있었는데 그 뒤에 다시 터진 또 다른 사건의 경우 30킬로의 폭약이 들어 있어서 더 큰 피해가 있었다고 가정하자. 그럴 경우에 두 번의 폭발사건(명목척도), 한 사건이 다른 사건에 비해 더 심각했음(서열척도), 뒤의 폭발물이 15킬로 정도 더 사용되었음(등간척도), 파괴력은 두배정도 였음(비율척도)이라고 생각할 수 있다.

일변량 분석(Univariate Analysis)

일변량 분석은 단일 종속변수로 구성된 대상 즉, 사람이나 조직, 위치 등을 단순하게 묘사(기술)하기 위해 사용된다. 따라서 일변량 분석은 기술통계(descriptive statistics)라고도 알려져 있다. 이 일변량분석과 다른 이변량 분석 및 다변량 분석 (즉 두 개 이상의 변수가 분석되는)과 비교해보자. 그런 분석에 있어서 변수들은 상호 의존되어 있거나 또는 상호 의존되어 있지 않을 수 있다. 일변량분석은 서로 다른 수준의 데이터로 사용될 수 있는데 [표 16.1]에 잘 나타나 있으며 이에 대해 나올 수 있는 기술통계들이 우측 열에 나열되어 있다.

빈도수(Frequencies)

때때로 도수분포표(frquency distribution)의 작성이 자료분석의 첫 시작이 될 수 있다. 이것은 카테고리 안에 관측수를 세는 것(명목척도 또는 서열척도일 경우) 또는 점수를 계산하는 것(등간척도나 비율척도일 경우)으로 시작된다. 그리고 그 최종결과가 정보보고서에 그래프로 표시되거나 글로 설명되어진다. [그림 16.1]은 서열척도에 대해서 [그림 16.2]는 비율척도에 대한 예시로써 테러 사건 데이터가 어떻게 보고될 수 있는지를 잘 보여준다. [그림 16.1]은 1986년 발생한 미국의 리비아 공습 이후에 테러 집단별 테러사건의 수치이다.[1] 반면에 [표 16.2]는 테러집단들이 Q라는 국가

---

1) Henry Prunckun, "Operation El Dorado Canyon: A Military Solution to the Law Enforcement Problem of Terrorism—A Quantitative Analysis" (master's thesis, University of South Australia, 1994), 47.

에서 발생한 테러에 책임이 있는 폭발사건(관념상의) 숫자를 보여주고 있다.

표 16.1	기술통계의 보기
척도 수준	**분석기법**
명목척도	빈도수
서열척도	빈도수, 분포범위, 중위값(Median), 최빈값(mode)
서열척도	빈도수, 분포범위, 최소값 최대값, 중위값(Median), 최빈값(mode), 평균값(mean), 가중평균(weighted mean)
비율척도	빈도수, 분포범위, 최소값 최대값, 중위값(Median), 최빈값(mode), 평균값(mean), 가중평균(weighted mean)

셈(count)

셈은 분포되어 있는 값들을 전체 합한 수이다. 한 예로 다음과 같은 분포를 이용하면 셈(Count)은 11개가 된다. 이들 자료들은 도로변에서 발생한 폭발사건에 의해 사망한 사망자 숫자 또는 정보와 관련된 어떤 사건들의 숫자라고 가정하자.

4, 8, 10, 12, 15, 16, 19, 20, 24, 28, 31

최소값과 최대값

최소값은 분포상에 나타난 가장 낮은 숫자값을 의미한다. 최대값은 가장 큰 숫자값을 의미한다. 위에 직접 위에 설정한 숫자를 이용하면 도로변 폭탄사건으로 사망한 사람들의 최소값은 4가되고 최대값은 31이 된다.

표 16.1	일련의 가상 폭탄사건의 도수분포표	
$\mathcal{X}$(점수)	f(빈도수)	$f\mathcal{X}$
5	2	10
4	3	12
3	7	21
2	15	30
1	30	30
	N = 57	$\boldsymbol{\Sigma}\, f\mathcal{X} = 103$

분포범위(range)

분포범위는 특정한 분포에서 최소값과 최대값 사이의 차이를 말한다. 이것은 큰 숫자로부터 작은 숫자를 빼면 된다. 위의 보기인 경우 31-4 = 27 이다.

평균값(mean)

산술평균(arithmetic average)이라고 알려진 평균값(mean)은 여러 수량을 균등하게 나누어 산출된 값이다. 모든 데이터의 값을 다 더한 다음에 그 총합을 합계로 나눈 값이다. 다시 위의 보기로 돌아가서 평균값을 찾는다면 사망자 숫자 총 187을 11 회로 나누면 평균 1회당 17 명이 된다:

$$(4+8+10+12+15+16+19+20+24+28+31) \; = \; 187/11 \; = \; 17$$

이 평균값은 등간척도나 비율척도에 다 사용될 수 있다. 그러나 이 평균값의 사용에 있어서 불리한 점은 분포의 극단에 치우친 숫자에 의해 크게 영향을 받을 수 있다는 것이다. 예를 들어 앞의 테러사건과 관련하여 최대값이 31이었는데 이 수치가 만약에 97이었다고 가정한다면 평균값은 23으로 편향되게 나타날 수 있는 것이다. 그럼에도 불구하고 한 단계 더 통계검정을 진행할 때 평균값은 아주 유용한 통계기법이다. 예를 들어 분석관은 여러 개의 다른 표본에서 나온 평균값들을 서로 비교할 수 있다.

가중평균(weighted mean)

평균량의 측정에 사용되는 또 다른 방법은 가중평균이다. 이것은 모든 계량이 다 동일하게 중요하지 않을 때 사용된다. 가중평균을 계산하는 방식은 다음과 같은 공식으로 나타내는데 '*X* 바'는 평균, '*w*'는 중량, '*x*'는 숫자, '*Σ*'는 합을 의미한다.

$$X_w \; = \; \frac{w_1 X_1 + w_2 X_2 + w_3 X_3 + \cdots + w_n X_n}{w_1 + w_2 + w_3 + \cdots w_n} \; = \; \frac{\Sigma \; w^* X}{\Sigma \; w}$$

       과학적 정보분석론

어떤 정보분석관이 거리에서 팔리는 마약의 평균값을 전국적으로 해서 구하려 한다고 가정해보자.

각주의 수도로부터 나온 데이터를 구하여 각 도시의 전체인구(인구 센서스를 활용하여) 숫자에 따라 평균값을 구한다. 이때 불법 마약은 "마약상으로부터 멀어질수록 가격이 증가하며 시장이 더 큰 시장으로 갈수록 가격이 낮아지기 때문에" 같은 시간 때라도 장소마다 가격에 큰 편차가 있다는 사실을 염두에 두어야 한다.[2]

Q라는 나라에 3개의 도시가 있는데 한 도시의 헤로인 가격은 그램 당 \$148, 2번째 도시는 \$256, 또 다른 3번째 도시는 \$300이라고 가정하자. 각 도시의 인구는 5백만명, 2백만명, 백만명이라고 각각 가정한다. 그러면:

$$\overline{X}_w = \frac{(5)(148)+(2)(256)+(1)(300)}{5+2+1}$$

$$= \frac{1,552}{8}$$

$$= \$194 \text{ per gram}$$

그런데 만약에 분석관이 이런 데이터의 평균값을 수입처(항구와 국제공항이 있는 대도시)로부터의 거리차이에 의한 가격편차를 고려하는 조정체계(weighting system) 없이 그냥 계산했더라면 그 가격은 \$235이 되었을 것이다. 가장 적은 인구의 도시가 항구로부터 가장 멀리 떨어져 가장 높은 가격을 보이고 있기 때문에 평균값의 상승에 약간만 기여한 것이다.

가중 대평균(weighted grand mean)

때때로 모든 평균값의 총합에 대한 평균값, 즉 대평균(전체평균)을 계산해야 할 때가 있다. 예를 들면, 전 국 각도시의 헤로인 가격에 대한 평균값이 구해졌으나 전국 평균값이 필요한 때가 있다. 이럴 때 분석관은 각 도시의 평균값을 전부 다 합한 다음에 도시의 숫자로 나누면 된다. 그러나 평균값을 평균하는 것이 이따금 상당히 결과를 편향적으로 만들 수 있기 때문에 이럴 때는 가중대평균(wieghted grand mean)이라는 방식을 사용한다. 이것은 가중평균을 구하는 공식과 똑같은 방

2) Jonathan Caulkins, "What Price Data Tell Us about Drug Markets", *Journal of Drug Issues* 28, no.3(Summer 1998): 602.

식으로 계산되지만 이럴 때는 부호를 X라고 쓰지 않고 평균을 의미하는 $\bar{x}$ − 바를 사용한다.

중위값(median)

미디안은 어떤 분포값의 중앙값이다. 즉 중위값보다 큰 값과 더 작은 값 사이의 중간점에 있는 값이다. 아래 데이터들을 사용해서 설명한다면 미디안의 값은 16이다.

4, 8, 10, 12, 15, 16, 19, 20, 24, 28, 31

이 미디인 값은 분포의 끝에서 볼 때 극단에 덜 치우치는 경향이 있다. 예를 들어 앞에서 사용했던 도로변의 폭탄사건의 경우 평균에서 사용했던 31이 아니라 97이라고 가정한다면 그 결과는 편향적인 평균값 23이 아니라 그대로 16이 된다. 따라서 너무 지나치게 극단적인 수치가 있을 경우에는 미디안(중위값)이 더 유용할 수 있으며 그렇게 편향된 분포가 아니라면 평균값(mean)이 더 유용하다.

최빈값(mode)

최빈값 모드는 어떤 분포에 있어서 가장 빈도가 많이 나타나는 것의 값이다. 그러나 어떤 데이터들은 지금까지 보여준 앞의 예시와 달리 분명한 최빈값이 없을 수도 있다. 다음과 같은 분포가 나타날 경우 최빈값 모드는 12이다.

4, 8, 10, 12, 12, 15, 16, 19, 20, 24, 28, 31

이따금 어떤 데이터들은 빈도수가 똑같이 많이 나타나는 경우가 있는데 두 개가 나타나면 이중모드(bimodal), 세 개가 나타나면 삼중모드(trimodal), 여러 개가 나타나면 다중모드(multimodal)라고 부른다.

이중모드의 경우: 4, 8, 10, 12, 12, 15, 16, 19, 20, 24, 28, 28, 31

삼중모드의 경우: 4, 8, 10, 12, 12, 15, 16, 19, 19, 20, 24, 28, 28, 31

이런 세 개의 중심경향 측정, 즉 평균값, 중위값, 최빈값과 관련하여 최빈값이 나타내는 값이 전체분포의 많은 비중을 차지하지 않는 한 가장 덜 사용된다. 더구나, 이 최빈값에 대해서는 어떤 더 이상의 분석이 수행될 수 없다. 왜냐하면 여러 가지 다른 표본의 최빈값을 비교한다고 하더라도 그 결과는 아무 의미가 없기 때문이다.

퍼센트 증감 계산

때때로 분석관은 어떤 수치를 백분위화하여 표현할 필요가 있다. 이것은 보통 분석관이 하나의 수량이 다른 수량과 어떤지를 비교하고 싶을 때 그렇다. 이런 것을 하기 위해 사용되는 수리적 기능이 퍼센트 즉 100분의 1이다. 한 예로 54퍼센트는 54/100 또는 0.54이다. 숫자가 증가하면 분석관은 다음과 같은 공식을 사용하여 퍼센티지 증가를 계산해낼 수 있다.

퍼센트(%) 증가 = 〔(새 숫자 − 원 숫자)/원 숫자〕 × 100

수량이 감소할 때는 분석관은 퍼센티지 감소를 다음처럼 계산해 낼 수 있다.

퍼센트(%) 감소 = 〔(원 숫자 − 새 숫자)/새 숫자〕 × 100

이 두 공식은 모두 다음과 같은 원칙을 보이고 있다는 사실을 주목할 필요가 있다.

퍼센트(%) 증가/감소 = (수치의 변화/ 원 수치) × 100

이것은 왜냐하면 분석관이 아래 두 보기에서 보여주는 것처럼 원래 처음 수치의 변화량에 대한 퍼센트의 증감을 계산하는 것이기 때문이다.

1. 오레나바드 시의 정치집회에 참석한 군중의 숫자가 16,000 명에서 22,000 명으로 증가했다. 이것은 몇 퍼센트의 증가를 나타내는가? 퍼센트의 증가 = 〔 22,000 − 16,000 〕/ 16,000 = 6000/16,000 = 0.375 × 100 = 37.5%

2. 오레나바드 시에 새로 민주적으로 들어선 시정부에게 적대적인 웹사이트가 930개에서 200개로 감소하였다면 이것은 몇 퍼센트의 감소를 의미하는가? 퍼센트의 감소 = 〔 200 − 930 〕/930 = −730/900 = 0.785 × 100 = − 78.5%

1인당 계산(per capita calculations)

1인당이라는 의미는 말 그대로 한사람, 한사람에 대한 것을 의미한다. 분석관은 X에 대한 문제를 조사하고 있을 때 1인당 X에 대한 값을 계산할 수 있다:

1인당(per capita) = (X의 전체 합계/인구수) × 비율(rate)

따라서 자살률을 예로 들어보자. 1인당 자살률은 자살로 사망한 전체 숫자를 인구수로 나누는 것이다. 이 경우에 인구수를 도시, 주, 또는 국가별로 하여 비교할 수 있다. 이런 통계수치는 도시 대 도시를 비교하거나 또는 나라 대 나라를 비교할 때에 의미가 있는 비교수단이 될 것이다.

그런데 사망률의 계산인 경우에 수치가 매우 작기 때문에 쉽지가 않다. 그럴 경우에는 대신에 인구 100,000 명 당 또는 인구 1000명 당으로 변환하여 사용할 수도 있다.

예를 들어, 이소벨이라는 가상의 마을을 생각해보자. 한 해에 기록적인 200건의 절도사건이 있었는데 전체 세대수가 100,000세대라고 한다면 절도율은 0.002가 될 것이다. 이런 수치는 사실 별로 의미있는 수치가 못된다. 따라서 인구 1000 명당으로 환산하여 계산하면 그때는 인구 1000명당 2건이 되는 것이다.

(200/100,000) × 1,000 = 2

이처럼 1인당의 비율로 계산하는 대신에 1000명당으로 비율을 바꾸어 계산하게 되면 수치가 훨씬 쉽게 이해될 수 있게 된다.

지수(index numbers)

서로 다른 종류의 데이터를 비교할 때 어떤 기준점을 사용하는 것은 큰 도움이 될 수 있는데 통계상에서 이렇게 사용하는 것을 지표(index)라고 부른다. "지수란 지표를 숫자화한 것으로써 산술적 변화보다는 퍼센트 변화를 보여주기 때문에 데이터의 크기나 척도단위는 그렇게 중요하지 않다."[3] 한 예시로써 인플레율은 산업생산지수와 소비자 가격지수(물가)를 이용하여 재화생산과 비교될 수 있다. 비록 가격이 달러로 환산되거나 생산량이 물질적인 분량(이를테면, 자동차 숫자, 석탄의 톤)으로 나타내어진다고 해도 그 둘은 이런 방식을 사용하면 쉽게 비교될 수 있다.[4] 앞서 호주의 헤로인 거래와 관련된 연구에서 프룬쿤은 여러 가지 오염변인(confounding variables)을 통제하기 위한 방법으로 지수(index numbers)를 활용하였다.[5] 그의 연구는 호주의 인구와 인플레율, 그리고 현지 정식 경찰관과 관련된 데이터들을 수집하였다. 이들 데이터들은 변수 간에 관측된 변화율을 조정하거나 비교하는 수단으로 수집되었다. 예를 들어, 인구자료는 "아편사용자들의 연령별 집단(즉 15~44년) 인구"와 메타돈과 헤로인 사용률을 조정하기 위해 인구자료가 사용되어졌다.[6] 인플레율은 불법마약의 가격에 대한 조정을 하는데 도움이 되며 경찰인력배치 숫자는 사법집행의 업무부담 자료와 경찰숫자를 비교하는데 도움이 된다.

지수 = (현재 값/기준 값) × 100

Q라는 나라의 2010년 전함보유수는 5척이었는데 2015년에 이 숫자가 20척으

---

3) Ester H. Highland and Roberta S. Rosenbaum, *Business Mathematics*, third edition(Englewood Cliffs, NJ: Prentice Hall,1985), 420.

4) Highland and Rosenbaum, *Business Mathematics*, 420.

5) Henry Prunckun, *Chasing the Dragon: A Quantitative Analysis of Australia's Law Enforcement Approach to Combating Heroin Trafficking—1988 to 1996*(PhD diss., University of South Australia, 2000).

6) Commonwealth Department of Human Services and Health, *Review of Methadone Treatment in Australia* (Canberra, Australia: Australian Government Publishing Service, 1995), 29.

로 증가하였다고 가정하자(2011년 6척, 2012년 9척, 2013년 14척, 2014년 17척으로 중간에 늘어났다고 가정한다). 2010년과 2015년 사이에 이 숫자는 어떻게 변화하였는가? 기준시점은 2010년이고 기준값은 5척이므로 각각 100%와 같은 100의 값이 주어진다고 생각할 수 있다. 지수의 계산은 [표 16.3]에서 보여주듯이 위의 공식을 사용하여 기준시점의 값을 기초로 해서 계산된다. 지수는 전함의 숫자가 기준기간이후로 300% 증가하였다고 보여준다(예를 들면 400% − 100% = 300%).

표 16.3	전함의 지수 보기	
년도(Year)	전함의 숫자(Number of Warships)	지수(index)
2010	5	100
2011	6	120
2012	9	180
2013	14	280
2014	17	340
2015	20	400

비율(ratios)

두 개의 사물을 비교하고 싶을 경우에는 비율을 사용할 수 있다. 비율이란 어떤 것이 다른 어떤 것에 대해 어느 정도인지, 예를 들면 소형화기 대 병력 숫자에 대한 정도를 표현한 값이다. 비율은 여러 가지 방식으로 나타낸다. 이를 테면 3/4와 같이 분수로 표현하거나(3 대 4)처럼 말로 표현하거나 콜론을 사용하여 3 : 4라고 표현하기도 한다. 이에 대한 예시로 반란군 작전에 투입된 아군병력을 지원하기 위해 외국군대의 전투병력 90명이 있다고 가정하자. 이를 위해 무선통신병 3명이 할당되었다. 나중에 신호정보를 통해 얻은 정보에 따르면 이 외국군병력에게 4번째 통신병이 추가로 파견되었는데 병력규모가 120명으로 증원되었다고 한다. 전체 병력숫자에서의 변화에도 불구하고 이 부대내의 무전병 대 병사의 비율은 30 : 1로 변화가 없다. 즉 이전에는 90 : 3 = 30 : 1, 이후 병력이 증원된 이후에는 120 : 4 = 3 : 1로 같은 비율이 된다(이 숫자들은 약분이라는 수학방식을 사용하여 간단하게 줄일 수 있다).

반올림(Rounding Numbers)

숫자를 반올림하는 것은 소수점 이하의 나머지가 별 의미가 없거나 혼란을 가중시킬 때 일반적으로 사용하는 방법이다. 예를 들어 적군과 6 차례의 전초전을 치르면서 병사 1명당 194.6342 번의 사격을 하였다고 가정하자. 여기에서 소수점 이하 4자리 숫자는 연구결과에 그다지 큰 의미가 되지 않는다. 누구도 소수점 밑의 4자리까지 생각하지는 않기 때문이다(보통 소수점 이하 1자리 또는 2자리까지만 생각한다. 이를 테면 0.5 라든가 또는 0.25 라는 식이다). 게다가 분석가들은 그렇게 상세하게 하는 것이 결론도출에 어떤 큰 차이를 만들 수 있는지 되물을 수밖에 없다. 이따금 핵심요점을 강조하기 위해서나 또는 예측전망을 하기 위해서 필요한 것은 대략적인 예상치이다. 이런 사례들에서 반올림을 하는 방식은 다음과 같다.

1. 반올림이 필요한 단위, 즉 1000, 100, 소수점 이하 등과 같이 어디에서 끊을 지 단위를 정한다.
2. 반올림을 하게 되는 단위의 우측 숫자를 찾아본다.
3. 만약에 그 숫자가 5보다 크면 앞의 단위에 더해준다.
4. 만약에 그 숫자가 5보자 작으면 그 단위를 뺀다.

예를 들어 이런 수학적 편의성을 이용하여 194.6을 가장 끝단위에서 반올림을 하게 되면 숫자는 195가 되고 만약에 반올림을 10단위에서 한다고 하면 190이라는 숫자가 된다.

이변량분석(Bivariate Analysis)

카이 스퀘어(Chi-square)

카이 스퀘어는 명목척도의 자료들을 사용할 수 있기 때문에 분석관에게 가장 유용한 통계기법 중의 하나이다. 적용과 관련하여 전제되는 가정들이 별로 없기 때문에 그대로 적용하여 해석하면 된다.

카이 스퀘어는 통계적 유의성에 대한 비모수 검정기법(nonparametric test)이다. 비모수(nonparametric)란 분포모수의 형태에 대한 특별한 가정(중심 경향치)이 없는 변수들을 다루는 통계를 말한다. 이 통계는 귀무가설이라고도 불리는 Ho 가설에 따라 관찰도수(observed frequency)와 기대도수(expected frequency)의 차이 즉 "적합도 검정(goodness of fit)"을 반영하는 수치로 나타난다.

카이통계의 힘은 이 통계가 우리에게 실제 분포가 우연히 발생한 것인지 아니면 독립 변수간의 상호작용 결과인지를 특정 신뢰도 수준(이를 테면 0.01 또는 0.05)에 의거해서 알려준다는 것이다.

이 장의 마지막 부분에서 적절한 신뢰수준 설정이 얼마나 중요한 지에 대해 상세하게 설명하겠지만 카이 스퀘어의 사용에 필요한 3가지 조건은 다음과 같다.

1. 어떤 척도의 데이터들도 사용할 수 있다.
2. 최소한 한 범주 내에 5개 이상의 관찰빈도가 있어야 한다(만약에 5개 이상이 안 되면 결과가 의미 없을 수 있다).
3. 관찰들은 독립적이어야 한다.

다른 통계방법과 달리 카이스퀘어는 어떤 방향성이 나타나지 않는다. 따라서 일단 결과가 구해지면 그 방향이 음의 방향인지 양의 방향인지(부정적인 관계인지, 긍정적인 관계인지)를 알아내기 위해 자료들을 검토할 필요가 있다. 다음 단일표본에 대한 카이스퀘어 보기를 살펴보자. 정보분석관이 북미의 테러조직에 가담해 있는 테러범 숫자와 아시아 지역 조직에 있는 숫자가 동등한지 관심이 있다고 하자.

관찰도수들이 먼저 분할표(contingency table)의 형태로 정열된다. 만약에 이 데이터들이 두 개의 독립표본에 의해 대표된다고 하면(즉 일종의 2×2의 분할표 형태로), 규칙상 일단 독립변수 x를 표의 맨 위에 배치하고 종속변수 y를 옆에다가 나열하는 것이다.

카이 스퀘어는 두 개의 독립표본과 관련된 사례에도 적용될 수 있다. 예를 들어, 한 분석관이 젊은 폭도들과 나이든 폭도들 간에 차이가 있는지 그리고 이들이 폭동에 가담하기 전에 범죄활동 전력이 있는지 알아내려고 한다고 가정하자.

귀무가설(Ho)은 북미 지부와 아시아 지부 테러범의 숫자는 동일하다.

대립가설(H1)은 아시아지부 테러범의 숫자가 더 많다.

과학적 정보분석론

관찰분포는:

북미	86
아시아	120
합계	206

귀무가설(Ho)하에 기대분포는 각각의 지역에 동일한 수치가 나타나므로 50퍼센트가 된다.

북미	103
아시아	103
합계	206

카이스퀘어를 계산하는 공식은 다음과 같다

$$\mathcal{X}^2 = \frac{\mathbf{\Sigma}([A_1 - E_1] - .5)^2}{E}$$

$$\mathcal{X}^2 = \text{chi-square}$$

$$A = \text{actual or observed frequency}$$

$$E = \text{expected frequency}$$

$$-.5 = \text{Yates' correction for continuity}$$

위와 같은 계산이 나온다. 하지만 이미 많은 범용 스프레드시트 소프드웨어가 카이스퀘어 기능을 포함하고 있어 계산이 어렵지 않다. 스프레드시트에 데이터를 입력하고 자유도를 표시한 다음에 메뉴에서 카이스퀘어 계산을 명령하면 된다. 스프레드시트에 카이 스퀘어 통계치가 나온다(여기에서는 수동으로 계산하여 구하는 방식이 [표 16.4] 에 보여 진다).

계산된 자유도는: $df = C - 1$(C는 범주를 의미함). 이 보기에서 $2 - 1 = 1df$

표 16.4	카이스퀘어 값의 수동계산 방법		
	북미지역	아시아 지역	합계
실제/관찰 도수	86	120	206
기대 도수	103	103	206
$(A-E)-0.5$	16.5	16.5	
$\{(A-E)-0.5\}_2$	272.25	272.25	
$\{(A-E)-0.5\}_2 /E$	3.17	2.27	
Σ	5.44		

통계적 유의성에 대해 과장되는 것을 막기 위해 자유도가 1과 동등하거나 관찰 도수가 10 미만인 경우에 예이츠의 지속성 교정이 적용된다. 카이스퀘어 분석에 있어서 임계치(Critical value)는 분석관이 귀무가설(영가설)을 기각하지 않는 지점을 정하는 기준점이다. 부록에 나와있는 임계치를 사용하여 우리는 5.28이라는 값이 자유도 1의 0.05 수준에서 필요로 하는 3.84보다 크다는 것을 알게 되었으므로 우리는 귀무가설, 즉 아시아 지부의 테러범숫자가 더 크다는 가설을 기각하고 대립 가설 H1을 받아들인다. 이것은 이런 결과가 구해질 확률이 100번 중에 5번이 안 일어날 것이라는 것을 의미한다.

그러나 이 보기에서의 결과가 반드시 대립가설을 증명하는 것은 아니라 단지 그 설명을 지지하는 것임에 주목해야 한다. 가설이 틀린 것이 증명된 것이다. 이 러한 미묘한 차이점이 최종결과에 기반을 둔 구두보고시 또는 서면보고시에 정확 하게 잘 이해되는 것이 중요하다(아래 통계적 유의성에 대한 논의를 참고).

공식으로부터 구해진 카이스퀘어 통계치는 각각의 빈도수 산물이다. 즉 각각의 빈도수가 최종적인 카이스퀘어 통계치가 나오는데 기여한다. 만약에 특정 도수가 기대도수보다 크게 다르면 카이스퀘어에 대한 기여도 크게 되며 역으로 관찰도수 가 기대도수에 매우 근사하게 되면 카이스퀘어에 대한 기여가 작게되는 것이다. 큰 수치의 카이 스퀘어는 분할표가 기대도수보다 크게 다른 관찰도수가 있다는 것을 시사하지만 이 통계수치는 그 관찰도수가 카이스퀘어 증가에 얼마나 책임이 있는지는 알려 주지 못한다. 이것은 단지 그런 도수가 존재한다는 것만을 시사한 다. 만약에 지나치게 편향된 결과가 구해졌을 경우에는 분할표를 보고 어떤 관찰 도수가 그 원인인지 검토할 필요가 있다. 분석보고의 본문에는 이런 결과들로부터

과학적 정보분석론

도출된 결론 즉, 그들이 의미하는 것은 무엇이며 연구와 관련하여 시사하는 바가 무엇인지에 대한 것들이 논의되어야 할 것이다. 이런 이슈들을 논의할 때 독자가 결론부분에 대해 어떤 의구심도 갖지 않도록 직접 표들을 인용해야한다.

산점도 분석(scatter plots)

스캐터그램이라고 불리는 산점도 분석은 두 데이터 세트 사이의 관계를 시각적으로 보여주는 데 사용된다. 이렇게 하는데 있어서 두 변수들은 반드시 종속변수와 독립변수 관계를 가질 필요는 없다. 점들의 분포가 두변수의 상관성 정도를 보여줄 것이다. 이런 방식을 이용하여 자료들을 산개시키는 것은 그 자체로 회귀분석과 동일하다.

산점도 분석은 상관성의 정도뿐만 아니라 여러 형태의 관계를 나타내 줄 수 있는데 이를 테면 양의 관계(positive relationship), 음의 관계(negative relationship), 무효관계(null relationship) 등이다.

이런 관계들이 아래 그림에 잘 나타나 있다

[그림 16.2]는 좌측 하단에서부터 우측 상단으로 점들이 사선형태로 군집되어 있는데 이는 양의 관계를 의미한다. [그림 16.3]은 정반대로 좌측 상단에서 우측 하단방향으로 일정하게 점들이 보여 있다. 이런 형태는 음의 관계를 의미한다. 점들이 직선을 형성하면서 밀집되어 있을수록 그 데이터들은 더 높은 상관성을 나타내는 데 [그림 16.4]에 나타나 있다. 마지막으로 [그림 16.5]는 아무런 관계도 없음을 의미하는

비선형의(nonlinear) 무효관계(null relationship)를 나타낸다.

분석관은 통상 스프레드시트를 이용하거나 손으로 산점도(scatter plot)를 쉽게 그릴 수 있다.

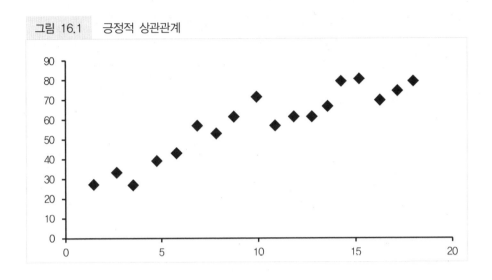

그림 16.1   긍정적 상관관계

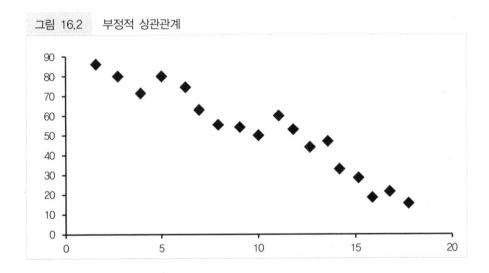

그림 16.2   부정적 상관관계

과학적 정보분석론

그림 16.3   강한 긍정적 상관관계

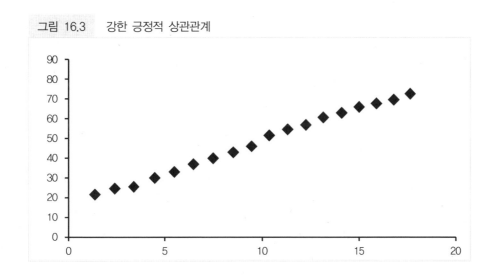

그림 16.4   비선형 관계

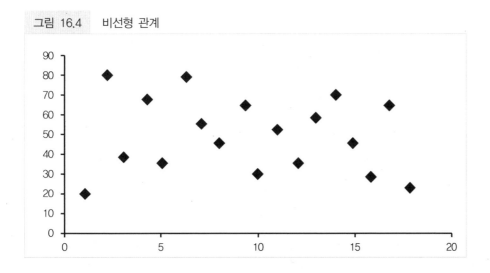

처음에는 도면에 수평 축인 x와 수직축인 y를 그리고 양 축을 따라서 적절한 눈금의 위치를 찾는다. 이어서 그래프에 점들을 찍는 것이다. 만약에 분석관이 수동으로 이런 점들을 되풀이해서 찍고 나서 나중에 이런 점들의 주변을 원으로 만들어 놓으면 되풀이해선 만든 점들의 값이 무엇인지 나타나게 된다. 만약에 컴퓨터 소프트웨어를 이용한다면 데이터들이 스프레드시트에 입력이 되자마자 바로 프로그램이 차트를 그려낼 것이다. 이 때 산점도를 표시하라는 선택메뉴를 찾아치면 된다.

산점도 분석의 강점은 두 변인 간에 관계의 정도를 나타내 준다는 것이다. 관계가 강하면 강할수록 한 변수에서의 변화가 다른 변수의 변화에 크게 영향을 미치게 된다.

그러나 이런 관계가 나왔다고 하더라도 이런 결과들이 원인을 예측힐 수는 없다는 사실에 주목해야한다. 최대한으로 말할 수 있는 것은 두변수 간에 상관관계가 존재한다는 것이다. 다만, 조사중인 그 문제와 관련된 다른 요인들을 다 검토하고 난 다음에는 그런 판단이 가능하기도 하다.

이를테면, 무장차량이 탄약의 추가분 운송을 명령받았을 때 이들 무장차량이 소모하는 연료도 증가한다는 간단한 예시를 살펴보자. 이것은 순찰할 거리가 줄어들기 때문에 문제가 된다. 산점도 분석은 이 두 개의 변수 사이에 강한 상관성이 있다는 것을 보여주고 있다. 즉 차량에 탄약을 많이 실으면 실을수록 차량이 소비하는 연료량도 많아진다는 것이다(이것은 앞에서 살펴본 [그림 16.4]의 산점도와 유사하다). 그러나 이런 추가 탄약이 그런 원인을 초래했다고 단정하기 위해서는 다른 요인들도 평가될 필요가 있으며 이런 요인들이 합리적으로 추론되어져야 한다: 탄약은 질량(무게)을 가진 물질이며 이 무거운 질량이 차량의 무게를 증가시킨다. 다른 연구들도 추가적인 중량의 증가가 차량의 연료소비 증가에 영향을 미친다는 사실을 보여주었다. 이것은 적은 연료로 적은 이동거리를 갈 수 밖에 없다는 것을 의미한다. 따라서 추가 탄약운송이 무장차량의 순찰거리 감소원인이 될 수 있다고 결론지을 수 있다.[7]

---

7) Although this is a simple example, it assumes that no other factor has changed, just the additional ammunition. For instance, it assumes that the crew remain the same in number, that no other equipment is loaded with the ammunition—such as additional weapons to fire the ammunition—and so on. These types of factors are assessed by the analysts when making a judgment about cause and effect.

과학적 정보분석론

통계적 유의성

Type I과 Type II 오류

통계적 유의성이라는 개념은 우리에게 판단의 오류가능성이 얼마나 되는지에 대해 명확하게 말해주기 때문에 통계분석관에게 매우 중요하다. 이런 과정에 있어서 중요한 것은 분석관이 선택하는 *신뢰수준*이라는 것이다. 이것은 알파 수준 (alpha-level) 또는 P 값(p-value)이라고도 불리는데 이를 테면 0.05, 0.01 같은 것들이다. 선택한 수준에 상관이 없이 귀무가설(null hypothesis)이 받아들여져야 하는데 기각되었거나 기각되어져야 하는데 받아들여지게 될 위험성이 있다. 오류의 위험성은 신뢰수준이 작아지면 작아질수록 더 증대된다.

이를테면, 0.01의 p(확률)값은 무작위 변수일 경우에 이런 결과가 구해질 가능성이 100 번 중에 1번이 안 된다는 것을 의미하는 것으로 진실일 가능성이 99%라는 것을 의미한다. 그리고 p 값이 0.05라고 한다면 진실일 가능성이 95%라는 것이며 p 값이 0.001라고 한다면 진실일 가능성이 99.9%가 된다는 것이다. 그런 오류를 "1종 오류와 2종 오류"라고 하는데 1종 오류는 '거짓-긍정(false positives)' 관계, 2종 오류는 '거짓-부정(false negatives)' 관계라고 한다.

앞서 카이스퀘어를 다룬 부분에서 지적했던 것처럼, 이런 결과들은 대립가설을 증명하는 것이 아니다. 단지 한 가지 설명으로써 그것을 뒷받침할 뿐이다. 즉 0.05의 신뢰수준에 대해서 말한다면 그 결과가 다른 요인에 의해 야기될 수 있을 가능성이 여전히 5% 존재한다는 것이다. 그러나 그 가설이 신뢰수준을 충족시키지 못하면 오류임이 입증될 수 있다는 것이다.

또 하나의 보기로 어떤 분석관이 0.05의 신뢰수준을 선택했다고 하자. 그러면 이 분석관은 0.01의 신뢰수준을 선택해서 나온 분석결과보다 더 쉽게 귀무가설을 기각하고 통계적 유의성을 주장할 수 있게 된다. 물론 그 분석관은 그런 결론에 대해 5퍼센트의 오류가능성이 있다. 그런데 만약에 신뢰수준 0.01을 선택했더라면 오류가능성은 단지 1퍼센트로 훨씬 감소되었을 것이다.

1종 오류(Type I error)는 어떤 현상을 보고 아무런 관계가 존재하지 않는데 차이가 존재한다고 결론을 내리게 되는 오류이다. 이것이 이 오류를 '거짓-긍정

(false−positive)' 오류라고 부르는 이유이다.

　2종 오류(Type Ⅱ error)는 '거짓−부정(false−negative)' 오류이다. 이것은 귀무가설이 기각되어야 하는 상황에서 귀무가설을 진실로 받아들일 경우에 발생한다. 이것은 분석관이 차이(관계가 있음)가 존재함에도 불구하고 귀무가설을 그대로 수용하는 경우이다.

　그러면 이런 1종 오류와 2종 오류들이 분석관의 결과에 어떤 영향을 미치는가? 1종 오류는 일종의 '거짓경보'라고 설명될 수 있다. 즉 사실 잘못된 결론이기 때문에 관찰현상이 주목할 가치가 있다는 신호를 보내는 것이다. 그 것은 마치 광부가 황철광이라는 가짜금광석을 금으로 착각해서 찾아낸 것과 유사하다. 반면에 2종 오류는 자료수집 방법상의 민감성 부족이나 분류방식의 생략으로 인해 발생한 것으로 차이점을 찾지 못해 발생한 오류이다. 앞의 광부를 예로 들면 이번에는 금을 인식하지 못하고 광산에서 나온 폐석들과 함께 버린 것과 같은 것이다.

　이런 논의를 통해 분석관은 어떤 연구조사에서도 항상 이 두 가지 유형중의 하나인 오류를 범할 수 있다는 것을 알 수 있다. 그렇다면 어떤 오류가 더 나쁜 오류인가? 그것은 의사결정자가 찾고자 하는 질문의 성격에 따라 다르다. 다음 보기에서 알 수 있듯이 두 오류 모두 심각한 문제를 야기할 수 있다.

표 16.5	통계적 결정의 요약	
	귀무가설이 진실인 경우	귀무가설이 거짓인 경우
만약에 Ho가 기각되면	분석관은 1종 오류를 범함 (거짓−긍정)	분석관의 결정이 옳음
만약에 Ho가 기각되지 않으면	분석관의 결정이 옳음	분석관은 2종 오류를 범하게 됨 (거짓−부정)

• 만약에 의사결정자가 이라크에 대량살상무기가 숨겨져 있는지 알아보라고 하였다. 그런데 거기에 아무것도 없는데 그런 무기가 있는 것으로 단정하고 잘못 군사공격을 기획한다면 1종 오류의 파장은 심각할 것이다.

• 미국이 국제테러범(이를 테면 알카에다와 같은)의 테러공격에 직면해 있는지 알아보라고 하였다. 그런데 2001년 9.11 테러와 같은 또 다른 진짜 공격을 무시하여 2종 오류를 범한다고 한다면 그런 오류는 심각한 파장을 낳는 것으로 가능한 피해

야 할 것이다.

대수방정식을 이용한 문제해결

대수방정식은 수많은 문제를 해결하기 위한 조사연구 활동의 하나로 사용된다. 대수방정식은 본질적으로 물리적 세계의 상황을 나타내는 공식에 기반을 둔 모형이다. 대수가 사용되는 수많은 방식을 모두 설명하기 보다는 이런 형태의 분석이 갖는 힘을 보여주는 사례를 대표적으로 보여주려고 한다.

한 가지 예로 작전사령관이 있는데 군사정보 차원에서 적부대의 도착 예정시간을 알고자 한다고 가정하자. 또는 사법분야에서는 오토바이 갱단의 이동시간이라고 해도 좋겠다. 이 문제를 해결하기 위해 대수를 사용하는 것은 일종의 예측정보 업무라고 하겠다. 이런 문제를 해결하기 위해 분석관은:

• 현재 적부대/갱단의 위치
• 적부대/갱단의 도착예정 지점
• 두 지점 사이의 거리 계산
• 전진하는 속도(이를 테면 군정찰이나, 항공분석관, 비밀공작 감시 등을 통해 입수한 첩보)
• 출발지점과 도착예정지점 사이의 거리를 구한 후에 이것을 시간 당 전진 속도율로 나누면 대략적인 적부대(또는 갱단)의 예정 도착시간을 알아 낼 수 있다. (T = D/ R)

위의 보기에서 두 지점의 거리가 200Km라고 가정하자. 그리고 적의 군대가 시간 당 50km로 진군하고 있다고 가정한다면 200km/50km = 4시간

정보분석관은 사령관에게 가서 적의 부대가 도착하는데 대략 4시간이 걸릴 것으로 예상된다고 보고할 수 있다.[8] 이런 유형의 예상분석은 기업이나 민간영역에서도

---

8) U.S. Department of the Army, FM 34−2−1: *Tactics, Techniques and Procedures for Reconnaissance and Surveillance, and Intelligence Support to Counterreconnaissance*(Washington, DC: Department of the Army, June 1991), 2−20.

적용될 수 있다. 기업의 경우 분석관은 경쟁업체의 새 모델인 기즈모(Gizmo)의 시장 출하가 언제인지를 예상할 수 있다. 만약에 단위생산량을 알고 있다면 배송에 필요한 시간이 위의 공식을 거꾸로 사용하고 변수이름을 바꾸어 계산할 수 있다:

배송예정일 = 필요한 단위의 숫자(number of units) × 생산율(rate of Production)

민간정보영역에서도 이런 대수방정식을 이용하여 보험사기의 용의자가 방화를 한 것이 가능한지를 계산해 낼 수 있다. 위의 여행거리 공식을 이용하여 문제의 사람이 속도제한을 초과하지 않고 주어진 시간 내에 자신의 집에서 방화의심 지역까지 이동할 수 있는지를 계산할 수 있는 것이다.

중요 용어

이 장에서 알아본 중요 용어와 문구를 정리해보았다. 간략하게 정의를 내려 보거나 한 두 개의 문장으로 설명을 하여 각 용어들에 대해 얼마나 이해가 되었는지 알아보자

o 대수방정식
o 평균
o 이변량
o 범주 데이터
o 카이스퀘어 분석
o 기술통계
o 빈도수
o 지수
o 등간척도 데이터
o 신뢰수준
o 최대값
o 평균값(Mean)

o 중간값

o 최소값

o 모드(최빈값)

o 다변량

o 명목척도자료

o 오차확률(p-value)

o 1인당(per capita)

o 퍼센티지 증감

o 분포범위(range)

o 비율척도자료

o 비율

o 회귀분석

o 반올림

o 산점도(scatter plot)

o 통계적 유의성

o 유형 1 오류

o 유형 2 오류

o 가중 대평균

o 가중평균

학습 문제

1. 통계의 네 개 척도수준에는 어떤 것들이 있는가? 각각의 척도수준에 대해 설명하라

2. 분석관이 사용할 수 있는 일변량분석의 유형에는 어떤 것들이 있는지 열거하라

3. 평균값과 가중평균값의 차이에 대해 설명하고 어떻게 사용되는지 각각의 보기를 들어 설명하라

4. 유형 1 오류와 유형 2 오류의 차이점은 무엇인지 설명하라.

학습 활동

1. 바다를 항해하는 화물선들이 수송시간을 절약하기 위하여 정기적으로 Q라는 국가의 연안에 있는 해협을 이용한다고 가정하자. 그런데 이들 해협은 최근에 해적들의 공격루트가 되었다. 정보분석관으로서 우리가 해적들의 등장이후에 이 해협을 이용하는 국제선적의 감소율에 대해 계산하는 임무를 부여 받았다고 가정하자. 해적질이 있기 전에 항해선박의 숫자가 416인데 해적공격이후에 232라고 한다면 이 적대적인 해적질로 인해 감소된 퍼센티지는 얼마인가?

2. Q라는 나라의 노년층 사회는 시장가에서 난무하는 공격행위에 대해 우려를 하면서 이런 행위들이 무작위적인 것이 아니라 분파적 긴장상황이 점증하는 것을 의미하는 것으로 의심하고 있다. 국가의 준군사적 경찰에 소속된 정보조직에서는 전국을 다섯 개의 권역별로 균등하게 나누어 공격행위에 대한 데이터들을 수집하였다. 그 결과 나타난 정보는 다음과 같은 분포를 나타낸다.

표 16.6	전국 권역별 분포
지역(region)	공격숫자(Number of Attacks)
1	26
2	19
3	31
4	17
5	11

카이 스퀘어 분석을 사용하여 공격행위의 분포가 우연적(무작위적)인 것인지 아니면 다른 요인이 작용하고 있는 것인지 판단하라. 신뢰오차 수준은 0.05를 사용하라. 여기서 나온 결과를 토대로 어떤 결론을 도출할 수 있겠는가?

17장 숫자와 표를 이용한 정보 제시

이 장에서 논의될 핵심 개념들은 1. 그림(figures), 2. 표, 그리고 3. 줄기-잎 그림(Stem-and-leaf plots)이다.

그 림

정보보고서 작성 시 그래프, 차트, 사진, 도면(drawings), 다이어그램뿐 아니라 다른 선이나 면들(terms) 모두 그림들(figures)로 간주된다. 그림은 개괄적 내용을 그래픽으로 표현한 것이다. 연구결과를 나타내는 데 사용하는 다른 유일한 용어는 바로 표(table)이다. 정보보고서 작성에 사용되어야 하는 두 개의 용어는 그림과 표라 할 수 있다. 하지만 그렇다 하더라도 우리는 결과들이 어떻게 표현될 수 있는가를 설명하는 하나의 방법으로서 일반적으로 쓰이는 여러 용어들을 살펴볼 것이다.

그래프는 수치자료들을 그림으로 보여주기 위해 사용한다. 사실상 그래프는 기호적 표현이다. 실제로 그래프란 용어는 차트란 용어와 상호 교환적으로 사용된다. 정보분석관은 정보가 너무 복잡해서 서술 방식으로는 표현하기 어려울 때 그래프를 사용한다. 따라서 그래프는 분석관들이 연구 결과의 요지를 정책결정자에게 전달하기 위한 단순하면서도 간명한 형식이다.

가장 공통적으로 사용되는 것(그리고 비분석적 사용자들에게도 쉽게 인식되는 것)들은 원그래프(pie chart), 막대그래프(bar chart), 선그래프(line chart)이다. 원그래프는 파이를 닮은 부분들로 나누어진 원 모양의 그림이다. 파이의 각 "조각"은 데이터의 특정 항목을 표시한다. 파이 전체의 크기는 100%이며 각 조각들은 전체에서 차지하는 비율을 나타낸다.

막대그래프는 여러 범주의 데이터들 사이의 관계를 보여주기 위해 수직 막대(때로는 가로 막대)를 사용한다. 막대그래프는 게릴라군이 보유하고 있을 수 있는 로켓, 자동화기, 수류탄의 개수와 같이 각 데이터 항목들이 범주형(categorical: 항목

상호 간 독립적)일 때 사용 된다(원그래프도 각각의 데이터 항목들을 표시하는 것이기 때문에 똑같은 목적으로 사용될 수 있을 것이다). 막대들은 히스토그램(histogram)과 달리 시간이나 계급(score)의 크기(interval)와는 관계가 없다는 것을 나타내기 위해 서로 붙어 있지 않고, 떨어져 그린다. 막대들이 연속적인 방법으로 결합되어 있다면 그것은 히스토그램이다([그림 17.1] 참조). 히스토그램은 그룹별 분포도를 나타낸 그림으로 분포의 형상을 보여준다.

도수다각형(frequency polygon)도 히스토그램과 똑같은 목적으로 사용할 수 있지만 이것은 각 계급들의 폭(크기)의 중간점(midpoint)만을 보여준다. 이것은 막대나 점으로도 표시될 수 있다. 일련의 점들이 표시되면 이 점들을 선으로 연결한다([그림 17.2] 참조). 막대들이 단지 선에 의해 연결된 점들로 표시되었다는 점에서, 이 선은 막대가 숨겨진 믹대그래프라 할 수 있다.

그림 17.1   히스토그램의 예

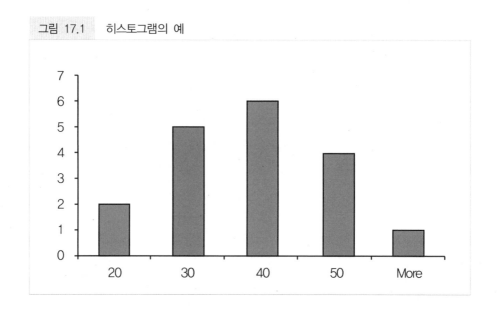

반면, 선그래프는 시간의 경과에 따라 데이터의 변화를 보여줄 필요가 있을 때(예를 들면 시계열적 연구) 사용된다. 예를 들면 반란집단이 매달 은닉처에 보유하고 있는 로켓 추진 소화탄의 수의 변화를 표시할 때 사용할 수 있다([그림 17.3]).

과학적 정보분석론

그림 17.2   도수다각형의 예

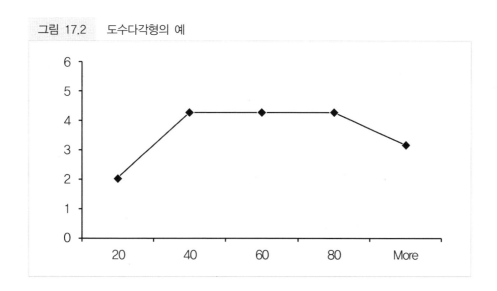

몇몇 형태의 그래프들은 메시지를 강조하는 방법으로 막대나 원주, 또는 선 대신에 그림이나 기호(symbol)를 사용하는데, 이러한 그래프들은 픽토그래프(pictograph)라 부른다. 이러한 그래프는 분석관이 자신의 분석결과를 프로젝트를 이용하여 큰 화면 위에서 브리핑할 때 적합하다. 하지만 그러한 기법을 사용하기 전에 그러한

그림 17.3   선그래프의 예

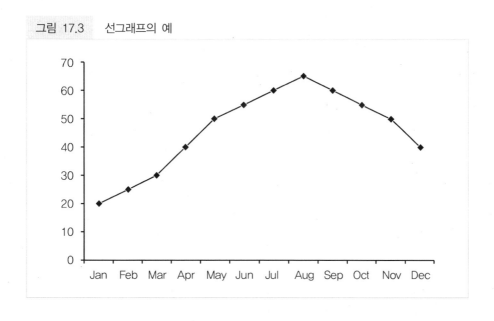

그림들의 삽입이 발표를 하찮게 보일 수도 있다는 점을 염두에 두어야 한다. 정책 결정자들은 몇몇 상용 소프트웨어 패키지가 제공하는 이미지들을 저급하게 여길 수 있으며, 따라서 발표 시 그것들의 사용은 메시지 전달효과를 경감시킬 수 있다.

몇 가지 그래프 작성 요령
- 종속변수와 독립변수가 드러날 수 있도록 그래프 제목을 단다.
- X축은 독립변수를, Y축은 종속변수를 나타내도록 한다.
- 양 축에 각각 이름을 붙이고 적절한 측정 단위를 부과한다.

X와 Y축

X축이 무엇이고 Y축이 무엇인지 기억하는 것은 노련한 분석관에게도 헷갈리는 공통된 문제이다. 기억하기 위한 많은 문구들이 있지만 가끔 사용되는 문구는 "X는 왼쪽으로, Y는 위로"이다. 즉 X축은 그림의 왼쪽에서 시작하여 오른쪽으로 나타나며(수평축), Y축은 그림의 바닥에서 시작하며 밑에서 위로 표현된다(수직축).

피해야 할 함정

그래프를 작성할 때 몇 가지 명심할 점들이 있다.
- 몇몇 소프트웨어 패키지에 포함된 3차원 그래프처럼 눈길을 끌만한 특징이라 여겨질 수 있는 것을 사용하여 그래프를 더 멋있게 작성하려는 유혹에 빠져서는 안 된다.
- 0이 아닌 다른 값으로 기본 값(수직 또는 Y축의 최저 값)을 설정함으로써 무심코 그래프 결과를 왜곡시키는 데 주의한다.
- 범주형 데이터는 잘못해서 도수다각형을 이용하여 작성하면 안 되며, 막대그래프로 작성해야 한다.

표

표는 일련의 데이터들이 열(columns)로 배열된 것이다. 그래프처럼 표도 수치 데이터를 독자들이 이해하기 쉽도록 표현한 것이다. 독자들에게 알리고자 하는 요점이 무엇인지 명확하게 해 주기 위하여 표에 포함된 정보는 이해하기 쉽게 제시되고 간결하게 이름이 붙여질 필요가 있다.

과학적 정보분석론

표 작성 시 전통적인 방식은 가로 방향으로만 사용하는 것이다. 몇몇 소프트웨어 패키지들은 표에 수직 방향을 사용한 경우가 있는데, 엄격히 말해 이것은 올바른 것이 아니다. [표 17.1]은 잘 설계된 표의 예이다.[1] 각 열은 그 열의 데이터들이 무엇에 관한 것인지를 말해주는 설명 머리글(descriptive header)을 가지고 있다. 각 행(rows) 또한 머리글을 갖는데 그 행의 데이터들이 무엇에 관한 것인지를 말해준다. 데이터들은 표의 남아있는 중앙부에 표시된다. 제목은 표의 위나 아래에 붙인다.

우리는 왼쪽에서 오른쪽으로 쓰고 읽는 좌횡서(左橫書) 방식을 사용하고 있으므로 독자들도 왼쪽에서 오른쪽으로, 그리고 위에서 아래로 훑어 나갈 가능성이 크기 때문에 그러한 것을 고려하여 표를 작성하는 것이 좋다. [표 17.1]은 바로 이러한 이유에서 "이전" 데이터를 "이후" 데이터 왼쪽에 배치한 것이다.

열과 행의 간격은 이해 뿐 아니라 만족스런 시각 효과를 위해서도 중요하다. 열과 행들은 보기 편하도록 균등한 공간이 주어지는 동시에 충분한 "여백"을 가져야 한다. 큰 숫자는 1000 단위로 쉼표를 넣어야 하며, 소수점 이하의 자릿수는 최소한으로 줄인다. 표의 칸들(cells) 내부의 결측데이터(missing data)는 "알 수 없음"과 같은 어떤 설명이 주어져야 한다.

매우 큰 숫자의 경우 숫자들을 다루는 데 어려움을 느끼는 독자들이 이해하기 쉽도록 어림수를 사용하는 것을 고려한다. 예를 들면 예닐곱 개의 숫자 열들을 포함하는 표의 경우, 그러한 숫자들은 명확하게 표현하기 위해 어림수로 표시될 수

| 표 17.1 | 1986년 미 공군의 리비아 공습 이전 및 이후의 심각도 수준에 따른 세계 테러 건수 |

심각도 수준	테러		
	공습 이전	공습 이후	변화율(%)
고	541	458	− 15.3 %
중	170	155	−8.8 %
저	145	244	+16.3 %
총계	856	857	+00.1 %

---

1) Henry Prunckun, "Operation El Dorado Canyon: A Military Solution to the Law Enforcement Problem of Terror − A Quantitative Analysis" (master's thesis, University of South Australia, 1994), 52.

있을 것이다 — 예를 들면 1,239,875은 1,230,000으로 반올림될 수 있을 것이다. 어림수를 사용하면 표에 사용된 데이터를 이해하거나 비교하기 쉽다. 또한 이러한 방법은 제시된 정보의 전반적인 완전성을 결코 저해하지 않는다.

줄기-잎 그림

분석관은 히스토그램으로 데이터를 표현하는 것의 한 대안으로서 줄기-잎 그림(stem-leaf-plots)을 사용할 수 있다. 줄기-잎 그림은 10의 자리 숫자를 포함하는 줄기(왼쪽 열)를 만드는 것에서부터 시작한다. 그림의 잎은 10의 자리 숫자 각각에 해당하는 일의 자리 숫자로서 오른쪽 열에 나열한다. 작성된 줄기-잎 그림에서 가로로 나열된 잎들은 히스토그램의 수직 막대에 해당한다.

줄기-잎 그림은 소수점이 있는 십진수(decimal numbers)에도 사용할 수 있다. 이러한 그림의 경우에는 데이터의 정수 부분을 줄기로 하고 소수점 이하의 숫자를 잎으로 사용한다. 소수점 이하가 두 자리인 경우, 분석관은 소수점 이하가 단 한 자리만 남도록 소수점 둘째 자리 숫자를 반올림한다. 다음은 정수를 이용한 줄기-잎 그림이다.

```
5: 3
5: 4 4
5: 5 5 5
5: 6 6 6 6
5: 7 7 7 7 7 7 7 7
5: 8 8 8 8 8 8 8 8 8
5: 9 9 9 9 9 9 9 9 9 9 9
6: 0 0 0 0 0 0 0 0 0
6: 1 1 1 1 1 1 1
6: 2 2 2 2 2
6: 3 3 3
6: 4 4
6: 5
```

다음은 소수를 사용한 줄기-잎 그림이다.

5: 3
6: 3 4
7: 4 5 6 7
8: 2 6 7 8 8
9: 2 3 4 5 5 6 8 9
10: 1 1 2 3 5 5 6 7 7 9
11: 0 1 2 3 3 4 5 5 6 7 7 9
12: 1 2 3 3 4 4 5 6 8
13: 1 1 2 3 5 9
14: 2 4 7 9
15: 4 3 7
16: 5 7
17: 1

정수를 활용한 줄기-잎 그림에서 나타난 잎의 길이는 [표 17.2] 빈도표 (frequency table)에서 보이듯이 도수(frequencies)에 해당한다. 빈도표는 데이터를 범주, 증가분, 또는 [표 17.2]처럼 집단에 따라 정렬한다.

표 17.2	빈도표의 예	
집 단		도 수
51 – 55		6
56 – 60		44
61 – 65		18

중요 용어

이 장과 관련된 중요 용어는 아래와 같다. 각 용어에 대한 간단한 정의나 설명을 한두 문장으로 써봄으로써 자신의 이해도를 점검한다.

o 막대그래프
o 차트(Chart)
o 그림
o 도수다각형
o 빈도표
o 그래프
o 히스토그램
o 선그래프
o 픽토그래프
o 원그래프(pie chart)
o 줄기-잎 그림
o 표
o X축
o Y축

학습 문제

1. 분석관이 서면 보고나 전자 슬라이드를 활용한 브리핑에서 통계 결과를 보여주기 위해 그래프들을 사용할 경우, 그 이유를 설명하라.
2. 정보분석관들이 이용 가능한 시각적 표현 유형에는 어떤 것들이 있는지 제시하라.
3. 히스토그램과 도수다각형의 차이점을 토론해보라.
4. 통계 데이터를 정확하게 잘 표현하도록 설계된 표가 갖는 특성은 무엇인가?

5. 분석관이 줄기－잎 그림을 어떨 때 사용하는 것이 좋은지 예를 들어보라.

학습 활동

정보분석관이 국제적으로 관광객이 많이 몰리는 한 주요 도시에서 발생하는 상표권 위반 사례에 관해 업계 간부들에 대해 브리핑을 준비하고 있다고 가정한다. 현장요원들은 지난 1년 동안 1월부터 12월까지 월별 상표권 위조 상품들을 거래한 개인들의 숫자가 다음과 같다고 알려왔다: 27, 35, 17, 13, 42, 37, 52, 48, 20, 24, 12, 30. 이들 데이터를 전자 슬라이드 프레젠테이션 방식을 통해 발표할 적절할 방법을 선택하라. 전자 슬라이드 작성은 상업용 소프트웨어 패키지를 이용하라.

18장 위협, 취약성, 위험도 판단

이 장은 테러리스트들이 중요 사회기반시설과 시설 관계자에 대해 제기하는 위협들과 관련된 분석 기법들에 초점을 맞춘다. 논의될 분석 방법은 1. 위협 분석, 2. 취약성 분석, 3. 위험 분석, 그리고 4. 예방, 대비, 대응, 복구계획에 관한 것이다.

서 론

대테러활동(counterterrorism)이란 용어는 널리 사용되고 있다. 이것은 방어적 대응조치들을 일컫는다. 몇몇 이유로 대테러활동이란 용어가 엄밀히 말해 이러한 활동들에 대한 정확한 용어인 반테러활동(antiterrorism) 대신에 사용되어 왔다. 대테러활동은 "테러리즘을 예방하고, 저지하고, 미연에 방지하고, 대응하기 위해"[1] 취해진 공격적 조치들을 포함하는 용어로서, 보다 정확한 용어는 반테러활동이다.

그럼에도 불구하고 세계적으로 법집행 및 안보기관들이 대테러활동이란 용어를 가장 널리 사용하고 있기 때문에, 이 책에서도 이 용어를 사용한다. 그렇지만 테러리스트들에 대처하는 접근법을 논의할 때는 항상 두 가지 형태의 활동들을 구분해야 한다.

배 경

위협 분석은 대테러활동 계획을 개발함에 있어 세 가지 통합된 단계들 중 첫 번째 단계이다.[2] 다음의 두 단계는 취약성 분석과 위험 분석이다. 이들 세 단계 분석

---

1) U.S. Department of Defense, *Joint Publication 1-02, Department of Defense Dictionary of Military and Associated Terms* (Washington, DC: Department of Defense, October 18, 2008), 132.
2) 이 방법들은 폭력조직에 대응하는 데에도 적용할 수 있다. Hank Prunckun, ed., *Intelligence and Private Investigation: Developing Sophisticated Methods for Conducting Inquiries* (Springfield, IL:

작업의 결과들은 예방, 대비, 대응, 복구(PPRR: prevention, preparation, response, and recovery)를 다루는 정책 형성의 배경이 된다. 다시 말해, 이 장에 포함된 모든 기법들은 본질적으로 연결되어 있으며, 대테러활동 분석을 위한 포괄적 방법론을 형성하는 기본 구성물들(building blocks)로 작용한다.

이들 단계를 요약하여 제시하면 다음과 같다.

1. 위협(들) 확인(identifying)
2. 이 위협(들)에 대한 취약성 검토
3. 위협(들)이 현실화될 가능성 추정
4. 위협이 야기할 결과 판단(Assessment)
5. PPRR 계획 수립

이들 단계가 실제로 어떻게 적용되는지에 관해 다음의 예를 참고한다:

1. 위협 − 이메일을 이용한 바이러스로 사이버 공격
2. 취약성 − 인터넷을 경유하는 기관의 서버들과 워크스테이션들(workstations)[3]
3. 가능성 − 개연성이 85% 이상
4. 결과 − 중간 수준에서 심각한 수준에 이르는 컴퓨터 리소스 손실
5. PPRR − 네 가지 일을 수행하는 계획을 수립: 이러한 공격을 예방하려는 시도들(예방); 예방 조치 실패 시 그러한 공격에 대한 기관의 대비(대비); 진행 중이거나 발생하고 있는 공격에 대응하기 위해 기관이 취할 필요가 있는 행동들의 안내(대응); 그리고 공격이 이미 이루어진 경우 기관이 복구할 수 있도록 돕기 위해 필요한 것 제시(복구).

여기에서는 이들 분석이 대테러활동에 대한 한 묶음의 접근법으로서 논의되었지만, 이들 중 어느 한 분석 방법만 독자적으로 수행되거나 테러리즘 이외의 문제들에 적용할 수도 있다. 예를 들면, 위협 분석은 폭력조직과 관련하여 수행될 수

Charles C Thomas, 2013), chapter 8.
3) 전문적인 작업들(과학기술 연산, 공학 설계, 통계 처리, 금융 자료 분석, 컴퓨터 그래픽 등)을 수행하는 데에 적합한 고성능 개인용 컴퓨터 (역자 주).

있으며, 위험도 판단은 범죄활동 중인 개인이나 집단과 관련하여 수행될 수 있다.

위협 분석

위협 분석을 하는 목적은 인적·물리적 자산에 닥칠 문제들을 발견하는 것이다.[4] 위협이란 어떤 사람이 다른 사람에게 피해를 끼치고자 하는 단호한 결심이다. 위협은 자연의 힘이나 자연적 현상에 의해 제기될 수 없다는 것을 알아야 한다. 그러한 것들은 위험들(hazards)이라고 한다. 사람만이 의도(intent)와 역량(capability)을 모두 갖추고 있기 때문에 위협을 가할 수 있다. 기구들(organizations), 단체(associations), 또는 여러 형태의 법인들도 위협을 가할 수 있는데, 그것들 역시 사람들에 의해 운영되기 때문이다. 이에 대해 간단히 설명하면 다음과 같다.

위협은 대부분의 실체(사람, 기구, 국가 등)에 가해질 수 있으며 이는 가해자(threat agent)에 의해 행해진다. 위협을 통해 가하겠다는 피해(harm)는 다양한 형태를 띨 수 있으며 물리적 측면의 해일 수도 있고 감정적/정신적 측면의 해일 수도 있다. 가해자가 노골적인 말이나 행동을 취한다면 현장요원이 그를 확인하기 쉽고, 또 분석관이 위협을 판단하기 더 쉽겠지만, 가해자의 입장에서 위협이 될 만한 해로움을 가할 결심을 공개적으로 천명할 필요는 없다.

위협 분석을 함에 있어 두 가지 주요 요인(factors)을 파악해야 한다. 즉 가해자(개인, 집단, 법인이나 기구 등 여러 형태를 띨 수 있다)의 존재와 위협의 목표(예를 들면 표적이 반드시 쇼핑몰이나 개인과 같은 물질적인 것일 필요는 없으며 국가안보나 특정 행사 장소나 행사 자체의 안전에 대한 위협과 같이 무형적인 것일 수도 있다)이다. 달리 말하면, 의도와 역량을 가진 가해자는 무엇인가 피해를 끼칠 수 있어야 한다는 것이다. 예를 들면, 가해자는 헤로인과 같은 마약을 불법적으로 수입하려는 의도와 역량을 가진 마약 밀매업자일 수도 있고, 다리를 파괴할 의도와 역량을 가진 반란군 집단일 수도 있다.

분석관이 가해자를 판단할 때는 가해자가 표적에 해를 가할 의도와 역량을 가졌는지 여부를 측정한다(바로 이 점이 자연적으로 발생한 사건은 위협이 아닌 이유이다).

---

4) James F. Broder and Gene Tucker, *Risk and the Security* Survey, fourth edition (Waltham, MA: Butterworth-Heinemann, 2012), 316.

가해자가 의도와 역량을 가졌는지 여부를 가늠하기 위해 분석관은 이들 두 요인 (factors) 각각에 대해 두 가지 하부 구성요소(elements)들을 살펴볼 필요가 있다. 의도와 관련하여 욕구(desire)와 기대(또는 능력), 그리고 역량과 관련하여 지식 (knowledge)과 자원(resources)이다. [그림 18.1]은 이 같은 고려요소들을 도표 형식으로 표현한 것이다. 이를 등식으로 나타내면 다음과 같다:

(욕구 + 기대) + (지식 + 자원) = 위협

욕구는 가해자가 자신의 목표를 추구하기 위해 피해를 끼치는 것도 불사하겠다는 의욕이라 할 수 있다. 기대는 가해자가 자신의 계획이 수행되면 목표를 달성할 수 있을 것이라는 가해자의 확신을 말한다. 지식은 가해자가 목표를 달성하기 위해 필요한 장치를 사용하거나 만드는 것 또는 그러한 과정을 진행시키기 위해 가지고 있는 정보이다. 자원은 계획을 행동에 옮기는 데 필요한 숙련도(또는 경험)와 도구들(materials)이다.

주목할 만한 두 개의 추가적 개념
위협 의도 = 가해자가 표적을 성공적으로 공격할 수 있다는 낙관주의;
위협 역량 = 가해자가 표적에 행사할 수 있는 힘

인과관계 내 이들 구성요소들(11장의 [그림 11.2] 참조) 각각에 기여하는 요인들을 보여주기 위해 특성요인 분석법(fishbone analysis)을 사용할 수 있다. 이에 대해서는 11장에서 논의된 생선 머리에 조사할 문제(이 경우에는 "위협")를 기입한 특성요인 분석법을 참고한다. 생선의 주요 뼈들은 당해 문제에 관한 중요한 정보 범주 ─ 욕구, 기대, 지식, 자원 ─로 구성된다. 이들 주요 뼈 각각에는 4개의 범주 각각을 구성하는 데 기여한 요인들을 작은 뼈들로 나타낸다.

분석관은 위협 환경을 판단하는 데 도움이 되는 모델을 선택할 때 위협의 맥락, 자신이 속한 기관의 임무, 그리고 잠재적 표적들에 대한 목록을 고려할 필요가 있다. 위협을 가늠하기 위한 일반적인 모델은 [표 18.1]에 예시된 위협 요약 표와 같은 모양을 가질 수도 있다. 이 모델은 개별 기관이나 조사 프로젝트의 특정 요구에 적합하도록 수정될 수 있을 것이다.

과학적 정보분석론

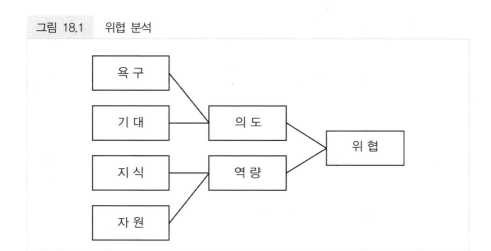

그림 18.1　위협 분석

　　모델들이 주관성을 제거하지는 못한다하더라도, 모델을 사용하면 분석관들은 그들의 위협 추정 방법에 명확성을 기할 수 있고, 따라서 자신들이 내린 결론을 방어할 수 있다. 여기에서 우리는 무엇이 강력한 또는 높은 수준의 의도를 구성하는가와 관련한 가중치를 두지 않는다. 그것은, 예를 들면, 알카에다 같은 집단이 얼마나 많은 정도로 매체를 통해 발표들을 해야 그러한 수준의 의도를 구성한다고 말할 수 없기 때문이다. 이상적으로 말하자면, 일정 형태의 조건문(conditioning statement)이 이들 척도 범주들(scale categories) 각각에 주어진다면, 정책결정자는 가해자의 강한 의도나 약한 의도 등을 알 수 있을 것이다. 이 장의 뒷부분에 제시된 [표 18.5]는 그러한 조건문의 척도 구성 방법의 예를 보여 준다(주: 이 표처럼 그러한 조건문 척도를 구성하는 것은 이 장 마지막 부분에 있는 학습 활동들 중의 하나이다). 또한, 한 가지 첨언하고자 하는 것은 모델들을 적용함에 있어, 의도하지 않은 왜곡이 일어날 수 있기 때문에 오판의 가능성을 배제할 수는 없다는 것이다.

　　의도는 욕구에 기대를 더함으로써 계산되고, 이어서 여기에 지식과 자원의 합이 더해지는 (그리고 누적된 총합은 최소 4점부터 최대 20점에 이를 것이다) [표 18.1]을 주목해 보자. 더하기를 사용한다면 값들의 산포는 어느 정도 제한되는 반면, 만약 제시된 점수들을 곱하기로 한다면 그 값들을 크게 증대될 것이다. 예를 들면 모든 점수들을 등식에 따라 곱한다면 – 즉, 더하기를 곱하기로 바꾼다면 – 값의 범위는 1에서 625까지 확대될 것이다.

표 18.1	예지순교파(Omen Martyrs Faction)가 오레나바드(Orrenabad) 공동체에 제기한 위협	
척 도	점 수	누적 점수
욕 구		
무시 가능 수준	1	
최저 수준	2	
중간 수준	3	3
심각 수준	4	
매우 심각 수준	5	
기 대		
무시 가능 수준	1	
최저 수준	2	
중간 수준	3	3
심각 수준	4	
매우 심각 수준	5	
의도 총합		6
지 식		
무시 가능 수준	1	
최저 수준	2	
중간 수준	3	3
심각 수준	4	
매우 심각 수준	5	
자 원		
무시 가능 수준	1	
최저 수준	2	
중간 수준	3	3
심각 수준	4	
매우 심각 수준	5	
역량 총합		6
위협 계수		12

과학적 정보분석론

이와 같은 넓은 범위의 값들을 사용하면 그 값들의 정밀도(precision)의 문제로 인해 가해자의 의도나 역량을 정확하게 판단할 수 있는 분석관들의 능력이 약화된다. 따라서 모든 값들을 곱하기보다는 더하는 것이 값의 산포도를 줄일 것이고, 그에 따라 위협 계수(threat coefficient)를 절대적 조건을 반영하는 것으로서 사용하기보다는 하나의 지표(indicator)로서 생각하는 것이 좋다. 분석관이 한편으로는 욕구와 기대를 곱하고, 또 다른 한편으로는 지식과 자원을 곱한 후, 이 두 개의 수를 더하는 경우에도 그 값은 2에서 50까지 매우 넓게 산포될 것이다. 반대로 의도를 구성하는 욕구와 기대의 합과 역량을 구성하는 지식과 자원의 합을 내어 이 두 수를 곱한다면 그 값은 4부터 100에 이를 것이다.

그런데 추가적으로 두 가지 문제가 더 지적될 필요가 있다: (1) 정보보고서 독자가 중간 수준의 위협 의도와 역량이 의미하는 바가 무엇인지 이해하도록 조건문을 (예를 들면 표 18.5에서 언급된 방식으로) 제시해 줄 필요성이 여전히 남아있다; 그리고 (2) "불명확한 것들"(unknowns)은 이 모델에 포함되지 않는다. 분석관들은 블랙 스완들(black swans)이란 표현되는 불명확한 것들이 일어날 수 있다는 것을 항상 인식하고 있어야 한다.[5] 블랙 스완들이란 뜻밖의 예측불허의 사건들, 또는 (여기에서는) 가해자들(threat agents)을 말한다.

이 분석에서 도출된 위협 계수는 그 계수가 공격 위험도를 나타내는 연속선상의 어디에 위치하는지를 측정하기 위한 참조표(reference table)와 비교해보도록 한다. [표 18.2]에 제시된 척도는 추가적인 한정어구들(qualifiers)에 따라 다양하게 표시될 수 있다. 만약 척도의 수가 너무 많다면 척도가 제 역할을 할 수 없을 것이다. 더 나아가, 계수들의 범위를 얼마나 크게 하느냐는 당해 기관이 무시 가능 수준과 최소 수준의 범주 수준을 높임으로써 가해자가 주시의 그늘 밑으로 숨을 수 있는 위험성을 기꺼이 감내할 용의가 있는지 여부에 달려 있을 것이다. 결국 계수들로 표시된 수와 그러한 숫자를 부여한 이유에 대한 기술 내용들(descriptors)은 보호되고 있는 자산과 관련하여 타당성이 있을 필요가 있다. 즉 기술 내용들 각각은 무시 가능(negligible), 최소(minimum), 중간(medium), 심각(high), 그리고

---

5) 예로서, 그러한 불명확한 것들에 관한 여러 다양한 맥락에서의 논의에 대해서는 Nassim Nicholas Taleb, *The Black Swan: The Impact of the Highly Impossible* (New York: Random House, 2007) 참조.

매우 심각(acute) 등의 용어가 의미하는 바를 정의하기 위해 기술 내용들에 걸맞는 조건문들을 가질 필요가 있다. (이 장의 뒷부분에 있는) [표 18.5]가 하나의 예이다.

표 18.2	위협 계수 척도의 예	
	위협 수준	계 수
	무시 가능	4－6
	최 소	7－10
	중 간	11－15
	심 각	16－18
	매우 심 각	19－20

위협들은 맥락 의존적이다. 사업 상황에서 위협이 군사나 국가안보 상황에서도 반드시 위협이 되는 것은 아니다(반대의 경우엔 사실일 수도 있다). 이러한 점을 감안하면서, 여기에서는 군사적 맥락에서의 한 예가 위협 분석 방법을 설명하기 위해 논의될 것이다. 저강도 갈등의 경우, 가장 약한 정도의 위협인 지역 주민들의 자발적인 거리 데모에서부터 가장 강한 정도의 위협인 폭탄 테러나 반란군 또는 게릴라 부대와의 대립에 이르기까지 위협들이 갖는 심각성 정도의 범위를 상정할 수 있다. 위협의 요소들을 판단하는 기법들은 조사 중인 이슈에 따라, 그리고 분석관의 선호도나 해당 기관의 정책에 따라 다양할 수 있다.

그럼에도 불구하고, 이 접근법은 제3자도 면밀하게 검토가 가능한 몇몇 검증수단들을 사용하여 각 요소들에 가중치를 주는 것이다. 예를 들면, 분석관은 아군 부대가 수행 중인 저강도 군사작전과 연관된 Q라는 나라에서의 위협의 존재 여부를 판단하기 위해 역장 분석(force field analysis)을 이용할 수 있다. 또한 위협의 네 가지 요소들(욕구, 기대, 지식, 자원)들을 판단하기 위해서 뿐만 아니라 잠재적인 가해자(예를 들면 교전 집단들) 목록을 작성하여 이들 요소들을 서로 비교하기 위해 명목집단 기법이 사용될 수 있을 것이다. 이러한 명목집단에는 해당 주제 전문가들 또는 작전 전문가들(operational specialists)이 참여하거나 이들 양측 전문가 모두가 참여할 수 있을 것이다. 11장에서 논의된 다른 분석기법들 또한 사용될 수 있을 것이다.

분석이 어떻게 행해져야 하는가에 관한 확실한 규칙은 없다. 위협들을 맥락과 관련짓는 한 방법은 위협들을 위협공동체들(threat communities)과 연관 지어 보는

것이다. 인간이 행하는 악의적인 위협들과 관계된 위협공동체들의 몇몇 예들을 들어보면 다음과 같다:

외부
- 경쟁자들;
- 일반적인 절도범들(common thefts);
- 음모 이론가들과 사이비 과학 신봉자들;
- 지역 폭력단들;
- 조직범죄 집단들;
- 국제적 또는 초국가적 테러리스트들;
- 반란군들 또는 게릴라들;
- 무정부주의자들;
- 국내 무정부주의자들;
- 사이버 범죄자들과 사이버 세상 파괴자들(cyber vandals);
- 과격 정치집단들;
- 권리 운동가들;
- 단일 쟁점(single−issue) 로비스트들;
- 고용된 스파이들(spies−for−hire)(예를 들면 민간요원으로 변신한 전직 법집행, 보안, 군, 정보 관련 인사들); 그리고
- 외국 정보기관

내부
- 사업체나 조합(corporation)의 장들;
- 조합원들(associates);
- 현 직원들;
- 전 직원들;
- 임시 직원;
- 도급업자들(contractors)

이러한 위협 공동체들은 필요하다면 보다 구별되는 특징을 가진 집단들로 세분될 수 있다. 예를 들면 극단적인 권리운동가들은 정치적 극단주의자들, 종교적 극단주의자들, 단일 쟁점 극단주의자들과 같은 극단적인 하위 집단들로 분류될 수 있을 것이다. 한편, 한 위협공동체(또는 하위 공동체)의 구성원이 다른 하나 또는 다른 여러 위협공동체의 구성원이 될 수 있다는 가능성을 배제해서는 안 된다는 점을 명심해야 한다.

어떤 위협 프로파일(threat profile)을 만들고자 할 때, 위협 표적들의 중요성(criti-cality), 비용(파괴로 인한 직접 손해 또는 간접적이거나 파괴에 따른 결과적 손해), 또는 민감도(예를 들면 침해된 정보: compromised information)와 관련하여 표적들을 고려해 볼 수 있고 또 그래야 한다. 이는 위협 가해자들이 그러한 속성들의 어떤 것도 없는 표적들을 그러한 속성들을 가진 표적들과 같은 비중으로 고려하지 않을 수 있기 때문이다.

"누가" 위협공동체를 구성하는가를 보다 잘 이해하기 위해서 분석관들은 위협 프로파일을 작성할 필요가 있다. 프로파일은 위협 환경을 이해하기 위해 적절한 수준이면 된다(완전한 프로파일을 얻는다는 것은 설사 가능하다 해도 극히 드문 일이다). 이러한 프로파일은 대테러리즘 분석의 다음 단계, 즉 취약성 분석(vulnerability analysis)에 도움이 된다. 우선은 가상의 가해자의 중요한 측면들은 보여주는 예로서 [표 18.3]의 위협 프로파일을 자세히 살펴보도록 한다(순서는 분석관의 조사 프로젝트에 맞게 재조정될 수 있으며, 여기에서 제시한 요인들이 메시지 전달에 부적절하다고 생각된다면 다른 요인들을 더할 수 있을 것이다).

위협들 – 전략, 작전, 전술

전략적 성격의 위협은 위협이 아니라 잠재적 위험(hazard)이라고 주장될 수 있을 것이다. 왜냐하면 이러한 문제들은 명백하게 의도를 드러내지 않고 있기 때문이다. 예를 들어 수년째 완성되지 않고 있는 핵 시설을 건축하고 있을 수 있는 덜 우호적인 나라를 생각해 보자. 이 나라의 설명에 따르면 이 건축 프로젝트는 전력 생산이란 평화적 목적을 위한 것이다. 핵문제 전문가들은 이 프로젝트의 건축

표 18.3	민족적 예지순교파에 대한 위협 프로파일
요 약	관 찰
욕구	
표적들	서구 가치들을 대표하는 물적 대상들 또는 (다른 종교 신자들을 포함하여) 그들 신앙의 자체적 해석을 인정하지 않는 사람들
제휴관계	완전히 자주적
충원	교육을 받은 지역의 소수민족 사람들(local ethnic population)
표적 특징	충분히 남의 눈을 끌 수 있고 더 나아가 언론의 집중적 보도가 될 수 있는 상징적이고 아이콘적인 대상들
전술들	대중 집회, 주요 기반시설, 통신 및 대량 수송시설, 배급망이 표적
기대	
동기	급진적 종교 이데올로기
의도	광범위한 파괴
위험을 무릅쓸 의지	높음
자기 희생	매우 적극적
2차 피해를 가할 의지	극단적
지식	
기획	고정 및 이동형 감시와 밀고자를 통한 표적 포착 정보에 기초
정보	기밀 해제 군사교범에 접근 및 공개출처 자료 수집
훈련	낮은 수준의 약식의 훈련 시설. 훈련 수준은 미숙하나, 지식 전수는 효과적
국제적 연계 상태	훈련과 이데올로기적 지지
자원	
자금 조달	강탈 및 부자들의 납치
무기	급조 폭발물과 소형 무기
기술	공격 무기에 따라 다름(attack vector dependent)
	• 컴퓨터 기반 – 매우 낮은 수준
	• 전자/커뮤니케이션 – 중간 수준
	• 소형 무기 – 높은 수준
	• 폭발물 – 매우 높은 수준

디자인을 볼 때, 시설과 (또는) 생산된 물질이 핵무기 개발에 사용될 수 있다고 결론짓고 있다. 이러한 경우에 이 나라의 핵 프로젝트는 전략적 위협(strategic threat)이라기보다는 전략적 위험(Strategic Hazard)이라고 말하는 것이 정확할 것이다.

분석관들은 몇몇 학자들이 위험(hazard) 대신 위해(harm)라는 용어를 사용한다는 것을 알아야 한다. 하지만 이 책에서는 그러한 용어 사용을 받아들이지 않았다. 왜냐하면 위해는 어떤 사건이나 행동의 (실질적 또는 잠재적) 결과(result)로 보이기 때문이다. 위해는 또한 충격(impact) 또는 귀결(consequence)이라고 언급되기도 한다. 위해는 일어났거나 일어날 것이거나 일어날 가능성이 있는 것이기 때문에 이러한 맥락에서 본다면 여기에는 부정확한 용어로 보인다. 충격(예를 들면 피해)은 취약성 분석에 관한 바로 다음 절에서 논의될 예정으로, 이 용어가 이러한 맥락에서는 왜 부정확한지 설명될 것이다. 분석관들은 이들 여러 용어들의 차이를 인식하면서 이들을 자유롭게 사용할 수 있지만, 정보 브리핑이나 보고서에서는 위험이라는 용어를 사용하도록 권고된다.

위협이라는 개념은 보통 작전과 연관되거나 전술적인 문제에 적용한다. 예를 들면, 작전 차원의 위협은 어떤 조직과 같은 광범위하게 조직적 활동을 벌이고 있는 실체이다. 예로서는 자동차들을 훔쳐 다시 팔기 위해 완전히 다른 차로 개조하는 조직범죄 집단을 들 수 있다. 전술 차원의 위협은 즉각적 행동의 표적이 되는 개인이나 집단이다. 이러한 행동은 저지, 탐지, 집행 등을 포함한다. 경우에 따라서는 전술 차원의 위협에 대해 취해진 행동들은 작전 차원의 위협에 충격을 줄 수도 있다. "훔친 자동차의 개조"를 예로 들어 설명해보면, 뉴잉글랜드 지역의 법 집행관들이 차고에서 훔친 차들을 여러 개의 부분 결합 상태로 분해하고 있는 사람들을 급습했다면, 이러한 행동은 그 지역의 조직범죄에 충격을 줄 수 있다(작전 차원의 위협).

취약성 분석

취약성(vulnerability)은 위협 가해자가 이용할 수 있는 자산(asset)이 가진 약점이라고 말할 수 있다. 여기에서 사용된 자산이란 용어는 보호가 필요한 자원(resource)을 말하는 것이다.[6] 자원은 한 개인일 수도 있고 사람들의 집단일 수도 있고, 어떤

---

6) 예로서 Mary Lynn Garcia, *Vulnerability Assessment of Physical Protection Systems* (Burlington,

과학적 정보분석론

물질적 존재일 수도 있다(예를 들면, 하나의 중요한 사회기반시설). 다른 관점에서 보자면, 취약성은 위협에 의해 가해진 피해를 견딜 수 있는 자산의 역량(capability)이다. 피해는 심각하지는 않지만 골칫거리인 사건으로부터 재앙적 상황에 이르기까지 다양한 형태를 띨 수 있다.

취약성은 표적의 이목집중도, 공격 수행의 실현 가능성, 잠재적 충격(예를 들면 앞 절에서 논의된 잠재적 피해)과 같은 여러 요인들의 작용의 결과이다. [그림 18.2]는 이러한 모델을 도표로 나타낸 것이다. 보통 이러한 요인들은 표적의 위상, 공격 성공 가능성, 위협 가해자의 공격 후 도주 성공 가능성, 그리고 발생하게 될 잠재적 손실의 크기와 같은 고려사항들을 의미한다. 이들 요인들은 손실을 경감시키고 자산에 대한 공격을 탐지하거나 저지하기 위한 여러 조치들과 비교 검토될 수있다.

그림 18.2   취약성 분석

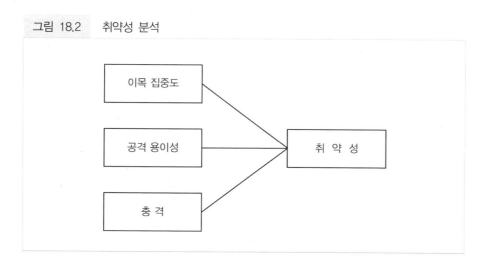

대테러리즘 업무를 수행하는 법 집행관과 안보기관들 사이에 공식 기반 분석들(Formulae-based analyses)이 인기가 있는데, 이들 분석방법은 기관에 따라 다양한 형태를 취하지만, 일반적으로 단계적 방식을 따른다. 아래의 예는 일반적인 접근 방법이다.

1. 자산이 무엇인지 정의한다(중요 사회기반시설, 수송망, 먹이사슬, 유통 중심지들,

MA: Elsevier Butterworth-Heinemann, 2006).

또는 전력, 가스, 식수, 하수도 등 필수적 서비스).

2. 이러한 자산들을 범주별로 분류한다.

3. 각 자산의 중요도에 점수를 매기거나 수준을 설정한다.

4. 자산이 피해를 입었을 때 자산에 미치는 잠재적 충격을 확인한다.

자산 각각의 등급을 매김에 있어 특별한 고려가 필요할 수도 있기 때문에, 취약성 계산을 위한 동일한 하나의 기준은 없으나 (그리고 또한 기관의 관례화된 우선되는 방식이 있을 수 있으나), 일반적인 하나의 접근법은 다음과 같은 모델을 이용하는 것이다:

표적의 이목 집중도 + 공격의 용이성 + 충격 = 취약성

이목 집중도를 계산하기 위해서 분석관은 아래 질문들에 차례대로 답을 하고 그 결과들을 위의 모델에 투입하여 표를 만들 수 있을 것이다.

- 표적은 쉽게 인식될 수 있는가? 분석관은 이 질문에 이분법적 방법으로 (예를 들면 예/아니오 같은 명목형 데이터를 사용하여) 대답하기보다는 전반적으로 취약성 지표에 보다 정확성을 기하기 위해 순서형 데이터(ordinal data)를 사용할 수 있을 것이다; 예를 들면 표적은 세계무역센터처럼 국제적으로 인식될 수 있는 것인가 아니면 단지 국가적 차원에서, 또는 지역 전체나 국지적(locally) 차원에서 인식될 수 있는 것인가? ([그림 18.3]을 참조하라.)

- 표적은 대중매체의 관심을 끌거나 보도가 될 만한 대상인가? 여기에서 분석관은 다시 거의 그렇지 않을 경우부터 자주/매주 그러할 경우까지 관심의 척도를 구성할 수 있을 것이다. 기사 보도는 지역 신문에 실릴 수도 있고 세계적인 뉴스 진행자들을 통해 이루어질 수도 있다.

- 표적은 역사적, 문화적, 종교적 중요성이나 다른 측면에서의 중요성과 관련하여 상징적 위상을 가지고 있는가? 분석관은 이러한 요인에 대해 상징적 위상이 없는 것부터 다양한 중요성을 가진 것까지 분류하여 판단할 수 있을 것이다.

이목 집중도는 위협 가해자의 맥락에서 고려될 필요가 있다. 예를 들면 어떤 학자들은 몇몇 이슬람 극단주의자 집단들은 서구 문화를 대표하거나 서구 가치들을 상징하는 자산들을 이목 집중도가 높은 것으로 볼 것이라고 생각한다.[7] 한편, 공격 용이성을 계산하기 위해서, 분석관은 아래와 같은 유형의 질문들에 답을 할 수 있을 것이다.

- 위협 가해자가 표적에 사람이 가장 많이 몰릴 때를 예측하는 것이 얼마나 어려울 것인가? (공개된 근무시간처럼) 확실히 알 수 있는 경우부터 (원거리에 위치해 있고 특별한 경우에만 문을 여는 훈련센터의 경우처럼) 매우 어려운 경우까지 척도를 구성한다.
- (예를 들자면 낮은 수준부터 높은 수준까지의 저지 척도나 낮은 수준부터 높은 수준까지의 예방 척도를 통해 계산될 수 있는) 보안조치가 제대로 마련되어 있는가?

또한 공격 용이성을 측정하기 위해 표적에 대한 통제가 이루어지고 있는지, 그 정도가 어느 정도인지를 규명하는 질문들을 해 볼 수 있다. 통제의 효율성이 높은 수준이라면 용이성은 줄어들 것이고, 반면에 통제 효율성이 낮다면 용이성은 증가할 것이다. 분석관들은 어떤 표적들의 경우에는 통제 효율성이 조금 낮아졌을 뿐인데도 공격 용이성이 불균형적으로 증가하는 결과를 가져올 수 있다는 사실을 명심해야만 한다. 충격은 다음과 같은 질문을 통해 측정될 수 있을 것이다:

- 표적에 드나드는 사람의 수는 어느 정도인가? 매일/매주/매달 소수의 사람들로부터 매일/매주/매달 수백 또는 수천 명에 이르기까지 척도를 구성한다. 이 같은 숫자의 사람들은 지역 공동체 사람들인가 또는 국제 관광객들인가?
- 자산이 분쇄되거나, 무력화되거나, 파괴된다면 공격의 재정적 충격은 달러로 환산할 때 얼마나 될 것인가? 또는 재정적 충격은 작동이 멈춘 시간, 생산량 등과 관련하여 측정될 수 있다.

충격은 테러리스트들이 그들의 공격으로 많은 사람을 죽이길 원한다는 가정에 입각하고 있다. 이것은 이 글을 쓰고 있는 현 시점에 존재하는 것과 같이 알

---

7) Carl Hammer, *Tide of Terror: America, Islamic Extremism, and the War on Terror* (Boulder, CO: Paladin Press, 2003).

카에다에 중점을 두는 분위기 속에서라면 사실일 수 있다. 그러나 그러한 가정이 항상 타당한 것은 아니다. 예를 들면, 사람을 죽이기보다는 사회기반시설을 파괴하고자 하는 독립주의를 지향하는 집단이 있을 수 있다. 이 경우에, 테러리스트들은 심각한 대중교통 상황이 공격을 어렵게 한다고 생각할 수 있다. 이들 두 개의 예(paradigm)들은 각각 효과 기반 공격(effect–based attack)과 사건 기반 공격(event–based attack)으로 간주될 수 있을 것이다.[8]

그림 18.3	국제적 인식 차원의 표적 - 9.11 이전 세계무역센터

출처: 저자 촬영

그런 다음에, 이 분석에서 도출된 취약성 계수를 공격에 대한 민감도를 나타내는 연속성상의 어디에 위치하는지를 측정하기 위하여 참조표와 비교한다. 척도는 추가적인 한정어구들(예: 조건문)을 사용하여 증가될 수도 있다. 하지만 만약 척도들의 수가 너무 많다면 제 역할을 할 수 없을 것이다. 중요한 것은 계수들의 수와 그것들에 대한 기술 내용들(descriptors)은 보호되고 있는 자산과 관련하여 타당성이 있어야 한다([표 18.5]의 왼쪽 및 중앙 열). [표 18.5]의 오른쪽 열에 표시된 것처럼 각 범주에 질적 기술 내용(예: 조건문)들이 추가될 수 있다.

귀결(consequence)은 위협 판단(threat assessment) 시 고려 요소가 아니다. 하지

---

8) Dr. Victoria Herrington, Australian Graduate School of Policing and Security, Sydney, 개인적인 서신 왕래, May 3, 2009.

　　　　　　　　　　　　　　　　　　　　　　　　　과학적 정보분석론

만 귀결은 (아래 절에서 보듯이) 위험 판단 시 고려된다.

위험 분석

위험은 가능성(likelihood)과 귀결(consequence)의 상관관계이다. 때때로 가능성 대신 개연성(probability)이란 용어가 사용되기도 한다.

위험 판단(risk assessment)은 거의 모든 상황에서 수행될 수 있다. 이것은 관심을 받는 중대한 이슈나 대테러리즘을 위한 위험관리에만 적용되는 것이 아니다. 위험 분석 기법들은 테러리즘과 관계없는 범죄자들이나 범죄조직들(예: 폭력조직)의 표적이 될 수 있는 상황들에도 적용될 수 있다. 분석관은 위험을 분석함으로써 현장 지휘관에게 다음과 같이 행동할 수 있도록 하는 조치들을 권고할 수 있다.

- 위험을 있는 그대로 감내하거나;
- 또는 위험을 처리하는 행동(이러한 행동은 위험을 완전히 피하거나 완화시키는 것과 같은 결정을 내리거나, 또는 위험에 대해 다른 사람이나 기관의 결정에 맡기기로 하는 결정을 내리는 것을 포함한다)

정보를 연구함에 있어 분석관은 넓은 범위의 위험들에 초점을 맞출 수 있다. 위험들은 사소한 위험 — 예를 들면 중요하지 않은 시설 — 부터 취약하고 부패한 정부, 불량 국가들, 국가 내부(sub-state) 및 초국가적 행위자들, 범죄조직, 과격한 민족·인종·종교 집단들, 그리고 극우 정치집단들 등으로 인해 자유 민주국가들이 직면하게 되는 위험들에 이르기까지 다양할 수 있다.

국제적 차원에서 위험 분석은 기준에 관한 문제가 주요 주제이다. 스위스에 소재한 국제표준화기구(ISO: International Organization for Standardization)는 위험 관리 원칙에 대한 포괄적 지침을 제공함으로써, 위험에 대처하기 위한 공동의 접근법을 제안하는 문서를 출판하였다.[9] 호주와 뉴질랜드는 AS/NZS 31000 : 2009에 위험관리의 일관성(uniformity)을 명기하고 있다. 이 문서는 호주와 뉴질랜드의

---

9) International Organization for Standardization, *ISO 31000: Risk Management — Guidelines on Principles and Implementation of Risk Management* (Geneva, Switzerland: ISO, 2009).

두 표준화 기구들의 공동 벤처사업을 통해 출판되었다. ISO : 31000과 마찬가지로 AS/NZ 31000 : 2009도 군뿐만 아니라 민간 및 공공 부분의 많은 활동들, 결정들, 운영(작전)들에 적용될 수 있다. 이 문서들은 또한 비영리 단체, 지역 사회단체, 개인들에게도 적용될 수 있다

표 18.4	도시의 오레나바드 강 횡단 주요 다리의 취약성	
척 도	점 수	누적 점수
이목 집중도		
무시 가능 수준	1	
최저 수준	2	
중간 수준	3	3
심각 수준	4	
매우 심각 수준	5	
공격 용이성		
무시 가능 수준	1	
최저 수준	2	
중간 수준	3	3
심각 수준	4	
매우 심각 수준	5	
충 격		
무시 가능 수준	1	
최저 수준	2	
중간 수준	3	3
심각 수준	4	
매우 심각 수준	5	
취약성 계수		9

표 18.5		한정어구들(qualifiers)이 결합된 취약성 계수들의 예 (예: 조건문)
취약성	계수	한정어구 (예: 조건문)
무시 가능	1-3	위협 가해자가 매우 심각한 수준의 위협 계수를 가진 경우에만 성공적 공격이 가능; 또는 거의 또는 아무런 중요성이 없음; 또는 보안조치 구역으로 인해 공격이 매우 어려움; 또는 공격 시 피해를 야기할 유용한 정보가 거의 없음
최소	4-6	위협 가해자가 심각한 (또는 더 큰) 수준의 계수를 가진 경우에만 성공적 공격이 가능; 또는 한정적인 중요성이 있음; 또는 보안조치 구역으로 인해 공격이 어려움; 또는 공격 시 피해를 야기할 약간 유용한 정보만을 가짐
중간	7-9	위협 가해자가 중간 (또는 더큰) 수준의 계수를 가진 경우에만 성공적 침투가 가능; 또는 이와 연관하여 어느 정도 중요성이 있음; 또는 보안조치 구역으로 인해 침투가 다소 어려움; 또는 공격 시 피해를 야기할 중간 수준의 유용한 정보를 가짐
심각	10-12	위협 가해자가 최소 (또는 더 큰) 위협 계수를 가진 경우에만 성공적 공격이 가능; 또는 이와 연관하여 상당한 중요성이 있음; 또는 보안조치 구역은 침투에 별로 방해가 되지 않음; 또는 공격 시 피해를 야기할 높은 수준의 유용한 정보를 가짐
매우 심각	13-15	위협 가해자가 낮은 (또는 더 큰) 위협 계수를 가진 경우에만 성공적 공격이 가능; 또는 이와 연관하여 매우 높은 수준의 중요성이 있음; 또는 보안조치 구역이 없음; 또는 공격 시 정보로 인해 즉각적 그리고/또는 극단적 피해가 일어날 것임

위험 관리에서 사용되는 몇몇 중요 용어들은 위험, 위험 판단(risk assessment), 위험 관리뿐만 아니라 여기에서 다루는 기법들 – 위험 분석 – 도 포함한다. A/Z 31000 : 2009에 따르면, 위험은 "목표들(objects)에 대한 불확실성의 효과"이다.[10) 위험 판단은 "위험 분석과 위험 평가(risk evaluation)의 전반적인 과정"[11)이며 위험 관리는 "위험에 대처하기 위하여 조직을 지휘하고 통제하는 조정 활동들"[12)이다.

---

10) International Organization for Standardization, 2009, 1.
11) International Organization for Standardization, 2009, 4.
12) International Organization for Standardization, 2009, 2.

이들 용어를 이해하면 아래와 같은 등식을 사용하여 위험을 판단하는 분석 과정과 위험 관리 과정을 구별하기 쉬워진다.

위험 = 가능성(likelihood) + 귀결(consequence)

가능성은 "모든 가능한 사건들과 결과들의 총 수에 대한 특정 사건들이나 결과들의 비율로 측정되는 어떤 특정한 사건이나 결과"의 개연성(probability)을 말한다. 귀결은 "목표들에 영향을 미치는 어떤 사건의 결과"[13]라 정의된다. 가능성과 귀결은 위험 관리 사이클의 분석 단계에서 평가되어진다. 이러한 분석 사이클은 [그림 18.4]의 도표로 그린 것과 같은 단계들로 구성된다.[14] 단계별로는 다음과 같은 순서를 따른다:

1. 표적(예를 들면 고려중인 자산)의 위험 등급을 평가하기 위해 척도 형태의 두 개의 도구를 사용한다. 이들 두 개의 척도는 가능성 척도([표 18.6])와 귀결 척도([표 18.7])이다.

2. 이들 두 개의 판단 결과가 나오면 이것들을 위험등급 매트릭스(risk rating matrix)에 대입하여 등급 계수를 작성한다.

3. 마지막으로, 분석관은 위험 평가 척도([표 18.9])에서 위험등급 계수를 찾아 (만약 있다면) 어떤 행동들이 필요한지 결정한다.

[표 18.6]부터 [표 18.9]에 열거된 기술 내용들에 더해[15] [표 18.5]에 제시된 조건문들과 유사한 일련의 조건문들이 필요할 수 있다. 이는 또한 [표 18.7]에서 제시된 기술 내용들에도 적용된다.

낮은 위험의 사건들의 예는 다음과 같은 것들이다:

- ([표 18.8]의 E1처럼) 거의 일어나지 않을 것이며 일어나도 사소한 충격으로 귀결될 사건

- ([표 18.8]의 D2처럼) 일어날 가능성이 적고 작은 수준의 충격으로 귀결될 사건

---

13) International Organization for Standardization, 2009, 5.

14) International Organization for Standardization, 2009, 14.

15) Queensland Government and Local Government Association, *Local Government Counter-Terrorism Risk Management Kit* (Brisbane, Australia: Queensland Government and Local Government Association, 2004), 16.

높은 위험 상황의 예는 다음과 같은 것들이다.

- ([표 18.8]의 E5처럼) 거의 일어나지 않을 것이며 재앙으로 귀결될 사건
- ([표 18.8]의 B2처럼) 일어날 가능성이 크고 작은 수준의 충격으로 귀결될 사건

그림 18.4   위험관리 사이클

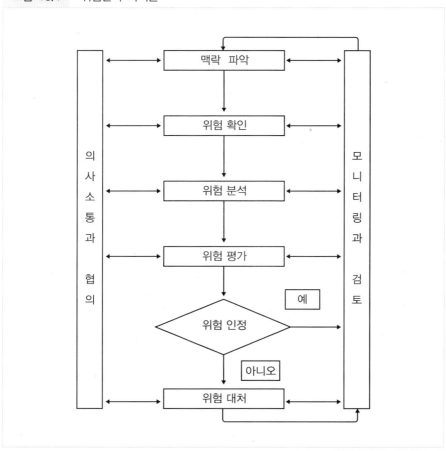

표 18.6	전형적인 가능성 척도의 예	
순위	가능성	기술 내용(descriptors)
A	거의 확실함	상황이 일어날 것으로 기대됨
B	가능성이 큼	상황이 아마도 일어날 것임
C	가능성 있음	언젠가 일어날 것임
D	가능성 적음	언젠가 일어날 수 있음
E	거의 가능성 없음	상황은 예외적 환경에서만 일어날 것임

표 18.7	전형적인 귀결 척도의 예	
순위	귀결	기술 내용(descriptors)
1	사소한 수준	하찮은 충격만 있을 것임
2	작은 수준	작은 수준의 충격이 있을 것임
3	상당한 수준	상당한 충격을 야기할 것임
4	큰 수준	주목할 만한 충격을 야기할 것임
5	재앙 수준	심각한 충격으로 시스템 오류 그리고/또는 운영 불가능을 야기할 것임

위험에 대한 대처방안(treatment)

위와 같은 방법으로 각각의 위험이 판단되면, ([표 18.8]에서 보듯이) 그 위험들을 위험등급 매트릭스에 배치할 수 있고, 그렇게 함으로써 위험들에 대한 우선적 대응의 순위를 결정하기 위해 그 위험들을 서로 비교해 볼 수 있다. 예를 들어 Q 국가에 주둔하고 있는 군대가 검토 중인 아래와 같은 사건을 생각해보자.

- 공공장소에서 자살 폭탄범이 제기할 위험은 C5에 해당할 수 있을 것이다(재앙으로 귀결될 가능성이 있고 따라서 이것은 극단적 위험이다).
- 길거리 시위 결과 야기될 폭력은 B3에 해당할 수 있을 것이다(상당한 충격으로 귀결될 가능성이 크며, 따라서 이것은 높은 수준의 위험이다).

([표 18.9]에서 보듯이) 위험등급표에 제시된 척도는 분석관이 위험을 감내하라고 하는 것과 위험에 대처하라고 하는 것 중 어떤 것을 권고할 것인가(그리고 만약 대처한다면 어느 정도로 대처할 것인가)를 판단하는 데 있어 유용하다. 위험 판단 과정이 생략된 분석관의 권고는 과잉반응으로 의심될 수 있거나 사건의 심각성을 과소평가한 것으로 간주될 수 있을 것이다. 여기에 제시된 방법들은 분석관들의 추정 방법에 투명성을 제공함으로써 어느 정도 주관성을 배제하게 해준다.

표 18.8   전형적인 위험 등급 매트릭스의 예

| 가능성 | 귀 결 | | | | |
	1 사소한 수준	2 작은 수준	3 상당한 수준	4 큰 수준	5 재앙 수준
A 거의 확실함	보통임	높음	아주 높음	아주 높음	아주 높음
B 가능성이 큼	보통임	높음	높음	아주 높음	아주 높음
C 가능성 있음	낮음	보통	높음	아주 높음	아주 높음
D 가능성 적음	낮음	낮음	보통임	높음	아주 높음
E 거의 가능성 없음	낮음	낮음	보통임	높음	높음

표 18.9   전형적인 위험 평가 척도의 예

	위험 등급과 제시된 대처 방안
낮은 수준의 위험	표준 운영절차에 따라 관리
보통 수준의 위험	취해질 필요가 있는 구체적 관리 행동 개요 작성
높은 수준의 위험	업무연속 계획 및 대응행동 계획 구축 (매년 검토)
극단적 위험	(고위험 대처 행동들에 더해) 긴급 행동 필요

호주 재난관리청(EMA: Emergency Management Australia)에 따르면, 중요한 시회
기반시설에 대한 몇몇 대처 방안들로는 인식과 경계, 소통과 협의, 공학적(engineering)
방안들, 모니터링과 검토, 자원 관리, 보안과 감시, 공동체 역량과 자주성(self-reliance)
등이 있다.[1]

1) Emergency Management Australia, *Critical Infrastructure Emergency Risk Management and Assurance*, second edition (Canberra, Australia: Attorney General's Department, 2004), 43.

([표 18.9]에서 보는 것과 같은) 위험등급은 일반적으로 사용되는 위험 수준의 배열을 보여주는 것이긴 하지만, 분석관들은 이러한 위험 수준들의 변환점들(transition points)이 어디가 될 것인지에 대해 자기 스스로 판단할 필요가 있을 것이다. 이 문제는 이 방법을 사용하는 기관에서 또는 정책적으로 부과된 과제와 관련하여 수차례 토론의 주제가 될 것이다. 분석관들은 기술 및 과학의 적용이나 개인적·집단적 노력을 통해 위험관리에 대한 체계적 접근법을 사용함으로써, 위험의 가능성을 줄일 수 있고 그러한 위험으로 인한 충격(귀결)을 완화할 수 있다.

예방 · 대비 · 대응 · 복구 계획

PPRR(prevention, preparation, response and recovery) 정책 개발에는 예방·대비·대응·복구라는 4가지 요소가 있다. 예방이란 위험을 곰곰이 잘 생각해보고 그러한 위험이 발생하지 않도록 하는 방법을 이행하고자 노력하는 것이다. 대비(preparedness)란 예방조치에도 불구하고 그 사건이 아직도 일어날 가능성이 있다면 사건 발생에 대비해야 한다는 것을 사실로 인정하는 것이다. 대응이란 사건이 발생한 경우, 기관들이 어떻게 동원되고 어떻게 행동 (그리고 어떤 유형의 행동 등을) 해야 하는지에 대한 계획의 부분이다.

마지막 요소인 복구는 복구 작전에 대한 지침을 제공한다. 계획의 이러한 측면은 최악의 시나리오를 가정하는 것이다. 즉, 예방 조치들이 실패하고, 대비 조치들이 어느 정도 충격을 완화시킬 수 있었지만 계속 되었고, 대응을 통해 사건을 억제하여 종료시켰지만, 이제 사건의 충격으로부터 벗어나기 위해 복구할 시점인 것이다.

이 장에서는 비록 대테러리스트의 관점에서 PPRR을 다루고 있긴 하지만, 어떤 특정 사건에 대비한 계획을 세울 때에는 그로 인한 모든 위험들(all hazards)을 막아내기 위한 행동들을 신중하게 고려해야 한다. 예를 들면 분석관은 테러리스트가 벌일 특정 사건의 충격에 대해 생각하고 있다면, 그 사건이 자연재해로─들불, 홍수, 지진 등─귀결되는 경우도 고려해야 한다.

자료 수집을 통해 PPRR 계획을 작성할 때, 요소들 사이에 개념적 또는 실질적인 차단벽을 치는 방식으로 계획을 수립해서는 안 된다. 요소들을 정의한 용어 속에 그 의미가 표현되어 있을 수 있다 하더라도, 일반적으로 요소들 사이의 차이에 대해 명확히 묘사할 수 없기 때문이다. 또한 각각의 요소들이 똑같은 정도의 중요성을 갖는 것은 아니라는 것을 명심해야 한다. 4개의 요소들은 다른 정도의 중요성을 가질 수 있다. 사실, 어떤 요소들은 어떤 전략이나 대처가 필요가 없을 수도 있고, 있다하더라는 거의 없거나 최소한인 경우가 있을 수도 있다.

더 나아가, 여기에서 요소들을 ─PPRR─ 순서대로 언급하였지만, 이 요소들은 동시에 실행으로 옮겨질 수 있다; 예를 들면, 대응과 복구는 ([그림 18.5]에서 보듯이) 불가분하게 연계되어 있기 때문에 동시에 시작할 수 있거나, 많은 경우에, 동시에 시작되어야 한다. 공격의 대상이 된 표적은 복구가 시작되지 않는 한 기능할 수 없다고 말할 수 있기 때문에 가능한 한 가장 빠른 시기부터 고려되어야만 한다.

그림 18.5   대응 노력과 복구 노력의 비교

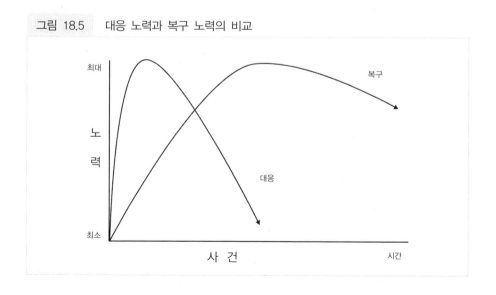

마지막으로, 용어들이 행동 지향적 의미를 내포하고 있긴 하지만, 대처방안들이 반드시 물리적 측면의 방안만을 의미하는 것은 아니다. 테러리스트의 궁극적 표적은 거의 대부분 사람들이기 때문에 사회적 차원들과 관련된 방안들도 검토되어야 한다(한 테러리스트의 기본 철학은 한 명을 죽이면 만 명을 겁먹게 할 수 있다는 것이었다). 분석관들은 대처방안들을 계속하여 광범위하고 혁신적으로 생각하려고 노력해야 한다.

중요 용어

이 장과 관련된 중요 용어는 아래와 같다. 각 용어에 대한 간단한 정의나 설명을 한두 문장으로 써봄으로써 자신의 이해도를 점검한다.

o 모든 위험들(all hazards)

o 이목 집중도

o 역량

o 계수

o 귀결

o 욕구

o 공격 용이성

o 기대

o 충격

o 의도

o 지식

o 가능성

o PPRR

o 자원들

o 위험(risk)

o 위협

o 위협 가해자

o 위협 공동체들

o 위협 프로파일

o 대처방안(treatment)

o 취약성

학습 문제

1. 위협 분석을 구성하는 요소들을 열거한다. 각 요소들을 묘사하고 그것들이 위협을 이해하는 데 왜 중요한지 설명한다.

2. 취약성 분석을 구성하는 요소들을 열거한다. 각 요소들을 묘사하고 그것들이 취약성 개념을 이해하는 데 왜 중요한지 설명한다.

3. 위험 분석을 구성하는 요소들을 열거한다. 각 요소들을 묘사하고 그것들이 위험을 이해하는 데 왜 중요한지 설명한다.

4. PPRR 계획을 구성하는 요소들을 열거한다. 각 요소들을 묘사하고 그것들이 대테러리즘에 왜 중요한지 설명한다.

학습 활동

1. 특정 관할구역에서 파괴 위협을 감시할 책임을 부여받은 정부 산하 기관이 관할구역 내 도시 사람들에게 (예를 들면 모종의 저수지로부터) 식수를 공급하는 송수관이 관념에 치우친 예지순교파의 공격에 취약하다고 판단한 상황을 가정한다. 이러한 상황에 대처하기 위해 PPRR을 사용하여 각 요소들을 감안한 계획을 구축해 본다.

2. [표 18.5]의 예처럼, 정책결정자가 높은 의도, 낮은 의도 등이 무엇을 의미하는지 알 수 있도록 [표 18.1]의 범주들 각각에 해당하는 일련의 조건문들을 만들어 본다.

19장 전략정보 판단

이 장은 아래와 같은 내용을 포함하는 전략정보 판단(strategic intelligence assessments)을 작성하는 데 초점을 맞춘다.

1. 전략정보 연구
2. 보고 유형
3. 전략적 판단 작성
4. 전략적 판단의 핵심 부분들
5. 판단에 있어 그림과 표
6. 판단 작성 시 몇몇 최종적 고려사항

전략정보 연구

전략정보는 표적에 대한 포괄적 이해 또는 조사 중심부에서 행하는 활동이기 때문에 더 높은 수준의 정보 연구로 간주된다. 전략정보는 13장에서 논의된 전술적 판단과 관련이 있지만, 이 장에서 논의되는 것과 같은 유형의 탐구는 미래에 일어날 수 있는 가능성들-장기적인 정책에 대해 갖는 의미들과 영향들-에 대한 통찰력을 제공한다. 이와 같이 전략정보로 생산된 보고는 전술적 판단보다 상술되어진 것이다. 이러한 보고는 보통 몇 주, 몇 달, 또는 몇 년 걸리기도 하는 연구와 분석의 결과이다. 전략정보 프로젝트를 수행하는 분석관들이 가끔 특정 분야에 대해 해박한 지식을 가지고, 보통 석사나 박사 등 고급 학위가 있는 해당 분야 전문가들이라는 것은 그리 놀라운 일이 아니다.

이러한 유형의 보고는 (경우에 따라서는 위험에 처하게 될 인간 자원들을 포함하여) 다양한 자원들의 할당 뿐 아니라 기획과 정책 개발을 지원하게 될 선택 대안들을 제시하기 때문에, 작전(operational) 및 전술 정보 보고와 같은 짧은 형태의 보고와는 다른 형태를 취한다.

전략정보 분석은 어떤 이슈를 폭넓게, 그리고 프로그램들이나 정책들을 지원하는 방식으로 위협, 위험, 기회들을 서술하는 데 필수적인 세부 사항들을 다루는 특별한 형태의 연구로 간주된다.[1]

1) Don McDowell, *Strategic Intelligence: A Handbook for Practitioners, Managers, and Users,* revised edition (Lanham, MD: Scarecrow Press, 2008), 5.

보고 유형

지금은 정보 프로세스라는 용어를 사용하기도 하는 정보 순환 사이클의 마지막 단계는 배포될 모종의 보고를 생산하는 것이다. 때때로 정보 생산품(intelligence product)이라고 불리는 보고의 핵심 목적은 문제를 제시하고, 그에 대한 연구를 위해 분석관들이 어떻게 접근하였으며, 무엇을 알게 되었고, 첩보가 의미하는 것이 무엇이며, 그러한 발견이 미래에 가질 수 있는 함의는 무엇인가를 정책결정자에게 알리는 것이다. 보고는 서면 보고와 구두 브리핑의 두 가지 유형이 있다. 두 보고의 경우 모두 그래픽이나 삽화 등을 더함으로써 변화를 줄 수도 있다. 이러한 보고 유형들은 [표 19.1]에 요약되어 있다. 이 장에서는 때때로 장문식 보고서(long-form report)로 알려지기도 한 전략정보 판단(intelligence assessment or intelligence estimate)을 검토한다.

전략적 판단 보고서 작성

한 번에 완벽한 보고서를 생산할 수 있는 분석관은 거의 없다. 정보보고서를 작성한다는 것은 그것을 만들어가는 과정이지 최종적 과정이 아니다. 분석관은 최종보고서를 완성하기 전에 예닐곱 번 고쳐 쓴다고 풀이 죽어서는 안 된다. 수정을 해나가는 동안 동료들로부터 피드백과 조언을 구해야만 하고, 그렇게 하는 것만이 그 문서가 전하고자 하는 메시지를 강화할 수 있다.

목표는 독자가 보고서의 내용을 읽다가 주의를 흐트러뜨리지 않도록 어색하지 않고 오류가 없는 보고서를 작성하는 것이다. 그렇게 하기 위한 좋은 방법은 목표로 하는 청중의 눈으로 보고서를 읽어 보는 것이다. 그들이 보고서를 읽고 이해할 수 있을 것인가? 그들은 연속적으로 이어지며 진행되는 생각들을 따라올 수 있을 것인가? 보고서는 잘 설명되어 있고 보고서 구성은 논리적인가? 보고서의 길이와 형식은 기관이나 청중이 알고자 하는 정보 유형, 그리고 전달하고자 하는 메시지에 따라 다양하다.[1]

표 19.1	보고 유형들 요약	
보고 생산품들		형 태
작전 보고, 표적 프로파일, 전술 판단, 보고서, 메모, 전략 판단, 전략 연구, 그리고 국가(정보)판단		서면
브리핑		구두
도표, 오버레이(Overlay), 상황도(situational map)		그래픽/삽화

분석관들은 학문적 엄격함의 관점에서 정보 판단이 신빙성 있는 연구와 분석을 반영하고 있는지 자문해 봐야 한다. 이용된 연구방법과 분석기법들이 연구 질문이나 가설에 적합한지 철저히 검토해볼 필요가 있다. 이를 위한 하나의 방법은 자신의 판단과 연구 결과가 동료들의 비판적 평가를 견더낼 수 있는지 알아보는 것이다. 학자-스파이(scholar-spy)로서 성공하기 위한 핵심은 폭넓게 읽고, 적용

> "정밀함(precision)은 정보 전문가의 필수 역량이다. 이 단어는 정확함(accuracy)과 면밀함(exactness)의 동의어이다. 말하고자 하는 것을 정확하게 전달해야 한다. 가지고 있는 사실들이 확실한지 점검해야 하고, 가능하다면, 하나 이상의 출처로부터 증거를 확보해야 한다.[2]"
>
> 2) James S. Major, *Writing Classified and Unclassified Papers for National Security* (Lanham, MD: Scarecrow Press, 2009), 8.

---

1) 서면 정보보고의 정확한 준비를 위한 자세한 지침에 대해서는 James S. Major, Communicating with Intelligence: *Writing and Briefing in the intelligence and National Security Communities* (Lanham, MD: Scarecrow Press, 2008), 그리고 James S. Major, *Writing Classified and Unclassified Papers for National Security* (Lanham, MD: Scarecrow Press, 2009) 참조.

된 연구방법론이 녹아있는 문장들을 포함한 상당한 양의 개인적 자료들을 축적하고 있는 것이다.

전략적 판단의 핵심 부분들

정보기관들은 전략정보 보고서 작성을 위한 기관 고유의 양식을 가지고 있을 가능성이 크지만, 아래의 내용은 새로 시작하는 분석관들이 전략적 판단을 할 때 포함될 수 있는 것들에 대해 생각해 볼 수 있도록 일반적 형식을 제시한 것이다. 다양한 장과 절들의 길이는 표적/주제/화제, 보고서의 긴급성, 그리고 정보 관리자의 지시에 따른 상세보고서(production particulars)의 종류 등에 따라 다양하다. 예를 들면, 방법론과 같은 몇몇 장들은 각기 몇 개의 문단이나 한 페이지로 압축될 수 있거나 또는 전부 삭제할 수도 있을 것이다. 몇몇 절들은 모두 생략될 수도 있다. 그럼에도 불구하고 아래의 예는 전략 보고서들이 무엇을 포함할 수 있는가, 그리고 개별 파트에서 기대되는 정보들은 무엇인가를 보여준다.

제 목

판단의 목적은 정보연구 프로젝트를 위임한 정책결정자들 또는 당연직으로서 그러한 보고서를 (예를 들면 정례 브리핑들을 통해) 받아 볼 핵심 인사들에게 정보를 제공하고자 하는 것이다. 따라서 판단보고서의 제목은 독자의 관심을 사로잡음과 동시에, 다루는 문제에 대해 과장됨이 없이 보고서 내 포함된 내용의 진수를 정확히 반영하는 것이어야 한다. 제목이 연구 프로젝트에 대한 장황한 서술이 되어서는 안 된다. 제목은 짧고 간결해야 한다.

전체 개요(Executive Summary)

전체 개요는 학술연구에 있어 초록(abstract)과 같은 것으로 둘 다 똑같은 목적을 가지고 있다. 즉 독자에게 연구 목적과 연구 결과의 개요를 제공하는 요약문이다. 이것은 서론과 배경 전에 보고서의 맨 앞에 위치한다. 공개출처 문헌들의 색인 기능(indexing services)은 다른 연구자들이 보고서를 발견할 수 있도록 범주화하는 방법으로 가끔 이 정보(전체 개요)를 사용할 것이다.

목 차

주요 장들의 제목(title)과 각 장의 주요 중간 제목(heading)을 보여주는 목차는 독자들이 정보(information)를 편리하게 찾을 수 있도록 도와준다. 목차에 소제목 (subheading)들이나 세부 제목(minor heading)들을 포함시킨다면, 너무 상세하게 되어 제시된 목차가 "번잡(busy)"해질 수 있다. 수백 페이지에 달하는 보고서의 경우 특히 그러하다. 이러한 경우, 중간 제목들과 세부 제목들의 수가 너무 많아 목차가 7~8페이지에 달할 수도 있다. 하지만 보고서의 길이가 짧고, 세부 제목들을 목차에 포함시키더라도 1페이지를 초과하지 않는다면 그것들을 포함시키는 것이 의미가 있을 수도 있다.

표와 그림 일람표

보고서에 많은 표와 그림이 포함되어 있다면, 일람표는 표 일람표와 그림 일람 표로 나눌 수 있을 것이다.

용어 해설/두문자어 일람표

이 부분은 정보나 산업 관련 용어에 친숙하지 않은 독자들에게 도움이 될 수 있는 추가 항목이다. 설사 독자들이 그러한 용어들에 친숙하다하더라도 이 부분을 포함시킬만한 가치가 있다. 예를 들면 CI라는 약어는 counterintelligence(방첩)이 나 competitor intelligence(경쟁자 정보), 또는 critical infrastructure(중요 사회기반 시설)를 의미하는 것일 수도 있기 때문에, 이 부분이 추가된다면 독자들이 혼란에 빠지지 않고 읽어나갈 수 있을 것이다.

서 론

이 장은 독자들에게 조사 중인 이슈의 여러 측면들을 소개하는 (일반적인 것에서 부터 특정한 것에 이르기까지) 5~6개의 구별되는 부분들을 포함한다.

배 경

이것은 사건들이나 환경들로 둘러싸인 이슈에 대해 설명함으로써 연구 대상인 이슈의 맥락을 알려주기 위해 짧고 간결하게 서술되는 부분이다. 배경은 이슈에 대한 주요 또는 핵심적 아이디어를 독자들이 이해할 수 있도록 충분한 정보를 포함할 필요가 있다. 이 부분은 (아래에 나올) 문헌 검토에서 나올 내용을 반복해서는 안 되며, 거기에서 보다 상세하게 전개될 논의를 위한 분위기를 조성하는 것이다.

이유(rationale)

이유 부분은 독자에게 연구를 수행하는 동기, 논거, 또는 타당성을 제시하는 부분이다. 즉 배경에서 서술된 사건들/상황들에 대한 연구를 실행하는 것이 왜 중요하며, 연구 결과 기대되는 이익은 무엇인지를 기술하는 것이다. 이 부분의 내용은 이전 부분으로부터 논리적으로 이어져야 하며, 배경에서 서술한 정보를 반복해서는 안 된다.

이론적 기반(선택 사항)

정보 연구가 실용적 결과를 거두고자 하는 연구라 하더라도, 일반적으로 그러한 연구와 관련 있는 어떤 이론이 있다. 그러한 경우라면, 이 부분은 연구 프로젝트가 근거하고 있는 이론적 배경을 펼쳐 보이는 것이다. 분석관은 이론, 가정 등과 함께 그 이론이 수행 중인 연구와 어떻게 관련되는지를 약술할 필요가 있다. 이 부분을 통해 독자는 연구 질문(research question)을 진술하는 다음 부분으로 이끌려진다. 이 부분은 간결할 필요가 있으며, 이론에 관해 과도하게 복잡한 설명이나 논의를 하는 것은 금물이다. 독자가 연구 질문과의 관계를 알 수 있도록 간단히 진술하는 정도면 충분하다. 여기에서 핵심은 간단한 서술이다. 이론의 확장과 적용이 필요하다고 생각되면 문헌 검토 부분에서 행해질 수 있을 것이다.

연구 질문 또는 목적 진술

독자에게 조사 중인 이슈의 배경을 제시하고 그러한 연구 수행의 이유를 밝힌 분석관은 이제 연구 질문이 무엇인지 말할 때이다. 연구 질문은, 예를 들어, "제안된 연구 목적은 …… 이다" 또는 "조사 중인 문제는 다음과 같이 진술될 수 있다" 같은 식으로 서술한다. 분석관이 어떤 가설을 검증하는 것이라면, 그것 또한 여기에 진술될 수 있을 것이다.

과학적 정보분석론

연구 질문은 연구 방향을 제시해 주는 "나침반" 역할을 하기 때문에, 명확하고 정밀하게 제시할 필요가 있다. 여기에서 방법론을 설명하거나 연구의 중요성(예를 들면 이유)을 반복해서는 안 되며 연구 질문만 제시하면 족하다. 약 60 단어로 구성된 한 문단이면 될 것이다. 연구 질문은 여러 개가 아니고 1개여야 하며 또한 그것은 일련의 관련된 목표들(aims)이나 보다 큰 목표들(goals)이 아니라는 점을 명심해야 한다. 연구 질문을 위한 짧은 도입부가 있는 것은 괜찮으며, 그러한 도입부 후에는 가능하다면 다음과 같이 연구 질문을 서술한다: "순찰 경찰이 증가하면 희생자가 발생하는 범죄가 감소할 것이다."

배포선(dissemination)

이 부분은 기관 내부 보고서 양식에 따라 최종 판단 보고서에 특별히 포함될 수도 있고 그렇지 않을 수도 있다. 어떤 경우든 수행한 전략 연구 프로젝트의 독자를 의미하는 배포선의 문제가 고려되어야 한다. 의도하고 있는 청중이 누구인가를 고려하는 것은 중요하다. 이유 부분에서 분석관은 배포에 대해 어느 정도 이야기를 했을 수도 있는데, 그러한 경우 바람직하다고 생각한다면 배포선은 이유 부분과 통합될 수 있을 것이다. 어떠한 경우에도 배포선은 명백히 할 필요가 있다. 즉 연구 결과들은 필요한 보안 경고(security caveat) 하에 직접 정책결정자들에게 회람시킬 것인가? 또는 (예를 들면) 방첩 조사와 같은 작전을 주도하고 있는 작전지휘관만을 위한 극비 보고서인가? 또는 기존의 비밀 공작이나 군사 작전을 지휘하고 있는 작전 지휘관이 사용할 수 있도록 조언을 하거나 초점을 맞춘 극비 보고서인가? 이처럼 의도하는 청중에 따라 배포선을 명백히 할 필요가 있다. 이 부분이 이유 부분과 통합되지 않은 경우, 이 부분은 독자층이 누구인가에 대해 짧고 명백하게 기술한다.

문헌 검토 또는 배경(선택 사항)

이 장은 연구가 얼마나 복잡한가에 따라 1개의 주요 부분 또는 여러 개의 부분으로 나뉠 수 있다. 문헌 검토는 분석관이 조사 중인 이슈에 대해 "설명하는(tell the story)" 부분이다.

문헌 검토에 관한 정보도 수집된 것이긴 하지만, 이러한 문헌 연구가 보고서 작성을 위한 연구의 자료 수집 단계와 혼동되어서는 안 된다. 문헌 검토는 간단하게 이슈에 대한 개략적인 설명을 제공한다. 이러한 점에서 문헌 검토는 연구의 맥락을 제공하고, 어떤 의미에서는 문헌 검토라기보다는 배경이라고 말할 수도 있을 것이다.

이 부분은 연구하고자 하는 이슈와 관련하여 이제까지 수행되었던 연구들의 (정보 판단보고서의 전반적인 길이에 비례하여) 요약을 제공해야 하며, 제안된 연구가 기존 연구의 어떤 부분을 다루고자 하는 것인지(예를 들면 이 연구가 메꾸고자 하는 "부족한 부분") 제시해야 한다. 그러나 그렇긴 해도, 문헌 검토가 일종의 주석이 달린 참고문헌 목록처럼 되어서는 안 된다. 분석관은 해당 분야의 주요 문헌들을 종합하고, 변수들을 정의하며, 이러한 변수들이 어떻게 작동되는지, 또 가설을 검증하거나 연구 질문을 탐구하기 위해 사용된 이론은 무엇인지를 설명할 필요가 있다. 또한 문헌 검토 부분에는 (사용된 경우에) 연구의 이론적 기반과 변수들 사이의 추정된 관계에 관한 논의가 포함될 수 있다.

이 부분을 시작하는 좋은 방법 중의 하나는 이슈와 관련된 개념들을 가지고 마인드맵(mind-map)을 그려보고, 그러한 연후에 "이야기의 전개"가 논리적으로 진행될 수 있도록 이러한 개념들을 순서대로 중간 제목들로서 배열하는 것이다. 이 부분이 끝나면 다음은 연구 방법에 관해 서술한다.

방법론(모두 또는 부분적으로 선택 사항)

이 부분은 정보 판단 보고서에서 중요한 장이다. 분석관이 연구 질문이 정교하도록 주의 깊게 다듬어 그것을 이론적 틀 속에 안착시켰다면, 다음 단계인 방법론은 전반적인 기획 의도에 따라 무슨 작업이 수행되어야 하고 또 왜 그래야 하는지를 안내하는 것이다. 5장에서 논의된 기획(designs)은 다음을 포함한다.

- 평가(개입 프로그램/작전 계획)
- 사례 연구(진행 상황)
- 장기 연구(시간 흐름에 따른 기간 변화 추적)
- 비교(A와 B의 차이)
- 단면 비교(현재 시점의 A와 B의 차이)

- 장기 비교(시간 흐름에 따른 A와 B의 차이)
- 경험 또는 반−경험적(quasi−experimental) (B에 대한 A의 효과)
- 결합

이 장에서 분석관은 자신이 연구할 개념들을 연구에 맞게 사용 가능하고(opera-tionalize), 관찰하고 측정할 수 있도록 정의할 필요가 있다. 또한 분석관은 가설을 검증하기 위해 어떤 자료들이 필요하고(구하고자 하는 자료들이 1차 출처에 있는지 아니면 2차 출처에 있는지; 이들 자료들이 질적인 것인지 양적인 것인지, 아니면 둘 다인지; 공개 출처, 경험적 관찰, 또는 비밀 출처 중 어디에서 이 자료들을 구할 수 있는지 등), 그러한 자료들을 어떻게 수집·분석할 것인지(예로서 통계적 분석이나 내용 분석) 파악해야 한다.

분석관은 표본의 크기(sample size), 혼란을 야기할 수 있는 변수들의 통제 방법(예를 들면, 관찰 결과가 관찰에 사용하고 있는 판단의 척도 이외의 다른 것으로부터 일어날 가능성), 외생변수들의 영향력들(extraneous influences)이 연구에 미칠 한계(예를 들면, A와 B 사이의 관계에 대한 가능한 대안적 설명), 또는 데이터에 내재한 고유의 한계 등과 관련된 문제들에 신경을 쓸 필요가 있다.

자료 수집(선택 사항)

이 부분에서 분석관은 연구 질문(또는 가설)에 답하기 위해 필요한 자료는 무엇인지, 그러한 자료는 어떻게 수집될 것인지에 대해 주의 깊게 생각해야 한다. 이 부분에서 서술되는 내용은 과학적 탐구 방법에 기초하고 있기 때문에, 자료 수집 부분은 독자가 원한다면, 수행한 연구를 복제할 수 있을 정도로 투명하고 상세할 필요가 있다. 설사 그 연구가 복제되지는 않는다 하더라도 (정보 연구가 복제되는 경우는 거의 드물지만), 투명하고, 또 복제하려는 경우에도 그것이 가능할 정도의 방법을 사용한다면, 독자는 방법의 견고성을 비판적으로 평가할 수 있을 것이다. 학문 영역에서 이것은 동료 평가(peer review)로 알려져 있으며, 연구의 비밀 여부에 관계없이 연구에 대한 가장 높은 수준의 평가라 할 수 있다.

이 부분에서는 우선 자료 수집 계획이 제시되어야 한다(예를 들면 이 계획은 한 단계 한 단계 서술되거나 개요를 제시하는 하는 형태를 취할 수 있을 것이다). 아래 사항들은 자료 수집 부분을 작성할 때 고려해야 할 제안들이다.

1. 어떤 자료가 연구 질문에 답을 줄 수 있을 것인가? 그러한 자료들은 어디에 있는가? 또한 그것들을 획득할 수 있는 최선의 방법은 무엇인가? 이러한 측면들을 기술함에 있어, 수행된 연구가 왜 (관찰 또는 정보원/정보관과 같은 출처로부터의) 1차 자료 또는 (공개 출처로부터의) 2차 자료를 사용하기로 결론 내렸는지 그 이유를 설명한다.

2. 위와 같이 결정을 내린 이론적 근거들은 무엇인가?(그것들이 분석관의 개인적 견해여서는 안 되며, 그러한 결정을 뒷받침할 수 있는 학문적 권위가 있는 것이어야 한다)

3. 연구 수행을 위한 최선의 방법론적 틀로서 어떤 것이 고려되어야 하며(예를 들면, 양적, 질적, 또는 양적 및 질적 접근방법이 혼합된 방법론), 그러한 선택을 하게 된 학문적 사고는 무엇인가?(예를 들면 분석관은 참고자료를 통해 그러한 선택의 이유를 밝힐 필요가 있을 것이다)

4. 연구가 표본들을 사용하였다면, 분석관은 (예를 들면, 방법론에 관한 문헌들을 통해) 표본들에 사용된 틀이나 크기가 정당함을 이론적으로 증명할 필요가 있을 것이다.

자료 수집과 분석(선택 사항)

분석관은 방법론 부분에서 수집 및 분석 방법을 설명하기 위해 수집하기로 결정한 자료 유형을 곰곰이 생각해볼 필요가 있다. 단계적 자료수집(stepwise data collection) 계획처럼, 분석관은 제시한 분석 방법을 통해 어떻게 보고서를 작성하였는지(예를 들면, 이러한 분석들을 통해 주어진 연구 질문에 어떻게 대답하였는지) 독자에게 설명할 필요가 있다. 예를 들면, 수행한 연구가 변수들 사이의 상관성 또는 관계를 찾고자 한 것이라면 이용된 통계학적 검증방법(들)은 무엇인가? 연구가 비구조적 자료(unstructured data)들 속에서 논점들이나 패턴들을 검토하고자 하는 것이라면 이를 위해 이용된 방법(들)은 무엇인가? 연구에서 어떤 절차들, 그리고/또는 방법들을 사용하기로 결정하였다면, 그러한 결정들은 이론적 문헌들에 대한 언급을 통해 뒷받침되어야 한다. 단순히 분석관의 의견으로써 그러한 결정이 내려져서는 안 된다.

한계(선택사항)

연구의 주요 한계점들을 언급해야 한다면, 이 부분에서 논의될 필요가 있다. 분석방법에서 논의된 절차들과 방법들이 연구 질문이나 가설에 대답하기 위해 연구에서 어떻게 이용되었는지를 직접적으로 연결하여 설명하는 것은 중요한 일이다. 독자가 원한다면 연구를 복제할 수 있을 정도로 (예를 들면, 투명하게) 수행 과정을 이해할 필요가 있다. 하지만 분석관은 가능할 수 있는 한계 하나하나를 적시할 필요는 없으며 주요 한계들만 제시하면 충분하다. 이는 그러한 결점들이 결론 도출 시 고려되었다는 것을 보여주기 위해 필요한 것이다.

법적 권한(또는 윤리적 고려들) (선택 사항)

수행된 연구가 기밀로 분류되는 경우, 권한 부여는 법적 틀에 의거하여 이루어질 것이다. 그러한 법적 기반에 따라 분석관은 연구 수행에 필요한 권한을 부여받는다. 이러한 경우에 분석관은 이 부분에서 연구 수행에 주어진 권한 부여에 대한 법적 근거를 진술하여야 한다.

이것은 사회과학적 또는 행태과학적 연구와 대비된다. 이러한 연구 분야에서 수행되는 연구 주제가 사람이라면, 연구 수행에 대한 승인은 해당 윤리위원회에 의해 주어져야 할 것이다. 그러나 여기에서는 ─ 공적인 통로(예를 들면 학술잡지)를 통해 배포될 그러한 연구가 아니라 ─ 비밀 정보에 관한 연구이기 때문에 윤리 문제와는 다른 차원이라고 하겠다.

결과들

결과(results)에 관한 장은 연구의 조사결과(findings)라고도 말할 수 있다. 어떤 학자들은 이 장을 분석(analysis)이라고 이름 붙이기도 한다. 이들 용어들 모두 흔히 사용되기 때문에 어느 용어를 사용해도 좋다.

일반적으로 전략정보 보고서의 결과에 관한 장은 세 부분으로 나누어질 것이다. 첫 번째 부분은 분석을 위해 자료들이 어떻게 준비되었는지 기술하는 것이다. 이 부분은 분석기법이라는 보다 특별한 측면에 초점을 맞추기 위해 간단히 기술한다. 두 번째 부분은 (연구가 양적 접근방법을 사용했다면) 가장 적절하거나 중요한 첩보에 대한 기술 통계학(descriptive statistics) 부분이다. 이 부분의 결과들 역시 지나치게 많은 양의 결과들로 인해 독자가 압도되지 않도록 간단하게 기술해야 한다. 많은 양의 결과들을 제시하는 것은 무의식중에 판단의 핵심적 근거를 흐리게 함으로써 독자들을 혼란에 빠뜨릴 위험이 있다(나무를 보고 숲을 보지 못한다는 경구가 바로 이러한 상황에 적용된다고 하겠다). 이러한 기술적 자료들(descriptive data)은 주의 깊게 숙고되어야 하고, 또한 요약 표와 그래프, 지도, 또는 다른 형식의 도표들과 같은 기법을 사용하여 잘 구성되어야 한다.

세 번째 부분은 모든 추론적 분석을 연구 질문이나 가설에 연결 짓는 것이다. 통계적 분석이 사용되지 않은 경우, 이 부분에서 연구 질문을 비판적으로 분석하기 위해 SWOT나 PESTO, 역장분석(force field analysis), 또는 비구조적 자료 검토를 위한 기타 방법 등 연구에 사용된 모든 질적 분석기법들의 결과들이 논의될 수 있을 것이다.

여기에서 중요하게 고려해야 할 점은 이 장에서는 결과들만을 제시한다는 것이다. 분석관은 여기에서 제시된 조사결과들에 대해 설명하고픈 욕구를 제어해야 한다. 그것은 다음 장인 고찰(Discussion)에서 행해지는 것이다.

고찰(discussion)

이 장은 고찰이라는 장으로서, 연구 결과들의 의미와 파급효과(ramifications)를 논의하는 장이다. 분석관은 조사결과들을 해석하고, 다루는 문제의 맥락(예를 들면 배경이나 다루는 이유)과 이론적 토대 위에서 논의하되, 명심할 것은 항상 연구 질문에 대해 그것들이 의미하는 바가 무엇인지와 관련하여 논의해야 한다는 것이다. 고찰을 함에 있어, 사용된 언어와 도출된 결론들은 신중하게 검토되어야 한다. 신문기자와 같은 용어나 어구의 사용을 피해야 한다. 즉 사용된 언어는 객관적이어야 하며 결론들은 연구 결과에 기반(예를 들면, 증거에 기초함)을 두어야 한다.

결론 및 권고사항

정보 판단의 결론들 또는 주요 판단 사항들은 보고서의 길이에 따라 소수의 문단으로, 또는 1~2 페이지로 기술한다. 이 장은 수행된 연구가 왜 중요한지, 그리고 파급효과들(ramifications)이 정책이나 현장 운영들에 어떤 의미를 가질 수 있는지를 보강하고자 하는 것이다.

> 정보보고서 작성 시, 조사결과가 확실하다고 말하고 싶은 유혹을 피해야 하며 가설적 용어들(tentative terms)로 제시될 필요가 있다.

참고문헌 인용

보고서 작성 시 하버드 스타일 인용법을 이용하여 사용된 참고문헌을 인용한다. 이 부분의 목적은 독자가 보고서의 학문적 타당성에 대해 판단할 수 있도록 연구가 의존한 첩보 및 정보의 근거를 투명하게 제시하는 것이다. 일단 보고서가 완성되면 인용의 일관성을 검토하고, 다른 학자들의 지적 작업을 인용하지 않은 것과 같은 부주의한 실수가 없는지 재검토한다. 자료들이 기밀인 경우, 비밀 출처들의 언급 방법에 대한 지침이 있을 가능성이 크다. 비밀 출처(covert source)나 첩보 수집의 비밀 수단들이 누설되는 것은 목숨이 걸린 일일 수 있거나, 과거, 현재, 미래의 활동들을 위험에 빠뜨릴 수 있기 때문에 분석관은 지침을 충실히 따라야 한다.

부록(Appendices or Annexures) (선택 사항)

때에 따라서는 판단이 어떻게 이루어졌는지 독자의 이해를 도울 수 있을 것으로 생각되는 정보를 첨부하거나, 보고서 자체에서 말로 설명하기에는 너무 방대한 관계들을 보여주기 위해서 부록이 중요한 경우가 있다. 이러한 유형의 정보는 분리된 장으로 추가하고 보고서 자체에서는 그에 대해 언급만 하는 것이 더 좋다.

판단 보고서의 그림과 표

전략정보 판단보고서에서 복잡한 자료의 제시는 가끔 그래프, 차트, 표, 또는 사진, 다이어그램, 도면(drawing)과 같은 그림의 형태를 취한다. 이때 분석관은 독자가 보고서에서 그것을 잘 이해할 수 있도록 사용하는 기호적 표현(symbolic representation)에 정확한 이름을 붙여야 한다.

이들 모두를 표현하기 위해 사용되는 두 용어가 있다. 그림(figures)과 표(tables)

가 그것이다. 그래프, 차트, 다이어그램, 사진, 그리고 모든 다른 유형의 삽화들을 총칭하여 그림이라고 한다. 표는 자료들이 행과 열로 정리되어 있는 것이다. 보고서에서 그림과 표는 각기 따로 일련번호를 붙인다. 즉 그림들이 한 그룹으로서 번호가 매겨지고 표는 또 다른 그룹으로서 번호가 매겨진다. 그림이나 표 어느 한 그룹이라도 그 수가 적지 않다면 보고서 앞부분의 목차 뒤에 "그림 및 표 일람표"라는 제목으로 분리하여 제시하는 것도 고려해볼만하다. 그림과 표가 아주 많다면, 그림 일람표와 표 일람표를 따로 작성할 수도 있다.

판단 보고서 작성 시 최종적 고려사항

분석관들은 그들 연구가 완성되는 시점에서 무엇이 훌륭한 정보 판단보고를 구성하는가 하는 질문을 자주 고려할 것이다. 분석관들은 정책결정자와 소통할 수 있는 단 두 가지 방법, 즉 구두 보고와 서면 보고만이 가능한 상황에서, 항상 표현의 명확성에 초점을 맞추고 신경을 쓸 것이다.

정책결정자들은 바쁜 일정들, 빠듯한 예산, 상당한 압력들 속에 처해있기 때문에 분석관들의 판단보고는 간결하고 정밀해야 한다. 정책결정자들이 보고서에서 중요한 정보를 발견할 수 없다면, 그 보고는 전반적으로 실패한 것이다. 정보의 목적은 가능한 최선의 결정이 이루어질 수 있도록 통찰력을 제공하는 것임을 명심해야 한다. 바로 이러한 이유 때문에 이 장에서 위의 예들과 모형들(templates)이 기술되고 있는 것이다. 이러한 예들과 모형들은 많은 기관들과 바쁜 관리자들에 의해 여러 차례에 걸쳐 검토되어 온 것들이다. 기억해야 할 몇 가지 요점은 다음과 같다:

- 보고서의 결론과 권고사항이 연구의 원래 목적에 정확히 부합하는지 재검토한다.
- 기관의 내부 보고서 양식 또는 보고서 모형들을 따른다.
- 몇몇 자료 항목들이 "선호되는" 입장을 지지하지 않는다는 이유로 그 항목들을 선별적으로 생략해서는 안 된다. 이는 비윤리적일 뿐 아니라, 만약 법원이나 조사회회가 정보조사 보고서가 성실하게 수행되지 않은 것을 발견하게 된다면 그러한 개인들이나 기관들은 민·형사 소송의 대상이 될 수 있다.
- 가장 명확한 연구 결과의 윤곽이 떠오를 수 있도록 자료들로부터 정수를 뽑

아내기 위해 많은 분석기법을 사용한다.

- 판단을 내릴 때 그러한 판단의 한계가 무엇인지를 명확히 한다 – 그릇된 또는 오도된 암시를 제공해서는 안 된다.
- 권고를 하거나 암시함(couching)에 있어 기관의 정책을 따른다. 객관적으로 선택 대안들을 제시하고, 보고서 조작을 통해 정책결정자들을 속이는 이른바 "비난과 배제"(river of blood) 방식의 예측을 피해야 한다(그렇게 하는 것은 비윤리적 행동에 가까운 일이다).
- 예닐곱 개의 초안들을 작성하고 각각의 초안들을 동일 분야에서 수년간 일해 온 선임 동료에게 검토 받는다는 계획을 세운다. 이는 상급자가 보고서 제출 시 공통적으로 겪게 되는 많은 함정들을 이미 경험했었을 가능성이 크고, 따라서 신임 분석관이 "도로 위의 구덩이들"을 피해갈 수 있도록 도와줄 수 있기 때문이다. 향후 분석관의 평판에 "나쁜 평점"을 줄 수도 있는 위치에 있는 기관 내 간부에게 검토를 받는 것보다는 자신과 가까운 이에게 비판적으로 검토 받는 것이 더 바람직하다.
- 분석관은 항상 자신의 보고서를 다른 사람에게 검토 받는 것이 좋다 – 다른 사람이 보고서 집필자인 분석관보다 철자나 인쇄상의 오류를 더 잘 발견해 낼 가능성이 크기 때문이다.

중요 용어

이 장과 관련된 중요 용어는 아래와 같다. 각 용어에 대한 간단한 정의나 설명을 한두 문장으로 써봄으로써 자신의 이해도를 점검한다.

o 증거에 기초한 결론(evidence – based conclusions)
o 그림
o 정보보고서(intelligence product)
o 브리핑
o 연구 질문
o 표

학습 문제

1. 보고서 작성을 위한 "모래시계" 접근법(hourglass approach)과 그 이점을 말해 보라.
2. 전략적 정보 판단의 주요 부분들을 설명하라.
2. 하버드 스타일 인용법의 주요 특징은 무엇인가?

학습 활동

근무 중인 기관이 직면한 문제에 대해 연구 결과를 발표하라고 요청받았다고 가정한다. 이 장에서 배운 기량들을 과시하기 위해 구두 발표의 기본이 될 전자 슬라이드 쇼를 준비한다. 이를 위해 모래시계 접근법을 사용한다. 즉, 일반적인 데로부터 시작하여 점점 특정한 이슈로 좁혀 나가고, 다시 일반적인 데로 돌아와 끝을 맺는 마치 모래시계 모양의 접근법을 사용한다. 과제 자료로는 서면 보고의 주제를 사용한다. 8장 내의 슬라이드로 짧고 간결하게 발표한다.

과학적 정보분석론

20장 의사결정 지원 분석

이 장은 정책결정의 다섯 가지 중요한 측면에 대해 논의할 것이다.

1. 불완전한 사고
2. 권고 제안
3. 허수아비 기법
4. 파레토 효율 분석
5. 쌍대비교분석(paired－ranked analysis)

불완전한 사고

한 연구에 따르면, 인간 집단들이 전략, 전술, 또는 기타 행동 방침을 정하고자 할 때, 그 집단들은 최선의 해결책을 위한 결정들을 내리기보다는, 집단사고(groupthink)의 위험을 무릅쓰고라도 집단의 화합(group harmony)을 중시하는 해결책을 위한 결정들을 내릴 수 있다.[1] 집단사고는 때때로 다음과 같은 특성을 갖는다:

무패(Invincibility)　　집단의 장이나 지도자가 그들이 결정한 선택이 잘 될 것이라고 생각한다면, 그 집단은 운은 그들 편이기 때문에 그러한 선택을 운이 뒷받침해 줄 것이라고 자신감을 가질 가능성이 크다.

만장일치(unanimity)　　다수가 무엇을 해야 한다고 생각한다면, 이에 반대되는 모든 견해는 잘못된 것으로 비춰진다.

---

[1] Irving L. Janis, *Victims of Groupthink: A Psychological Study of Foreign－Policy Decisions and Fiascos* (Boston: Houghton Mifflin, 1972); 그리고 Irving L. Janis, *Groupthink: Psychological Studies of Policy Decisions and Fiascos* (Boston: Houghton Mifflin, 1982).

배제(exclusion)   집단 구성원들이 집단의 부분이 됨으로써 행복감을 느낀다
면, 그들은 반대되는 입장을 표명하길 꺼려할 수 있는데, 그 이유는 그러한 입장
표명을 하는 경우 그들이 그 집단으로부터 (추방됨으로써) 물리적으로 또는 (무시되
거나 비우호적 반응에 부닥침으로써) 감정적으로 배제될 수 있기 때문이다.

집단사고는 정보 분석관이 피해야 할 상황이다. 이 장에서 논의되는 의사결정
지원 분석은 분석관이 정책결정자에게 올바른 지침을 제공할 수 있도록 도와준다.

권고 제안

앞 장에서 말했듯이, 권고들은 연구 결과들의 결론들로부터 추출되는 것이다.
결과들은 자료 분석으로부터 나온다. 여기에서 의사결정 지원 분석은 분석관이 정
보 소비자에게 어떤 행동 방침을 제안하는 것, 즉 권고를 제시하는 과정이다. 행
동은 원래의 연구 질문으로부터 직접 제시되거나 또는 그 연구가 발견한 부수적
인 이슈로부터 제시될 수도 있다.

얼핏 보기에는 권고 제안 과정은 간단해 보인다. 권고된 행동은 제안의 형태를
띤다. 예를 들면, "XYZ 유형의 작전을 수행함에 있어 ABC가 개입할 것이 권고된
다"라는 형태를 취한다. 물론 그러한 권고는 아마도 기간이나 다른 고려사항들을
포함함으로서 구체화될 것이다. 하지만 정책결정자들은 이 같은 권고는 어떤 대안
이나 선택을 제시하지 않고 있기 때문에, 그러한 권고를 적절하다고 판단하기보다
는 부적절하다고 판단하는 경우가 보다 자주 있을 것이다.

정책결정자들이 순수하게 사실적 증거들만을 토대로 결심을 굳히는 경우는 거
의 없다. 이상하게 들리겠지만, 정책결정자들은 정보 보고서에 나타난 수집된 사
실들과 그 보고서가 다루고 있는 이슈를 둘러싼 정치적 필요성(imperatives) 사이
에서 균형을 맞추고자 한다. 정책결정자는 행동에 착수하기 전에 가끔 사회적, 문
화적, 역사적, 경제적 및 기타 고려사항들을 점검한다.[2]

---

2) Terry—Anne O'Neill, "The Relationship between Intelligence Analysis and Policy making—Some
   Issues," *Journal of the Australian Institute of Professional Intelligence Officers* 8, no. 1 (1999):
   5— 22.

따라서 권고 작성의 기술 습득은 정보 연구의 또 다른 훈련이다. 일부 학자들은 "고려사항들" 또는 "함의들"(Implications)이라는 용어가 "권고들"보다 더 나은 서술적 용어라고 주장한다. 그 이유는 분석관들이 "어떤 특별한 행동 방침에 대한 보다 광범위한 함의들을 인식하지 못할 수 있고, 또 모든 가능한 선택지들에 관한 적절한 정보에 접근하지 못할 수 있기" 때문이라는 것이다.3) 이러한 주장은 정보 분석관이 정책결정자나 그들의 정치적 조언자는 아니라는 점에서, 일견 타당성이 있다. 그러나 그럼에도 불구하고 그들은 해당 주제의 전문가들로서 원래의 연구 질문을 처리할 가능성이 있는 ― "무위"(do nothing; 그렇다, 무위도 선택의 한 방법이다)부터 황금기준(gold standard) 대응(당해 이슈의 맥락에서 가능한 무엇이든지 황금기준이 될 수 있다)에 이르기까지 ― 일정 범위의 선택지들을 제시할 수 있는 사람들이다. 무위와 황금기준 대응 사이에는 보통 두세 개 또는 그 이상의 선택지들이 있을 것이며 이러한 선택지들은 효율성 그리고/또는 효과성의 증가 등급에 따라 제시될 수 있을 것이다(예를 들면 그러한 선택지들이 갖는 가능한 충격이나 귀결의 추정).

고려사항들과 함의들의 개념을 살펴보는 데로부터 잠시 눈을 돌려 이들 용어들과 앞서 논의했던 권고들이라는 용어 사이의 미묘한 차이에 주목해 보는 것도 가치가 있는 일이다. 쾀비(Quarmby)와 영(Young)에 따르면4) 고려사항이란 "...... 정책결정자가 행동 방침을 정하기 위해 해당 이슈(들)에 관해 관심을 두어야할 것"에 초점을 맞춘 것이고, 반면에 함의란 "...... 분석으로부터 추출한 하나 또는 그 이상의 귀결들 또는 효과들(가끔은 일반적인 표현으로서 정책적 대응책들, 역량 개발을 위한 대응책, 운영 태세 등에 대한 함의들과 같이 사용되기도 함)"이다.

다시 권고들에 관심을 돌려 이야기하자면, 각각의 선택지는 그것이 황금기준을 향해 등급이 올라감에 따라 일반적으로 재정, 인사, 물질적 자원, 위험, 결과(outcome), 귀결, 시간, 또는 기타 요소들과 관련하여 더욱 가치를 가질 것이다. 이들 요소들 각각의 비용을 계산하는 것이 항상 분석관의 역할은 아니지만, 그래도 최소한 각 선택지에 필요한 상대적 지출 비용에 관해 정책결정자에게 알리는 것도 그들에게 지워진 의무일 수 있다. 그럼에도 불구하고, 권고를 제안하는 분석관

---

3) Neil Quarmby and Lisa Jane Young, *Managing Intelligence: The Art of Influence* (Annandale, New South Wales: Federation Press, 2010), 32.
4) Neil Quarmby and Lisa Jane Young, *Managing Intelligence: The Art of Influence*, 32.

20장 의사결정 지원 분석   349

들은 선호되어진 선택지(preferred option)와 관련하여 생각해 볼 점이 있다. 즉, 황금기준에 의지하지 않고도 임무의 목표에 도달할 수 있는 어떤 지점이 있는가를 생각해 볼 필요가 있다. 따라서 다양한 선택지들의 자원 소요 집중도에 대해 숙고하고, 그러한 생각이 반영된 보고서는 가장 현실적인 것으로서의 선호되어진 선택지를 강조할 가능성이 크다고 할 것이다.

그런 연후에 분석관은 중요도 순서에 따라 선택지들의 순위를 제시한다. 이는 정책결정자들이 제시된 일련의 선택지들 내에서 각 선택지들을 평가하기 위한 판단 기준으로 작용할 것이다.

절도한 자동차의 개조와 관련된 범죄조직에 관한 추가 정보 수집 임무를 부여받은 잠복근무 팀에게 권고를 제안하는 정보보고서의 예를 들어보자. 보고서의 권고적 결론이 연구와 연역적 추론에 기초하고 있다면 논거가 확실하다고 생각될 수 있다. 그런데 해당 기관은 오직 하나의 상근 잠복근무 팀만을 운영하고 있을 수 있는데, 그러한 잠복근무 팀에게 도난 자동차 개조 관련 정보 수집 임무를 부여하는 것은 기존에 수행 중이던 헤로인 수입에 대한 감시활동을 위험에 빠뜨릴 수 있다.

경찰 지휘관은 어떤 활동에 더 비중을 두어야 할지 판단하기 위해 비용들 뿐 아니라 위험들도 이해할 필요가 있다. 마약 관련 활동은 기밀 사항일 수 있고 분석관의 필지사항(need-to-know)이 아니기 때문에 분석관은 그러한 활동의 성과를 모를 수 있다. 또한 분석관의 권고가 행동으로 연결되지 않았다고 해서 그와 같은 최종적 결정이 분석관의 업무를 경시한 것으로 여겨져서는 안 된다. 정책결정자의 입장에서 가능한 한 최선의 방법으로 자신의 지휘 하에 있는 자원들을 할당하는 것은 균형 잡힌 행동이라 하겠다. 그럼에도 불구하고, 분석관들은 그들이 최선의 결정을 할 수 있도록 선택지들뿐만 아니라 그에 수반하는 비용들과 기타 자원 소요 예측을 제시하도록 요구받을 수 있다는 점을 인식하고 있는 것은 중요하다.

권고를 당해 정보 연구에 부합하도록 작성하는 또 다른 방법은(다른 개념적 틀들도 확실히 사용 가능하긴 하지만) 5개의 "I"들을 이용하는 것과 같은 구조적인 방법으로 생각을 정리, 제시하는 것이다:

• **정보**(Intelligence)　　개입을 위한 권고로 이어지는 당해 문제와 관련된 첩보

　　　　　　　　　　　　　　　　　　　　　　　과학적 정보분석론

수집과 분석(선택지들)

- **개입**(Intervention)　　문제의 근인(近因), 그리고/또는 원인(遠因)을 다루기 위한 일련의 대응책들과 정책적 선택지들의 제시
- **이행**(Implementation)　　권고된 개입들을 실행되기 위해 필요한 행동
- **관여**(Involvement)　　권고된 선택 이행을 위해 필요한 주요 협력 기관(들), 그리고/또는 이해당사자(들)에 대해 협조 요청
- **충격**(Impact)　　개입의 성과들(outputs)과 결과들(outcomes)의 평가

허수아비 기법

정책결정자들을 선호되어진 선택지로 이끄는 한 가지 방법은 허수아비 기법을 사용하는 것이다. 이 방법은 우선 하나의 제안이나 해결책(일명 허수아비)을 초안으로 작성하고 이것을 일정 범위의 대안적 선택지들 사이에 놓는 것이다(이 범위는 황금기준으로부터 무위 선택까지로 할 수 있을 것이다). 그러한 연후에 분석관은 대안적 권고들의 결점들을 비판적으로 제시함으로써 선호되어진 선택을 논의해 나간다; 즉, 다양한 선택지들의 어떤 부분들이 작전/프로젝트의 목표에 부합하지 않는지를 지적하는 것이다. 중요한 것은 대안적 선택지들의 결점들을 작전/프로젝트의 목표나 목표 달성 계획과 관련하여 논의하는 것이다. 이러한 비판적 과정에 조작적 또는 감정적 용어나 표현들이 스며든다면 보고서의 신뢰성이 떨어지기 때문에 그러한 용어나 표현들을 배제하여야 한다.

이처럼 허수아비 기법은 다른 가능성들을 탐구하기 위한 출발점을 제공해주기 때문에 유익한 과정이다. 이러한 방법으로 권고들을 제시한다면 정책결정자는 선호되어진 선택지가 다른 가능성들과 대비되는 경우 그러한 선택지의 강점/이점을 보다 잘 이해할 수 있다. 또한 허수아비 기법을 사용한 권고 제안은 정책결정자가 분석관의 영역(예를 들면 사회적, 문화적, 역사적, 경제적, 또는 기타 고려사항들)을 벗어나는 정치적 고려사항에 기초하여, 추후에 분석관에게 선호되어진 선택지에 대한 수정을 요구할 수 있는 아이디어를 발굴하는 데 도움을 줄 수 있다. 여하튼, 권고 작성에 대한 허수아비 접근법은 정책결정자가 권고들에 보다 만족하고, 또한 그에 따라 "자신의" 최종적 선택에 보다 만족할 기회들을 증진시킨다.

파레토 효율 분석

파레토 효율 분석이란 권고들과 같은 선택지 목록에 우선순위를 매기는 양적 방법이다. 파레토 원칙은 이탈리아 경제학자 빌프레도 파레토(Vilfredo Pareto)의 1879년 부와 수입에 대한 연구로부터 유래되었다. 이 연구에서 파레토는 산출 80퍼센트는 투입 20퍼센트의 결과라는 관찰 결과를 제시하였다.5) 이 연구 결과는 "적은 것으로부터 더 많은 것을 해내는" 방법으로서 사업 분야에서 이용되어져 왔다. 정보 맥락에서도 분석관들은 80/20 원칙에 기초하여 투입의 결과들을 최대화 할 가능성이 큰 최종적인 선택 목록(a short list of options)을 제시하기 위해 이러한 유형의 분석을 이용할 수 있을 것이다.

파레토 분석을 이용하려면 우선 정책이나 작전의 선택지들 각각에 등급을 부여할 필요가 있다. 이를 위해 가끔 순위 점수를 부여하는 방법이 이용된다. 이 방법이든 혹은 다른 어떤 계측 기준을 사용하든, 그러한 계측 기준은 국가정보 프로젝트 맥락에서 타당성이 있어야 한다. 브레인스토밍을 통하여 제시된 아래와 같은 정책 선택지들의 목록을 예로 들어보겠다. 이들 각각은 국가가 지속적으로 활동하고 있는 국제 해적들에게 어떻게 대처할 수 있을 것인가에 관한 것이다.

정책들에 대한 아이디어들을 모두 기록한 다음, 각 정책 대안들에 점수를 부여한다. 높은 점수가 부여될수록, 그 대안은 보다 중요하다고 생각된 것이다. 이상적으로 말하자면, 각각의 점수들은 차별성이 있어야 하지만, 두 개의 대안들이 똑같이 중요하다고 고려된다면 그들 각각에 똑같은 점수가 부여되지 말란 법은 없다. 어찌 됐든 최종적으로 순위가 부여된 목록은 그러한 권고안들을 이행하게 될 담당자들이 일리가 있다고 생각하도록 작성되어야 한다.

이 예에서 목표는 국제 해적들에 대해 보다 적극적으로 대처하는 태도를 취하는 것이다. 6개의 고려중인 선택지들에 대해 부여된 순위 점수는 아래와 같다:

1. 항공 감시 증대 (+5)

---

5) Richard Koch, The *80/20 Principle: The Secret of Achieving More with Less* (Boston: Nicholas Brealey Publishing, 2007).

과학적 정보분석론

2. 해적 정박 항구들을 중심으로 비밀리에 수행할 국내 "연안 감시"(coast watchers) 체제 구축 (+3)
3. 해군의 해양순찰 강화 (+6)
4. 해적들이 사용하는 무선 주파수 감시 (+2)
5. 해적들이 사용하는 등급의 선박들에 대한 무작위 수색 (+4)
6. 공격용 무기나 폭발물 운반이 확인된 모든 선박 격침 (+1)

부여된 점수에 따라 높은 점수부터 낮은 점수 순으로 다시 나열하면 다음과 같다:

1. 해군의 해양순찰 강화 (+6)
2. 항공 감시 증대 (+5)
3. 해적들이 사용하는 등급의 선박들에 대한 무작위 수색 (+4)
4. 해적 정박 항구들을 중심으로 비밀리에 수행할 국내 "연안 감시"(coast watchers) 체제 구축 (+3)
5. 해적들이 사용하는 무선 주파수 감시 (+2)
6. 공격용 무기나 폭발물 운반이 확인된 모든 선박 격침 (+1)

이러한 연후에 80/20 원칙을 적용한다면, 선택지들의 상위 20%를 선택하여 운영하는 것이 가장 적은 비용으로 가장 큰 이익을 성취하는 길일 수 있을 것이다. 위의 예에 있어 첫 번째 선택지(해군의 해양순찰 강화)가 고려중인 6개의 선택지들의 총합에서 차지하는 비율이 20%를 약간 상회하기 때문에 첫 번째 선택지를 택하는 것이 80/20 원칙을 적용한 결과가 될 것이다. 하지만 이러한 분석이 제시하고자 하는 것은, 이론에 따라 첫 번째 선택지를 택한다면 바람직한 정책적 성과를 거둘 것이라는 의미가 아니다. 이것은 자원 할당이 제한된 예들에 있어 단순한 하나의 지침일 뿐이다.

예를 들어 정책결정자가 제시된 해결책들 중 몇 개를 버려야만 한다면 남겨 둘 선택지들은 무엇일까라고 군 사령관에게 질문하는 경우를 생각해보자. 이러한 경우에 이 유형의 분석은 선택지들을 좁히는 데 가장 효과적인 방법일 것이다. 만약 자원들이 다른 선택 대안들에까지 할당될 수 있다면, 물론 그러한 선택들도 포함시키는 것이 이득이 될 것이다. 어쨌든 일반적으로 80/20 원칙은 가장 효율적일 수 있는 선택지들을 찾아내기 위한 기초를 제공한다.

쌍대순위분석

선택을 결정하는 효과적인 방법 중의 하나—그것이 문제의 해결책이든, 장비의 선택이든, 새로운 과정이나 절차의 이행이든, 전술적 결단이든 간에—는 쌍대순위분석(paired–ranked analysis)을 이용하는 것이다. 결정을 내릴 사람들이 결정을 내리기 어려운 다양한 선택지들에 대해 잘 알고 있다면, 쌍대순위상관분석(paired–ranked corelation analysis)과 혼동하지 않고 이러한 의사지원 방법을 수분 내에 진행할 수 있다. 이러한 유형의 분석은 모든 선택지들이 동등하지 않은 경우에 가장 적합하다. 또한 이것은 아주 많은 선택지들이 고려되고 있는 상황에 적합하다.

여러 선택지들의 다른 특성들(features)이나 측면들을 다른 선택지들의 그것들과 비교하는 것은 두 가지 문제를 제기한다. 첫 번째는 선택지들의 다양한 특성들을 하나의 온전한 전체로서가 아니라 분리하여 비교하는 경향이 있다는 것이다. 그러나 이는 일반적으로 다양한 범주의 여러 측면들을 또 다른 범주에 속하는 다른 측면들과 비교할 실용적인 방법이 없다는 점에서 문제가 있다. 따라서 쌍대순위분석은 선택지를 구성하는 특성들을 통해 그 선택지가 구성된 것이라 보지 않고, 그 선택지 자체를 하나의 전체로 간주한다. 두 번째 문제는 여러 선택지들의 각각의 특성들이 똑같지 않은 상황에서 그것들을 가늠하고자는 경우 이들 각각의 특성에 대해 동등한 중요성을 부여한다는 것이다.

단계별 접근

이 분석과정의 첫 번째 단계는 모든 선택지들을 기록하는 것이다. 이 작업은 수기로 목록의 형태로 작성할 수도 있고, 만약 집단적으로 결정을 내리려는 상황이라면 컴퓨터 프로젝트를 사용하여 화면에 띄워 기록할 수도 있다.

다음 단계는 분석관(또는 집단)이 간단한 방법을 통해 선택지들 사이를 비교하기 위한 여러 번의 결정들을 내릴 마음자세를 갖는 것이다.

과학적 정보분석론

목록으로부터 우선 2개의 선택지들을 선택하고, 다음과 같은 간단한 질문을 던진다. 선택 A와 B 중에서 하나를 선택해야 한다면 무엇을 선택할 것인가? 토론이나 논의를 거치지 않고 이 작업을 수행한다. 분석관 혼자 이 작업을 수행한다면 선택된 선택지 옆에 마크를 함으로써 마크들의 누적을 위한 기록을 해나가기 시작한다. 집단(예를 들면 독립적으로 판단을 내릴 사람들의 집단)으로 이 작업을 수행하고 있다면 집단 구성원들이 가장 많이 선택한 선택지에 마크를 한다. 이때 집단 구성원들은 선택지들에 대한 찬성이나 반대 의견을 제시하거나 2개의 선택지 중 하나 또는 모두에 대해 무언가를 설명함으로써 상호 간에 영향을 미쳐서는 안 된다. 빠른 쌍대 비교들을 토대로 효율적인 결정을 내리기 위해 참여자들 모두 미리 다양한 선택지들에 대해 생각을 해 본 연후에 시작해야 한다.

처음 각각 하나의 온전한 전체로서 선택된 2개의 선택지들에 대한 비교가 끝나면, 이어서 A와 C를 비교한다. 그러한 연후에 A와 D, A와 E 등, A와 모든 다른 선택지들이 비교가 끝날 때까지 진행한다.

이 작업이 모두 끝나면, 이제는 B와 C, B와 D, B와 E 등 B에 대한 모든 비교가 끝날 때까지 계속한다.

이처럼 분석관은 가능한 쌍대 조합 비교가 모두 끝날 때까지 이 작업을 계속한다.

각 선택지들에 대한 모든 다른 선택지와의 비교가 끝나면 분석관은 마크가 누적된 결과를 점검한다. [그림 20.1]은 비밀활동에 사용할 쌍방향 무선장비 선택을 위한 의사결정과정과 관련하여 이러한 방법의 분석결과를 재현한 것이다. 이 그림은 무선장비 D가 3개의 "마크"를 받음으로써 선호되어진 선택이라는 것을 보여준다. 그 뒤로 무선장비 B가 2개, C가 1개를 받았다. 반면에 무선 A는 1개도 받지 못했다. 따라서 이러한 분석은 선호되어진 선택뿐 아니라 다른 선택 대안들의 순위도 투명하게 보여준다.

이 과정은 수분 내에 수행될 수 있다. 선택지 목록이 긴 경우에도 이 과정은 빠르게 진행될 수 있을 것이다. 실제로, 더 긴 목록들일수록 선택지들 간의 차이가 더 드러날 가능성이 크다.

쌍대순위분석은 결정을 도와주는 간단하지만 효과적인 방법이다. 가끔은 수많은 선택지들이 존재하는 상황에서, 그것이 무엇이든 간에 하나만을 선택하는 것은 어려운 일일 것이다. 쌍대순위분석은 선택지 하나하나를 각각 하나의 전체로서 상정하고 각 선택지와 다른 모든 선택지들을 쌍대로 조합하여 비교하는 방법을 통해, 그 조합 각각에 대한 결정을 내리도록 분석관들에게 강요하는 분석방법이다. 이 방법을 사용하면 분석관들은 때때로 결정을 어렵게 하는 미시적 분석에 빠지는 것을 방지할 수 있다. 사람에 따라서는 이처럼 강요된 비교방법을 약간 불안하게 느낄 수 있는데, 이는 이 방법이 구조화된 시고방법이기 때문이다. 그러나 수차례 사용하다보면, 선다형 결정(multiple-choice decisions)이 필요한 경우 이 방법이 제공하는 명쾌성을 쉽게 알 수 있을 것이다.

그림 20.1   다양한 선택지들의 누적기록표의 예

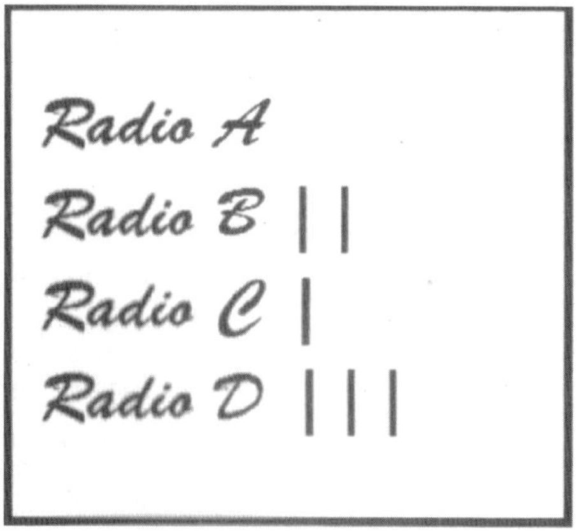

중요 용어

이 장과 관련된 중요 용어는 아래와 같다. 각 용어에 대한 간단한 정의나 설명을 한두 문장으로 써봄으로써 자신의 이해도를 점검한다.

o 고려사항
o 무위 선택(do-nothing option)
o 5개의 "I"를 활용한 개념 틀

o 황금기준(gold standard)

o 함의(implication)

o 파레토 원칙

o 선호되어진 선택

o 허수아비

학습 문제

1. 무위 선택이 항상 고려할만한 가치가 있다고 생각한다면 그 이유는 무엇인가? 어떤 행동을 취하기보다는 아무런 행동도 하지 않는 것이 더 나은 경우들이 있는가? 그러하다면 예를 들어보라. 아무 행동도 취하지 않는 것이 더 나은 결정으로 판명되는 상황이 있을 리 없다고 생각한다면, 그 이유를 설명하라.

2. 허수아비 기법의 비판 과정을 진행할 때 조작적 또는 감정적 용어나 표현의 사용을 피하는 것이 왜 중요한지 그 이유를 설명하라

3. 80/20 규칙의 기본적 내용을 설명하고 근무하는 직장 내에서 어떤 이슈에 적용할 수 있을 것인지 예를 들어보라

학습 활동

국가 A가 국가 Z의 국가 안보에 제기하는 위협을 판단할 새로운 전략정보 연구를 수행하기 위한 정보 수집에 관한 권고를 제시하도록 요청받았다고 가정한다 (2개의 국가는 최근 뉴스에 자주 등장하는 상호 적대적인 국가들로 선정한다).

다양한 형태의 첩보들(예를 들면 1차 및 2차 첩보)과 이전 장들에서 논의되었던 다양한 자료수집 기법들(예를 들면 공개출처 자료, 일상적인 자료, 공식자료, 기밀자료, 비밀 출처 자료, 은밀하게 수집된 자료 등)을 심사숙고하여 조사연구 질문에 답할 수 있는 첩보의 수집을 위해 사용가능한 추천목록을 작성해본다. 이 목록에 무위의 방법부터 황금기준까지 포함시킨다. 그러한 연후에 허수아비 기법을 사용하여 자신이 선호하는 선택이라고 생각된 선택 대안으로 독자를 인도한다. 이러한 권고 작성에 파레토 원칙을 통합하여 적용한다.

21장 방어적 방첩의 기초

이 장은 방어적 방첩이라는 주제에 초점을 맞춘다. 즉 자료 보안과 보안 관리자를 위한 관련 이슈들을 다룬다.

1. 첩보 보안
2. 알 필요성과 알 권리
3. 민감 정보 관리
4. 비밀취급 인가
5. 정보 자료의 저장, 보호, 폐기

첩보 보안

첩보(information)[1]라는 용어는 모든 형태의 자료들 −아이디어들, 구상들(concepts), 계획들− 을 말한다. 따라서 첩보 보안(information security)이란 자료들이 일단 기록되면 이 자료들을 보호하기 위한 일련의 체제들(arrangements)과 관련된 것이다. 첩보 보안이 정보기술산업에서 사용되는 똑같은 용어와 혼동해서는 안 된다. 정보기술산업에서는 이 용어가 좁은 의미로 사용되는데, 즉 데이터 처리 하드웨어 및 소프트웨어의 보안 및 접근 방지를 뜻한다.

정보기관(intelligence unit)에서 첩보 보안의 역할은 비인가자(unauthorized personnel)로부터 자료와 보고서들을 보호하는 것이다. 정보기관이 소지한 첩보와 분석이 끝난 최종적인 정보들은 매우 한정된 특정의 고객집단만을 위한 것임을 명심해야 한다. 이들 정보소비자들은 알 필요성(need−to−know)이나 알 권리(right to know)를 갖는다. 정보기관이 소지하고 있는 자료들에 내재한 미묘한 주제들은

---

1) 이 장에서는 특별히 독자의 혼란을 피하기 위해 맥락상 소수의 경우를 제외하고는 information은 "첩보"로 intelligence는 "정보"로 구별하여 번역하였다(역자 주).

조직범죄집단, 테러리스트, 부패 관료, 취재 중인 언론인, 그리고 넓은 범위의 반체제적 이데올로기 신봉자들의 좋은 표적이 된다.

비밀들을 안전하게 지키는 활동을 방첩(counterintelligence)이라 부른다. 방첩은 방어적 방첩과 공격적 방첩으로 나눌 수 있으나 이 장에서는 방어적 방첩의 두 가지 측면, 즉 문서 보안 및 인사 보안을 소개한다. 이 주제들은 보안을 중요시하는 환경에서 일하는 사람들에게 필수적인 것들이다.[2]

알 필요성과 알 권리

정보부서의 보안 필요성을 결정함에 있어, 우리가 하고자 하는 것은 완벽한 보안이 아니라 보호되고 있는 첩보의 민감 정도에 따라 보안 수준을 결정하는 것이다. 그렇긴 해도 보안의 필요성으로 인해 정보기관의 근본 목표가 무색해지거나 운영의 효율성을 해하는 결과를 가져와서는 안 된다. 보안이 첩보의 흐름을 금지하거나 넓은 범위의 사용자들에 대한 정보 배포를 방해해서는 안 된다. 알 필요성(need-to-know)이 무엇인지 간단히 논의할 것이지만, 이 원칙(doctrine)은 정보기관 내 뿐 아니라 정보공동체에서도 첩보를 공유하는 것이 중요하다고 말하고 있다.

알 필요성이란 용어는 제한된 사람들에게만 제공함으로써 보호될 필요가 있는 민감 첩보를 말하기 위해 사용되는 것으로 법 집행기관과 기타 정부 기관들뿐만 아니라 군대에서도 사용되고 있다. 알 필요성 원칙에 따르면, 한 사람이 (예를 들어 비밀들에 대한) 비밀취급 인가를 받았다 해도, 그 사람이 비밀로 분류된 어떤 또는 모든 자료에 대한 접근을 승인 받은 것은 아니다. 첩보에 대한 접근을 승인받고자 하는 사람들은 승인을 부여받기 전에 그들이 알 필요성이 있다는 것을 입증할 필요가 있다. 다시 말하면, 이는 필요로 하는 보고서에 대한 접근이 이루어진다면 추진 중인 정보 프로젝트나 작전 추진에 도움이 될 것이라는 일종의 정당화 절차이다.

9/11 이후의 보안 환경에서는 공유 필요성(need-to-share) 개념도 거론된다.

---

2) For a more detailed discussion of counterintelligence see Hank Prunckun, *Counterintelligence Theory and Practice* (Lanham, MD: Rowman & Littlefield, 2012).

공유 필요성은 "이 단편 첩보는 누가 알 필요가 있는가?" 또는 "나는 이 첩보를 누구와 공유해야 하는가?"라는 질문을 할 마음 자세와 연관된다. 국가 안보 영역에서 일하는 사람들의 일부는 알 필요성은 공유 필요성으로 대치되어야 한다고 주장한다. 그러나 이러한 주장은 알 필요성 원칙이 아직은 일정 역할을 가졌다는 점에서 지나치게 단순한 주장이라고 하겠다. 그렇다하더라도, 알 필요성이 공유 필요성 철학을 배제하는 것은 아니며, 만약 공유 필요성이 정책상 정확하고 분명하게 설명되어진다면 쉽게 수용할 수 있을 것이다.

분석관은 자신의 보고서가 기밀로 분류될 수준인가에 대한 문제뿐만 아니라 그 보고서가 똑같은 이슈나 관련된 이슈를 다루고 있을 수 있는 다른 분석관들, 지휘관들, 또는 다른 기관들에게 도움이 될 것인지 아닌지에 대해서도 고려해 볼 필요가 있을 것이다. 이러한 고려는 단순히 호기심을 갖는 사람들을 배제하는 한편, 정당한 접근은 막지 않기 위한 것이다.

알 필요성에 관한 역사적 사례의 한 예로서 수천 명의 지휘관들이 관련되었던 나치 점령 하의 유럽에 대한 1944년 6월 6일 디데이(D−Day)의 침공 계획 논의 기간을 생각해보자. 이 사례에서 침공 계획을 상세히 완전히 알고 있었던 지휘관들을 단지 소수에 불과했다. 대부분의 지휘관들은 자신들이 맡은 침공의 일부분을 수행하기 위해 알 필요가 있는 행동 명령에 대해서만 비밀을 공유하는 것이 허용되었다.

알 권리(right−to−know)는 알 필요성과 대조된다. 어떤 사람에게 첩보에 대한 접근을 허용하는 알 권리와 관련해서는 판례가 존재한다. 보통 이러한 판례는 성문법에 따라 구체화되지만 불문법 속에서도 발견될 수 있다. 더 나아가 알 권리는 정보법(information law)에서의 자유 문제, 또는 유사 법률에까지 확장될 수 있다. 분석관들은 자신들의 관할권과 연관된 법들 뿐 아니라, 그 법들이 자신이 작성하고 있는 보고서에 미칠 영향과 그러한 보고서가 의도치 않게 세상에 누출될 수 있기 때문에 그것이 배포되는 사람들에게 미칠 충격에 대해서도 잘 알아야만 한다. 그러한 누출이 일어난다면 출처들, 방법들, 또는 첩보들이 위험에 처할 수 있고, 이는 다시 작전들을 위험에 빠뜨리거나 사람들의 생명을 위태롭게 하는 상황으로 이어질 수 있는 것이다.

> "정보공동체와 이에 속하진 않으나 테러와 밀접하게 관련이 있는 기관들 사이에서, 9/11 이전의 정보 공유와 관련한 심각한 문제들이 지속적으로 지적되었다. 정보공동체에 속하지 않은 기관들에는 주 및 지방 당국 뿐 아니라 기타 연방 기관들도 포함된다. 이러한 소통과 협력의 부족은 정보공동체뿐만 아니라 다른 기관 및 당국들의 빈 라덴 (Bin Laden)과의 '전쟁'에 있어 가치가 있을 가능성이 있는 첩보들에 대한 접근을 가로막는 결과를 가져왔다."[1]
>
> 1) U.S. Congress, Senate and House Select Committees on Intelligence, *Joint Inquiry into Intelligence Community Activities before and after the Terrorist Attacks of September 11*, 2001 (Washington, DC: U.S. Government Printing Office, 2002), xvii.

민감 정보 관리

보안 이슈를 다룸에 있어, 검토되어야 할 세 영역이 있다. 그것은 (1) 인사 문제 (2) 물리적인 문제, 그리고 (3) 첩보 관련 문제이다. 예를 들면, 국방 산업의 경우에 기밀사항이 너무 빨리 드러나는 일이 없도록 하기 위해 오랜 동안 여러 기준들이 구축되어져 왔다. 구체적인 예로서, 호주 해군이 공격용 함대함 미사일을 위한 새로운 전자유도시스템을 개발하고자 한다면, 그러한 프로젝트는 수십 명의 계약자들, 수많은 군부대들, 여러 정치지도자들이 필연적으로 관여될 것이다.

만약 포괄적인 분류 계획과 지원 지침이 만들어지지 않은 상태라면 그 프로젝트와 연관된 수많은 세목들에 관한 복잡한 실행 계획을 짜는 것은 그야말로 악몽이 될 수 있다. 이를 위한 지침들은 미 국방부의 국가 산업 보안 프로그램 운영 매뉴얼(National Industrial Security Program Operating Manual)[3]과 비밀문서 표시 지침(A Guide to Marking Classified Documents)[4]과 같은 공개출처 문헌들 속에서 찾아볼 수 있다.

마찬가지로 법 집행과 규제의 맥락에서, 일련의 첩보 비밀 분류와 보안절차는 의무사항이다. 이러한 예로서는 이전의 호주의 범죄정보국(Australian Bureau of

---

3) U.S. Department of Defence, *DoD 5220.22-M: National Security Program Operating Manual* (Washington, DC: GPO, February 28, 2006).

4) U.S. Department of Defence, *DoD 5200.1-PH-1: A Guide to Marking Classified Documents* (Washington, DC: GPO, May 2000).

Criminal Intelligence)의 문서 보안(Document Security)[5]이란 제목의 지침서를 들 수 있겠다.

자료의 분류

착수 시 고려사항

자료를 분류함에 있어 여기 제시된 것들은 엄격하게 적용하기보다는 융통성 있게 적용할 수 있는 고려사항들을 정리한 것이다. 독자들, 특히 소규모 법 집행 기관들이나 민간 정보회사들에 근무하는 사람들은 아래 대책들의 이행에 앞서 많은 요소들을 고려해야만 한다. 보안 프로그램 구축(또는 업그레이드)에 영향을 미치는 중요한 문제들에는 재정적 제약과 더불어, 제안된 절차들이 일단 시행되면 그것들을 따르고자 하는 직원들의 의지 등이 포함되지만, 이에 국한되는 것은 아니다. 예를 들면, 신생 민간 정보회사가 최첨단의 침입자 감시 시스템을 구축하고자 하나 그 비용이 너무 커, 감시 시스템을 구축하는 경우에 그 회사가 파산 직전 상태에 빠진다면 이것은 별 의미가 없을 것이다. 마찬가지로 보안 절차들이 과도하게 복잡하거나 시간이 많이 소요된다면 직원들이 이 절차들을 우회하고 싶은 유혹을 느낄 수 있다.

여기에서 논의되는 보안 조치들은 만족할만한 방첩 실행을 위한 몇몇 주요 측면들로부터 추출한 것으로서 이들 조치들은 주어진 환경에 따라 모두 또는 부분적으로 적용될 수 있을 것이다. 중요한 것은 방첩의 원칙들이 준수되고, 실행된 보안 기준을 점검하기 위한 주기적 검토가 수행되어야 한다는 것이다. 방첩에 관한 보다 상세한 논의는 「방첩 이론과 실제」(Counterintelligence: Theory and Practice)[6]의 주제인 프런컨(Prunckun)의 조치를 참고한다.

위협 수준의 확인

보안 프로그램을 구축하고자 할 때, 위협 확인은 모든 정보부서의 첫 번째 단

---

5) Australian Bureau of Criminal Intelligence, *Document Security* (Canberra, Australia: Australian Bureau of Criminal Intelligence, 1987).
6) Hank Prunckun, *Counterintelligence Theory and Practice*.

계 조치이다. 또한 일단 보안 프로그램이 개발되면, 그 프로그램도 지속적인 위협의 대상으로 고려된다. 위협의 출처들은 아래와 같이 크게 3개로 나누어진다. 이 분류목록은 독자가 "사업" 수행 과정에서 정보 부서들이 직면할 수 있는 위협들의 위계질서를 식별할 수 있도록 작성된 것이다.

"위협 수준 II"로 분류될 수 있는 것에 대한 정보 수집을 좌절시키기 위해 취해진 조치들은 보다 하위에 해당하는 "위협 수준 III"의 차원에서 행해진 모든 정보 수집 시도를 막기에 충분할 것이지만, 반대로 "위협 수준 III"에 대한 조치들은 "위협 수준 II"에 대한 정보 수집 시도를 막기에는 불충분할 것이다. 이를 기억하는 것은 중요하다. 또한 정보부서들이 요구할 보안 조치의 범위와 깊이를 결정하기 앞서, 어디에 위협들이 있는지 결정하는 것이 중요하다. 더 나아가 정보부서들이 정의한 위협 수준은 운영의 역동성으로 인하여 때때로 변화할 수 있다. 따라서 변화하는 조건들에 반응하여 보안을 단계적으로 확장할 것인지 또는 완화할 것인지를 선택할 필요가 있을 것이다.

위협 수준 I　　외국 정부나 정보기관에 의한 감시나 자국의 국내 법 집행/정보 기관(들)에 의한 감시.

위협 수준 II　　지역/주의 법 집행이나 정보부서, 조직범죄 집단, 고용 스파이(spy-for-hire)를 고용한 외국 및 국내 기업 경쟁자, 분석부서에 관심을 가진 정당에 고용된 사립 탐정, 또는 기타 전문적인 진상 조사자(예를 들면 탐사 보도 기자)에 의한 감시.

위협 수준 III　　예컨대 피고용자, 사업 동업자/경쟁자, 또는 이익이나 복수를 목적으로 또 다른 관심을 가진 개인이나 집단에 의한 비전문적 감시.

첩보의 분류

기업과 민간 부문 정보

기업과 민간 부문에서 적대적 요원이 첩보를 획득하기 위해 벌일 수 있는 가능한 시도들을 저지하기 위해 부서 활동에 관한 첩보는 민감성의 정도에 따라 분류되어야 한다. 더 나아가, 이러한 분류는 첩보의 공개나 배포 시 지침으로 이용되어야 한다(이 장에서 법 집행, 군, 국가 안보 부문에서의 첩보 분류가 더 논의될 것이다). 이러한 맥락의 첩보의 의미는 당해 기관이 생산했거나 생산하고 있는 정보뿐만 아니라 누출로부터 보호되어야 할 지식도 포함하는 것이다. 이에는 아래와 같은 영역들이 포함된다:

- 계정 잔고들
- 컴퓨터 소스 코드
- 현재의 매출 관련 수치
- 소비자/고객 배포 목록
- 다른 정보부서들과의 협력 관계에 대한 세부 사항들
- 첩보 출처들
- 첩보, 기술, 그리고 소통 네트워크 구조들
- 법적 문서들/조언들
- 신규 정보 표적들과 연구 프로젝트들
- 운영 예산들
- 특허 첩보
- 구매자들의 신상 명세
- 인사 관련 문제들(직원들의 수, 지위, 봉급, 그리고 전문 지식)
- 정책 지시들
- 생산 비용들
- 보고 일시들과 시간표들(timelines)
- 연구 방법들
- 연구 계획들
- 연구 일정들
- 예상 매출(액)
- 전략 및 운영 계획

아래에 설명된 일반적 등급체계에서 첩보의 최하위 등급은 등급 Ⅳ이다. 등급 Ⅳ의 첩보는 일반적이고 제한받지 않는 성격을 가진 것들이다. 회사 안내서에서 볼 수 있는 첩보가 등급 Ⅳ의 좋은 예이다. 이러한 첩보는 일반적인 모든 질문들과 웹사이트의 포스팅에 적합한 것들이다.

다음 단계의 상위 등급은 등급 III으로서, 고객들의 요구가 있을 때만 그들이 이용 가능한 첩보들로 구성된다. 이러한 유형의 첩보는 적에게 누설된다면 정보부서에 어느 정도 "피해"를 줄 것으로 추정될 수 있는 첩보 그리고/또는 자료(material)라는 표현으로 가장 잘 묘사할 수 있다.

한 단계 더 상향된 첩보는 등급 II의 첩보이다. 이러한 첩보는 해당 부서의 가장 중요한 소비자들만이 이용할 수 있는 것이다. 등급 II로 분류된 첩보는 만약 부적절하게 누설된다면 정보부서에 "심각한 피해"를 야기할 것으로 추정될 수 있는 첩보 그리고/또는 자료(material)이다.

마지막으로 가장 민감한 첩보는 등급 I의 첩보로서 알 필요가 있는 직원들과 적절한 권한을 부여받은 정부 부처만 이용할 수 있어야 한다. 이 유형의 첩보는 만약 적에게 누설되는 경우, 정보부서에 "특별히 막대한 피해"를 야기할 것으로 추정된다. (기업의 경우, 이는 기업의 수익이 5% 또는 그 이상의 충격으로 피해를 볼 수 있다는 것을 의미하는 것일 수 있다.) 이 등급의 기록문서(documentation)에 접근할 권한을 부여받은 직원에게는 그 문서 내용에 대한 통제 확보를 위해 "관리연속성 기록"(chain of custody record)에 서명을 하도록 요구해야 한다. 또한 이러한 관리 연속성 기록은 그 문서가 더 이상 필요하지 않게 되었을 때 회수와 파기를 용이하게 해 준다.

특정 문서의 민감한 정도를 직원들이 알 수 있도록, 각 문서에 (빨간 잉크로 로마 숫자 I에서 IV까지) 등급을 표시함으로써 분류 등급을 확인할 수 있어야 한다. 문서에 등급을 표시할 때, 아마도 문서 전체가 특정 민감도 수준으로 분류될 필요가 없는 경우가 있을 수 있다는 것을 생각하고 있어야 한다. 최근의 연구 프로젝트에 근거해 작성된 보고서의 예를 생각해 보자. 이 보고서는 미래 방첩에 대한 인식 제고 캠페인을 위해 미디어를 이용하여 공중에게 공개하는 것이 이상적이라 생각되지만 (등급 IV), 한 페이지(또는 예닐곱 문단이라도)가 비밀 유지가 최선이라 생각되는 그 연구에 관한 기술적 데이터를 포함하고 있다면, 그 부분만 등급 II 도장을 찍고, 그 문서의 나머지 부분은 일반적인 등급 IV로 분류한다.

위와 같은 첩보 분류체계를 사용한다면 부적절한 누출이 덜 일어날 것이다. 또한 여러 문서들에 포함되어 있는 첩보는 시간이 흐름에 따라 구시대적이고 덜 민

과학적 정보분석론

감한 것이 되기 때문에, 그러한 경우, 첩보의 등급을 하향하는 재분류가 있을 수 있다.

> 민감한 첩보가 침해되었거나 또는 그냥 유실되어버린 경우에 아래의 지침은 있을 수 있는 피해를 최소화하는 데 도움이 될 것이다:
> • 해당 문서들/자료들의 관리 능력 회복을 시도한다.
> • 가능한 피해를 추정하기 위해 침해된 (또는 침해를 당한) 첩보를 평가하고, 그러한 피해의 효과를 최소화하기 위해 필요한 행동을 실행에 옮긴다.
> • 침해를 야기하였거나 허용된 보안 제도들의 약점을 규명하기 위해 조사하고, 재발 방지를 위해 제도들을 개선한다.
> • 책임을 가진 담당자(들)를 교육, 상담, 또는 훈육하기 위한 적절한 조치를 취한다.

정보부서가 분류 시스템 구축을 해 나갈 수 있는 정도는 그 부서의 규모와 위임에 의거해 주어진 전반적인 권한에 의해 결정된다(예를 들면, 정부와 군의 정보부서들은 법과 규정들에 의해 부과된 기준을 따를 것인 데 반해, 사적 부문의 정보부서들은 정책에 의해 관리될 것이다). 정보 종사자가 단 한 명뿐이거나 적은 연구회사인 경우, 큰 조직들에 비해 공식적인 제도의 필요성이 훨씬 적을 것이다.

비밀취급 인가

심사 대상자

거의 틀림없이 모든 기관들, 특히 정보기관들은 경쟁자나 적에게 가치 있는 일정 형태의 첩보를 가지고 있다. 이러한 첩보가 권한이 부여되지 않은 상태에서 또는 시기상조로 공개되어 버린다면, 이는 당해 기관의 작전들, 요원들, 심지어 국가의 안보까지도 위태롭게 할 수 있다.

그러한 누출을 줄이기 위해, 직원들은 비밀취급 인가(security clearance)를 위한 조사를 받는다. 이러한 유형의 조사는 대상자가 비밀들을 지킬 만큼 신뢰할 수 있는지를 파악하기 위해 그의 성격, 신뢰성, 충성도 등을 철저하게 조사하는 것이다. 이 논리는 하나 또는 그 이상의 영역에서 신뢰할 수 없다고 판단된 사람이 첩보를 보호하는 업무를 수행하는 경우에 위험을 초래할 수 있다는 데 근거한 것이다. 더 나아가 사람은 과거 및 현재의 활동들 중 명예를 더럽힐만한 일들을 폭로하겠다는 협박과 함께 첩보를 넘기도록 강요받을 수도 있다.

따라서 이 조사는 대상자들의 특성을 조사한다: 이 조사에서는 대상자들의 공적인 생활과 사적인 생활에서의 행동들을 모두 살펴보고, 그들의 정직성과 재정 상태를 검토하며, 범죄 연관 여부를 조사한다. 또한 이 조사는 극비리에 수행 중인 업무를 위험에 빠뜨릴 수 있는 여러 가능한 문제들 뿐 아니라 그들의 감정적·정신적 강도도 평가하고자 노력한다. 거의 모든 이러한 조사들에 있어, 기본적인 것은 경찰 기록과 신용도를 점검하는 것이다. 이에 더해, 대부분의 조사들은 비밀취급 인가 신청자의 행위 패턴과 도덕적 성향을 알 만한 사람들을 인터뷰한다.

나라마다 약간씩 다른 보안 분류체계를 가지고 있을 수 있으나, 일반적으로 국가의 보안 분류체계는 아래와 같은 범주로 나누어진다:

일반문서(unclassified)   보안 분류를 통한 보호가 필요 없는 문서들. 이러한 문서들에는 공개적 배포에 적합한 문서들과 "대외비(for official use only)" 문서들도 포함될 수 있다.

3급 비밀(Confidential)   이러한 첩보는 누설되면 국가 안보에 피해를 끼칠 것으로 추정될 수 있을 것이다.

2급 비밀(Secret)   이러한 첩보는 누설되면 국가 안보에 심각한 피해를 끼칠 것으로 추정될 수 있을 것이다.

1급 비밀(Top Secret)   이러한 첩보는 누설되면 국가 안보에 막대한 피해를 끼칠 것으로 추정될 수 있을 것이다.

[표 21.1]은 앞서 논의되었던 일반적 분류체계와 실제 국가 보안체계 간의 비교를 요약적으로 보여준다.

표 21.1	일반적 분류체계와의 비교
일반적 등급체계	국가 보안의 예
I	1급 비밀
II	2급 비밀
III	3급 비밀
IV	일반문서

과학적 정보분석론

무엇 때문에 비밀취급 인가가 필요한 것인가? 대부분의 경우, 비밀취급 인가는 첩보 보안 분류체계에 따른 접근 권한에 의거한다. 예를 들면, 분석관의 업무가 3급 비밀 첩보와 관련되어 있다면, 그는 3급 비밀 수준의 비밀취급 인가를 요구할 것이다. 만약 분석관의 업무 수행이 2급 비밀에 대한 접근을 필요로 한다면, 그는 2급 수준의 인가를 받아야만 할 것이다.

신청자에 대한 심사과정은 보통 신청자가 상세한 이력서(PHS: personal history statement)를 작성하고 신청하는 단계에서 시작한다. 이력서 검토는 비도덕적 사람의 채용을 방지하고자 하는 것일 뿐만 아니라 적국 요원의 침투 시도를 저지하고자 하는 것이다. 이력서에는 신청자의 이름, 현 주소, 생년월일 이외에, 다음과 같은 내용들을 포함시킬 수 있다:

- 결혼 이력
- 거주지 변동 이력
- 시민권 취득 연도(보통 2급 비밀취급 인가에는 시민권 취득 후 10년, 1급 비밀취급 인가에는 15년이 요구된다)
- 교육 이력
- 근무 경력
- 해외여행 이력
- 군 경력
- 범죄 이력
- 성격, 전문성, 신용조회 결과 뿐 아니라 단체 회원 같은 세부 사항

신청자의 이력서에서 배경을 검토할 때는 일관성이 결여되었거나, 모순되거나, 설명할 수 없는 기간(보통 3개월 이상)이 있는지 살펴본다. 신청자들이 이와 같은 초기 심사과정을 통과할 수 있었다 하더라도 일단 고용되면, 일반적으로 그들이 보안 위험인물로 의심되는 경우 해고할 수 있도록 만일의 사태에 대비하여 수습 기간을 설정한다. 유사하게 분석관들이 승진하거나 보다 민감한 연구 프로젝트(예를 들면 1급 비밀)를 부과 받게 되면, 그들이 고용된 이후 지금까지의 기간 동안에 대해 또 다른 심사 절차를 거칠 수 있다. 이는 분석관으로 취업된 이후의 활동들

중에 그들이 다룰 첩보의 비밀 유지를 위험에 빠뜨릴 수 있는 요인들은 없는지 확인하기 위한 것이다.

민감 첩보를 보호할 또 다른 수단은 비공개 또는 비밀 합의서(secret agreement)를 작성하는 것이다. 이들 합의서는 분석관들에게 맡겨진 정보에 대한 보호의 중요성을 강조함으로써, 그들이 비밀 유지에 대해 심리적 부담감을 갖도록 하려는 것이다. 이들 합의서는 법적 효과가 있는 계약들로서, 분석관들이 위반하는 경우 법정에서 증거로 제출될 수 있다. 이러한 비공개 합의서들은 자료 입력 직원들, 컴퓨터 프로그래머 등과 같은 연구 지원을 위한 임시 직원들에 대해서도 이용된다.

> "심사자는 자신의 중대한 책임을 충분히 인식하고 있어야 한다. 그는 한편으로는 가장 소중한 상품(한 사람의 경력)을 다루고 있는 것이며, 다른 한편으로는 미국 정부의 이익을 위해 일하고 있는 것이다. 따라서 그는 어느 한 편에도 피해를 주지 않도록 심사해야 한다."[2]
>
> 2) Harry J. Murphy, Office of Security, Central Intelligence Agency, Where's *What: Sources of Information for Federal Investigators* (New York: Quadrangle/ The New York Times Book Co., 1975), preface.

정보 자료의 저장, 보호, 폐기

문서 저장

적국 요원의 침투를 저지하기 위한 정보부서의 방어 제1선은 그 부서의 외부 차단막ー벽, 문, 창문ー들이다. 방어 제2선은 기밀문서들이 들어있는 "용기들(containers)"로서, 예를 들면 컴퓨터 서버들, 데스크톱 워크스테이션들, 파일 캐비닛들/보관용 선반들이다. 정보부서는 적국 요원의 표적이 될 수 있는 모든 문서들과 기록들을 파악하고, 무단으로 훔쳐갈 위험을 최소화하기 위해 용기들 속에 있는 그것들을 안전하게 보관하는 것이 필수적인 일이다. 용기들이 보관하고 있는 문서들을 절도하는 것과 들키지 않고 첩보들을 절도하는 것 모두 우려스러운 일이다. 또한 민감한 자료들의 보관을 위한 용기들에 대한 공격 위험을 더욱 줄이기 위해서, 정보부서는 그 용기들 안에 현금, 증권, 보석, 귀금속 등과 같은 귀중품을 같이 보관해서는 안 된다.

민감한 문서들을 필름 또는 디지털 카메라로 몰래 사진 복사하는 것이 적국의 정보 요원이 정보부서에 들키지 않고 첩보를 획득할 수 있는 가장 있음직한 두 가지 방법이다. 또 하나의 방법은, 어렵긴 하지만 들키지 않고 문서(들)를 부관부서의 사무실로부터 빼내 와서 복사하고 다시 원래의 용기 안에 갖다 놓는 것이다. 이러한 경우에 대비하여, 약한 보안 고리의 강화 차원에서 사무실 복사기에 비밀번호들(access codes)을 설치해야 한다.

두 가지 모든 경우에 대비하기 위해, 정보부서는 문서 보관 용기들에 믿을만한 안정장치를 해 두어야 한다. 맹꽁이자물쇠가 있는 파일 캐비닛 같은 금속 용기들은 꽤 높은 수준의 보안이 이루어지고 있다고 하겠다; 하지만 비밀번호 자물쇠를 사용하는 금고나 캐비닛이 훨씬 더 높은 수준으로 문서들이나 첩보에 대한 보안이 이루어진다.

저장 문서의 보안은 컴퓨터 디스크나 휴대용 USB 드라이브, (외부 백업 저장장치를 포함한) 테이프 백업들에도 똑같이 적용된다. 정보부서의 문서 보관 용기들에 대한 접근 통제는 앞서 살펴보았던 지침들을 따라야 한다.

문서 재생산

1급, 2급, 3급 비밀(또는 민간 정보기관의 경우 1, 2, 3 등급)로 분류된 문서들의 복사본들에는 때때로 원 자료들의 분류와 똑같은 표시가 된다. 필요를 충족시키기에 충분한 정도로만 복사를 하고, 모든 복사본들은 그 사용 목적들을 달성하는(예를 들면 정책결정위원회에서의 브리핑이 끝나는) 즉시 파기한다. 또한 민감한 문서들을 사진 복사한 경우, 복제 후 원 자료(들)를 수거하는 일을 잊어서는 안 된다.

사용 중인 문서 보안

기밀문서들을 보안 용기에 보관하지 않는 경우, 문서를 사용 중인 분석관은 보통 아래 사항들을 따라야 한다:

- 항상 문서에 대한 시각적 감시가 가능한 상태를 유지한다.
- 항상 문서들을 보관 용기에 담아두고, 비인가자가 있을 때는 그것을 덮어두거나 뒤집어 놓는다.

- 문서들을 사용한 후에는 지정된 보관 용기에 반환한다.

계획들, 그래프들, 차트들, 또는 기타 시각 자료들의 경우에는 이들 자료에 코드명이나 코드 번호가 붙여져야 하며, 또한 비인가자가 그 프로젝트를 알아차릴 수 있는 어떠한 명칭도 공개적으로 드러나서는 안 된다.

문서 폐기

정보부서의 휴지통은 적국 요원이 쉽게 접근할 수 있는 첩보 출처이다. 예를 들어, 기업이나 전문적인 컨설팅 회사에서 생산한 80퍼센트 또는 그 이상의 서류들이 대체적으로 그 안에 기밀첩보를 포함하고 있다고 가정하는 것은 비합리적 생각이 아니다. 국가 안보 정보국이니 군 정보부서에서는 서의 모든 서류들에 비밀첩보들이 담겨있을 가능성이 매우 크다. 이 자료들은 단편적인 첩보들(peaces of information)을 포함하고 있어, 만약 경쟁자나 적대적인 반대세력이 그것들을 획득한다면 큰 곤경에 빠질 수 있다. 폐기된 문서들에 대한 첩보 수집 기법은 "쓰레기통 뒤지기(dumpster diving)"라는 은어로 알려져 있으며, 이 방법은 폐기물 처리 차가 오기 전에 단순히 당일 하루에 버려진 서류들을 수집하는 것이다.

쉽게 간과되는 첩보 누출의 출처는 복사기이다. 잉크 등으로 얼룩이 졌거나 더 복사한 복사본들을 휴지통에 무차별적으로 버려서는 안 된다. 모든 정보부서의 중요한 장비 중의 하나는 문서파쇄기이다. 이것은 이제 너무 일반화되어서 일반 소매상점들도 표준 품목으로 진열하고 있다. 규모가 큰 부서들에 있어 하나의 대안은 대량의 문서 파기 업체를 이용하는 것이다. 이러한 회사들은 보통 전화번호부에 나열되어 있다.

> 대외비(For Official Use Only) − 표현이 보안 분류체계에서 나타나긴 하지만, 비밀에 해당하지 않는다. 이 표현은 사용자들에게 단순히 민감한 자료이기 때문에 개인정보보호법 하에서 보호된다는 사실에 대해 경각심을 주기 위한 것이다.

때때로 간과되는 또 하나의 정보 누출 출처는 필기장에 남겨진 필기 자국들이다. 이러한 누출을 막기 위해, 메모장이나 필기장에 필기 자국들이 남겨지지 않도록 무엇인가를 쓸 때에는 항상 얇은 아크릴, 플라스틱, 또는 알루미늄 책받침을 현재 쓰고 있는 종이 밑에 받치고 써야 한다. 속기 노트들, 작업진행표들(worksheets), 접착식 메모지들, 그리고 기타 유사 항목들은 그냥 없앤다는 정도가 아니라 반드시 파기 처분해야 한다. 이들 출처로부터 만들어진 읽을 수 있을 정도로 복제된 것들을 적국 요원이 획득하게 된다면, 그것은 그의 손에 원본이 있는 것만큼이나 위험한 일이라는 것은 말할 필요도 없다. 받아쓰기를 위해 테이프나 디지털로 녹음된 내용은 글로 옮겨 쓴 후에 삭제되어야 한다.

컴퓨터 워크스테이션

데스크톱 컴퓨터들은 특별한 보안 문제들을 가지고 있다. 주요 위험들은 비인가된 하드웨어 및 소프트웨어의 접근과 소프트웨어 사보타주(software sabotage)[7]로부터 발생한다. 최선의 대응 조치들은 대체로 컴퓨터의 물리적 보안과 그 운용에 있어서의 개인 보안 및 소프트웨어 관리를 견고하게 하는 것들이다. 컴퓨터 소프트웨어와 자료 보호를 위한 대응조치들은 다음과 같은 것들을 포함한다:

1. 시스템의 정당한 사용자임을 증명하는 암호를 사용한다. 암호는 추측이 불가능해야 하므로 작업 환경, 업무, 또는 수행 중인 프로젝트에 공통적이거나 친숙한 이름들은 피하는 것이 상책이다. 또한 사용자에게 의미 있는 이름들, 예를 들면 배우자나 자식, 또는 애완동물의 이름 등은 피해야 한다. 매우 높은 수준의 보안을 위해서는 문자와 숫자/기호들의 조합으로 구성된 암호들이 이상적이다. 사용자의 접근을 통제하는 소프트웨어 보안 프로그램을 사용 시 로그인할 때 암호가 화면에 드러나지 않도록, 그리고 출력된 모든 인쇄물들에 나타나지 않도록 한다. 사용자는 암호를 기억하고 있어야만 한다; 컴퓨터 단말기나 워크스테이션들, 게시판에 암호들을 부착해 놓아서는 안 된다. 무엇보다도 사용자들은 적합한 인가를 받지 않은 누구에게도 시스템의 암호를 말해서는 안 된다. 시스템의 암호는 보안의 변경을 예측하려는 모든 시도를

---

7) 컴퓨터의 기능을 방해하거나, 컴퓨터의 자료를 파괴하기 위한 행위로서 논리적 가해행위는 컴퓨터 장치의 유형물에 직접적인 공격을 가하는 물리적인 가해 행위와 달리 컴퓨터의 자료에 접근을 방해할 수 있는 가해행위를 지칭하는 것으로 프로그램의 파괴와 자료접근의 방해를 그 예로 들 수 있다(역자 주). 최영호, "컴퓨터 범죄(1) – 서문 – 서론" https://m.blog.naver.com/PostView.nhn?blogId=choe0ho&logNo=140056038909&proxyReferer=https%3A%2F%2Fwww.google.co.kr%2F (검색일: 2018. 10. 10).

저지하기 위해 정기적이 아닌 비정기적인 임의적 방식으로 변경해야 한다.

2. 각기 별도의 드라이브들에 다양한 등급의 첩보들을 따로 저장하고, 첩보 분류에 관한 절에서 설명하였듯이, 민감도(즉 일반문서, 대외비, 3급, 2급, 1급 비밀 또는 일반적인 등급 I, II, III, IV)에 따라 각각의 드라이브에 라벨을 부착한다.

3. 컴퓨터에 설치된 하드 디스크들은 쉽게 옮길 수 없기 때문에 안전한 저장을 위해 그러한 하드 디스크에 민감한 정보를 우선적으로 저장하는 것을 피해야 한다. 이동식/휴대용 하드 디스크가 훨씬 높은 수준의 보안을 제공한다. 1급 비밀(등급 I) 첩보와 관련된 프로젝트 작업을 위해 컴퓨터에 설치된 하드 드라이브가 반드시 이용되어야 한다면, 대안은 휴대용 또는 USB 드라이브들에 자료를 저장하는 것이다.

4. 안전한 보관 용기들에 모든 디스크들(자료 디스크들이나 플래시 드라이브들, 마스터 프로그램 디스크들, 백업 프로그램 디스크들 등)을 보관한다.

5. 업무 관련 첩보를 포함하고 있는 손상되거나 결함이 있는 드라이브들을 제조업자나 소매업자에게 반품하려 하는 경우, 그에 앞서 그 드라이브들을 소자(degaussing)한다.

6. 더 낮은 등급으로 분류된 첩보나 자료들을 위해 드라이브들을 사용하려 하는 경우, 그 드라이브들에 겹쳐 쓴다(overwrite).

7. 문서 파기에 관한 절에서 말했듯이 출력한 인쇄물들을 파기한다.

8. 휴대용 및 USB 드라이브들을 물리적으로 파기한다.

9. 가동되지 않고 있는 단말기들은 끈다.

컴퓨터 하드웨어를 보호하기 위한 대응조치들은 다음을 포함한다:

1. 컴퓨터 본체 바닥 부분을 워크스테이션에 볼트로 고착시킨다.

2. 기술요원들이 없는 서버실(server room)은 항상 잠가둔다.

3. 컴퓨터 스크린을 창문이나 출입구, 또는 유리 칸막이를 통해 보이지 않도록 배치한다.

4. 시스템의 점검이나 변경이 필요한 경우, 신뢰할 수 있고 우수한 기술 요원에게 맡긴다.

5. 컴퓨터 시스템 오류나 도청장치 방지를 위한 대응조치로서 시간 나는 대로

부정기적으로 컴퓨터 내부를 청소한다.

6. 정보 누출 우려가 있는 전자기 방사(electromagnetic)를 예방하고, 불법적 도청을 저지하기 위해 서버실에서 나가는 케이블들에 금속관을 씌워 보호한다.

7. 오랜 된 하드 드라이브들을 폐기할 때, 하드 드라이브 전체에 "0"들을 덮어씌우는 상업용 디스크 삭제 소프트웨어 패키지(disk cleaning software package)를 사용한다. 이 방법은 디스크를 앞으로도 계속 사용할 수 있지만 민감한 자료의 복구를 불가능하게 한다. 디스크를 파괴하는 것이 목표라면, 삭제 소프트웨어를 이용해 자료를 복구 불가능하게 삭제한 다음, 드릴로 하드 드라이브 내 원형 디스크를 관통하는 4개의 구멍을 뚫는다.

소프트웨어 사보타주(software sabotage)를 방지하기 위한 대응조치들은 다음을 포함한다.

1. 공인되고 평판이 좋은 소프트웨어 제조업자나 주문 제작 개발자로부터 구입한 상업용 소프트웨어만 사용한다.

2. 소프트웨어 제조업자/디자이너의 원본을 사용하여 프로그램을 로딩(loading)하거나 개발자의 웹사이트에서 직접 다운로드한다.

3. 비상업용 소프트웨어로부터의 컴퓨터 바이러스 감염 가능성을 줄이기 위해 "승인된 프로그램 목록"에 있는 프로그램들만을 사용한다.

   만약 비상업용 프로그램, 예를 들면 공용 프로그램, 셰어웨어, 프리웨어, 인터넷에서 다운로드 받은 프로그램 등을 꼭 써야 한다면, 위에서 언급한 사보타주의 존재 가능성에 대비하여 먼저 그러한 소프트웨어를 철저히 점검하고 테스트해야 한다.

   바이러스 등에 대비하여 새로운 비상업용 소프트웨어 제품을 검사해보기 전에, 해당 프로그램이 어떤 형태로든 오염되어 있다면, 그로부터 하드 디스크가 감염되는 것을 피하기 위해 컴퓨터 시스템의 하드 디스크에 대한 그 프로그램의 접근을 일시적으로 차단해야 한다.

   일단 새로운 비상업용 소프트웨어가 엄격한 심사과정을 통과하고 난 후에야 시스템 사용자들은 프로그램의 승인된(검증된) 사본을 공급받아야 한다.

4. 사부타주 행위자로부터 공격당한 경우에 시스템의 프로그램들과 자료의 빠

르고 완전한 복구가 용이하도록 백업과 복구 절차들을 이행하고 업그레이드한다.

마지막으로 정보부서가 컴퓨터 워크스테이션들과 IT 시스템들을 보호하기 위해 채택한 보안조치들은 조직 밖의 누구와도 논의되어서는 안 된다. 염탐 및 사보타주와 싸우기 위한 조치들이 시행되고 있다는 것은 인정하는 것은 허용될 수 있다. 그러나 특정 기법들이나 절차들을 확인해주면 절대 안 된다.

최종적 고려사항

기밀 첩보는 항상 한계 수명을 가진 것으로 간주되어야 한다. 아무리 잘 설계된 보안 계획이나 가장 정교한 대응조치 장비를 장착하였다 하더라도 보호되고 있는 첩보는 궁극적으로는 다른 사람들에게 알려지게 될 것이라는 점을 인식하고 있어야 한다. 미국의 핵 전투력은 그것이 1급 비밀로 분류되기 바로 전날인 1945년 8월 6일에 전 세계에 알려졌다.

확실하게 비밀들을 유지하는 최선의 방법은 그것들을 머릿속에 기억하고 아무와도 그에 대해 이야기하지 않는 것이다. 그러나 그러한 행동은 어떤 업무 환경에서는 매우 비현실적인 대응조치이다. 하지만 여기에서 요점은 어떤 특정 비밀을 아는 사람이 많을수록, 그리고 그것에 관해 기록했거나 녹음한 것이 많을수록, (의도했건 우연이건 간에) 그 비밀이 인가되지 않은 사람들에게 너무 이르게 알려질 가능성이 더욱 커진다는 것이다.

이러한 사례로는 초기 미국의 원자폭탄 연구를 들 수 있다; 소련은 스파이 활동을 통해 1급 비밀 프로젝트인 이 연구를 꿰뚫어보고 세계가 원자폭탄의 존재를 알기 전에 그 첩보를 미리 획득할 수 있었다. 여기에서 두 번째 요점은 일단 첩보원들이 어떤 사람이 비밀을 가지고 있다는 것을 알거나 의심이라도 하게 되면, 그들은 이미 그들 업무의 반을 수행한 것이나 마찬가지라는 것이다; 그들이 취할 다음 단계는 그 비밀을 획득할 방법을 생각해내는 것이다. 모든 군부대, 국가안보기관, 기업의 정보부서들이 고려해야 할 질문은 바로 "이 첩보의 비밀 유지가 얼마나 오랫동안 갈 것인가?"하는 것이다.

과학적 정보분석론

중요 용어

이 장과 관련된 중요 용어는 아래와 같다. 각 용어에 대한 간단한 정의나 설명을 한두 문장으로 써봄으로써 자신의 이해도를 점검한다.

o 분류
o 침해된 첩보(compromised information)
o 3급 비밀
o 방첩
o 대응조치
o 문서의 민감도
o 첩보 보안
o 알 필요
o 공유할 필요
o 대외비
o 이력서
o 시기상조의 누설(premature disclosure)
o 알 권리
o 비밀취급 인가(security clearance)
o 1급 비밀
o 2급 비밀
o 일반문서

학습 문제

1. 보안 분류를 시행해야 할 정도로 민감하다고 여겨질 수 있는 첩보의 유형들을 최소한 6개 말해본다.
2. 여러 차원의 보안 분류를 열거하고 그들 사이의 차이점을 말한다.

3. 자신이 근무하는 기관이 우려할 수 있는 4가지 다른 범주의 적대적 요원들을 브레인스토밍 한다.

4. 알 필요, 알 권리, 공유할 필요 간의 차이는 무엇인가? 각각의 예를 들어본다.

학습 활동

시기상조의 누출은 무슨 의미인가? 모든 분류된 문서들은 언젠가 비밀 해제될 것이라는 의미인가? 자신의 관할권과 연관된 법들이 다른 유형들의 정보 문서들에도 적용될 것이므로 그러한 법들을 연구한다. 어떤 첩보들이 (결코 공개되지 않을) 영구적인 분류 대상이고, 어떤 첩보들이 언젠가 공중에게 공개될 한시적인 분류 대상인지 생각해 본다.

22장 정보 연구윤리

이 장은 정보 연구윤리의 주제 하에 은밀히 자료를 수집함에 있어 책무성 (accountability)과 감독(control)의 개념을 소개한다. 또한 이 장에서는 사회과학적 조사방법(social research)이 적용된 연구 결과들의 제시와 연관된 윤리적 문제들, 그리고 사회과학 분야의 탐구 영역에 있어서의 윤리와 비밀정보 연구의 차이점을 비교, 검토한다.

서 론

도덕, 정치화, "지침(guideposts)", 원칙, 규약(codes), 신조(creeds), 가치에 관한 논의는 정보 분석관이 기대하는 읽을거리는 아니다. 실로 이와 같은 일련의 윤리 관련 이슈들은 분석관 직업에 필요한 지식이나 기법과 관련하여 가장 상관없어 보일 것이다. 그러나 정보 전문가들도 스파이 활동이라는 비윤리적 업무로 치부되는 활동에 종사하는 동시에 윤리적으로 행동해야 한다는 딜레마에 직면한다.

> 정책결정은, 특히 매력이 없거나 불쾌한 선택지들 사이에서 선택해야 할 때, 쉬운 일이 아니다. 하지만 정보 업무에서는 그러한 상황이 자주 일어날 수 있다.

배 경

대체로, 정보 분석관들은 역사학, 사회학, 범죄학, 인류학, 심리학, 정치학, 군사과학뿐만 아니라 도서관학과 같은 전문 분야들의 학문적 배경을 가진 사람들로 충원된다.[1] 그들은 전공분야의 자격증을 획득하는 동안, 윤리적이어야 한다는 철

---

1) Dr. Edna Reid, Federal Bureau of Investigation, Washington, DC, personal communication, June 7, 2011.

학관 – 예를 들면, 그들이 연구하는 사람들의 정신적, 감정적, 물리적 안녕(well –being)을 위한 책임감을 가져야한다는 철학관 – 을 배워왔을 가능성이 크다.[2]

따라서 분석관들은 많은 의문들을 가질 수 있고, 이러한 의문들은 연구 윤리와 실천 윤리 모두에 관한 것들이다:

- 정보 분석관들은 외부의 사회과학 및 행태과학을 연구하는 동료들과 똑같은 윤리 지침을 따라야만 하는가?
- 만약 그렇다면, 분석관들은 연구 대상자들의 안녕이 그들의 우선적 고려사항에서 빠져있을 뿐 아니라 연구 방법론 어디에도 그러한 특성의 일부도 기대하기 어려운 비밀정보 연구를 수행하도록 요구받고 있는 상황에서, 그러한 비밀정보 연구를 일반적인 연구 윤리와 어떻게 조화시킬 수 있을 것인가?
- 유사한 질문으로, 분석관들은 어떤 공적인 판단을 하고자 할 때 자신의 개인적 의견들을 어떻게 억제하는가?
- 분석관들은 정보 보고서에 자기 자신의 신념들을 주입하지 않도록 어떻게 경계해야 하는가?
- 분석관들은 그들의 분석 보고서가 정책결정자들의 선택지들에 대한 조언을 제공하긴 하지만, 전문 분석관으로서 어떻게 정책결정자들과 거리를 유지하면서 그들에게 영향력을 미치지 않도록 해야 하는가?

이러한 윤리적 이슈의 다른 한 쪽 끝에는 이라크에 대한 정보 판단들에서 예시되는 바와 같은 질문들이 있다. 분석관들은 2003년 이라크 침공 이전에 이라크 내부의 알기 어려운 모호한 상황을 한정어구들(qualifiers)을 활용하여 분석한 정보 보고서들을 작성하였다. 그러나 호주의 국가전략평가청(Office of National Assessments) 정보 분석관인 앤드류 윌키(Andrew Wilkie)는 이 보고서들이 대량살상무기 이슈를 다룸에 있어 모호한 부분을 배제한 채 대중들에게 명백해 보이는 것들만을 제시함으로써 분석 결과들을 왜곡하였다고 주장하였다.[3][4] 이것은 마땅히 해야 할 "옳

---

2) Gennaro F. Vito, Julie Kunselman, and Richard Tewksbury, *Introduction to Criminal Justice Research Methods: An Applied Approach*, second edition (Springfield, IL: Charles C Thomas, 2008), 45–60.

3) Veteran Intelligence Professionals for Sanity and Andrew Wilkie, "Memorandum: One Person

과학적 정보분석론

은” 일이었는가? 분석관은 이러한 유형의 문제를 어떻게 다루는가?

윤리적 딜레마

위와 같은 딜레마의 폭과 범위를 이해한다면, 제시될 질문은 바로 “정보 전문 가들이 따라야 할 지침은 무엇인가?”이다. 이에 대한 명쾌한 답은 없기 때문에 이 러한 이슈들을 다루는 최선의 방법은 이들 딜레마에 대해 폭넓게 읽고 동료들과, 그리고 더 나아가 직원들과의 회합에서도 이들 이슈를 제기하고 토론해 보는 것 이다.

이를 위해 분석관이 정보공동체 내에서의 윤리의 문제를 다음과 같은 가장 일 반적인 맥락에서부터 검토하는 것은 좋은 출발점이 될 것이다: “진리”가 목표지만, 가끔 기만, 비밀, 그리고 도덕적으로 문제가 있는 타협들이 필수적이다”5) 정보관 이 기만을 하거나 또는 가령, 범죄자들에게 정보원이 되라고 강요하거나 어떤 사람 들에게 그들의 조국을 배반하라고 강요하는 행동들은 엄청난 효과를 발휘할 수 있 다. “옳은 것”이 무엇인가를 결정해야만 한다는 것은 취해진 행동들로 인해 현실 세계에 나타난 귀결들(consequences)로 고통 받을 수 있을 뿐만 아니라, 스스로 자 초한 심리적 피해로도 이어질 수 있다(윌키가 위험을 무릅쓰고 이라크 전쟁과 대량살상 무기에 대해 내부 고발을 함에 따라 하는 겪게 되었던 것을 생각해 보자).

정보 수집 및 분석과 관련하여, 1992년 3월 당시 CIA국장 로버트 게이츠 (Robert Gates)는 CIA 강당에서 했던 ‘기밀로 분류된’ 한 연설에서 정치화가 어떻 게 여러 가지 방법으로 — 고의로 왜곡한 분석과 판단에서부터 정책결정자들의 선입견을 떠받쳐주는 정보 보고서를 작성하도록 강요함으로써 선호되는 사고 방 향에 맞도록 하는 데 이르기까지 — 나타나는지를 예시하였다. 게이츠는 운영자 측이 “특정 노선의 분석과 실질적 관점들에 한정하고 이를 추동하기 위해,”6) 또 는 보고서나 보고서 생산 과정의 논조와 강조점을 변화시키기 위해, 또는 보고서

Can Make a Difference,” in *The Ethics of Spying*, ed. Jan Goldman (Lanham, MD: Scarecrow Press, 2006), 188.

4) Andrew Wilkie, Axis of Deceit (Melbourne, Australia: Pan Macmillan Australia, 2004).

5) Jan Goldman, ed., *The Ethics of Spying* (Lanham, MD: Scarecrow Press, 2006), x.

6) Robert M. Gates, “Guarding against Politicization: A Message to Analysts,” in *The Ethics of Spying*, ed. Jan Goldman (Lanham, MD: Scarecrow Press, 2006), 172.

내 대안적 관점들을 제한하기 위해 어떻게 압력을 가할 수 있는가에 대한 문제들에 주목하였다.

게이츠가 지적했던 점들은 대량살상무기에 관한 미국 정보역량 위원회(Commission on the Intelligence Capabilities of the United States Regarding Weapon of Mass Destruction)의 미국 대통령 보고(Report to the President of the United States)에서 다시 반복되었을 때 새삼 주목을 받았다.[7] 이 보고서는 백악관 인사들 및 고위 공무원들에게 행한 주요 정보 브리핑들이 왜곡되었다고 지적하였다. 이 보고서에 따르면, 이들 정보 보고서들은 "관심을 끌기 위한 제목들과 함께, 심하게 내용이 반복되는 경향을 보였는데, 이는 실제로는 거의 출처가 없으면서 많은 보강 보고서들이 있는 듯한 인상을 주었다. 그리고 또 다른 예로서, 무기 프로그램이 있다는 정보가 고위 정책결정자들에게 전달되었는데, 그 후 그 정보의 타당성에 의문을 제기한 첩보는 전달되지 않았다. 일일 보고서들은, 그것이 민감하건 아니건 간에 어느 정도는, 정보 소비자들에게, 또는 최소한 제1의 소비자(the First Customer)가 관심을 갖도록 정보를 '팔고 있다'고 말할 수 있다."[8] 게이츠의 통찰력이 이 위원회의 조사 결과보다 13년이나 앞서있다는 것은 흥미로운 일이다 – 이것은 간단한 조직 기억들(corporate memories)이 어떻게 "학습된 교훈(lessens learned)"이 될 수 있는가를 보여주는 것이라 하겠다.

넬슨 블랙스톡(Nelson Blackstock)의 저서 『코인텔프로: FBI의 정치적 자유와의 비밀전쟁』(Cointelpro: The FBI's Secret War on Political Freedom)은 1960년대와 70년대 미국의 국내 정보활동들이 정치집단들을 파괴하기 위하여 어떻게 이용되었는가에 대한 한 예를 보여주고 있다.[9] 이 방첩 프로그램은 약 15년간 운영되다가 1971년 4월 공식적으로 종료되었다. 이 프로그램의 일차적 목표는 국가안보라는 미명 하에 정당한 정치 활동을 끊임없이 괴롭히고 파괴시키는 것이었다(예를 들면 공산주의자들, 신좌파, 큐 클럭스 클랜: Ku Klux Klan).

---

7) Commission on the Intelligence Capabilities of the United States Regarding Weapons of Mass Destruction, *Report to the President of the United States* (Washington, DC: U.S. Independent Agencies and Commissions, March 31, 2005).

8) Commission on the Intelligence Capabilities of the United States Regarding Weapons of Mass Destruction, Report to the President of the United States, 14.

9) Nelson Blackstock, *Cointelpro: The FBI's Secret War on Political Freedom* (New York: Vintage Books, 1976).

이 집단들이 주장해 온 받아들이기 어려운 정치 철학에 대한 이야기와는 별도로, 블랙스톡은 이 방첩 활동들에 참여했던 미국 정부의 몇몇 기관들이 정보를 체계적으로 오용했다는 똑같이 믿지 않는 이야기를 들려주고 있다. 코인텔프로는 하나의 사례 연구로서, 정보학도들에게 윤리적 논의의 발판을 제공해 준다.

보다 최근의 사건으로 논의될 수 있는 것들은 브래들리 매닝(Bradley Manning) 일등병과 에드워드 스노든(Edward Snowden)의 사건이다. 브래들리 매닝은 2013년 6월 기밀 정보 누설죄로 군법회의에서 유죄 판결을 받았고, 스노든은 이 책을 집필 중인 현재, 미국의 비밀 전자감시 프로그램인 프리즘(PRISM)에 관한 첩보를 누설한 혐의에 직면해 있다. 이 두 명의 분석관들은 모두 "내부 고발자들"이라고 주장하였지만, 매닝은 간첩죄(그리고 다른 관련 범죄들)로 기소되었고, 스노든의 경우에는 그의 진술에 대한 변호에도 불구하고 내부고발이라는 자기주장을 명백하게 뒷받침하지 못하였다.

이들은 자신들이 진심으로 국익을 생각했다고 주장하였지만, 이들에게 이러한 질문을 던질 수 있다: 그러한 인지된 불법들을 (이른바 스노든 사건에서) 계속 폭로하는 방법들이 그러한 불법을 바로잡을 적당한 방법이었는가? 변화를 가져오기 위해 시민사회 통치 방식의 근간이 되는 법적 틀과 법의 지배 하에서 할 수 있는 방법은 없었는가? 그들은 그들이 경감시키고자 했던 것보다 더 큰 피해를 야기하지는 않았는가? 이러한 질문들과 이해 상충적인 다른 측면들 간의 관계에 관한 심층적 연구가 필요하다.

정보 배포 관련 이슈들

정보 연구 프로젝트의 궁극적 목표는 배포이다. 그런데, 분석관들이 그들의 연구결과들을 가지고 하고자 의도하는 것은 무엇인가? 분석관들이 이에 대해 이미 논의했겠지만 다시 한 번 명확히 할 필요가 있다. 분석 결과물들은 학술잡지에 출판하기 위한 것인가, 정부의 정책 결정자들에게 회람시키기 위한 것인가, 아니면 작전 지휘자들을 위한 기밀 보고서인가? 분석관은 자신의 보고서 결론 부분으로 어떤 개입 전략을 제시할 것인가?

국가는 자신의 목적을 망각하고 국가가 애써 보호하고자 하는 민주적 원칙을 위태롭게 할 수 있다. 외교정책 정보와 관련하여서도 똑같은 이슈가 강조되어 왔다. 예를 들면, 컬럼비아 대학교 교수였던 로저 힐스만(Roger Hilsman)은 간단하게 이를 설파하였다: "마지막에 남는 것은 도덕적 · 윤리적인 근본적 질문으로서, 우리가 사용한 수단이 마치 우리가 정복당했을 때처럼 우리 사회의 성격을 근본적으로 변화시키기 위해 궁극적으로 우리의 가치들을 손상시킬 것인가?"[10]

또 하나의 주요 영역은 현장요원들이 수행하는 정보활동인 비밀공작의 영역이다. 최근 수년간 많이 출간된 필요 이상으로 반(反) 정보적인 문헌들은 피하고 의미 있는 토론을 자극할 수 있는 문헌들에 초점을 맞추는 것이 중요하다. 제임스배리(James Barry)의 논문 "비밀공작의 관리: 정의의 전쟁 이론으로부터의 지침"은 이러한 측면에서 탁월하다.[11]

배리는 "정의의 전쟁" 지침들에 기초하여 행동 지침(framework)을 구축하는 깃이 여러 다른 상황들 속에서 다양한 형태의 강제 및 폭력과 연관된 활동들뿐만 아니라 준군사 활동들을 개시함에 있어서도 신뢰할만한 토대가 될 수 있을 것이라고 주장한다. 이러한 접근법을 사용하면 비밀공작을 둘러싼 논쟁이 저절로 사라질 것이라는 생각이 비현실적이라는 것은 말할 필요도 없지만, 그렇다 하더라도, 정의의 전쟁 이론은 정부가 "옳고" "그름"에 관한 이슈에 대해 관심을 가지고 있다는 사실을 전파하고, 더 나아가 이 이슈를 공개적이고 투명한 분위기에서 다루기 위한 신뢰할만한 기반(platform)을 제공한다(또한 그렇게 함으로써, 중요한 정책적 선택이 여전히 남아있다는 것을 보여준다).

마지막으로, 정보 수집과 관련된 몇몇 유사한 전문직들(사회학, 인류학, 사업)에서 나타나는 윤리적 문제들이 있다. 다렌 차터스(Darren Charters)의 윤리적 경쟁정보 (competitor intelligence)에 관한 논문은 주목할 만한 가치가 있다.[12] (경쟁정보는 때때로 기업정보(business intelligence)라고도 하며, 경쟁정보의 두문자를 딴 약자인 CI를 'counterintelligence'로 오인해서는 안 된다. 약자 CI는 법집행 기관들에서는 중요 사회기반시설(critical infrastructure)을 언급하기 위해 사용하기도 한다.) 차터스는 그의 논문에서

---

10) Roger Hilsman, "On Intelligence," *Armed Forces and Society* 8, no. 1 (Fall 1981): 129–43.
11) James A. Barry, "Managing Covert Action: Guidelines from Just War Theory," in *The Ethics of Spying,* ed. Jan Goldman (Lanham, MD: Scarecrow Press, 2006), 248–65.
12) Darren Charters, "Business: The Challenge of Completely Ethical Competitive Intelligence and the 'CHIP' Model," in *The Ethics of Spying,* ed. Jan Goldman (Lanham, MD: Scarecrow Press, 2006), 362–77.

개인의 행동이 윤리적으로 간주될 수 있는지 아닌지를 가늠하기 위한 방법을 제시하고 있다. 일련의 평가 과정에 기초한 그의 방법은 공식적인 정책들이나 지침들이 없는 환경에서 작업하는 분석관들에 특히 도움이 된다.

1996년 미국 경제스파이법(*Economic Espionage Act*)은 다음과 같은 영업 비밀들 (trade secrets)의 인가받지 않는 도용을 불법으로 규정하고 있다: a) 외국 정부, 외국 기관(foreign instrumentality), 또는 외국 관리(foreign agent)에 이익을 주려는 의도, 또는 b) 재정적이거나 상업적 이익을 위한 의도.[1]

1) U.S. Congress, *Title 18 of the United States Code4*, part Ⅰ, chapter 90, 1831–39.

차터스는 두문자 CHIP를 사용하여 분석관들이 그들이 제안한 행동들의 경중을 측정할 수 있는 4가지 요소를 활용한 과정을 구축하였다. CHIP는 각각 공동체의 덕목들(C: community virtues), 피해(H: harm), 목표로서의 개인(I: individual as end), 개인적 덕목들(P: personal virtues)이다. CHIP는 (SWOT 분석의 의도와 비슷하게) 매트릭스 접근법을 활용하여 계획된 경쟁정보 활동을 공리주의, 칸트(Kantian), 덕윤리(virtue ethics)의 관점들로부터 바라봄으로써 윤리적 이론들을 비교한다. CHIP가 윤리 교육의 대용물이라 주장할 수는 없지만, 이 모델은 윤리적 경쟁정보 활동의 기준으로 사용할 수 있는 현실적인 수단을 제공해 준다. 이것을 사용한다면 확실히 법령들 뿐 아니라 전문직의 윤리적 기준들을 위반하지 않으면서, 활동의 질 및 일관성을 향상시킬 수 있을 것이다 – 우리가 워터게이트(Watergate)로 알려진 불법적인 정치적 간첩활동을 잊지 않았다면 말이다.

경쟁정보 전문가 협회 : 윤리 규정

- 이 직업에 대한 인정과 존경을 제고하기 위하여 지속적으로 노력한다.
- 국내 및 국제 사회의 모든 적용될 수 있는 법들을 준수한다.
- 모든 인터뷰를 행하기 전에 자신의 신분과 소속 기관을 정확하게 밝힌다.
- 직무를 수행함에 있어 이익 충돌(conflict of interest)을 피한다.
- 직무 집행을 함에 있어 정직하고 현실적인 권고와 결론을 제공한다.
- 자신의 회사 안에서, 제3의 계약자들과의 관계에서, 그리고 경쟁정보 전문가들 사이

에서 윤리 규정을 따르도록 장려한다.
• 자신의 회사 정책, 목표, 지침을 충실히 받들고 준수한다.[2]

2) Society of Competitive Intelligence Professionals, SCIP Code of Ethics for CI Professionals, http://www.scip.org/About/content.cfm?ItemNumber=578&navItemNumber=504 (accessed May 24, 2012).

전반적으로, 분석관은 정보 윤리 문헌들을 검토해보는 것이 유익할 것이다. 이는 연구 작업을 하는 분석관들과 현장요원들 모두를 위한 윤리규정들의 구축에 도움이 될 것이다. 이러한 규정들은 "올바른 일을 하는 것(doing the right thing)"과 관련된 딜레마에 직면하여, "일을 적절하게 하는(doing the thing right)" 문제에 대해 거듭 고민할 필요가 있는 분석관들에게 도움이 될 것이다.

그러나 현실적으로는 아마도 어느 정도 절제된 태도 속에서 위의 두 개의 경로들(paths)이 구별될 것이다. 분석관들은 최종적 판단은 국민과 그들이 합헌적으로 선출한 대표들이 (특히 국제테러리즘과 기타 국제범죄들과 같은) 위협의 맥락에서 "필수적이고 적절하다고" 생각하는 것에 기반을 두어야 할 것이라는 점을 항상 의식해야 한다. 요컨대, 다음과 같은 질문을 생각해 볼 필요가 있다: 관찰하고 논평하는 것이 정보관의 업무인가, 아니면 국가에 경고하고 국가를 보호하는 것이 정보관의 업무인가?[13]

이와 관련하여, 정보관은 "…… 주어진 상황에서 요구되는 것이 무엇인가를 정확히 알고, 또한 [정보관은] 보다 정밀한 질문들에 집중하다가 '큰 그림'을 보지 못하는 상황에 빠지지 않을 수 있는 완숙함과 지혜가 필요하다. 그렇지 못하다면 이 또한 비윤리적이라고 말할 수 있다. 따라서 정보관 자신, 자신이 속한 기관, 또는 국가가 처하게 되는 가장 비윤리적인 국면은 바로 정보관 개인이 비윤리적으로 행동한 것이나 마찬가지로, 역사가 '큰 그림을 보지 못한 것(losing)'을 비윤리적이었다고 판단하게 될 국면이라는 점을 반복해서 상기하는 것은 그럴만한 가치가 있다."[14]

13) George Tenet, former Director of Central Intelligence from 1997 to 2004, paraphrased in Melissa Boyle Mahle, *Denial and Deception: An Insider's View of the CIA from Iran-Contra to 9/11* (New York: Nation Books, 2004), 296.
14) Hank Prunckun, *Counterintelligence Theory and Practice* (Lanham, MD: Scarecrow Press, 2012),

그러나 정보관이 "경고하고 보호하기"보다는 "관찰하고 논평하기"로 결정하였는지, 아니면 그 반대인지에 대해 "역사"가 어떻게 생각할지는 아무도 알 수 없을 것이다. 대부분의 결정들은 불확실한 가운데 이루어질 것이며, 특히 "…… 우리가 사용한 수단이 궁극적으로 우리의 가치를 손상시킬지 아닐지"15)에 대한 힐스만의 말을 상기해본다면 더욱 그러하다. 결국 정보관이 어떤 행동을 취하기로 결정하든지 간에, 그 결정은 아마도 하룻밤 이상을 고민하고 내렸을 것이다. 그렇다 하더라도 정보관이 고민 끝에 내린 결정에 따라 행동을 취할 때, 그러한 행동은 여전히 비윤리적으로, 경우에 따라서는 불법적인 행동으로 간주될 수도 있다.

> "스파이는 진실한 사람(man of integrity)이어야 하지만, 동시에 범죄자가 될 준비도 되어있어야 한다."3)
>
> 3) Bernard Newman, cited in John Alfred Atkins, *The British Spy Novel: Styles in Treachery* (London: John Calder, 1984), 142−43.

일찍이 국제 경찰청장회의(International Association of Chiefs of Police: IACP)가 비윤리적이라고 주장되는 법 집행 현장요원들의 행위로부터 개인들을 보호하기 위해 제시한 제안들은 주목할 만한 가치가 있다. IACP는 범죄행위와 전혀 관련되지 않은 개인들의 권리들을 보호하기 위해서는 정보철들(intelligence files)에 있는 기록과 그것의 삭제를 다룰 일련의 규칙과 기준이 채택되어야 한다고 조언하였다.16) 대체로 이 지침에 따르면, 개인의 연관성이 성격상 범죄가 아니거나 범죄와 관련이 없을 때, 개인에 관한 첩보는 기록되어서는 안 된다. 마찬가지로 조직들의 경우에 있어서도, 어떤 조직의 이념이 범죄행위를 옹호하고, 그 구성원들이 그러한 범죄행위를 계획하거나 협박하거나 시도하거나 실행하지 않는 한, 그러한 조직에 대한 첩보를 수집하는 것은 불필요할 뿐 아니라 잘못된 것이다.17)

---

chapter 14.
15) Roger Hilsman, "On Intelligence," 129−43.
16) International Association of Chiefs of Police, *Law Enforcement Policy on the Management of Criminal Intelligence* (Gaithersburg, MD: International Association of Chiefs of Police, 1985), 8−9.
17) Los Angeles Police Department, *Standards and Procedures for the Anti−Terrorist Division* (Los Angeles: Los Angeles Police Department, 1984), 2.

더 나아가, 개인의 "성적·정치적·종교적 활동들, 믿음들이나 의견들, 또는 모든 차원의 사적인 생활방식"에 관한 첩보는 그러한 첩보가 범죄 수사의 자료가 아닌 한, 수집되거나 정보철들에 기록되어서는 안 된다.[18][19] 이에 더해 수집된 모든 첩보는 그것의 정확성에 대한 조사 전에 먼저 평가가 이루어져야 한다. 출처 또한 신뢰성의 측면에서 평가가 필요하다. 검증할 수 없는 첩보는 범죄정보철에 저장되어서는 안 되며, 마찬가지로 그러한 첩보의 수집도 엄격히 제한되어야 한다.

법 집행 정보부서가 성공적인 기록저장체계를 유지하기 위해서는 일련의 기준들이 필요하다. 그러한 성공적인 체계의 요소들은 다음과 같은 것들이다:

1. 아래 사항들을 결정하기 위해 특별한 지침들이 구축되어야 한다.
   a) 정보철에 기록되어야 할 첩보의 종류
   b) 자료의 유용성과 타당성 검토 방법
   c) 더 이상 유용하거나 타당하지 않다고 판단되어 삭제된 자료의 처리 방법
2. 관련성과 신뢰성이 확인된 첩보의 체계적인 흐름
3. 첩보의 평가와 사실 확인을 위한 동일한 절차
4. 첩보에 대한 적절한 분석을 위한 체계
5. 모든 첩보의 신속하고 효율적인 복구 시스템
6. 정보철 내 첩보 배포를 위한 명확한 지침
7. 보안 절차들[20]

이러한 지침에 따른 정보철들의 체계적인 삭제 과정에서, 승인된 프로젝트들과 관련이 있고 정책결정자의 정보 수요들에 답하기 위해 필수적인 것으로서 (정보 수집 계획에 따라) 수집 중인 첩보는 안전하게 보호되어야 한다.

세월이 흘러 자료 축적이 더 이상 적절하지 않게 된 상황을 방치해서는 안 된

---

18) Los Angeles Police Department, *Standards and Procedures for the Anti-Terrorist Division*, 2.
19) 이러한 사고는 법 집행 정보에는 적용될 수 있지만, 국가안보정보에는 반드시 적용되는 것은 아니다. 후자의 경우, 그러한 유형의 자료들은 표적의 정신분석 프로필 작성의 필요성이라는 차원에서, 또는 기타 정당한 이유에서 정당화될 수 있다. 이러한 분석 유형들에 관한 논의에 대해서는 본서 10장(양적 데이터의 내용분석)을 참조할 것.
20) International Association of Chiefs of Police, *Law Enforcement Policy on the Management of Criminal Intelligence*, 9.

과학적 정보분석론

다. 예를 들면, 예전에 랜드 연구소(Rand Corporation)의 한 연구는 미국의 한 경찰국이 "1940년대의 관심사항이었던 나치 용의자들, 1950년대의 관심사항이었던 공산당원 등록명부들, 1960년대 관심사항이었던 흑인투쟁단체들(Black militants), 우파 극단주의자들, 반전 시위자들 등에 관한 첩보가 담긴" 정보철들을 여전히 보유하고 있는 것을 발견하기도 하였다.[21]

이 책에서 비밀이란 대부분 국가(또는 회사)의 비밀을 말한다. 이와 같은 비밀을 지키는 것은 거의 대부분 법령 또는 법적으로 구속력 있는 합의에 따른 의무일 가능성이 매우 크다. 따라서 비밀의 폭로가 상쇄될 수 있는 법률행위에 의해 보장되지 않는 한(예를 들면 내부 고발자 관련 법, 법원의 명령, 경찰의 영장, 판사나 치안판사의 명령), 그러한 폭로가 있어서는 안 된다. 하지만 어떤 비밀이 불법적 행위의 은폐의 기초를 이루거나, 그러한 행위의 기획 또는 지령과 관련된 경우에는 비밀의 누설이 이러한 범주에 들어가지 않을 가능성이 있다. 사실 그러한 사실들은 법 집행 또는 규제 기관에 알리는 것이 법적 의무일 수 있다.

예로서, 미군의 야전교범의 공개출처정보 부분을 보자. 공개출처정보에 관한 야전교범에는 수많은 정보활동 금지 영역이 열거되어 있는데, 특히 법에 위배될 수 있는 활동들도 언급하고 있다. 이 교범에서 확인할 수 있는 금지된 정보활동들은 미국인의 개인 정보에 관한 부적절한 수집, 보유, 또는 배포이며 자세한 내용은 아래와 같다:

- 외국이나 국제테러리즘과 연관성이 없는 미국 국내 집단에 관한 첩보 수집
- 첩보 수집을 위한 정보 목표에 관해 명확한 설명이 없이 미국인 개인 정보가 포함된 위협 판단에 관한 정보의 생산 및 배포
- 정보 보고서 생산 시 미국인의 신원 확인이 적절한지 여부에 대한 결정 없이 그의 개인적 범죄 첩보를 정보 보고서에 삽입하는 행위
- 미국인들에 관한 작전들(operations)과 코맨드 트래픽(command traffic)에 관한 첩보가 단순히 비밀 분류 시스템에 이첩되었다는 이유만으로 그러한 첩보들을 정보철에 저장하는 행위

---

21) Brian Michael Jenkins, Sorrel Wildhorn, and Marvin Lavin, *Intelligence Constraints of the 1970s and Domestic Terrorism: Executive Summary* (Santa Monica, CA: Rand, 1982), 5.

- 부서의 임무와의 논리적 연관성 또는 승인된 수집요구와의 상관관계 없이 공개 출처로부터 미국인 개인 첩보를 수집하는 행위
- 요구가 없는 상태에서 정보첩보 보고서(intelligence information report)에 미국인 개인의 이름을 밝히는 행위
- 미국인이 작전과 직접 연관되지 않은 경우, 접촉 보고서(contact report)에 그 미국인의 신원을 포함하는 행위[22]

중요 용어

이 장과 관련된 중요 용어는 아래와 같다. 각 용어에 대한 간단한 정의나 설명을 한두 문장으로 써봄으로써 자신의 이해도를 점검한다.

o 은폐(cover-up)
o 민주적 원칙들
o 윤리
o 법적 의무들
o 도덕적 딜레마
o 정치화
o 삭제 파일들(purging files)
o 내부 고발자

학습 문제

1. 정보 분석관이 사회과학이나 행태과학 연구자들과 똑같은 윤리적 지침을 따라야 한다고 생각하는가? 이와 관련하여 핵심적으로 고려될 수 있는 문제들을 논의한다.

2. 정보 분석관으로서 서면 보고서를 작성할 때 자신의 개인적 의견 표출을 자

---

22) U.S. Department of the Army, *FMI 2-22.9: Open Source Intelligence* (Fort Huachuca, AZ: Department of the Army, 2006).

제할 수 있는 실용적 방법(들)을 생각해 본다.

3. 분석관들이 분석 보고서를 통해 조언을 제시하면서도 전문가로서의 적절한 거리를 유지하면서, 정책 결정자들에게 영향력을 행사하려 시도하지는 않을 수 있는 방법을 논의한다(힌트: 일정한 범위의 정책 선택지들을 제시하는 허수아비 기법).

학습 활동

국제적 테러리스트에 관한 비밀 정보연구 프로젝트 수행의 임무가 주어졌다고 가정한다. 연구 대상 인물의 안전 문제(welfare)는 이 프로젝트 연구의 주안점이 아닌(실제로 그 테러리스트의 "사망"이 프로젝트의 목표인) 비밀 연구 수행을 요구받았다는 사실을 어떻게 받아들여야 하는지 논의한다. 이러한 논의를 진행함에 있어, 법적·윤리적 문제들을 고려해보고, 자신의 전반적인 판단과정에서 이들 요소들의 중요도가 어느 정도인지 가늠해 본다.

부 록

카이제곱 분포의 임계값

자유도	P = .05	P = .01
1	3.84	6.64
2	5.99	9.21
3	7.82	11.35
4	9.49	13.28
5	11.07	15.09
6	12.59	16.81
7	14.07	18.48
8	15.51	20.09
9	16.92	21.67
10	18.31	23.21
11	19.68	24.73
12	21.03	26.22
13	22.36	27.69
14	23.69	29.14
15	25.00	30.58
16	26.30	32.00
17	27.59	33.41
18	28.87	34.81
19	30.14	36.19
20	31.41	37.57
21	32.67	38.93
22	33.92	40.29
23	35.17	41.64
24	36.42	42.98
25	37.65	44.31

주: 이 표는 카이제곱 임계값 표의 복제본이다. 이것은 저작권이 소멸된 자료들을 사용하여 재현한 것이다

찾아보기

과학적 정보분석론

과학적 정보분석론

역자 소개

이길규

한양대학교 법학과 졸업, 한양대학교대학원 법학석사, 고려대학교대학원 문학석사, 한양대학교대학원 정치학박사. 서울과학종합대학원대학교 부교수, 성균관대학교 국가전략대학원 겸임교수, 한양대학교 특임교수 역임. 현재 한양대학교 국제학대학원 특임교수, 한반도미래연구원 연구위원, 방위사업청 기술보호심사위원, 한국국가정보학회 부회장. 주요 저서로 『국가정보학』(2013), 『산업보안학』(2012), 번역서로 『정보분석의 역사와 도전』(2015), 『구조화 분석기법』(2016), 『정보분석 사례연구』(2017), 『비판적 사고와 전략정보생산』(2018), 『미국 국가정보 이해』(2018), 『국가안보정보』(2018)가 있으며, "국가정보의 개념에 관한 소고" "미국의 국가산업보안 프로그램 연구" "개인정보보호법 시행과 산업보안" "최근 한반도정세와 대북정책 추진방향" "외국의 공개정보 수집활용 실태와 시사점" 등의 논문이 있다.

김병남

한국외국어대학교 국제관계학 박사. 스페인 마드리드대학교 수학. 페루 주재 한국대사관 서기관, 베네수엘라 주재 한국대사관 참사관, 국가안보전략연구원 연구위원, 정부업무평가 전문위원. 현재 원광대학교 융합교양대학 초빙교수. 주요 저서로 『안보란 무엇인가』(2011), 주요 논문으로 "쿠바 카스트로 장기집권의 요인 분석"(1992), "레이건 시대 미국의 비밀공작 연구"(2009), "아프가니스탄 이슬람반군 지원 미국의 공격적 비밀공작 분석"(2013), 번역서(공역)로 『정보분석의 역사와 도전』(2015), 『구조화 분석기법』(2016), 『정보분석 사례연구』(2017), 『비판적 사고와 전략정보생산』(2018), 『국가안보정보』(2018) 등이 있다.

허태회

건국대 정외과 학사, 미국 워싱턴 주립대 정치학 석사, 덴버대학 국제정치학 박사학위 취득 후, 2000년까지 한국정치사회연구소와 국가정보원 전문위원 등을 역임. 이후 선문대 입학처장, 대외협력처장, 중앙도서관장, 동북아 역사재단 자문위원, 대통령 직속 사회통합위원회 이념분과 위원 등을 역임. 현재 선문대학교 국제관계학과 교수 겸 국제평화대학 학장. 주요 저서로 『한반도 통일론』(2000), 『사회과학 통계분석』(2010), 『지속가능 통일론』(2012), 『통일시대 국가이념 및 비전연구』(2012), 『국가정보학』(2013), 『21세기 국가방첩』(2014), 번역서로 『구조화 분석기법』(2016), 『비판적 사고와 전략정보생산』(2018), 『국가안보정보』(2018)가 있으며, "위기관리이론과 사이버안보"(2005), "동북아안보지형의 변화와 국가정보"(2013), "선진 방첩이론의 적용과 국가정보 효율성"(2014) 등의 논문이 있다.

김유은

한양대학교 정치외교학과 졸업. 한양대학교 정치학 박사. 영국 케임브리지대학교 국제문제연구소 방문연구원. 일본 와세다대학교 아시아태평양대학원 교환교수, 일본국제교류기금 일본연구 특별연구원. 현재 한양대학교 국제학대학원 교수. 주요 논저로 『국제레짐이란 무엇인가』, 『동아시아 공동체: 비전과 전망』(공저), 『글로벌 거버넌스와 한국』(공저), 『한국의 동아시아 미래전략』(공저), 『정보분석의 역사와 도전』(공역), 『구조화 분석기법』(공역), 『정보분석 사례연구』(공역), 『비판적 사고와 전략정보생산』(공역), 『국가안보정보』(공역) "해외정보활동에 있어 윤리성의 개념 및 효율성과의 관계," "동아시아 지역주의에 있어 중·일의 리더십 경쟁과 전망," "푸틴의 공세적 외교정책과 러시아의 동북아다자안보에 대한 입장," "동북아 안보공동체를 위한 시론: 구성주의적 시각을 중심으로," "동북아 안보공동체 추진전략," "신국제정치경제 질서의 특징과 한국의 대응" 등이 있다.

한반도미래연구원
IFK:Institute for the Future of the Korean Peninsula

한반도미래연구원 기획 번역도서
과학적 정보분석론

초판발행　　2019년 1월 10일

지은이　　　Hank Prunckun
옮긴이　　　이길규·김병남·허태회·김유은
펴낸이　　　안종만·안상준

편　집　　　한두희
기획/마케팅　오치웅
제　작　　　우인도·고철민

펴낸곳　　　(주) **박영사**
　　　　　　서울특별시 종로구 새문안로3길 36, 1601
　　　　　　등록 1959. 3. 11. 제300-1959-1호(倫)

전　화　　　02)733-6771
f a x　　　02)736-4818
e-mail　　　pys@pybook.co.kr
homepage　www.pybook.co.kr
ISBN　　　979-11-303-0742-8　93340

정　가　　　28,000원